编 委 会

国际展望丛书 ●○ 世界经济与发展合作

冷战后日本
对华经济外交研究

陈友骏 / 著

Japan's Economic Diplomacy towards China in the Post-Cold War Era

格致出版社　上海人民出版社

本成果获国家社科基金"冷战后日本经济外交战略与中日关系研究"
（18BGJ008 号）项目的支持

丛书总序

2018 年是非常独特的一年，它是第一次世界大战结束 100 周年，是 2008 年国际金融危机和世界经济危机爆发 10 周年，同时也是中国开启改革开放进程 40 周年。我们站在这个特殊的历史时点上抚今思昔，放眼未来，更深切地感受到世界正经历百年未有之大变局。世界政治经济中融合的力量和分化的力量此起彼伏、相互激荡，世界正进入不稳定和不确定加剧的新时期。国际秩序何去何从是摆在我们面前的时代之问和时代之困。其中，当前世界格局调整中的三个趋势最为显著，也最具破坏性。

第一，大国之间的战略不稳定正在加剧。一方面，美国与中国、俄罗斯之间的地缘政治竞争进一步加深。美国特朗普政府加大与俄罗斯在欧洲、中东等地区以及核导军控等领域的战略博弈，甚至局部达到冷战结束以来最严峻的状态。美国对华政策也发生了重大调整，首次明确将中国定位为美国主要的战略竞争对手。特别是 2018 年 10 月 4 日美国副总统彭斯所发表的美国对华政策演讲，通篇充斥着类似 40 年前冷战高峰时期美国前总统里根对苏联的指责，令许多中国人震惊和困惑。人们不禁要问：美国难道已决意要对中国实施全面遏制？世界是否将因此而被拉进一场新的冷战？

　　另一方面，除了华盛顿同北京和莫斯科之间的关系愈加紧张外，近年来大西洋关系也因为在诸如伊朗核协议、北约军费分担、全球气候变化等议题上龃龉不断而备受冲击，尽管尚未危及大西洋联盟的根本，但双方疏离感明显增加。大国关系历来是国际格局的基石，大国关系的不稳定和不确定正深刻影响着未来国际格局和国际秩序的走向。

　　第二，基于多边主义的全球治理正遭遇"失能和失势"的危机。以规则、协商和平等原则为基础的多边主义及全球治理机制运行正遭遇前所未有的挑战。2018年初以来，美国对其主要贸易伙伴，包括中国和它的一些传统盟友发起关税战，全世界的目光都聚焦于不断升级的国际贸易冲突。美国特朗普政府坚持所谓"美国优先"原则，为获取美国利益的最大化，几乎肆无忌惮地对贸易伙伴采取包括关税战在内的霸凌政策，甚少顾及这些单边主义和保护主义的做法对国际贸易体制和全球供应链稳定的破坏。随着贸易保护主义和国际贸易摩擦的不断升级，以世界贸易组织为核心的、基于开放、规则的国际多边贸易体系的完整性受到空前挑战，世界贸易组织自身也逼近"何去何从"的临界点。与此同时，自从特朗普政府宣布美国退出《巴黎协定》后，全球气候治理机制的有效运行也面临严重阻碍。冷战结束以来，基于多边主义的规则和机制已经成为国际秩序稳定的重要基石，也是国际社会的共识。美国曾是现有国际秩序的重要建设者和维护者，如今正日益成为影响国际秩序的最大的不稳定力量。

　　第三，认同政治的浪潮正扑面而来。在经济全球化席卷世界多年后，许多发达国家和发展中国家中重新勃兴的民粹主义、保护主义和本土主义思潮和运动都带有不同程度的反全球化和反全球主义的认同意识，正深刻影响政府的决策和行为。这些反全球化和反全球主义指向的思潮和运动，都与当前世界经济以及各国国内经济社会演进过程中存在的发展赤字、治理赤字、改革赤字密切相关。在一些欧美发达国家，这些思潮和认同政治的发展已经演变成一种新的族群主义（neo-tribalism）认同的泛滥，其突出的政治理念是排斥外来移民、戒惧国际贸易、敌视所谓"外来者"对"自我"生活方式和价值观念的冲击，包括外来的物流、人流以及思想流。这种认同政治的强化不仅进一步加深了这些国家社会内部的分裂和政治极化的态势，还外溢到国际经济、国际政治和外交领域里，加剧了世界政治中所谓"我们"与"他者"之间的身份认同的对立。

综合上述三大趋势，我们不禁要问：当今世界是否将不可避免地走向大分化？如何有效管理国际秩序演变过程中融合的力量和分化的力量之间的张力？国际社会的各利益攸关方能否通过集体努力来共同遏制这种紧张的加剧甚至失控？对上述问题恐怕没有简单和既成的答案。但有一点是肯定的，国际社会迫切需要共同努力，通过构建新的国际共识和拓展共同利益，来缓解大分化的压力。

首先，国际社会需要共同努力，阻止冷战的幽灵从历史的废墟中死灰复燃。历史学家和国际关系学者已经对人类历史上无数次大国之间对抗冲突的案例进行了梳理，其中包括不少因决策者的战略失误而导致的悲剧，并总结出不少经验教训。这些教训包括彼此误判对方的战略意图；彼此错误处理相互之间的"安全困境"；忽视国际关系中"自我实现预言"的效应，即一国出于国内政治考虑及转嫁国内矛盾，营造所谓"外部敌人意象"，从而导致国际关系尤其是大国关系不断恶化。如今，美国及西方世界中的部分人士继续沉溺在赢得冷战的记忆中，甚至幻想着通过挑起又一场所谓对华新冷战从而使得美国重新强大。我们能否真正吸取过去的历史教训，拒绝冷战的诱惑，避免大国对抗的陷阱？

其次，国际社会应该加强合作，遏制单边主义对多边主义的侵蚀，同时更积极地推动多边主义国际机制的改革，不断完善全球治理。当前，对全球化的不满明显增加，对基于多边主义的全球治理的失望也日益增长。如何在维护国家主权（包括经济发展利益和国家安全利益）与共同推动有效的全球治理之间形成更可持续的平衡关系，是全球化和全球治理面临的重大挑战。但同样显而易见的一点是，对于我们这样一个联系紧密、相互依存不断加深的世界而言，面对越来越多的全球问题，单边主义绝不是好兆头。实行单边主义对单个国家而言也许有其吸引力，但由此所产生的问题将远多于其想解决的问题。全球问题需要全球解决方案，合作应对是唯一出路。

最后，国际社会需要创新思维，推动构建新的集体意识和认知共识。当前关于世界政治和经济发展的国际话语结构中，主流的叙事方式和分析框架依然是基于权力政治（power politics）的逻辑和认同政治（identity politics）的逻辑。尽管上述叙事逻辑依然具有一定的解释力和影响力，但已经无法涵盖当今世界政治和经济的发展现状和未来的演变方向。我们需要构建一种新的叙事方式和分析框架，我暂且称之为"发展政治"（development politics）的逻辑，从而能更全面地把握世界发展的内在动力及其发展方向。

从历史发展的宏观角度看，无论是全球化的发展还是国际秩序的演变，都将同当前非西方世界的新一轮现代化进程与西方世界正在进行的后现代的再平衡进程的走势密切关联。包括中国、印度在内的新兴经济体在前一个进程中扮演着关键的角色，而美国和欧洲等在后一个进程中扮演着关键角色。

就前一个进程而言，冷战结束以来，大规模的现代化进程席卷了非西方世界。到 21 世纪的第二个十年结束之际，广大的发展中国家，包括人口最多的中国和印度，以及东南亚、拉丁美洲和非洲，已经基本完成了现代化的初步阶段，即从低收入国家向中等收入国家的过渡。根据世界银行报告的数据，在世界银行 189 个成员国中，有将近 40 个国家是发达经济体；在 150 个发展中国家中，有 108 个国家已进入中等收入阶段，即所谓的中等收入国家。它们的总人口超过 55 亿人，约占全球 GDP 的 1/3。这其中约有 40 个国家是中高收入国家。

今天，越来越多的发展中国家正在现代化的初级阶段基础上集聚力量，开启向中高级现代化迈进的新征程。这一进程在人类历史上是前所未有的。如果新一轮现代化取得成功，意味着未来 20—30 年时间里，在西方世界之外的超过 40 亿的人口将成为中产阶级，这是人类发展历史上空前的现代化，因为其所涉及的人口规模、地域范围和历史意义都远远超过前两个世纪的世界现代化进程。与此同时，非西方世界的新一轮现代化进程正面临着前所未有的挑战和困难。发展中世界面临的共同挑战是能否在不发生重大动荡的情况下步入更为先进的现代化阶段。从发展中国家国内角度看，这方面的主要问题包括国家现代化治理能力的全面提升，包括经济、政治和社会等结构的不断完善。来自外部的挑战主要是，由西方主导的现有的国际体系是否能够容忍和容纳非西方国家的集体崛起。

与此相对应的是，西方世界作为一个现代化向后现代阶段转型的整体，在冷战后新一轮经济全球化和科技进步浪潮的席卷下，其经济、政治和社会结构正面临着日益增多的内部发展和治理的转型压力，进入了我所称的"后现代化的再平衡时期"。其中一个突出的表征是，在许多西方发达国家，秉持开放、包容和竞争原则的全球主义、精英主义的力量，同基于保护和注重平等的地方主义、民粹主义的力量之间出现了日益严重的对立，他们分别代表了所谓"经济全球化和科技进步的受益者"同"经济全球化和科技进步的受害者"之间的分化和对立，加剧了西方内部的社会经济断层和政治极化的态势，并且正在加速反噬由西方发达国家开启的经济全球化的进程。因此，作为一个整体，西方世界迫切需要同时对自身国内治理和推动国际（全球）治理注入新的动力。就其内部经济、政治、社会等治理而言，西方世界应该通过自身的改革，提升其体制支持内部包容、普惠以及均衡发展的能力，以此保持自身政治、经济和社会体系的稳定，从而能够协调所谓全球主义和精英主义同本土主义和民粹主义之间日益对立的关系。就其与非西方世界的关系而言，西方世界特别是其领导力量应该认识到世界现代化进程的历史意义，尤其是非西方世界群体崛起的历史意义，通过不断完善内部体制和扩大现有国际体系的包容程度，来推进整个世界现代化和世界和平繁荣的进程。

因此，当非西方世界的新一轮现代化进程与西方世界的后现代转型进程相遇时，两者究竟是以包容、稳定、合作的方式互动，还是以排他、对抗、混乱的方式互动，将对世界政治的未来走向产生深远的影响。换言之，未来世界究竟走向大融合还是大分化，将在很大程度上取决于发达国家的后现代转型和发展中国家的现代化发展能否都取得成功，并且相互之间以何种方式互动。

因此，国际社会比以往任何时候都更需要凝聚新的共识，在未知的海洋中同舟共济。如何审视和研究当今世界政治经济格局的转变和发展趋势，对于研究者而言是挑战也是使命。上海国际问题研究院推出的"国际展望丛书"，正是为此目的。同时，也借此庆祝我院成立 60 周年。

陈东晓

2018 年 10 月

目　录

插图目录

表格目录

第一章

经济外交的理论发展与第二次世界大战后日本经济外交战略的形成

　　冷战结束以降，第二次世界大战后形成的全球政治经济基本格局发生大幅调整。东西方之间围绕意识形态的斗争态势有所弱化[1]，相反，以经济实力为代表的综合国力的比拼和竞争却日益凸显。与此同时，和平与发展这两大主题并没有因冷战终结而消亡，却逐渐被全球主要国家所普遍接受并认同，成为大家的共识。更为重要的是，各主要国家都在不断反思战争的代价以及和平所创造的普遍利好，同时也似乎都在寻求一种优质手段，以避免将自身及全球社会重新拖入战争或拖至战争边缘，从而引致不必要的巨大损失。

　　在此背景下，经济外交就成为一个引发全球性讨论的重要议题，也是各主要国家及国际社会争相采用、积极实施的重要政策。受其影响，经济

---

[1]　诚如日本学者大芝亮所指出的："随着冷战的结束和全球化的发展，南北之间的经济差距已不仅仅是国家间的差距问题，而被看成是人与人之间的差距或者被认为是人类发展的问题，随后又被定位为一个全球问题——贫困问题。"国家间差距问题逐步转变为贫困问题，从一个侧面真实佐证了冷战后"弱意识形态"化的根本性转折与发展趋势。具体参见［日］大芝亮：《无国境的国际政治》，载［日］日本国际政治学会编：《日本国际政治学（第二卷）：无国境的国际政治》，刘星、张慧译，北京：北京大学出版社2017年版，第6页。

全球化、贸易便利化的发展趋势愈发凸显，双边及多边经济合作成为全球经济治理视阈下的重要主题之一。

第一节

————

经济外交的理论形成与发展现状

经济外交是外交的一个重要分支，因此，论及经济外交，必须先由外交谈起。

外交是属于政治范畴的概念，其最终服务的对象也是政治。从内外政治的视角来看，外交是国内政治的延伸，是对内政策在对外方向上的具体显现，更是为对内政策服务的重要方式之一。

自古以来，外交就是被普遍接受并广泛应用的对外政治方式，如春秋战国时期的合纵连横、纵横捭阖，就是中国古代外交思想的具体表现形式。子曰："德不孤，必有邻。"这也是一种以意识形态为基础的外交思想的具体反映。

在外交这一大的框架内，实际存在很多不同的分支，如政治外交、文化外交、军事外交以及经济外交等。不同的外交分支分别扮演着不同的角色，呈现出不同的表现形式，对应着不同的对象客体，但其最终的目标是相对统一的，即促进与外交对象的友好关系，或实现本国的特定政治利益、经济利益，乃至战略利益等。

邓小平同志在 1982 年 9 月 1 日中国共产党第十二次全国代表大会上致开幕词，强调中国要"坚定不移地实行对外开放政策，在平等互利的基础上积极扩大对外交流。"[1]此后，对内改革、对外开放就成为中国政治经济社会发展的一条根本性主线。2004 年 8 月，中国国家主席胡锦涛指出："外

---

[1] 邓小平：《中国共产党第十二次全国代表大会开幕词》（一九八二年九月一日），载《邓小平文选》（第三卷），北京：人民出版社 1993 年版，第 3 页。

交工作中要坚持正确处理发展政治关系和促进经贸合作的关系。政治外交和经济外交是相辅相成、相互促进的。政治外交是经济外交的重要保证，良好政治关系可以为加强经贸合作提供有利条件，良好经贸合作有利于巩固政治关系。"[1]

2014年7月，中国国家主席习近平在接受拉美四国媒体联合采访时指出："中国外交政策的宗旨就是维护世界和平、促进共同发展，为国内深化改革、实现'两个一百年'奋斗目标营造良好外部环境。"[2]2016年7月1日，在庆祝中国共产党成立95周年大会上，习近平发表重要讲话，再度明确指出："中国外交政策的宗旨是维护世界和平、促进共同发展。"[3]2018年5月15日，习近平主持召开中央外事工作委员会第一次会议时更是明确提出："当今世界不确定不稳定因素增多，我国发展面临的机遇和挑战并存。我们要准确把握国际形势变化的规律，既认清中国和世界发展大势，又看到前进道路上面临的风险挑战，未雨绸缪、妥善应对，切实做好工作。当前和今后一个时期，要深化外交布局，落实重大外交活动规划，增强风险意识，坚定维护国家主权、安全、发展利益。"[4]习近平关于中国外交的多次发言，清晰地阐述了中国外交的努力方向，同时也明确了服务目标的双向性，即对外主要表现为维护世界和平、促进共同发展；对内则服务于深化改革任务，为实现"两个一百年"的奋斗目标营造良好的外部环境。

通过研读上述诸位领导人举重若轻的言语，我们便可清晰地觉察到外交的重要性及其在中长期国家发展战略中的特殊功能与地位。

---

[1] 胡锦涛：《正确把握政治外交和经济外交的辩证关系（二〇〇四年八月二十五日）》，载《胡锦涛文选》（第二卷），北京：人民出版社2016年版，第222页。

[2] 《习近平接受拉美四国媒体联合采访》，载《人民日报》2014年7月15日，第1版。

[3] 习近平：《在庆祝中国共产党成立95周年大会上的讲话》（2016年7月1日），载《人民日报》2016年7月2日，第2版。

[4] 《习近平主持召开中央外事工作委员会第一次会议强调 加强党中央对外事工作的集中统一领导 努力开创中国特色大国外交新局面 李克强王沪宁韩正王岐山参加》，载《人民日报》2018年5月16日，第1版（2018年5月16日访问）。

一、 经济外交的概念沿革及其与传统外交的性质区分

经济外交研究的部分内容从属于"政治的经济学"的研究范畴。《布莱克维尔政治制度百科全书》一书在阐述"政治的经济学"这一概念时指出:"政治的经济学的重点在于试图解释总体的经济政策决策中政治和经济力量之间的相互作用。"[1]从这一层面来看,经济外交政策的决策过程中,政治与经济力量之间的互动行为及相互影响也是经济外交研究的一大重要组成部分。

另一方面,经济外交作为对外交往的重要形式之一,实际上随着古代人类氏族社会的产生而产生,到了近代,随着民族国家逐渐形成,经济外交成为一种普遍、通用的外交方式。

近现代时期,经济外交一度成为欧美国家对外交往的惯用方式。比如,向外扩张殖民时期的大英帝国,其经济外交可以用"通商外交"和"殖民外交"这两个关键词来归纳,且近代的英国经常交替或同时使用这两种外交形式。这里,"通商外交"是指国家以控制航路和拥有商业特权为目标,积极促进对外贸易,为其国内的资产阶级赢得更多通商利益的政策和行为,历史上的英荷战争等重要事件实际上就反映了当时英国意图控制航路并扩大对外贸易的战略意图;"殖民外交"则是国家以武力为后盾,以殖民战争胜利为条件,通过外交手段夺取海外殖民地,扩大国家的版图和势力范围的政策和行为,如英国曾逼迫清政府签订《南京条约》、要求割让香港岛等,均显露出"殖民外交"的典型特征。[2]简言之,近代社会英美等国所实施的"通商外交""殖民外交"等均是经济外交的表现形式。

值得注意的是,作为外交的一个重要分支,经济外交在第二次世界大战后悄然兴起,并一跃成为全球社会争相讨论、研究的热门议题,同时也是全球各国,尤其是主要经济强国不断思索并积极实践的主要政策举措。

---

[1] 邓正来主编:《布莱克维尔政治制度百科全书》,北京:中国政法大学出版社 2010 年版,第 484—486 页。

[2] 周永生:《经济外交》,北京:中国青年出版社 2004 年版,第 63—72 页。

应该说，学术界是较早洞察、发现经济外交崛起势头的一股重要力量，而且，随着研究的持续深入，涌现了一大批与之相关的理论探索与现实研究。

首先就"经济外交"的概念而言，多位国内外学者从不同视角出发，勾勒出了一个具有清晰框架与实质性内容的包容性界定。

国内学者张健指出经济外交有"两种表现形式：其一是指国家为实现其经济目标而进行的外交活动，即以外交为手段，为国家谋求经济上的利益；其二是指国家为实现其外交目标（在政治上或军事上提高本国的国际地位等）而进行的经济活动，即以经济为手段，为国家谋求对外关系上的利益"[1]。简言之就是经济与外交互为目的，也互为手段。

周永生在其出版的《经济外交》一书中，对"经济外交"的概念做出了两种清晰的解读：一是指为追求本国经济利益而执行的对外交往行为；二是指借助经济手段，为实现自身战略目标而执行的对外交往行为。[2]周永生的定义再度重申了在经济外交范畴内，经济与外交是相辅相成的，某种情况下经济是外交的手段或工具，本质目标是实现自身在政治上或安全上的战略利益；而某种情况下，外交又是经济的手段或工具，包括调整经济关系、深化经济合作等内容，最根本的战略诉求是维护或扩大自身经济利益。不仅如此，周永生还指出经济外交受到一系列内外因素的制约，即尽管经济外交政策是由政府部门制定和运作的，却受到非政府部门的广泛制约，具体包括对方国家的政策、国际舆论、国际格局、世界发展大势等多重国际制约因素；以及政府内部各部门间的相互制约，国会、政党、阶级、利益集团、国内舆论等多重不同的外部因素组成的国内制约因素。[3]

国内学者张辉将经济外交定义为"各国以最大限度地促进经济合作、扩大和维护经济利益为出发点来确定外交活动的目的，制定对外政策，并开展相应的外交活动"，而经济外交的目标是"促进对外贸易，保持外贸平

---

[1] 张健：《经济高速增长时期日本对美国的经济外交》，载《日本学刊》1996年第2期，第28页。
[2] 周永生：《经济外交》，北京：中国青年出版社2004年版。
[3] 同上，第127页。

衡，增加外汇收入，增强国家实力，保护本国利益和本国公司利益"[1]。

赵可金指出："所谓经济外交，不过是外交在经济领域中的拓展，是国家和国家联合体为执行特定的外交政策，以和平方式处理国家之间在经济领域出现的摩擦与纷争的活动。"[2]经济外交具有四个基本特征：（1）经济外交的主体是国家和国家联合体；（2）经济外交的目的是执行特定的外交政策；（3）经济外交的内容是处理经济领域中的纷争与摩擦；（4）经济外交的方式和手段是和平手段。[3]此外，"经济合作是经济外交最重要的方式之一，是不同国家、地区、国际组织、集团、企业为了共同经济利益和实现利益共享，在生产领域和流通领域所进行的以生产要素的优化组合与合理配置为主要内容的较长期的政策协调和协作活动"[4]。这里，对于赵可金所提出的"经济外交的内容是处理经济领域中的纷争与摩擦"这一观点，笔者认为经济外交的内容应该更为宽泛、更为饱满，不仅包括处理经济领域中的纷争和摩擦，还应该包括经济领域的合作与共建等。

李巍、孙忆二位学者共同指出："所谓经济外交，就是一国中央政府及其所属具体职能部门围绕经济事务，针对他国政府、国际组织或者跨国公司而对外开展的官方交往活动。经济外交的本质是政府通过外交行为对国际经济关系所实施的一种干预行为，既可能是正向促进的，也可能是负向阻碍的。经济外交具有双重目的，一是通过政府有形之手推动双边或多边国际经济合作，二是通过与经济相关的外交活动来实现国家安全、政治稳定等非经济目的。因此，与传统外交相比，经济外交的特征在于它围绕对外经济关系而展开，实现方式是促进或阻滞国际经济关系。而与一般性经济往来相比，经济外交的特征在于其实施主体一定是中央政府及其相关机构，普通企业或其他经济单位所开展的对外交往活动不是经济外交。这种

---

[1] 张辉：《经济外交刍议》，载《理论界》2009年第2期，第203页。
[2] 赵可金：《经济外交的兴起：内涵、机制与趋势》，载《教学与研究》2011年第1期，第57页。
[3] 同上，第57—58页。
[4] 同上，第59页。

特征就决定了经济外交本质上是一种政治活动，属于国际关系学科的研究范畴。"[1]

之后，李巍再度强调称，经济外交是指"一国中央政府及其所属具体职能部门围绕经济事务，针对他国政府、国际组织或者跨国公司，所对外展开的官方交往活动；经济外交具有双重目的：其一是通过政府有形之手实现双边或多边国际经济合作，其二是通过与经济相关的外交活动来实现国家安全、政治稳定等非经济目的"[2]。

除了上述国内学者在不同时期对经济外交概念的诠释与拓展以外，欧美学者也纷纷尝试从不同侧面来解释经济外交的概念及内涵。

彼得·范·贝赫艾克和塞尔温·穆恩斯（Peter A.G. van Bergeijk and Selwyn Moons）认为经济外交是由国家行为体或非国家行为体实施的一系列跨境经济活动，包括进口、出口、投资、借贷、援助和移民。[3]经济外交包括三方面要素：（1）使用政治影响力和政治关系，以促进或影响国际贸易和投资、提升市场效能或解决市场失灵问题、降低跨境交易的成本和风险；（2）使用经济资产和经济关系，以增加冲突成本，加强合作的互利性和政治稳定性，即增加经济安全；（3）巩固正确的政治气候和国际政治经济环境，以改革和提升包括世界贸易组织（World Trade Organization，WTO）、经济合作与发展组织（Organization for Economic Cooperation and Development，OECD）、欧洲联盟（European Union，EU）等跨国组织在内的相关对象。[4]

由此可见，中外学者就经济外交的概念定义基本一致，分歧较少。

二、经济外交与传统外交的性质区分

在基本理解了经济外交概念的基础上，有必要阐明经济外交区别于传

---

[1] 李巍、孙忆：《理解中国经济外交》，载《外交评论》2014年第4期，第4页。

[2] 李巍：《改革开放以来中国经济外交的逻辑》，载《当代世界》2018年第6期，第22页。

[3][4] Peter A. G. van Bergeijk & Selwyn Moons, "Economic Diplomacy and Economic Security", in Carla Guapo Costa, （ed.）, *New Frontiers for Economic Diplomacy*, Lisboa: Instituto Superior de Ciências Sociais e Políticas, 2009, p.2.

统外交（即"政治外交"）的典型特征。

因为经济外交是外交的一个重要分支，是对传统外交的继承与发展，所以，经济外交与传统外交二者既有理论内核上的牵连与类同，也有概念衍生和方式方法等方面的差别与嬗变。

必须指出的是，经济外交与传统外交的最大共性就是"非武力性"（抑或"非暴力性"），即利用柔性手段实现国家的特定意图及战略。

卢林从多个视角对比了经济外交与传统外交之间的区别，以突出经济外交的特征与性质：就二者的根本目标而言，传统外交"泛指国家用非武力的方式来维护国家及其公民在所在国的政治、安全和跨国私营商业利益，以及处理国家之间在安全、跨国政治和商业上的问题"，与之相比，经济外交则是"用非武力的方式来直接维护国家的经济利益，处理国家之间在经济和商业利益上存在的问题"；从政策实践的视角来看，传统外交的重点是保护和发扬国家的国际政治和国家安全利益，是这一首要任务的出发点与落脚点，而经济和商业利益则是次要的，与之不同的是，经济外交的实践重点是维护国家的对外经济利益，同时还要为国家的经济发展服务。[1]

表 1.1　经济外交研究与传统外交研究的关系和区别

	传统外交	经济外交
目标	保护国家主权和领土完整、保护在驻在国的商业利益、巩固和扩张国家实力	保护国家经济和商业利益、维护本国国家和企业的竞争力、保护国家的经济安全、促进就业和社会稳定、促进经济增长
基础	政治和军事能力、经济实力	政治，经济实力（国内生产总值、贸易、金融和国家财政实力）
手段/机制	使领馆、政治间交流和谈判、国际会议、国际政治和军事战略结盟等	使领馆、政府间交流、国际会议、国际经济贸易同盟等；私营国际商会、私营贸易和商务代表、国际游说；经济激励、制裁、协议
利益和参与主体	中央政府	中央政府、地方政府、企业、其他法人

资料来源：卢林：《美国经济外交的结构和动力》，上海：上海人民出版社 2017 年版，第 23 页，表 1.1　经济外交研究与传统外交研究的关系和区别。

---

[1] 卢林：《美国经济外交的结构和动力》，上海：上海人民出版社 2017 年版，第 18—24 页。

王树春、陈茜茜用"刚柔之别"来形象地比喻经济外交与政治外交的显著区别。即"经济外交"与"政治外交"的显著不同之一在于前者更具"刚性",而后者更具"柔性"。"刚性"是指更难以达成妥协,因为国际政治的实质是权力的争夺,把持权力的国家一般决不会愿意其他国家与之分享权力,而是更关心相对收益,即利益分配多少是其关心的第一要点。鉴于此,合作求安全说起来容易,但实际操作却很难,这也是合作安全到目前为止成效不明显的重要原因之一;而"柔性"是指更容易达成妥协,因为经济利益一般很难一国独享,各国往往追求的是绝对收益,以此为前提,大家一般都能获得利益。有鉴于此,尽管日美、美欧贸易战一度极为激烈,但最终也都能达成妥协。[1]

许多国内外学者喜欢用美国的案例研究来形象地勾勒出经济外交的特定轮廓与独特特征,并以此将经济外交与传统外交相区别。安娜·施赖伯(Anna P. Schreiber, 1973)详细分析了始于1960年美国对古巴所实施的包括贸易禁运(trade embargo)在内的"经济强制"(economic coersion),强调美国的制裁措施不仅造成古巴严重的经济危机,也实现了经济范畴以外美国意图达到的政治目的及战略目标,以此凸显作为经济外交手段之一的经济制裁其存在的现实意义和重要价值。[2]国内学者谢华在《冷战时期美国对第三世界国家经济外交研究(1947—1969)》中认为,经济外交成为美国在冷战时期实施遏制战略的最重要手段之一,"美国遏制战略不但包含了对苏东集团的经济遏制、对西欧国家与日本的经济扶持与合作政策,还包含了对第三世界的经济援助政策以及较少意义上的经济制裁"[3]。由此可见,经济外交成为美国国家战略中不可分割的一部分,是美国国家总体战

---

[1] 王树春、陈茜茜:《"经济外交"的内涵及其特点》,载《国际资料信息》2007年第2期,第10页。

[2] Anna P. Schreiber, "Economic Coercion as an Instrument of Foreign Policy: U.S. Economic Measures against Cuba and the Dominican Republic", *World Politics*, Vol.25, No.3, April 1973, pp.387—405.

[3] 谢华:《冷战时期美国对第三世界国家经济外交研究(1947—1969)》,北京:人民出版社2013年版,第2页。

略的重要实现方式之一。不仅如此，谢华以经济外交的主要方式之一——经济援助为研究对象，详细阐述了美国在冷战初期对希腊、土耳其两国实施经济援助的背景、经过及结果等，指出美国依托对希腊、土耳其的经济援助，促使上述两国成为美国的冷战盟友并被牢牢掌控，同时美国也实现了希望在中近东地区遏制"共产主义扩张"的战略目标。[1]谢华的这一研究凸显出经济外交强大的政治功能与战略价值，尤其是在冷战特殊时期，经济外交的政策部署既可以帮助美国以一种"软性机制"的方式介入许多不便介入的矛盾，巧妙避免了苏联的过激反应，以及与苏联之间因直接的热兵器对抗所带来的战争风险，同时也遵循了对抗及遏制苏联向外扩张的战略路线设计，进一步提升了美国冷战战略的柔性化色彩，实现真正"以柔克刚"的战略目标。

此外，也有国内学者指出："经济外交的传统功能是国家、尤其是大国和强国，广泛地采用经济杠杆来实现对外政治目标、安全目标和经济目标。正向使用的有经济技术援助，经济技术合作，促进投资、技术及其产品的输出，降低关税，开放市场等，给对方以支持，培育友谊，或促使其实施符合自己愿望的政策；反向使用的有削减或停止经济援助，经济封锁、制裁，恶化贸易条件甚至禁运，限制高技术及其产品出口，冻结资金，阻挠或撕毁经济合同，金融战、贸易战、关税战等，其中经济制裁成为当今普遍使用的手段，以迫使对方改变某项内外政策，甚至改变政体。"[2]由此可见，经济外交应当包括负责经济治理等相关议题的政治家的一切对外活动，包括参与经济谈判、议题协商，甚至是加征关税、经济制裁等较宽领域的各种政策措施。

三、经济外交的普遍共性及相关衍生

尽管中外学者从不同视角就经济外交的概念给出了风格不同的定

---

［1］谢华：《冷战时期美国对第三世界国家经济外交研究（1947—1969）》，北京：人民出版社2013年版，第80—106页。
［2］俞正樑：《国际关系与全球政治：21世纪国际关系学导论》，上海：复旦大学出版社2007年版，第112—113页。

义，但其实质性内容较为接近，从中不难发现学术界就经济外交所凝聚起的若干基本共识。

第一，"经济外交"的实质目的是维护并扩大自身广义的国家利益。[1]换言之，经济外交的实质性目标是实现本国的国家利益，这是由外交的基本属性所决定的。赵可金指出："经济是外交的基础，一个国家的外交最根本的是实现本国的国家利益。"[2]由此，经济外交的根本目标就是实现本国的国家利益，但经济外交所依托的基本手段常常凸显出经济属性特征，一般表现形式为签署双边或多边经济合作协定、实施经济援助或经济制裁、促进贸易关系发展、扩大相互投资等，这完全不同于军事外交、文化外交等其他外交形式的基本属性。

尽管如此，经济外交的目标并不单纯局限于经济利益范畴[3]，还涉及包括政治利益、安全利益等在内的广泛意义上的国家利益，因此，其目标具有放射性、扩散性的特征。

国内学者王丽娟、武晓光指出："经济外交其实质就是国家追求自身利益所采取的一种政策手段和行为，以服务于国家利益为宗旨，维护国家安全利益，追求国家经济利益，服务于国家政治利益。"[4]

国内学者曾琪还指出，经济外交在服务于国家利益时，具有三方面的显著特点。

（1）经济外交具有"阶级性"和"民族性"。"一个国家的经济外交首先是为这个国家的统治阶级利益服务的，带有明显的阶级性。但由于经济外交在服务于国家经济利益时，通过各种专业分工，优化资源配置，提高

---

[1] 经济外交的实施主体既包括国家行为体，也包含非国家行为体，如地区或国际组织等。因本书的研究对象聚焦于日本的经济外交，故将经济外交的实施主体局限在国家行为体，而实施经济外交的根本性目的则是维护或扩大自身的国家利益。特此说明。

[2] 赵可金：《经济外交的兴起：内涵、机制与趋势》，载《教学与研究》2011年第1期，第56页。

[3] 肖刚：《战略机遇期与经济外交》，载《国际经贸探索》第19卷第3期，2003年6月，第63页。

[4] 王丽娟、武晓光：《经济外交与保障我国政治安全的作用》，载《河北师范大学学报（哲学社会科学版）》2007年第5期，第17页。

生产总量，增加就业机会，加快经济发展，使得与经济外交政策有关的社会各阶层从中受益。因此，经济外交在为统治阶级服务的同时，也对全民族具有普遍的影响。"[1]（2）经济外交具有"利己性"和"公益性"。"经济外交总的来说是为本国的利益服务，但一个国家的利益除有其一国独自的利益特点外，往往不仅属于一个国家本国的私利，有时表现出与他国、与全体国际社会拥有共同利益的一面。当一个国家通过经济外交追求本国利益最大化时，经济外交具有'利己性'的一面；但任何一个国家实施的经济外交政策和手段，都会对他国利益或与他国共享的利益产生影响。当经济外交的'利己性'和'公益性'相一致时，必将会对世界经济的发展产生积极的促进或消极的阻碍作用。"[2]（3）经济外交具有"变化性"和"时效性"。"一个国家的总体利益和各项单一利益都在随着社会环境的发展变化而变化。在不同时代、不同国情、不同国际环境中，国家利益的侧重点不相同。为了在不同条件下对国家的安全、经济和政治利益提供保障，经济外交也必须随着国家利益侧重点的变化而转化自身的重点服务目标和领域，以符合国家利益的根本需要。由此可见，任何国家在某一阶段实施的经济外交政策和手段，都具有很强的时效性。及时掌握各国经济外交的变化和时效，有助于对该国各项政策措施的了解和把握。"[3]

综合来看，经济外交具有阶级性和民族性、利己性和公益性、变化性和实效性三对辩证统一的重要属性，并且，这三对属性在经济外交长期的发展进程中相互作用、相互影响。

第二，"经济外交"包括经济和外交两个方面的内容，二者在手段与目标之间不断转换定位。

因为外交是政治范畴的概念，所以，经济外交实际上仍是属于政治经济学范畴的概念。鉴于此，理解经济外交的本质，还是需要以厘清政治与经济之间的复杂关系为基础。不难发现，在经济外交的研究视阈中，外交

---

［1］曾琪：《经济外交与维护国家利益的关系》，载《东岳论丛》2005 年第 3 期，第 175 页。

［2］同上，第 175—176 页。

［3］同上，第 176 页。

（政治）与经济互为目的、互为影响，二者在表现上尽管存在一定的背离，或者说是脱钩，但在本质目标上却是完全一致、相互促进的，当然，深层次的本质目标较难准确判断、准确把握，需要极强的政治敏感度和深邃的政治洞察力，同时也要兼具较强的经济分析和综合判断能力。

潘锐指出，"经济外交"具有两层不同含义：一是经济是外交的一个内容，经济外交旨在用外交手段解决国家之间经济上的问题，从这一层面来看，经济外交与传统外交是在同一轨道上的，即经济外交也是用非武力的方式来代表或实现国家的经济利益；二是经济是外交的一个工具或手段，经济外交就是利用经济的手段来解决国家之间在政治或安全上的矛盾和问题。[1]简言之，潘锐的上述观点可概括为：在经济外交范畴中，经济为外交服务，外交也为经济服务，二者在方式与目标之间可相互转换。

不仅如此，当经济外交表现为外交手段时，其目标指向未必局限于经济范畴之内；而当经济外交表现为经济手段时，其目标取向还可能涉及政治或战略范畴的内容。也就是说，"经济外交作为国家外交的一部分，也必然要作为国家机器实现国家利益的一种重要手段，用来维护扩大和发展国家的政治安全"[2]。

这里就引申出一个具有一定争论性的议题，也是关于经济外交范畴的争论，其核心问题是对外经济政策抑或国际经济政策（特指以经济为工具、以解决经济问题为目标的外交）是否属于经济外交范畴？

对于这一争论，何中顺的著作《新时期中国经济外交理论与实践》在阐述了各种关于经济外交的概念后，不无总结性地指出："经济外交是用政治的、军事的手段来达到经济目标，或用经济手段来达到政治的、军事的

---

[1] 潘锐教授在为上海市美国问题研究所出版的"美国经济外交研究丛书"作序时，做出以上重要论述。详细内容参见卢林：《美国经济外交的结构和动力》，上海：上海人民出版社2017年版，"丛书总序"第1页。

[2] 王丽娟、武晓光：《经济外交与保障我国政治安全的作用》，载《河北师范大学学报（哲学社会科学版）》2007年第5期，第18页。

目标。"[1] 与此同时，何中顺不赞成"将单纯国家间的经济贸易关系或国际经济关系混同于经济外交，或者把对外的经济政策也等同于经济外交"，双边贸易关系的紧密不能等同于双边经济外交的发达，而国际经济关系更不能与经济外交相混淆。[2] 对此，笔者在一定程度上表示认同，但需要指出的是，因国际政治经济格局的演变不断深化，国与国之间的政治经济关系也变得愈发复杂，致使国家间只发生单纯的经贸关系的概率几乎为零。鉴于此，从某种意义上来说，现代社会中独立存在且不受干扰的国际经济政策业已不存在了，而一国的国际经济政策一定是建立在对特定时代的政治、经济、安全，乃至社会文化等不同客观因素的综合考量的基础之上的，脱离了经济发展的目标单一性和经济范畴的界限独立性，或多或少地兼具政治、安全、社会文化等多个不同范畴的属性特征。

不仅如此，第二次世界大战后的经济外交主要着眼点在于通过经济合作扩大政治利益，而当"供应链""价值链""产业链"等概念出现之后，经济外交又被赋予了新的使命，即构建或扩大经济外交实施主体在特定供应链中的地位和作用，实现自身对特定供应链的控制与操作，这不仅包括产业链的结构性构成，同时还涉及产业链的相关地理分布等。

作为开放经济体实施的经济外交，还要兼顾国内的经济政策，重点是要让经济外交更多地服务于国内经济政策的落实与见效，实现自身的预定经济目标等。

更为重要的是，随着"经济安全"的内涵及外延不断发展，经济外交又再度被赋予新的含义，经济外交战略目标的结构性组成中又增加了维护实施外交主体的"经济安全"这一新课题，尤其是宏观经济秩序的稳定与整个经济系统的有序运转，突出表现在通过扩大经济合作以确保包括能源、资源、稀有金属等战略性物资在内的稳定进口与保障。

---

[1][2] 何中顺：《新时期中国经济外交理论与实践》，北京：时事出版社 2007 年版，第
31 页。

第三，经济外交是时代发展的产物与结果。经济外交对国际关系的意义则是，有利于加强国际经济合作，有利于协调竞争性、冲突性的经济利益，有利于世界经济的发展，有利于国际关系的改善和发展。[1] 经济外交的勃然兴起与"和平与发展"的全球主流趋势息息相关。冷战结束后，"和平与发展"的主题日渐成为全球各国的共识与政治默契，以非武力的外交方式解决国与国之间的矛盾与分歧，亦同步性地成为全球社会的主流与趋势，取代了冷战前时常发生的武力抗衡抑或是武力攻击的暴力方式。换言之，经济外交虽早已存在，但其生命力的全面展示，只有在相互依存与经济全球化时代才能完全实现。当国家间和国际上以经济发展作为核心主题时，经济外交自然成为外交关系的轴心。[2]

不仅如此，时代变迁与体系转型，意味着资本、技术、资源、产品等经济因素快速地跨国流动，也意味着世界各国在经济上日益密切的相互依存。在全球政治和国家政治的议事日程上，经济发展占了首位。增进国民福利成了世界各国的中心任务，发展综合国力的基点也就放在了经济上。为此，各国竞相开展经济外交，力图充分利用世界资源和国际经济环境，实现国家的发展目标。因此，经济外交成为当代外交的主要方式，有历史的必然性。[3] 不仅如此，国家经济外交的策略与政策必须符合在特定阶段、特定时代背景下的国家战略大方向，并且，经济外交的实质性目标必然服务于国家最终实现其既定的大战略。

鉴于此，研究一国的经济外交政策必须注重三方面的特征把握：（1）时代性，涉及特定的国际环境、地区环境、周边环境、双边关系等；（2）战略性，包括国家大战略，如日本在第二次世界大战后的国家战略是实现向"正常国家"的转型、构建"政治大国"的国际形象和地位，这为其推行经济外交的大战略提供了前提性的政治保证；（3）内生性，这重点考虑的是国内因素的影响与制约，包括国内政治、经济、社会环境等各种

---

[1][2][3]　俞正樑：《国际关系与全球政治：21世纪国际关系学导论》，上海：复旦大学出版社2007年版，第112页。

因素的综合考量等。

第四，经济外交的形成与发生是多元因素影响下的共同结果，受到时代背景、国家关系的现实境遇、自身经济发展的特定条件等诸多方面的局限。首先，"经济外交过程的积极参与者既包括政府机构，还包括私营机构，而政府机构不仅有外交专业机构，而且包括行政和立法的各种机构；不仅包括联邦政府的种种机构，而且包括州政府和其他地方政府的参与"[1]。经济外交对国家的意义是，有利于增进国家的经济利益，有利于经济的开放性，有利于经济结构的调整，有利于全面融入世界经济。[2]

其次，国家的经济外交还会受到国际体系的制约与影响。"国际体系中国家经济外交的运行遵循着两种不同的逻辑——经济逻辑和政治逻辑。经济逻辑是指国家经济外交在市场优化资源配置的基础上最大限度地促进本国的经济发展，同时按照市场规则构建或维护某种国际经济秩序，致力于某种国际经济体系的正常运转；而政治逻辑是指国家经济外交在维护国家主权和自主的基础上最大限度地促进本国的国家安全和社会稳定，同时依据自身的战略意图努力适应并完善国际政治秩序规则，争取实现国家的对外战略目标。"[3]以此为背景，"在国际体系中，国家经济外交的运行也遵循着两种不同的取向——自由主义取向和现实主义取向。自由主义取向是指国家经济外交旨在追求合作与和平，尊崇国际制度和规范，视绝对收益和普遍互惠为外交目标。而现实主义取向是指国家经济外交旨在追求扩展政治权力，视相对收益和特定互惠为外交目标，以实现国家安全为根本"（参见图1.1）。[4]

---

[1] 卢林：《美国经济外交的结构和动力》，上海：上海人民出版社2017年版，第114页。
[2] 俞正樑：《国际关系与全球政治：21世纪国际关系学导论》，上海：复旦大学出版社2007年版，第112页。
[3] 孙灿、洪邮生：《国际体系视野下的"一带一路"倡议——国家经济外交运行的"平衡术"视角》，载《外交评论》2016年第6期，第4—5页。
[4] 同上，第6页。

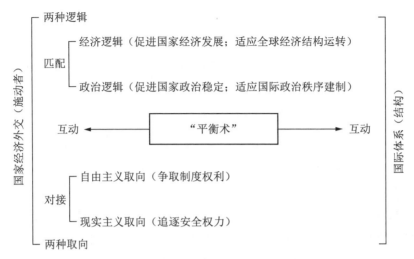

资料来源：孙灿、洪邮生：《国际体系视野下的"一带一路"倡议——国家经济外交运行的"平衡术"视角》，载《外交评论》2016年第6期，第7页，图1　国家经济外交与国际体系互动的"平衡术"。

图1.1　国家经济外交与国际体系互动的"平衡术"

四、 经济外交相关概念及属性的再定义

在综合考量各种因素之后，笔者认为应该给"经济外交"的定义限定一个范围，这个范围不能过窄，更不能过宽，过窄容易束缚住"经济外交"的涉猎范围，过宽又容易引发概念的泛化，引致"拿到盘子里的都是菜"的困惑，致使概念不明确，缺乏核心要义。与此同时，使用"经济外交"概念仅仅是为了强调外交中的经济内容和经济意义，并不能因为这一提法而抹杀了同一外交事件中除"经济"以外，诸如政治外交、文化外交、军事外交等其他外交分支的特性与意义。[1]

由此，笔者尝试性地对经济外交进行一个概括性的定义，即，经济外交是一国开展对外交往的主要形式之一，它以服务国家发展战略为基本前提，以谋求政治、经济、军事等广义的国家利益为根本目标，以援助、制

---

[1] 周永生：《经济外交》，北京：中国青年出版社2004年版，第20页。

裁、扩大或深化合作等为代表的、非暴力性经济手段为实现方式，其实施的核心主体必定是政府，部分符合国家战略意志的企业、民间资本、社会组织及团体等也是一国实施经济外交的行为体。经济外交具有双重属性：从政治范畴而言，经济外交的目标是维护双边或多边政治合作的友好气氛，为本国参与地区及国际事务的协商与斡旋创造最佳、最有利的外部环境；从经济范畴而言，经济外交的目标是维护或扩大本国的经济利益，为本国的经济发展提供广阔的利益源头与合作伙伴。

与此同时，外交是内政的延续，而经济外交更是一国政治经济的集中性外化表现。经济外交不仅是体现一国外交特征的主要方式，也是一国维护或扩大自身经济利益的直接手段，更是一国实现全方位战略利益的有效路径。不仅如此，经济外交的内涵与外延持续发生巨大变化的主要动因，就在于经济问题的"政治化"。当经济与政治愈发复杂地关联在一起时，就很难用简单的方法来辨别某一特定事件是经济问题还是政治问题，甚至很难在政治与经济二者之间划出一条清晰的分界线。尤其是当经济问题与国家安全相挂钩时，就极易引发政治化倾向，这突出反映在与国家经济安全相关的问题上，此时就根本无法用单纯的经济方式来解决所谓的经济问题了，其中必然夹杂着若干政治或安全上的战略要求。

以经济外交中的一支，即以经济为手段、政治为目标的典型案例来说明，或许有助于更好地理解经济外交的概念属性。比如美国和日本对朝鲜长期实施的经济制裁。从表面来看，日美两国的经济制裁措施是经济属性的，目的是遏制朝鲜的对外经济发展，破坏朝鲜国内的经济发展体系，但其战略目的显然是颠覆朝鲜政府，在朝鲜境内培养抑或扶持起一个亲西方、亲美国的统治政权，使其在政治理念和对外战略上完全倒向西方阵营，因此，日美两国的对朝经济制裁就是典型的经济外交。又如美国对委内瑞拉实施的经济制裁。表面上，美国也是希望利用经济制裁措施，断绝委内瑞拉马杜罗政权的一切对外经济交往，尤其是对外石油贸易出口，阻绝其外汇来源和收入增长，但本质上，美国的战略目标却是政治属性的，即希望借此推翻马杜罗政权，扶持反政府势力上台，进而在委内瑞拉建立一个完全亲美抑或是依附于美国的所谓"民主政权"。

而经济外交的另一支，即以外交（政治）为手段、经济为目标的案例更是数不胜数。如第二次世界大战后日本开展的对华外交活动，尤其是20世纪七八十年代，日方表现出希望恢复中日关系发展、扩大中日政治交流的意愿，但在其背后，也埋藏着日本希望第一个进入并开发广阔的中国市场的想法，试图为日本经济的中长期发展锁定稳定市场和牢固依靠。因此，日本对华外交的很多内容可以归为"经济外交"类别。另一个较为典型的案例就是日本对东南亚的经济外交。1977年7月，日本首相福田纠夫访问东盟国家，在马尼拉发表其代表性的"福田主义"三原则，即日本是经济强国，不是军事强国；日本加强与东盟的经济、社会、政治和文化关系；日本希望在相互理解的基础上建立关系。[1]嗣后，日本逐渐扩大对东南亚国家的经济援助，其战略目标显然并不仅仅停留在扩大日本与东南亚国家的经济联系上，而是更多强调其潜在的政治价值。要知道在福田赳夫之前，日本首相田中角荣访问东南亚国家时遭到了当地的强烈抵制，很多国家仍在第二次世界大战历史问题上狠狠地揪住日本不放。为了洗刷遗留在东南亚国家民众心中的二战阴霾，日本制定并公布了"新东南亚主义"，并扩大对东南亚国家的经济援助和经济交流，因此，日本对东南亚国家经济外交的战略目的就是缓和政治关系，重塑日本在东南亚地区的存在感和影响力。

由是观之，日本是运用经济外交的"老手"，而经济外交是日本对外政治不可或缺的重要组成部分，也是日本实现多维度战略目标的路径依赖。从这一层面来看，以日本为研究对象，能够更具体、更形象地认知和理解经济外交的概念与表象，同时也有助于更全面、更深邃地思考经济外交的现实价值与重要意义。这或许也是本书研究的一大价值体现。

---

[1] 张德明：《东亚经济中的美日关系研究（1945—2000）》，北京：人民出版社 2003 年版，第 176—177 页。

第二节

————

日本经济外交思想及具体政策的产生与发展

"外交"一词对于日本而言其实并不陌生。历史上，日本也不乏具有卓越外交才能和深远外交思想的大家。著名日本文化史研究专家内藤湖南就曾在其专著《日本文化史研究》中，对日本古代圣德太子的外交才能褒奖有加，同时也从一个侧面勾勒了古代日本外交及对华交往的历史画面。[1]由是观之，日本自古就是一个重视外交、善于外交的国家，并且也一直在不同的历史阶段，巧妙地使用不同的外交手段，以谋求实现自身的现实利益和战略利益。

作为外交的重要分支之一，经济外交在近现代日本对外政治中成为常态化的表现方式之一，尤其是第二次世界大战后的日本外交，在政治外交和军事外交受到诸多限制的客观条件下，经济外交跃然升格为尤为突出且极为显著的外交"首选"，并为日本在短时间内获取巨大的经济财富、扩大政治影响力等发挥了积极作用。

值得关注的是，第二次世界大战后实施的《日本国宪法》（又称"和平宪法"，1947 年 5 月 3 日正式生效）实际上约束了日本的政治外交行为。简言之，"和平宪法"在法律上否定了日本运用军事外交手段的可能性。[2]其中第九条明确规定："（1）日本国民衷心谋求基于正义与秩序的国际和平，永远放弃以国权发动的战争、武力威胁或武力行使作为解决国际争端的手段；（2）为达到前项目的，不保持陆海空军及其他战争力量，不承认国家的交战权。"由此，第二次世界大战遗留下的痛苦记忆以及"和平宪法"所产生的积极影响，促使日本国民的和平主义思潮日益高涨，进而对

———————————

[1] [日]内藤湖南：《日本文化史研究》，刘克申译，北京：商务印书馆 2017 年版，第 50—55 页。
[2] 蔡亮：《互利与共赢：日本对上海 ODA 研究》，合肥：合肥工业大学出版社 2010 年版，第 19 页。

日本外交战略及演进方式等均产生了直接影响，也促使经济外交在日本外交中逐渐占据核心位置之一。

另一方面，作为第二次世界大战后全球主要的开放经济体，日本的经济外交也是其国内政治经济、对外关系及平衡大国利益关系的集中性表现，更是其实现包括经济利益在内的全方位战略利益的直接表现方式之一。

美国著名的社会学者露丝·本尼狄克特在其著作《菊与刀》中，将日本人矛盾的心理描述得淋漓尽致，菊代表着忠诚天皇的统治，刀象征着武士道精神，菊与刀的表述充分表明了日本人性格中存在着服从与倔强的对立，傲慢与谦卑的矛盾：日本人既彬彬有礼，也傲慢专横；日本人既穷兵黩武，也虚心好学；日本人既顽固不化，也善于革新；等等。[1]由是观之，日本人生性中总是存在着极端性的对立，简言之就是，虚伪与务实并存，保守与革新共生。从这一层面来看，经济外交或许是最符合日本人性格特征的对外政治方式。经济外交作为第二次世界大战后日本对外政治的一种主要形式，既迎合了日本扩大政治影响力、构建政治大国的虚荣心，也满足了日本发展经济、建设经济大国的战略需求，而且，更符合日本人低调务实抑或是"只做不说"的行事风格。由此，经济外交似乎就是为日本"量身定做"的外交方式。

一、第二次世界大战前日本外交及经济外交思想的溯源

应该说，经济因素始终是第二次世界大战前和战后影响日本外交政策的主要动因之一。

1923年9月1日，日本关东地区发生7.9级强烈地震（史称"关东大地震"），地震灾区包括东京、神奈川、千叶、静冈、山梨等地，造成巨大的人员伤亡和财产损失。这场历史罕见的地震不仅重创了日本经济社会的有序发展，更波及日本的政治与外交，也为日后日本完全走上军国主义侵略

---

[1]　[美]露丝·本尼狄克特：《菊与刀》，北塔译，上海：上海三联书店2007年版。

道路埋下了伏笔。

之后，昭和时代开启，日本国内兴起了"产业合理化"的浪潮，实质是为了提升日本制造业的生产能力及技术竞争力。阿部勇及第二次世界大战刚结束时主张"倾斜生产方式"经济政策的代表人物——有泽广巳等日本著名经济学家也参与了相关政策的研究与论证。[1]值得一提的是，为了帮助日本尽快走出地震灾难的阴影，同时提升日本的军事实力和战备能力，为其之后发动大规模的对外侵略战争提供充足的战略准备，当时的日本政府就已经意识到经济外交的重要性和必要性。查阅国立公文书馆所藏的档案，可以找到大正 14 年（1925 年）1 月 29 日农业商务大臣高桥是清、外务大臣币原喜重郎、大藏大臣浜口雄幸，针对众议院议员马场义兴就经济外交相关问题质询的答辩书，其中的主要内容如下：当前日本经济面临的主要困难是，因大量进口筹集灾后（指 1923 年 9 月 1 日的"关东大地震"）重建所需的资源和材料而导致对外贸易形势的逆转，以及第一次世界大战结束后世界经济仍一直深陷泥潭的大环境背景，为此，日本政府推出整理并紧缩财政、振兴出口贸易、鼓励海外日侨积极投身经济发展活动等应对政策；中国的进口关税税率过高造成日本在双边贸易中处于不利地位；日本政府遵循"中国关税特别会议"达成的条约精神，与各国积极协调修改中国关税的相关事宜，以缓解日本在对华贸易中蒙受的损失；政府尊重日中两国的合理立场，在国民相互谅解的基础上，对华开展精神、文化，乃至经济方面的合作，以弘扬两国亲善的主旨；等等。[2]由此可见，1925 年的日本政府已具备了相当成熟、系统的经济外交理念和思路，完全可以称得上是有目标、有指向、有方法、有依托，同时相关政策

---

[1]「産業合理化ノ意義」、国立公文書館ディジタルファイル『昭和財政史資料第 4 号第 53 冊』、https：//www.digital.archives.go.jp/das/image/M0000000000001901287（2019 年 10 月 20 日访问）。

[2]「馬場義興提出経済外交ニ関スル質問ニ対スル農商務外務大蔵三大臣答弁書」、国立公文書館ディジタルファイル『公文雑纂・大正十四年・第十七巻・帝国議会三・質問・答弁』、https：//www.digital.archives.go.jp/DAS/meta/listPhoto？LANG＝default&BID＝F0000000000000010420&ID＝M0000000000000268608&TYPE＝（2020 年 2 月 25 日访问）。

之间有协调、有补充，即国内政策与对外政策相互辅助，对华政策与对主要资本主义国家政策相互呼应，宗旨是迫使中国进一步降低关税，以有助于日本扩大对华出口贸易，扩大其在华经济利益，为其国内经济的发展振兴及对外资源掠夺等提供更加优厚的条件。不仅如此，日本这一阶段的对华经济外交明显存在两个方面的对象，一是直接的贸易对象国——中国；二是参加所谓"中国关税特别会议"的相关国家，即当时世界主要的资本主义强国。而在对华经济外交的落实方式和方法上，日本则强调以经济为目标，凭借精神性的或文化性的非经济手段，为其根本性的对华经济掠夺"铺路"。此外，从上述的文件中我们不难发现，20世纪30年代的日本已将中国牢牢锁定为侵略的对象，尽管当时它已采取了军事化的手段，但对华经济和资源残酷掠夺的结果进一步扩大了日本对华侵略的取向和胃口，这也为之后日本毫无掩饰地、彻底发动侵华战争埋下了伏笔。

之后，日本就赤裸裸地走上了军事强国及对外军事扩张的道路。1940年8月，日本近卫文麿内阁制定了建立"大东亚新秩序"的方针，提出建立包括整个东亚地区在内的经济合作圈，形成所谓的"大东亚共荣圈"。在这一名义下，日本向包括中国在内的"共荣圈"对象国家及地区提供一定的经济援助，并依托签署不同种类的合作协定，夯实及扩大日本与相关国家的经济联系，同时也进一步稳固这些国家对日本的经济依赖。尽管如此，这也根本无法掩盖日本对外侵略的意图，并且，日本的对外经济行为显然是为其对外侵略和领土扩张服务的。战时的日本经济外交显然是以经济为手段的外交方式，本质是为了服务其军事扩张主义路线，最终目标是要扩张海外殖民地或抢占他国领土及宝贵资源。日本在建立"大东亚新秩序"和"大东亚共荣圈"名义下的经济外交，本质上是希望通过所谓的"经济合作"，弥补军事占领的不足，加强侵略效果，以便日本在亚太地区构建起稳定的殖民经济体系，辅助其下一步的对外军事扩张，提升日本在政治、经济、文化、价值观等方面的战略性影响。[1]

---

[1] 周永生：《经济外交》，北京：中国青年出版社2004年版，第341—342页。

最终，第二次世界大战的终结及日本的战败结束了日本对外军事扩张的野心与狂妄，更迫使其在国家未来发展道路上进行重新思考与选择。

二、 第二次世界大战后日本外交及经济外交思想的重构与发展

第二次世界大战对日本的政治、经济、社会等方方面面均造成了严重创伤。战后的日本一度处于"被占领"的阶段，囿于驻日盟军最高司令官总司令部（General Headquarters，GHQ）的控制。迫于现实的无奈，日本实质性地失去了外交权力，而当时日本所仅有的"外交"，也主要是与GHQ之间的政治交往，其中，1945 年 9 月 27 日裕仁天皇拜访当时的驻日盟军最高司令麦克阿瑟，堪称日本在那个特殊时代的代表性外交活动之一。

第二次世界大战后日本的国家战略是实现"正常国家化"。20 世纪六七十年代，当日本的经济能力与国家综合实力重新爬升至全球领先行列之后，实现"政治大国"目标就成为新历史条件背景下日本实现"正常国家化"的新的集中性体现，换言之，成为"政治大国"与"正常国家化"在战略取向及战略目标上是一致的，而成为"政治大国"是"正常国家化"新时期日本国家战略的发展与延伸，是"正常国家化"在客观条件改善后的新体现与新表述。不仅如此，战后日本的经济外交战略及相关政策始终从属于日本的国家战略，并且始终服务于日本国家战略的实现与展开。周永生指出，第二次世界大战后，日本之所以首倡经济外交，不仅由于它在相对封闭的国际环境中缺乏其他外交手段，只有经济外交才有益于打开对外交往的渠道；更重要的是，日本确立了"经济第一"的国策目标，要用外交手段全力为本国的经济发展服务。同时，这也是对战前一贯以武力为后盾和凭借的外交模式的否定。[1]

应该说，粮食外交揭开了第二次世界大战后日本经济外交的帷幕，也

---

[1] 周永生：《经济外交》，北京：中国青年出版社 2004 年版，第 16 页。

是战后日本经济外交的萌芽，而且为其渡过战败后的困难期、窘迫期，实现经济恢复创造了重要条件。[1]不仅如此，粮食外交也为日本积累了经济外交的经验与基础，还为其之后选择经济外交的主路线完成了事实上的准备工作。

直到1951年所谓的《旧金山和约》签署及生效之后，同盟国军事占领日本的状态宣告结束，而日本也相应地获得了实质性的外交权力。之后，日本重新正式步入国际舞台，并展开一系列的外交活动，试图在第二次世界大战后的国际政治圈中重新建构一个新日本的政治形象，并逐步提升和扩大日本的政治影响力。日本外交的根本性目标就是提升日本的国际地位，诚如日本外务大臣藤山爱一郎在1957年版《外交蓝皮书》（外交青书）的"前言"部分中所述，《外交蓝皮书》的出版有助于日本民众更好地理解日本的外交政策，并积极参与或投身于相关活动之中，以服务于国家地位的整体提升。[2]由此可见，提升日本的国际地位是战后日本外交的第一要务。

需要指出的是，一方面，对于第二次世界大战后的日本而言，战争中的痛苦经历、对他国的残酷侵略及其产生的严重后果，是无法掩饰和抹去的历史性记忆。由此，战后的日本毅然决然地选择了走和平主义路线，而"和平宪法"的实施正式宣告日本放弃陆、海、空军及其他战争力量，也不承认国家的交战权。自此，法律上不能再拥有军事力量的日本自然也就主动放弃了军事外交的特定方式。[3]丧失军事外交这一手段的同时，第二次世界大战遗留的"侵略者形象"又在一定程度上约束了日本政治外交的能

[1]　周永生：《经济外交》，北京：中国青年出版社2004年版，第112页。
[2]　外務省『昭和32年版わが外交の近況』、1957年9月、https://www.mofa.go.jp/mofaj/gaiko/bluebook/1957/s32-contents.htm（2019年1月3日访问）。
[3]　这里需要指出的是，尽管日本宪法上规定放弃拥有陆、海、空军及其他战争力量，但随着日本自卫队的建立以及之后相关人员及装备的不断壮大，日本实质上已经拥有了一支有较强军事作战能力和军备实力的武装力量，不仅如此，通过构建日美军事同盟及参与包括联合国维和行动等在内的其他军事合作机制，日本的军事外交事实上也在如火如荼地推进、扩大，目前已成为日本外交的重要手段之一，不容小觑。

力和亲和力，迫于无奈，日本唯有倚重经济外交这一特殊手段，自力更生，为日本外交、日本政治打开局面，创造对外交往的可施展空间。

另一方面，战前的日本外交相对较为轻视经济问题，更为重视军事及政治等问题。第二次世界大战后国际形势的剧变引发日本社会的重新思考与审视，日本希望在新的国际形势中尽快地完成战后的"蜕变"，同时重新回归国际社会，寻找并确立其在国际社会的"准确"定位。简言之，日本对战后国际形势的重新认识与战略判断，促使日本日益重视经济外交这一实用性的外交方式。

此外，第二次世界大战后日本发展国内经济、振兴工业的现实需要，以及随之产生的经济思想的转变等，均成为日本迫切拥抱经济外交的主要动因。

以此为背景，日本政府 1957 年公布的第一本《外交蓝皮书》中首次使用了"经济外交"一词，并将"经济外交"明确定为日本外交的三大课题之一。"经济外交"一词的出现既反映了日本政界对内外政治、经济、安全形势谨慎研判后的战略论断，以及对今后日本外交必须紧密围绕国内经济建设为中心，更好服务于这一战略目标的尽早实现的任务安排；同时又强调了对吉田茂内阁所采取的"弃武从经"，抑或是"经济优先、轻军事"发展路线的高度肯定。换言之，"经济外交"可被视为"吉田路线"在外交领域的典型化身，是通过和平的经济手段实现日本利益最大化的路径设计与政治实践。而作为"吉田路线"的主要设计者和实施者的吉田茂，自然也就成为第二次世界大战后日本"经济外交"的主要实践带头人及推广者，其背后的推动力则是现实主义的政治思维。有趣的是，日本著名国际政治学者高坂正尧敏锐地观察到了这一点，并将吉田茂的现实主义价值观挪揄为"商人国际政治观"。[1]

这里需要强调的是，高坂正尧可谓是第二次世界大战后日本国际关系

---

[1] [日] 村田晃嗣：《现实主义——日本的特点》，载 [日] 日本国际政治学会编：《日本国际政治学（第一卷）：作为学科的国际政治》，刘星、张慧译，北京：北京大学出版社 2017 年版，第 48 页。

学界的领军人物，也是"日本型现实主义"[1]派的代表人物。高坂正尧极为强调经济实力和经济外交，认为日本前首相吉田茂秉持了"商人式的国际政治观"，坚持经济中心主义的发展道路，符合日本的国家利益和国民的根本期待。[2]

日本学者高濑弘文就曾指出，第二次世界大战战败使日本丧失了殖民地，并使日本的贸易依赖性急遽上升，因此，日本必须以战后的世界为背景，重新定义"新日本"，同时必须在战后世界中开辟"新市场"。换言之，经济外交是摸索构建"新日本"及明确其在国际社会新地位的依赖性工具。[3]不仅如此，高濑弘文还以日本战后的历史案例为线索，深究了"经济外交"的概念演变。高濑弘文用"阶段论"的分析法系统性地切割了战后日本经济外交的发展史，并细致剖析了每个不同阶段日本经济外交的构想特征等内容，具体包括：（1）谋求变革的经济外交（1952—1973年）；（2）维持体制的经济外交（1973—1997年）；（3）战略性的经济外交（1997年之后）。[4]

这里有必要对第二次世界大战战后初期日本经济恢复的艰难历程做一个简要的回顾与总结。实际上，由于日本受到战争创伤的恶性影响较大，加之日本本身也存在资源不足等发展弊端，战后日本经济的完全恢复

---

[1]　日本京都大学学者张帆将"高坂正尧式现实主义"定义为"一方面坚持权力政治为主的现实主义国际政治理念；另一方面，根据日本国内政治实践的现实情况，更多地提倡价值理念的辅助作用"；"高坂正尧式现实主义""试图提供一个超越以往论争、理性看待国内外局势的新视角，其所追求的是一种能够最大限度整合国内意见、有效实现国家利益的对外决策取向"。具体内容参见张帆：《高坂正尧早期国际政治思想述评》，载《国际政治研究》2012年第2期，第178页。宋伟进一步拔高了"高坂正尧式现实主义"的概念意义，并提出"日本型现实主义"的新概念，其主要特征就是张帆所归纳总结的上述内容。参见宋伟：《日本为何缺乏国际关系理论创新？——以日本型现实主义为例》，载《国际政治研究》2018年第5期，第66—70页。

[2]　宋伟：《日本为何缺乏国际关系理论创新？——以日本型现实主义为例》，载《国际政治研究》2018年第5期，第69—70页。

[3]　高濑弘文「『経済外交』概念の歴史的検討——戦後日本を事例に」『広島国際研究』、第19巻、2013年、第22頁。

[4]　同上，第21—38頁。

走过了一个相对较长的历史过程，其时间大约是从 1945 年二战结束至 20 世纪 50 年代末、60 年代初，即日本国内经济的"全面恢复期"。[1]

第二次世界大战结束之后，日本国内经济萧条、万象凋敝。1946 年的日本工矿业生产指数均比战前（1934—1936 年平均水平）下降了 70%，农业生产指数下降了 40%；人均实际国民生产总值和实际消费水平分别相当于战前的 50% 和 60%。[2]在驻日盟军最高司令官总司令部的托管下，日本通过进口粮食、石油等重要保障物资，勉强维系国内经济体系的有序运转。这一时期，日本政府经济政策的重心主要落在尽快修复因战争而导致的混乱经济秩序上。日本于 1949 年实施了美国人所设计的"道奇路线"，日元汇率维持在 1 美元等于 360 日元的固定水平上，以此遏制当时较为严重的通货膨胀。这不仅为恢复和扩大日本对外贸易创造了良好条件，也为日本经济在此后迅速实现高速增长打下了扎实基础。[3]之后，持续三年多的朝鲜战争，为日本创造了长时间的外部经济刺激因素。受其影响，日本经济进入了"朝鲜特需"背景下持续的经济繁荣期，经济发展也迅速恢复至战前最高水平。继"特需景气"（1950—1953 年）之后，日本又陆续经历了"神武景气"（1955—1957 年）、"岩户景气"（1959—1961 年）两个重要的经济增长阶段，到了 20 世纪 60 年代，可以说日本经济完全摆脱了战争阴影，并且已经成长为国际经济体系中的重要一员。

国内经济逐渐恢复，综合国力也与日俱增，促使日本开始更多地思考地区影响力及其在国际社会中的"准确"定位等政治问题。为了更好地服务国内经济的复苏与发展，同时尽快洗刷日本战败国的不良形象，实现日本在第二次世界大战后国际新秩序中的重新定位，如何开展对外交往，尤其是对外经济交往就成为日本政府对外交往的一个重大课题。以此为背景，"经济外交"的议题就进入了日本学者及政治家的视野。

---

[1] 陈友骏：《日本政府的经济政策研究》，北京：世界知识出版社 2016 年版，第 233—234 页。

[2] 张季风：《日本加入关贸总协定与对外开放经济体制的确立》，载《外国问题研究》1994 年第 3 期，第 20 页。

[3] 张季风：《日本经济概论》，北京：中国社会科学出版社 2009 年版，第 7 页。

与此同时，日本政界与学界也围绕着"经济外交"的概念与使命等，展开了深入且务实的对话与探讨。譬如说，关于"经济外交"的具体概念，日本著名经济学家都留重人与政治家藤山爱一郎之间，曾有过一场精彩讨论。藤山爱一郎对经济外交的理解强调"解放经济的外交"，并且，与消除南北问题相比，推动贸易自由化是经济外交的最优先任务。对此，都留重人从正面给予了严正反驳，提出经济外交是"以国民利益"为基础的外交，用以应对"自然驱动力"难以解决的问题以及其所衍生出的相关问题，具体如南北问题等，在一定程度上，经济外交必须忽视"理性经济人"的经济学假定。简言之，在都留重人的眼中，经济外交是"统治经济的外交"。不仅如此，以此为依据，都留重人还指出，如果在一定程度上无法忽视"理性经济人"假定的话，则日本很难在欠发达国家发展问题上做出积极贡献。[1]由此可见，作为第二次世界大战后日本自由派经济学者代表的都留重人，试图从经济学理论的视角出发，对经济外交的概念做一个大致的框架性描述，同时他给出了一个关键性的定义，即经济外交在一定程度上需要忽视"理性经济人"的经济学假设，但无论如何，它都必须建立在"国民利益"的基础之上。简言之，经济外交可以是"非经济"行为，而国民利益这一核心变量才是判断经济外交合理性与合法性的基本前提，发挥作用的并不是简单的物品买卖所产生的经济变量。应该说，都留重人的这一代表性观点此后便成为指导或影响日本制定和实施经济外交政策的核心理念。

如果说经济学家都留重人与政治家藤山爱一郎在1963年围绕如何定义经济外交概念的激辩，是日本国内第一轮关于经济外交的大讨论，那么20世纪70年代中叶，日本国内掀起了第二轮大讨论，核心议题集中于政府及国家在市场中发挥何种作用，而主要参与的学者及政治家包括加藤义喜、加藤宽、田中直毅、山本满等社会知名人士。[2]田中直毅明确指出"政府

---

[1] 高瀬弘文「『経済外交』概念の歴史的検討——戦後日本を事例に」『広島国際研究』、第19巻、2013年、第23—25頁。

[2] 同上，第28—31頁。

在经济外交中发挥重要作用，实施不依托市场的国际资源再分配"，同时，田中直毅认为经济外交是优先考虑经济的外交，这完全类似于加藤义喜的基本立场；与之相对，山本满指出经济外交就是利用各种方式"管理"市场机制的外交，这基本等同于加藤宽所强调的经济外交是"管理经济的外交"。[1]由此不难发现，在此轮围绕经济外交的大讨论中，日本国内清晰地分为对立的两派，以田中直毅为代表的一派强调政府在经济外交中扮演关键性角色，同时市场机制并不起到任何作用；而以山本满为代表的一派则强调市场机制在经济外交中的优先地位，换言之就是经济外交也不能抛弃市场机制这一前提性条件。实际上，日本国内就经济外交的第二轮讨论，基本延续了第一轮围绕是否需要抛弃"经济人假设"的辩论思路，集中探讨了经济外交主导性力量的归属问题，即究竟是政府主导，还是市场主导。因此，从某种意义上说，第二轮经济外交的大讨论仍然是在经济理论的大框架内展开的，其背后折射出的内在逻辑清晰地反映了日本的凯恩斯派与自由主义市场派在经济外交问题上的学理性斗争。

另一方面，第二次世界大战后初期日本经济外交思想的形成与演变更是受到了国内经济思想的重要影响。为了更快、更好地实现战后日本经济的复苏，日本国内政界和经济界主流不约而同地将"凯恩斯主义"及"李斯特主义"[2]指导下的政府干预型经济政策视为振兴经济的救命稻草，其代表人物就是东京大学的有泽广巳教授。根据有泽广巳教授提出的"倾斜生产方式"构想，1947年吉田茂政府推出了一系列重点产业发展计划，将钢铁和煤炭两大产业视为优先发展对象，以充实和提升日本经济的基础性条件。由此，战后日本启蒙的经济外交思想与凯恩斯主义、李斯特主义的经济学思想之间存在着千丝万缕的联系，它是传统经济主义所积极倡导的、政府参与国家经济治理思想的外向型延伸，也是二者在对外经济板块的全

---

[1] 高瀬弘文「『経済外交』概念の歴史的検討──戦後日本を事例に」『広島国際研究』、第19巻、2013年、第30頁。
[2] 德国经济学家弗里德里希·李斯特主张国家应主导工业化的发展，强调以国家形态来保护本国工商业的重要性，是"国家资本主义"思想的重要奠基人。

新表现。更为重要的是，无论是凯恩斯主义，还是李斯特主义，其所倡导的国家干预经济的合法性，为经济外交提供了特定的可能。[1]这里需要指出的是，战后初期日本的经济思想其实还是偏保守的，有相当大的经济保护主义成分在内，它"高度重视国家作为国际关系中的主要行为主体和经济发展工具的作用，非常强调国家安全和政治利益在组织与处理国际经济关系中的重要性，强调政治行为主体之间的政治关系对国际经济活动的影响"[2]。

当然，随着日本经济逐渐恢复并取得重大成果，日本经济外交的工作范围逐步扩大，相关成果也在逐步积累。仅以日本参与全球经济治理体系而言，这也完全可以从一个侧面清晰阐明日本经济外交的诸多成果。

20世纪60年代末，经过第二次世界大战后20多年的复苏与发展，日本经济一跃成为国民生产总值（GNP）世界排名第三的经济大国。以此为背景，"新经济外交"的概念在日本逐渐抬头，其讨论紧扣维持自由贸易体制的发展，以及日本在这一体制中的国际地位这两大核心问题而展开。[3]

三、冷战后日本经济外交思想的演变

冷战结束后，以意识形态竞争和军事实力对抗为特征的国际格局迅速转变为以经济实力与科技实力博弈为主题的新战略竞争格局。这一战略背景的剧变为日本创造了成长为"政治大国"的时代条件，因为其具备西方世界第二强的经济实力与第二次世界大战后实现快速经济重建的成功经验。更为重要的是，当经济发展成为全球政治经济社会发展的主旋律之后，日本在战后所积累的得天独厚的战略优势，帮助其进一步稳固了在国际政治经济舞台上的重要地位。而且，日本也希望向以中国为代表的"第三世界

---

［1］　何中顺：《新时期中国经济外交理论与实践》，北京：时事出版社2007年版，第40—43页。

［2］　张学斌：《经济外交》，北京：北京大学出版社2003年版，第187页。

［3］　高瀬弘文「『経済外交』概念の歴史的検討戦後日本を事例に——戦後日本を事例に」『広島国際研究』、第19巻、2013年、第22頁。

国家"输出经济建设方面的成功经验，以凸显其在国际政治经济格局中的地位及向国际社会提供公共产品的重要价值。

1991 年日本驻 OECD 大使藤井宏昭指出，冷战的终结导致国际政治中经济的比重增大，同时国际政治介入经济领域的可能性也随之提升。而政治介入经济的最主要动因，一是世界的非稳定性，以及国际规则的非健全性；二是安保与通常的经济活动之间没有明确的界限。[1]藤井宏昭的观点表明两个方面的基本态度：一方面，冷战后政治将深度介入经济，形成新的政治经济逻辑，未来经济问题的走向或许将严重依赖于政治风向的变化；另一方面，经济的政治化将是较为明确的发展趋势，由此，经济的目的将不再停留于经济范畴，而是广泛地延伸至政治范畴，简言之就是经济是手段，政治是目的。总体上，藤井宏昭对冷战后的政治经济形势判断符合日本经济外交的战略思路，同时也折射出日本意图将经济与政治充分融合、互为辅助的基本设计。

不仅如此，藤井宏昭还认为，与冷战前相比，冷战后的世界将凸显相互依存的关系。[2]这实则为日本——外向型经济体的代表——创造了巨大的发展机遇。基于此，冷战后的 20 世纪 90 年代，日本深度融入世界经济，这主要基于以下三点重要判断：（1）日本是世界上最大的债权国，也是为数不多的对外投资输出国，是世界资金的供给国，对于资金缺乏趋向严重化的世界而言，日本的价值将愈发增大；（2）日本将继续保持世界上最有效率的产业国家地位，这主要依托于日本的经营专利、国民的勤奋、劳资关系、节能技术及合理化投资等；（3）日本是引领世界科学技术发展的重要国家之一。[3]

由此，藤井宏昭的上述论断直白地表明了冷战后日本积极拓展经济外交的战略动因，也清晰呈现了日本实施经济外交的优势所在及可用资源等。

此外，日本著名政治家小泽一郎在其著作《日本改造计划》中，就曾

---

[1] 藤井宏昭「90 年代の国際経済と日本の役割」『外交フォーラム』、1991 年 1 月号、第 51 頁。
[2][3] 同上，第 51—52 頁。

直言不讳地指出，作为新的经济外交方式，日本应率先开放国内市场，彻底实行内外无差别的原则。显然，小泽一郎的观点代表了日本精英阶层对经济外交的新理解与新诠释，说明日本对开展经济外交方式的认识在外延上发生了深刻变化，即可以通过开放本国市场，实行内外无差别的公平市场原则、贸易原则，以换取对美关系的稳定发展及对美长远的战略利益。于是，开放本国市场也成为开展经济外交的一种手段与方法。不仅如此，从日本的经验及日美关系之后的走势来看，日本的这一开放行为的确也博得了美国的"赞赏"，也为之后日美关系回归相对稳定的状态发挥了积极作用。

2008年全球金融危机之后，日本国内就经济外交这一议题兴起了第三轮的大讨论。与以往的讨论不同的是，此轮讨论并没有纠结于经济外交的概念、政府与市场之间的对立，以及经济与外交的关系等，而是提出"产官学"合作及"官民一体"的新理念，并以此构建"全日本举国体制"（all Japan），同时强调经济与外交的一体性。这一时期日本经济外交的主要任务并不仅仅是维护自由贸易体制及日本在这一体制中的地位，而是要充分考量冷战后国际政治经济形势的重大变化及国际格局的深度调整，构建新的"日本模式"，并以此重新融入国际体系，具体路径则侧重于构建经济伙伴关系协定（Economic Partnership Agreement，EPA）、自由贸易协定（Free Trade Agreement，FTA）、跨太平洋伙伴关系协定（Trans-Pacific Partnership Agreement，TPP）等经济合作框架。[1]由此可见，这次讨论的结果在之后日本经济外交的战略构建及政策落实中得到了严格贯彻。当然，其中也发生了一定的小插曲，如日本经济界出于对日本政府经济外交的不满，或是怀有为政府经济外交做出积极贡献的凌云之志等两方面不同动因，提出了"民间经济外交"的新概念。[2]

2019年7月，日本宣布并实施对韩国的出口管制，主要涉及抗蚀剂、

---

［1］高瀬弘文「『経済外交』概念の歴史的検討戦後日本を事例に——戦後日本を事例に」『広島国際研究』、第19巻、2013年、第31—34頁。

［2］同上，第24—25頁。

高纯度氟化氢和氟聚酰亚胺这三种用于半导体或面板生产的重要材料。对此,日方给出的理由是韩方在贸易管控问题上执行不力,可能导致上述材料流向第三方并被制成大规模杀伤性武器。显然,日本给出的这一"冠冕堂皇"的理由有些牵强,其背后折射出日韩双方积累已久的恩怨与矛盾。具体而言,日本对韩国实施出口管制,可被视为一次集中性的报复和发泄。2019年4月,WTO上诉机构推翻了此前争端解决专家组的判定,将韩国以可能受放射性物质影响为由,对日本福岛和茨城等8个县的水产品采取的进口限制措施,重新定性为合理措施,引发日方的极度不满。[1]嗣后,韩国国内又掀起了对日要求第二次世界大战劳工赔偿的浪潮,多家日本企业被韩国原被征劳工及遗属等告上法庭,要求赔偿;同时,又有部分原被征劳工及遗属组成的原告团针对日本企业提起追加诉讼。[2]不仅如此,部分原告方还向韩国法院申请下达变卖日本企业资产的命令,以实现强制日本企业赔偿的目标,对此,日本政府不无警告地称"绝不能接受"。与此同时,日方希望尽快以仲裁委员会的形式,来解决原被征劳工的诉讼问题,对此,韩方并没有给予积极回应。6月末,韩国首尔高等法院做出二审判决,支持勒令日本制铁(原新日铁住金)公司支付每人1亿韩元(约合人民币60万元)的一审判决结果,并驳回了该公司的上诉[3],这进一步激化了日韩关于原被征劳工赔偿问题,致使双边的僵局陷得更深。此外,2019年7月下旬日本举行国会参议院选举,这对于当时执政的安倍内阁而言,实际上是一次重要的"政治考试"。若自民党和公明党组成的执政联盟能在此次参议院选举中获取大胜,完成选前设定的基本目标,则安倍晋三可以稳稳保住自己的首相宝座,其领导的日本政府也可以在之后的执政过程中相对顺利地实施相关政策。但是,若执政联盟未能在选举中获取

---

[1]《详讯:WTO支持韩国对日本水产品进口禁令》,https://china.kyodonews.net/news/2019/04/1b56355f97e9-wto.html(2019年4月12日访问)。

[2]《详讯:韩国原被征劳工等54人针对9家日企追加起诉》,https://china.kyodonews.net/news/2019/04/c8526429e7cd-549.html(2019年4月29日访问)。

[3]《日本制铁在首尔高院劳工案裁决中再次败诉》,https://china.kyodonews.net/news/2019/06/ea80faac39e6.html(2019年6月27日访问)。

足够的席位或是"考分不佳",则安倍晋三的首相任期或许会提前打上休止符,其在自民党内部的统帅基础也将动摇、瓦解。因此,为了在参议院选举中确保获胜,安倍内阁便利用日韩矛盾及对韩采取贸易管制措施等,煽动日本国内民族主义情绪,争取更多保守主义势力的政治选票,并进一步塑造安倍晋三作为"保守主义势力代表"的政治形象。从阴谋论的视角来看,韩国或许是安倍晋三及自民党参与参议院选举的一颗棋子,但综观韩日关系的发展轨迹及二者在领土问题、历史问题、贸易摩擦等各个方面的结构性矛盾,的确难以排除日本利用贸易管制来实现"产业打击"及"政治清算"的嫌疑。从这一层面来看,日本对韩国采取的贸易管制实际上是贸易制裁的一种形式,也是经济外交范畴内的一项措施,更是典型的以经济、贸易为手段,实现本国政治利益及战略利益的代表性案例。仔细分析这一案例可见,经济问题正逐步出现"政治化"的倾向。贸易管制本是经济范畴内的举措,但对韩国的电子产业,乃至整体经济造成了难以承受也无法预估的重大打击,甚至可能威胁韩国的国家经济安全,因此经济问题就瞬间转化为政治矛盾,政府干预及政治谈判等就成为必然的结果,最终唯有依托政治手段来解决经济领域的现实矛盾。

综上,日本宣布对韩国实施出口管制政策,是第二次世界大战后日本极少实施的经济制裁措施,这也从一个侧面表明日本经济外交的表现形式、逻辑思维及战略目标等也在不断的变化之中,需要对其紧密跟踪与谨慎研判。

四、 对日本经济外交研究的总体评价

总体来看,中日学界及西方学者已认识到经济外交在日本对外关系及其内外政策中的重要性,并从多个视角、不同视阈对其进行了富有成果的研究。概言之,其研究侧重于三个方面。

第一,侧重从特定的研究议题或第二次世界大战后历史纵深的视角切入,宏观分析日本经济外交的内容构成与实现路径,进而剖析其对中日关系发展产生的客观影响。如国内学者吴寄南的《新世纪日本对外战

略研究》[1]、蔡亮的《日本 TPP 战略研究》[2]、林晓光的《日本政府开发援助与中日关系》[3]、徐显芬的《日本对华政府开发援助外交：利益、权力与价值的动态》[4]、日本学者宫智宗七和大西健夫合著的《APEC 日本的战略》[5]、西口清胜等人的《构筑东亚共同体》[6]、山泽逸平等人的《通商政策的潮流与日本：自由贸易协定战略与TPP》[7]，等等，这些著作对不同时期日本经济外交进行了详实且细致的描述与分析。

第二，侧重将日本经济外交及中日关系的演变进程置于第二次世界大战后日本对外关系展开的大框架中，强调后者是决定前者的约束性条件。如国内学者刘江永教授主编的《当代日本对外关系》[8]、日本学者服部健治和丸川知雄合著的《日中关系史：1972—2012 Ⅱ经济》[9]、宫城大藏的《战后亚洲的形成与日本：历史上的日本政治 5》[10]、五百旗头真的《新版战后日本外交史：1945—2010》[11] 等。

第三，侧重从服务日本国内政治经济改革的视角分析日本经济外交的必要性与重要价值。如高柏的《经济意识形态与日本产业政策：1931—

---

[1] 吴寄南：《新世纪日本对外战略研究》，北京：时事出版社 2010 年版。吴寄南先生在该书中以博大的视野分析了日本新世纪对外战略产生的背景与经过，并从外交战略、对外军事战略、对外经济战略和对外文化战略四个具体方面入手，细致且深入地勾勒了日本对外战略的"全景图"，涵盖了日本国内政治、经济、社会、文化、组织等各个方面，在此基础上，对于日本对外战略的实施前景及存在的制约因素等给予了客观且理性的分析与解读。

[2] 蔡亮：《日本 TPP 战略研究》，北京：时事出版社 2016 年版。

[3] 林晓光：《日本政府开发援助与中日关系》，北京：世界知识出版社 2003 年版。

[4] 徐顕芬『日本の対中 ODA 外交：利益・パワー・価値のダイナミズム』（现代中国地域研究丛书 1）、株式会社勁草書房、2011 年版。

[5] 宫智宗七・大西健夫『APEC 日本の戦略』、早稲田大学出版部、1995 年版。

[6] 西口清勝・夏剛編著『東アジア共同体の構築』、ミネルヴァ書房、2006 年版。

[7] 山澤逸平・馬田啓一・国際貿易投資研究会編著『通商政策の潮流と日本：FTA 戦略と TPP』、勁草書房、2012 年版。

[8] 刘江永主编：《当代日本对外关系》，北京：世界知识出版社 2009 年版。

[9] 服部健治・丸川知雄『日中関係史：1972—2012 Ⅱ経済』、東京大学出版会、2012 年版。

[10] 宫城大藏編『戦後アジアの形成と日本：歴史のなかの日本政治 5』、中央公論新社、2014 年版。

[11] ［日］五百旗头真主编：《新版战后日本外交史：1945—2005》，吴万虹译，北京：世界知识出版社 2007 年版。

1965 年的发展主义》[1]、陈建安的《产业结构调整与政府的经济政策：战后日本产业结构调整的政策研究》[2]、日本学者市村真一的《日本企业在亚洲》[3]及政治家中曾根康弘的《日本二十一世纪的国家战略》[4]等。

通过仔细研读既有的相关研究成果，不难发现，对这一问题的研究仍存在以下三方面可补足之处。

第一，纵向维度上，偏重于对不同历史时期日本经济外交战略的单向度、直线型描述，缺乏多角度综合性分析，更缺乏不同历史时期的对比性分析；第二，横向维度上，偏重于对某一段时期某一特定经济外交实施路径及其对日本对外关系影响的单线静态分析，缺乏对同时期不同经济外交议题的交互作用，以及不同时期不同议题的相关性进行动态交叉研究；第三，忽视或低估了中国因素对冷战后日本经济外交及对外战略演变的影响作用，致使未能全面把握日本经济外交与中日关系之间的动态互动关系。

具有讽刺意味的是，日本国内仍有部分"美国学派"学者及官僚坚持"美国因素至上主义"，即单方面重视美国因素对日本外交的决定性作用，矢口否认"中国因素"对日本外交，尤其是经济外交的重要影响。与之相比，日本国内部分"中国学派"学者已深刻意识到中国因素的重要性，如津上俊哉的《中国崛起：日本该做些什么?》[5]、茂木敏夫的《如何突破传统秩序：东亚新秩序构想》[6]、天儿慧的《如何应对中国》[7]等，但囿于惯性思维与研究视角，上述成果仍未能对中国因素的影响力给予全面、客观的评估。

[1]［美］高柏：《经济意识形态与日本产业政策：1931—1965 年的发展主义》，上海：上海人民出版社 2008 年版。

[2] 陈建安等：《产业结构调整与政府的经济政策：战后日本产业结构调整的政策研究》，上海：上海财经大学出版社 2002 年版。

[3] 市村真一编著『日本企業インアジア』、東洋経済新報社、1980 年版。

[4]［日］中曾根康弘：《日本二十一世纪的国家战略》，联慧译，海口：海南出版社、三环出版社 2004 年版。

[5]［日］津上俊哉：《中国崛起：日本该做些什么?》，李琳译，北京：社会科学文献出版社 2006 年版。

[6] 茂木敏夫『伝統的秩序をどう踏まえるか：東アジア新秩序の構想をめぐって』、日本国際問題研究所、2013 年版。

[7] 天児慧『中国とどう付き合うか』、NHK 出版、2003 年版。

第二章

冷战后"扩张性"日本经济外交战略与 "政暖经热"的中日关系

总体来看，20 世纪 90 年代日本对华经济外交是积极的，充分反映了这一时期日本的国家总体发展战略及对华的战略评估和战略定位，即日本将中国定位为实现"大国战略"的帮手或辅助，是一个可以合作，抑或可以加以利用的"伙伴国家"。从具体的战略目标来看，日本意图将中国拉入第二次世界大战后以美国为主导的全球贸易体系，同时希望用全球化的价值观及经济发展理念来影响中国、引导中国，促使中国至少在经济制度层面发生若干重大变化，以确保中国可以参与全球化的经济合作，并在其中做一个"守规矩"的合法公民。由此，就不难理解为何日本在中国加入《关税及贸易总协定》（GATT）及之后的世界贸易组织（WTO）问题上始终能保持特有的积极性，始终愿意在不同时间、不同场合，用不同的公开表态的方式屡次重申对中国加入世界贸易组织的支持。在一定程度上，日本在中国"入世"问题上的特殊积极性超越了美国，甚至也影响了其他西方发达国家在这一问题上的态度与意见。当然，就这一时期的日本而言，它认为中国是一个可以塑造的国家或"伙伴国家"，用以自由贸易为代表的全球化制度框架完全可以影响或改造一个相对较为落后、经济竞争力也相对较弱的中国。

第一节

———

泡沫经济崩溃和冷战终结对日本形成"两大冲击"

一、日本对冷战终结的"先知先觉"

20 世纪 80 年代末，日本显然已先于国际形势的变化，意识到冷战即将终结，国际格局也将随之发生剧烈变化，多极化格局的形成在所难免。基于当时在国际格局中的经济大国地位和地区政治大国角色，日本希望可以在后冷战国际秩序的重构中发挥积极作用，甚至扮演引领者的角色，并一举实现第二次世界大战后几代人所追求的"政治大国"的梦想。在这一时期，日本政府公布的《外交蓝皮书》清晰地反映了日本对冷战后国际格局变革及其外交政策布局的战略思维。

在 1989 年版《外交蓝皮书》的第一章第二节"世界中的日本"中记载着如下内容：尽管日本人口仅占世界人口的 2.5%，国土面积只占 0.3%，但日本的国民生产总值（GNP）却占世界国民生产总值的一成多，这在发达国家中排名第二，仅次于美国；日本在半导体、超传导等若干先进技术领域领先世界；1988 年日本的政府开发援助（Official Development Assistance, ODA）实际总额高达 91 亿美元，逼近美国的 98 亿美元，并与加盟联合国的 128 个发展中国家均建立了经济合作关系。[1]显然，日本在毫不掩饰地宣扬自己经济大国的雄厚实力以及它在全球经济发展中的巨大影响力，同时也向外界释放出明确信号，即日本愿意以经济为杠杆来撬动与世界各国，尤其是发展中国家之间的政治联系。

1989 年版《外交蓝皮书》还指出，尽管世界在不断地发生变化，但日

———

[1] 外务省『平成元年版外交青書』、1989 年 9 月、https://www.mofa.go.jp/mofaj/gaiko/bluebook/1989/h01-1-2.htm（2019 年 9 月 24 日访问）。

本仍应该坚决守护世界的和平与繁荣，以及随之所衍生的自由和民主主义、自由贸易体制等。日本是国际秩序的主要维护者之一，坚持以第二次世界大战后和平与繁荣为基础的各种价值观，同时更要为其和平与繁荣的进一步发展积极发挥相应作用。[1] 由此可见，维护世界的和平与繁荣、维护二战后的基本秩序、维护自由和民主主义及自由贸易体制所组成的"三个维护"，如实反映了这一时期日本外交的战略目标与基本任务取向，也清楚地表述了日本希望在外交战略中展现"大国政治"的自信和姿态。此外，在1989 年版《外交蓝皮书》中，日本总是强调两个特殊身份，即（1）民主主义发达国家阵营中的一员；（2）亚太地区国家的一员。[2] 显然，日本是希望以此凸显其特殊且优越的政治身份，并锁定其外交的基本政治站位和20 世纪最后十年的外交战略方向。简言之，亚太就是日本此后中短期内的外交主攻方向，这其中就包括中国。

就在日本 1989 年版《外交蓝皮书》公布后不久，国际社会便迎来了可以载入史册的重大事件，后者也揭开了冷战走向终结的序幕。1989 年 12 月1 日至 3 日，美国总统布什和苏联总统戈尔巴乔夫在马耳他举行非正式会晤，美苏双方就东欧"变革"等一系列国际问题达成战略"默契"，并向外界透露了未来双方存在广阔务实合作空间的积极信号。6 个月之后，布什和戈尔巴乔夫又在美国首都华盛顿举行会晤，签署了削减战略核武器、销毁和不生产化学武器、监督与检查地下核试验等与军控相关的联合声明，并在经济、贸易、文化、科学等多个领域签署合作协议。由此，美苏两个超级大国全面和解的帷幕正式拉开，竞争性合作成为美苏关系的新特征。

对于美苏间的和解，日本是极为敏感的。作为经济总量仅次于美国的发达经济体和政治上处于东西方交界的国家，美苏和解无疑将对日本产生极大的不确定性，同时也势必会促使其内外政策，尤其是外交政策及对外经济政策因应而变。

---

[1][2] 外務省『平成元年版外交青書』、1989 年 9 月、https://www.mofa.go.jp/mofaj/gaiko/bluebook/1989/h01-1-2.htm（2019 年 9 月 24 日访问）。

1990 年版《外交蓝皮书》就指出："经过马耳他和华盛顿的两次首脑会谈后，美苏两国在军备管理与裁军、地区纷争、人权、双边关系、地球环境、毒品、恐怖主义等全球性问题的广泛领域，进一步扩大了对话，美苏关系因此迎来了新时代。受其影响，东西关系在经历了第二次世界大战后40 多年持续的意识形态对立后，开始迈向以对话与协调为基础的关系构建进程。"[1]这段内容客观反映了日本对全球局势发生重大转变的认知和判断，强调"对话与协调"基本取代了"对抗与竞争"，成为国际关系构建的新方式、新方法。尽管其中并没有使用"冷战结束""后冷战时代"等富有总结性的概述，但却传递了"冷战即将终结"的明确信号，说明日本已经在对外政策的方方面面，启动了应对"后冷战时代"的战略准备。

1990 年版《外交蓝皮书》还指出，经济问题对国际政治的影响将愈加增大。因此，准确判断国际政治形势，凭借既有的经济能力，维护国际社会的稳定与繁荣是日本外交的重要课题。[2]这里折射出"日本经济外交"的典型思想，即利用自身较强的经济竞争优势，通过扩大对外贸易及对外投资、输出经济援助等手段，构筑日本在国际政治社会中的"大国形象"和政治地位。

二、 泡沫经济崩溃造成巨大危机

1989 年 12 月 29 日，日经指数盘中达到 38 957.44 历史最高点（当日日经指数收盘于 38 915.87 点），此后开始一路下跌。与股价相比，尽管日本的土地价格仍维持了一年半左右的增长态势，但也在 1991 年 9 月前后开始下跌，泡沫经济开始破裂。[3]到了 1992 年 3 月，日经平均股价跌破 2 万点，仅为 1989 年峰值的一半，8 月进一步下跌到 14 000 点左右。[4]泡沫经

---

[1][2] 外務省『1990 年版外交青書』、1990 年 10 月、https://www.mofa.go.jp/mofaj/gaiko/bluebook/1990/h02-1-1.htm（2019 年 9 月 25 日访问）。

[3] 刘柠：《"下流"的日本》，北京：新星出版社 2010 年版，第 140 页。

[4] 姚耀，[日] 秋叶良和：《日本地下经济》，广州：新世纪出版社 2012 年版，第 168 页。

济的崩溃，致使长达53个月的"平成景气"于1991年4月结束，日本经济转入被称为"平成萧条"的经济衰退期。此后，1992—1994年日本经济实际增长率连续出现0.4%、0.5%和0.7%的所谓"零增长"，这也是第二次世界大战后日本第一次连续三年零增长。[1]不仅如此，其间日本国内的设备投资大幅度下降，1991—1993年的三年间，设备投资总额分别较上一年同比下降5.6%、10.2%和5.3%。[2]相较宏观经济面表现不佳，更为棘手的是，泡沫经济的崩溃导致金融问题叠加式爆发，尤其是金融机构的不良债权问题，促使经济萧条出现复合化、长期化趋势，并为日后的一系列银行和证券公司破产倒闭埋下"祸根"。

这里还需要指出的是，股价和地价的持续下跌直观地反映出日本泡沫经济急速崩溃及宏观经济持续下滑的不争事实，同时也从另一侧面反映了执政的自民党救市不利的颓废政绩。面对泡沫经济崩溃的客观事实，日本政府加大了对原本就极为重要的经济议题的关注，如何拯救日本经济也成为牵动日本政局走势的主要争论点。毫无疑问，在当时的日本政界，谁可以挽救崩溃的日本经济，谁就是日本的"救世主"，谁就有机会来执掌"日本丸"这艘大船；反之，若不能拯救日本经济，就没有资格再继续掌管日本政治，也就必须从执政之位上引咎辞职。因此可以说，突如其来的泡沫经济崩溃，不仅对日本经济，更对日本政治及整个社会造成了巨大影响，同时也引发了日本国内的"政治地震"，自民党一党独大的"五五体制"也因此松动、瓦解。之后不久，自民党也在1993年被迫交出执政位置，将政权拱手相让于其他中小党派。

此外，泡沫经济崩溃所影响的并不仅仅是日本的经济和政治，对日本社会同样造成了巨大冲击，使社会心理发生了巨幅波动。众所周知，第二次世界大战后日本经济始终处于努力向上爬坡过坎的顺利过程，同时也创造了许多令全世界刮目相看的经济奇迹，尤其是1964年的东京奥运会和1970年的大阪世博会等，均向世界完美地展示了战后迅速崛起并茁壮成长

---

[1][2] 冯昭奎编著：《日本经济（第二版）》，北京：高等教育出版社2005年版，第84页。

的日本健康形象，也为日本构建良好的社会心理制造了积极、有利的条件。与此同时，随着宏观经济规模的不断扩大，并逐步站稳全球第二大发达经济体的位置，日本经济开始正式由区域性经济体逐步转变为以东亚为主、辐射全球的开放性经济体。以此为背景，日本社会的精神面貌整体呈现出努力拼搏、乐观向上的积极态势，对未来的良好预期及与周边国家和地区的巨大经济优势更有助于其构建优越且开放的社会心理。但是，泡沫经济的崩溃迫使很多日本人失去了稳定的工作，而更多的日本人不得不面对收入增长减缓，抑或收入减少的尴尬局面，甚至还有些日本人因资不抵债而被迫失去生活家园，转而变为街边的流浪者或"无家可归"之人。随着上述现象的大面积蔓延、扩散，战后日本人心目中所构建起来的良好未来预期也日渐消失，取而代之的是悲观心理的逐步抬头，并成为日本社会的基本认知与共识。简言之，泡沫经济崩溃使日本社会心理由积极面转向消极面，"未来可期"也随之变为"遥遥无期"。

综上所述，泡沫经济的急速崩溃叠加冷战终结的积极信号，对 20 世纪 80 年代末 90 年代初的日本形成了巨大冲击，尤其在"认识世界、发展世界"的问题上，日本的基本认知发生了翻天覆地的变化，从传统的"两极论"迅速转变为"多极化"的战略判断。更为重要的是，冷战的终结进一步夯实了日本对世界格局多极化调整与全球经济一体化发展的基本认知，同时也促使其在对外战略及国家战略上做出相应性的调整。1989 年版《外交蓝皮书》就直言不讳地阐述了日本对国际社会逐步进入多极化的战略认知，指出："美苏两个超级大国在国际社会中所占比重相对减少，导致两国对国际局势发展的影响力也相对衰减，与此同时，更多的国家或国家集团对国际社会的影响力却持续提升，这也增加了国际政治秩序的非稳定性。"[1]

---

[1]　外务省『平成元年版外交青書』、1989 年 9 月、https://www.mofa.go.jp/mofaj/gaiko/bluebook/1989/h01-1-1.htm（2019 年 9 月 24 日访问）。

第二节

———

冷战终结引致日本对华重新定位

如前所述，在美苏关系缓和并逐渐走向竞争性合作之后，日本就已经意识到冷战即将终结，同时开始着手为后冷战世界的战略布局进行精心的设计和战略准备。日本外务省亚洲局局长谷野作太郎对"后冷战时代"的描述，或许可以代表大多数日本人对冷战终结及后冷战时代的认知与预判，即冷战的终结意味着凭借军事实力来竞争霸权的时代一去不复返了，取而代之的却是更为宽泛的安保概念得以重视的新时代，包括经济实力、信息收集能力、政治上民主规则的强化等多个领域。[1]换言之，后冷战时代的竞争，或者说战略竞争，将会呈现范围更广、层级更高、程度更深的新特征，将是国家综合实力的全方位竞争。

除了对后冷战时代竞争格局嬗变的总体判断之外，冷战的终结更导致日本在认识世界问题上的两个根本性改变。

第一，全球经济一体化发展成为大势所趋。杨栋梁指出，真正意义上的经济全球化是从 20 世纪 80 年代后期才开始的，其基本前提是以柏林墙的拆除为象征，随着苏联解体和冷战的结束，原来的社会主义国家相继放弃计划经济体制，向市场经济体制转轨，从而使被割成两半的地球又合为一个，全球经济一体化发展成为可能。[2]冷战的终结标志着以意识形态竞争为主线的集团性对抗走向衰竭，取而代之的是经济发展和经济实力的显著提升成为全球各国普遍追求的战略目标。而经济发展的强烈自身需求就催生出各国对外合作、对外开放的迫切意愿，再加上美国、日本、西欧等主要国家和地区在国际舞台上反复宣传、竭力推动，最终将全球经济推向了一体化发展的轨道。

---

［1］ 岡部達味・谷野作太郎・粕谷一希「ポスト冷戦とアジア・太平洋の新潮流」『外交フォーラム』、1991 年 2 月号、第 13 頁。

［2］ 杨栋梁：《日本后发型资本主义经济政策研究》，北京：中华书局 2007 年版，第 422 页。

作为全球开放经济体代表之一的日本，完全得益于国际贸易和对外投资的有序开展，才逐步从万象凋敝的窘境中走出，并取得全面发展，最终确立了全球第二的发达经济体重要地位。换言之，对外贸易投资驱动型的经济发展模式铸就了第二次世界大战后日本经济的辉煌。因此，全球经济一体化的有序发展完全符合日本开放经济体的战略需求和战略预期，也为其之后的产业大规模向外转移及对外贸易的规模性增长，创造了积极有利的条件。

第二，世界格局朝多极化调整乃是必然趋势。日本的这一判断主要源自两个方面，其中一方面就是日本内在的战略需求所催生出的动机和想法。应该说，世界格局的多极化发展完全符合日本的战略需求。在美苏对抗的冷战时期，日本作为资本主义阵营的一员，基本在美国之后亦步亦趋，没有过多的外交施展空间，也没有在国际社会建立起足够的政治声望，因此，一直被冠以"经济大国、政治小国"的称号。更为重要的是，在美苏对抗的两极世界中，日本在很多方面还会因必须顾及美国的利益和整个西方世界的战略利益，而受到美国的无情打压，"广场协议"的签署就是最为典型的案例之一。但世界多极化发展为日本的崛起奠定了基础，也为一直怀揣"政治大国梦"的日本提供了实现梦想的外部环境。日本希望能够成为除美国、俄罗斯等大国以外的世界另一极，在国际社会中提出独立的、有影响力的政策主张，在全球社会中构建起"政治大国"的瞩目地位。

另一方面，日本对世界格局多极化的战略判断源自对当时及未来全球经济政治走势的研判。杨栋梁指出："当初美国要把日本扶植成一道足以抵御共产主义的'防波堤'，因此在经济上给予日本以巨大支持和援助，并把东南亚交给日本去开发经营，使日本经济上羽翼日渐丰满，成了美国的竞争对手。而冷战结束，日本的政治'防波堤'意义有所淡化，国际关系中经济问题上升为矛盾的主要方面。"[1]而且，客观而言，在20世纪七八十年代，相较于美苏两个超级大国，日本及西欧国家的经济表现相对较

---

[1]　杨栋梁：《日本后发型资本主义经济政策研究》，北京：中华书局2007年版，第422页。

好，与美国的总体经济规模差距也在不断缩小。并且，西欧经济一体化的合作步伐加快，促使其对外政治也逐步趋向统一，对美国在西方阵营的领导地位构成了一定的挑战和威胁。受此影响，这一时期日本已经萌生了构建"日美欧三极世界"的想法，而且日本必须成为引领世界政治经济发展的重要一极。尽管如此，日本还是对后冷战时代多极世界的"极"做出了客观分析与判断，将亚太地区，尤其是中国作为合理选项。1990 年 9 月，日本外务省合作编辑的杂志《外交论坛》就以"美苏冷战体制终结后的世界"为副标题出版特辑，刊登了题为"迎来新阶段吗？亚太地区"的专栏，意在表述日本将以亚太地区为新战略基点，推进后冷战时代的日本外交。时任日本驻印度尼西亚大使国广道彦在这一特辑中发表《亚太合作的经济面》一文，其中明确指出 20 世纪 80 年代亚太地区之所以取得了举世瞩目的经济发展成绩，主要就是得益于美国进口需求的旺盛增长，但此后日本将在助力亚太地区构建世界经济新秩序方面做出巨大贡献，并且在其中发挥重要作用。[1]此外，国广道彦还专门指出，亚太地区既有工业发达国家，也有发展中国家，尤其是中国拥有巨大的人口，并正在谋求计划经济的转型发展，这些元素组成了亚太的多元化成员结构；接下来如果亚太地区的发展中国家逐一取得快速的经济发展，中国顺利融入国际经济社会，与发达国家间的经济交流也变得愈发活跃，那么这些都将有助于世界经济新秩序的构建。[2]国广道彦此番论述较为详细地阐明了日本对后冷战时代亚太局势发展及国际格局转变的战略判断：日本认为亚太地区将逐渐成长为世界政治经济的重心，并对全球经济秩序的重构产生巨大影响，而且，作为亚太地区的重要成员之一，随着其政治经济影响力的稳步提升和在全球秩序重构中不可或缺的关键地位，中国也将成为后冷战时代的世界重要一极。

由此，全球经济一体化发展和世界格局多极化调整的必然趋势成为日

---

［1］ 国廣道彦「アジア・太平洋協力の経済的側面」『外交フォーラム』、1990 年 9 月号、第 20—27 頁。

［2］ 同上，第 27 頁。

本对后冷战时代国际局势发展的基本认知，这也成为日本塑造对华问题新"认知"的基本前提。在世界范围开启真正意义上的经济全球化发展，促使经济议题成为国际社会的共同话题、首要话题，这也在一定意义上为日本开启积极的、全方位的经济外交奠定了重要的时代基础。另一方面，中国积极扩大改革开放政策的广度和深度，进一步扩大对发展市场经济体制的实践性探索，再加上中日双方在冷战结束之前，即 20 世纪 70 年代及 80 年代曾有过良好经济合作的愉快经历，种种良性因素的叠加，最终为日本在冷战结束后迅速展开全方位的对华经济外交提供了重要条件。

这里有必要大致梳理下在恢复邦交正常化之后，尤其是 1978 年签署《中华人民共和国和日本国和平友好条约》（以下简称《中日和平友好条约》）之后，中日两国所开展的一系列经济合作的发展历程，从中或许可以发现日本在冷战后迅速扩大在华投资与生产的若干线索。实际上，1972 年中日恢复邦交正常化之后所开展的经济合作，尤其是 20 世纪 80 年代初，日本持续对华追加投资项目和投资规模，获得了较好的经济收益，促使其增强了对华经济合作的兴趣和信心，这也为之后双方在 90 年代开展广泛领域的交流和合作奠定了扎实基础。

从日本对华投资来看，据日本贸易振兴机构（JETRO）公布的统计数据显示，1987 年日本对华投资总额为 1.77 亿美元；1988 年同一数据就猛增至 5.13 亿美元；1989 年为 6.86 亿美元，达到创纪录的历史高点；1990 年开始逐渐下滑，跌至 4.07 亿美元；1991 年更是进一步降至 2.3 亿美元；1992 年之后又转为上升势头，且增势显著，1995 年更是突破 30 亿美元，达到 31.83 亿美元，创阶段性新高。[1]

从中日贸易发展态势来看，1978—1992 年，日本在中日贸易中基本保持了净出口国的优势地位，且盈利颇丰。据国际货币基金组织（IMF）的贸易方向统计（Direction of Trade Statistics，DOTS）数据库公布的相关数据

---

[1]　日本貿易振興機構「直接投資統計」、https://www.jetro.go.jp/world/japan/stats/fdi/（2020 年 6 月 25 日访问）。

显示，1978—1992 年的 15 年间，除了 1982 年（9.04 亿美元）、1990 年（15.54 亿美元）和 1991 年（2.20 亿美元）三年的中国对日贸易呈现净出口正值以外，其余各年度均为对日贸易逆差状态，换言之，这一时期内日本在中日贸易中基本保持着贸易盈余的获利状态，且在 20 世纪 80 年代中期创造了阶段性的较高贸易盈余（参见图 2.1）。[1]

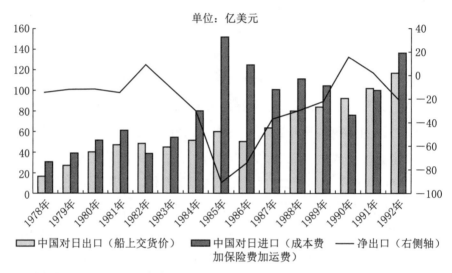

资料来源：笔者根据国际货币基金组织的 DOTS 数据库公布的资料整理制作，https://data.imf.org/?sk = 9D6028D4-F14A-464C-A2F2-59B2CD424B85（2020 年 6 月 7 日访问）。

图 2.1　中国对日贸易情况（1978 年至 1992 年）

实际上，改革开放政策实施初期，中国大陆从日本大量进口生产用的机械设备及中间产品，为日本输送了丰厚的贸易利润，这也是之后日本继续扩大对华贸易和投资的主要动机之一。当然，为了扩大对华贸易和经济合作关系，日本也千方百计地使用包括政府开发援助在内的政策工具，意图在政治上和经济上拉近与中国的距离。

---

[1]　事实上，改革开放 40 多年来的中国在对日贸易上基本长期呈现"赤字贸易"的状况，尤其是 2002 年之后，随着中国逐渐成为"世界工厂"，中国对日制造类设备及中间产品的进口与日俱增，中国对日贸易赤字亦同步性地逐渐扩大，最高峰时（2010 年）曾攀升至超500 亿美元的巨大规模。

政府开发援助是第二次世界大战后日本实施经济外交的主要代表性方式，在日本对华经济外交中，政府开发援助也成为先行一步的重要手段之一。日本的政府开发援助侧重于基础设施开发及环境保护等项目，从短期来看有利于日本确保自身的能源供应及经济安全，从中长期来看有助于日本扩大对政府开发援助对象国的出口贸易，进一步加强与这些国家的经济联系。日本政府开发援助主要由有偿和无偿两部分组成，有偿部分是指有偿资金援助，一般也被称为"日元贷款"，无偿部分由无偿资金援助和技术援助两部分组成。在日本对华政府开发援助中，日元贷款项目是起步相对较早的合作内容。1979 年 12 月 5 日，首相大平正芳访华之际，日本就正式宣布向中国提供 500 亿日元贷款。[1]之后采用"多年度审议"的方式，日本在 1979—1983 年、1984—1989 年两个阶段分别实施了对华第一批和第二批日元贷款。其中，第一批日元贷款对象包括石臼所港口建设项目、秦皇岛港扩建项目、兖州至石臼所铁路建设项目、北京至秦皇岛铁路扩建项目、衡阳至广州铁路扩建工程（大瑶山隧道）、五强溪水力发电站建设项目，协议金额约为 3 500 亿日元；后因日本政府决定从第一批日元贷款中移用 1 300 亿日元改为"商品贷款"，专用于上海宝山钢铁厂一期工程建设和黑龙江大庆石化项目，故衡阳至广州铁路扩建工程（大瑶山隧道）和五强溪水力发电站建设项目延期缓建。与之相比，第二批日元贷款为 4 700 亿日元，主要用于社会基础设施、出口基地开发等，涉及项目数为 17 个，利率为 2.5%—3.0%，宽限期为 10 年，偿还期为 30 年。[2]由此，日本向中国提供的两批日元贷款总额超过 8 000 亿日元，这在当时来看是一笔规模不小的重要资金，在一定程度上弥补了改革开放初期中国经济发展，尤其是基础设施项目投资等方面所需资金不足的弊端。更为重要的是，日方在这一时期提供的日元贷款基本指向港口、铁路、发电站、炼钢厂、通信设施等基

---

[1] 2007 年 12 月 1 日中日两国外长签署了日本对华最后一批日元贷款换文，至此，日本政府累计向中国政府承诺提供贷款 33 164.86 亿日元。

[2] 参见蔡亮：《互利与共赢：日本对上海 ODA 研究》，合肥：合肥工业大学出版社 2010 年版，第 56—58 页、第 66 页。

础设施部门，为之后中国经济在短时间内的迅猛增长提供了辅助性条件，同时也为之后日本制造类企业大规模进入中国投资提供了一定的基础设施支撑。因此，从 20 世纪 70 年代末 80 年代初起，日本就已经将未来对外经济合作的期待目光投向了中国，并希望通过提升中国国内的生产和物流的能力及基础制造业水平，为日后打造日本企业在华零部件生产组装基地及日本国内劳动密集型产业大规模外迁至中国大陆等做战略准备。

除了日本对华经济合作意愿持续上升所构成的外部因素之外，中国自身发生的内在变化也不容忽视，后者也是日本扩大对华经济外交的主要考量之一。

改革开放政策提出以后，中国的经济实力和政治影响力持续递增，从被以"地大物博""人口多、底子薄"等关键词描述的大国，转变为"具备一定经济实力和经济竞争力，且广泛回归国际政治舞台，可以产生一定政治影响力"的真正大国。改革开放的总设计师邓小平同志 1978 年 3 月 18 日在"全国科学大会"开幕式上的讲话和 1978 年 9 月 18 日听取中共鞍山市委负责同志汇报时的讲话，都明确表明了中国希望尽快提升生产力和经济发展水平的强烈意愿。[1]

除了政治上开放合作意愿的持续强化以外，这一时期中国经济的客观表现也着实抢眼。从中国的国民生产总值（GNP）来看，自改革开放实施以后，中国的这一统计数据就呈现直线上升的势头，不断刷新历史新高。1978 年，中国的 GNP 还仅为 3 678.7 亿元；1991 年，中国的 GNP 便跨越了 2 万亿元大关，攀升至 2.2 万亿人民币的规模。宏观经济数据的优异表现，也从一个侧面客观反映了中国经济的强大韧劲和爆发力，这也促使境外投资集中性地涌入中国大陆。

另一方面，从中国吸收并利用外资的情况来看，中国经济在改革开放

---

[1] 参见邓小平：《在全国科学大会开幕式上的讲话》（1978 年 3 月 18 日），《邓小平文选》（第二卷），北京：人民出版社 1994 年版，第 86—91 页；邓小平：《用先进技术和管理方法改造企业》（1978 年 9 月 18 日），《邓小平文选》（第二卷），北京：人民出版社 1994 年版，第 129—130 页。

政策实施之后，迸发出极强的增长动力和发展动能。以中国国家统计局公布的"利用外资"相关数据为线索，1983 年合同利用外资项目数仅为 690 个，合同利用外资额为 34.3 亿美元，而实际利用外资额为 22.61 亿美元；10 年后的 1992 年，合同利用外资项目数就发生了接近百倍级的增长，项目总数扩大至 48 858 个，合同利用外资额增加至 694.29 亿美元，是 1983 年同数据的 20 余倍，与此同时，实际利用外资额也猛增至 192.03 亿美元，约为 1983 年同数据的 8.5 倍。[1]外资的大量涌入不仅填补了当时发展经济所急需的"资金缺口"，更为制造业和服务业的复苏与发展注入了新鲜动能，还昭示着中国经济未来巨大的增长潜能，说明全球资本都看好改革开放后的中国发展和中国市场。

以此为背景，中国回归国际政治经济大舞台的步伐也在持续提速。1980 年，中国顺利回归 IMF 和世界银行（World Bank）这两大国际金融机构，1986 年，中国驻日内瓦代表团大使钱嘉东代表中国政府正式提出申请，希望恢复中国在《关税及贸易总协定》（GATT）中的缔约方地位，开启中国"复关"之路。这表明中国已完全转变了传统的经济发展战略与思维方式，积极、主动地融入全球经贸体系及金融体系的发展成为中国向世界传递改革和开放的最强信号。

实际上，日本并没有忽视中国在经济发展、社会进步等问题上所发出的积极信号，而是给予了极大的关注和积极的回应。与此同时，基于泡沫经济崩溃和冷战终结这两大对内外形势基本判断的形成，日本加紧调整对华认识观，同时积极扩大对华政治、经济的接触与合作。更为重要的是，为了尽快实现国内经济的"凤凰涅槃"，日本开始加紧调整对华战略和对华经济外交政策，期待后者能够成为其实现经济大逆转的突破口之一。具体的政策措施如下。

第一，1989 年，日本率先重启对华正常政治交往，并在中国与西方世

---

[1]　国家统计局：《国家数据》，http://data.stats.gov.cn/easyquery.htm?cn＝C01（2020 年 6 月 28 日访问）。

界之间搭建起沟通的桥梁。1989 年 6 月 7 日，日本政府颁布赴华禁令，但三个月之后的 9 月 11 日和 25 日，日本政府便决定解除日本人访问中国和北京的限制。[1]与此同时，在此之前的 8 月 8 日，日本政府决定向中国南方水灾地区提供价值约 200 万美元的紧急物资援助，显露出"投石问路"之意，希望借紧急援助尝试性地寻找恢复对华政治交往的可能和时机。8 月 9 日，海部俊树内阁成立，重启对华政治交往和尽早实现中日关系的"正常化"成为新内阁追求的主要政绩之一，因此便有了前述的解除访问限制的政策出台。同年 11 月 20 日至 21 日，第四届中日友好交流会议在东京举行，其间，日本首相海部俊树会见了中日友协会长孙平化等人。12 月 5 日，日本政府向中国提供近 50 亿日元的无偿援助协议在北京签署。至此，中日关系实际上基本恢复至此前的"正常状态"。

第二，日本积极向中国释放善意，并加大对改革开放的支持力度。1990 年 7 月 9 日至 11 日，七国集团（Group of Seven, G7）第十六次峰会在美国休斯敦举行。日本在此次峰会上提出本着促进中国改革开放的目的，逐步放开对华第三轮日元贷款，对此，没有其他与会西方国家的反对。1990 年版《外交蓝皮书》将日本的这一政策举动评价为"在亚太地区问题上，我国根据自己的判断与责任采取行动"[2]。由此可见，日本将对华的经济援助视为承担国际责任的一部分，并在七国集团平台上率先主动提出涉华议题，这显现出日本对中国问题的重视度及其急切希望尽快恢复对华关系，尤其是对华经济关系正常往来的政治意愿，同时也表明日本愿意在涉华议题上扮演西方国家引领者的角色。

---

[1] 日本解除访华限制中的美国因素也是不可忽视的。1989 年 7 月 1 日，美国总统特使斯考克罗夫特秘密访华，释放了美国希望对华进行坦率交流的善意。邓小平会见了斯考克罗夫特，并向美方阐明了中方的原则性立场。同年的 12 月 9 日，斯考克罗夫特又以总统特使的身份公开访华，向中方通报了美苏马耳他首脑会谈的相关内容。邓小平再度会见了斯考克罗夫特，并从战略视角阐明了中美关系好起来的重要性。至此，中美关系的政治僵局在一定程度上有所缓解。

[2] 外务省『1990 年版外交青书』、1990 年 10 月、https://www.mofa.go.jp/mofaj/gaiko/bluebook/1990/h02-1-2.htm（2019 年 9 月 25 日访问）。

第三，扩大对华外交的层级，希冀达成"以政促经"的实际效果。1991年8月10日至13日，日本首相海部俊树访问中国，为之后英国首相约翰·梅杰（John Major）和意大利总理朱利奥·安德烈奥蒂（Giulio Andreotti）的来访起到了"示范"的作用。1992年4月6日至10日，中共中央总书记江泽民访日，日本首相宫泽喜一在东京迎宾馆举行隆重仪式，欢迎江泽民访日。江泽民访日期间，正式当面邀请日本明仁天皇和皇后访华，而这一邀请马上就得到了日方的积极响应和快速落实。[1]5月，中国全国人民代表大会常务委员长万里访问日本。日方为了显示出对万里委员长此访的高度重视，特意安排日本驻华大使桥本恕回国参加接待，这在外交惯例上实属罕见。[2]是年10月23日，日本天皇夫妇开启了为期六天的访华之旅（至10月28日），到访了北京、西安和上海，在各地都受到了热情且周到的接待。这是历史上日本天皇首次访华，填补了中日关系发展史上的一项重大空白。天皇夫妇的访华之行在中日两国均引起了极大的关注与热议，这无形中也提升了彼此的好感度。之后的11月18日，中日邦交正常化20周年庆祝大会在东京举行，中日关系迎来阶段性的历史高点，并转入快速发展阶段，这也为20世纪90年代中后期中日关系持续、稳定的发展打下了深厚基础。更为重要的是，随着中日政治关系发展迎来一波高潮，两国的经贸合作关系也进一步向广度和深度推进，不断寻求规模和领域上的新突破。

总体上，日本在冷战彻底结束前后的对华经济外交是极为成功的，并且，政治手段和经济手段二者通用、齐头并进，不仅扩大了对华经济合作利益，也发展巩固了对华友好关系，确保中日政治经济关系行驶在可控且良性互动的正常轨道上，并为接下来进一步扩大对华经济合作，谋求更多涉华经济合作利益等创造了前提性条件。

---

[1]　杨振亚：《出使东瀛》，上海：辞书出版社2007年版，第86页。
[2]　同上，第91页。

第三节

———

自民党的"失位"与日本对华政治的重新定位

对于日本自由民主党（以下简称"自民党"）而言，1993 年是苦涩且艰难的一年。1993 年 7 月 18 日，日本举行第 40 届国会众议院选举。因选前自民党丑闻迭出，尤其是自民党实力派政治人物、前副首相金丸信隐瞒巨额政治捐款收入和蓄意逃税等，日本民众对自民党深恶痛绝，结果导致自民党在此次大选中惨败。最终，自民党仅获得国会众议院的 224 个席位，是继 1976 年和 1983 年后第三次未达到过半数席位，同时，这一数字比控制众议院所需的半数席位还少了 32 席。尽管选后自民党仍是国会内第一大党，但非自民党的八党派联合推举日本新党党魁细川护熙为新首相候选人，后者在最终的首相选举中战胜了自民党候选人。由此，自民党结束了自 1955 年起长达 38 年垄断日本政坛的辉煌历史，日本政治也进入"新世纪"。

这里需要指出的是，自民党选举失败的直接动因是内部分裂，新生党、日本新党都是从该党分裂重组的政党，小泽一郎、细川护熙及羽田孜等核心政要也均曾在自民党内担任过要职。而且，"五五体制"的特征主要有两个：一是自民党长期执政而形成的"一党独大"；一是自民党与社会党长期对峙而产生的"保革对立"格局。作为左翼政党的社会党长期在日本国会持有相当于自民党 1/2 左右的议席，也始终占据日本国会第一大在野党的地位，与自民党长期对峙。自民党的失败并未给社会党带来胜利，与之相类似，社会党的议席也大幅减少，直接导致日本国会"保革对立"的格局彻底消失。在国内部分学者看来，日本国会"保革对立"格局的消亡才是"五五体制"崩溃的真正标志。[1]

"五五体制"结束后，日本政坛进入震荡期，非自民党的政治家细川护

---

[1] 蔡亮：《互利与共赢：日本对上海 ODA 研究》，合肥：合肥工业大学出版社 2010 年版，第 63 页。

熙、羽田孜和村山富市轮流成为"日本丸"的掌舵人。尽管如此，为了确保中日关系的稳定发展，两国间的高层政治互动还是不乏亮点。1993 年11 月 19 日，中国国家主席江泽民在美国西雅图出席亚太经济合作组织（Asia-Pacific Economic Cooperation，APEC）领导人非正式会议时，会见了日本首相细川护熙。显然，此次会晤表明中日双方均希望日本政坛的"权力转换"不会对中日双边关系的稳定发展造成负面影响，同时也说明无论是谁主宰日本政坛，日方都希望可以发展好、维护好对华关系。此后，1994 年 3 月 19 日至 21 日，细川护熙访华，中日双方共同签署了环境保护合作协定。细川护熙访华后不久，日本遂发生首相之位易主的事件，羽田孜成为日本第 80 任首相。但好景不长，羽田孜仅在首相位置上坐了两个多月的时间（1994 年 4 月 28 日至 6 月 30 日），就挂冠而去。取而代之的是日本社会党委员长村山富市，日本政坛也随之进入相对较长时间的稳定期。

村山富市内阁于 1994 年 6 月末启动后，就提出构建"待人友善的政治"，这也成为其执政理念的重要创新之一。"待人友善的政治""让人放心的政治"是指政治的出发点与落脚点不应设定在国家或产业，而应该设定在如何让挥汗工作的人们或者朴实生活的人们过上和平、安心和富裕的生活。[1]1995 年 1 月 1 日，日本首相村山富市发表新年感悟，指出在回顾第二次世界大战后 50 年历史的基础上，展望未来 50 年的发展，日本应实现"由改革转变为创造"的华丽转身，再加上其提出的"待人友善的政治""更完善的民主主义"等政治理念，村山富市正式提出构建"富有创造力和友善性的国家"的战略发展理念。[2]

1994 年 7 月 18 日，村山富市在第 130 届国会发表施政演说，指出随着冷战的终结，世界被思想及意识形态对立所支配的时代也宣告结束，转而

---

[1] 首相官邸「第百三十回国会における村山内閣総理大臣所信表明演説」、1994 年 7 月18 日、http://warp.ndl.go.jp/info：ndljp/pid/11236451/www.kantei.go.jp/jp/murayamasouri/speech/murayama.html（2019 年 3 月 21 日访问）。

[2] 首相官邸「年頭所感（『創造とやさしさの国造り』のビジョン）」、1995 年 1 月 1 日、http：//warp. ndl. go. jp/info：ndljp/pid/11236451/www. kantei. go. jp/jp/murayamasouri/speech/greeting.html（2019 年 3 月 21 日访问）。

寻求完全脱离了资本主义对抗社会主义传统范式的、能维持和平稳定状态的新秩序。[1]显然，村山富市的这段话是在告诫日本国内的传统保守势力，要摒弃"冷战思维"，转变"强硬对抗"为"努力合作"，积极构建后冷战时代的新国际秩序，从中寻求一切可能有助于日本经济恢复及国家发展、强大的战略机遇。村山富市的这一发言为其领导的日本政府对华经济外交的具体展开做了重要铺垫。

1994 年 9 月 30 日，村山富市又在日本第 131 届国会发表施政演说，指出日美关系是塑造冷战后世界和平与繁荣的最重要双边关系，也是日本外交的基轴；村山内阁将维持并强化既有的日美关系格局，坚持日美安保体制。[2]由此可见，村山内阁将坚持此前自民党政府一贯的对外政策主基调，以对美外交为日本外交的出发点和落脚点，所有对外交往仍然顾及，抑或迎合对美关系的发展，同时，在安全问题上严格依托日美安保体制，确保日本安全的万无一失。简言之，对美外交是村山内阁对外战略的主要依托，是其制定包括对华政策在内的所有外交政策的基础性支撑。

1995 年 1 月，村山富市在第 132 届国会发表施政方针演说，指出要实现其所提出的"待人友善的政治"目标，必须大力推进改革，尤其是致力于四个方面的创造：（1）自由且充满活力的经济社会；（2）可传承给下一代的知识产权；（3）可令人安心生活的温馨社会；（4）日本适当的国际贡献所支撑起来的世界和平。[3]与此同时，在提及中日关系时，他指出村山内阁期待日中关系能够取得进一步发展，日本将继续支持中国的改革开放政策，并为后者取得实质性成果提供合作；日本还将与中国积极合作，以

---

［1］ 首相官邸「第百三十回国会における村山内閣総理大臣所信表明演説」、1994 年 7 月 18 日、http://warp.ndl.go.jp/info:ndljp/pid/11236451/www.kantei.go.jp/jp/murayamasouri/speech/murayama.html（2019 年 3 月 21 日访问）。

［2］ 首相官邸「第百三十一回国会における村山内閣総理大臣所信表明演説」、1994 年 9 月 30 日、http://warp.ndl.go.jp/info:ndljp/pid/11236451/www.kantei.go.jp/jp/murayamasouri/speech/murayama2.html（2019 年 3 月 21 日访问）。

［3］ 首相官邸「第百三十二回国会における内閣総理大臣施政方針演説（平成 7 年 1 月）」、1995 年 1 月、http://warp.ndl.go.jp/info:ndljp/pid/11236451/www.kantei.go.jp/jp/murayamasouri/speech/sisei.html（2019 年 3 月 21 日访问）。

共同面对国际社会存在的诸多问题。[1]村山富市的上述讲话，折射出三个重要信号：（1）日本愿意为构建冷战后的新国际秩序做出积极贡献，也希望能以此令世界继续保持繁荣与稳定，这既有利于日本，也有利于世界；（2）日本支持中国的改革开放政策，并愿意提供包括资金援助在内的合作方式与方法，促进中国的经济发展尽早收获丰硕果实；（3）日本将中国视为开展国际事务合作的对象或伙伴，愿共同携手应对或解决国际社会中的现实矛盾。

　　之后，1995 年 9 月 29 日，村山富市在第 134 届国会发表施政演说，指出国际社会还在孜孜不倦地寻求构建冷战后的新体系，不确定性因素依然较多；一个国家的安全与繁荣只有在国际社会整体和平与繁荣的前提下才能实现，因此，日本必须在多个领域发挥更为积极的作用。[2]与此同时，村山富市还指出与中国构建稳定且友好的合作关系对于亚太地区乃至世界的稳定与繁荣都是极为重要的；日本将继续支援中国的改革开放政策，在包括核裁军等在内的各种国际问题上，深化与中国的坦诚交流。[3]

　　基于村山富市在国会发表的多个施政演说，不难发现，尽管日本政坛进入了"五五体制"终结后的动荡期，但对外政策的总基调并没有发生实质性变化，尤其是对美外交仍是非自民党执政时期日本外交战略的基石。与此同时，在对华问题上，村山内阁较为系统地，或者说较为全面地阐述了日本对华的战略期待和战略要求，总体上将中国置于一个有利的合作伙伴的战略位置，积极拓展与中国的战略联系。

　　具体来看，随着后冷战时代国际局势动态发展愈加明朗，日本对其在国际及地区格局中的新定位也变得更加明确，同时，日本的冷战后对华战

---

[1]　首相官邸「第百三十二回国会における内閣総理大臣施政方針演説（平成 7 年 1 月）」、1995 年 1 月、http://warp.ndl.go.jp/info:ndljp/pid/11236451/www.kantei.go.jp/jp/murayamasouri/speech/sisei.html（2019 年 3 月 21 日访问）。

[2][3]　首相官邸「第百三十四回国会における村山内閣総理大臣所信表明演説」、1995 年 9 月 29 日、http://warp.ndl.go.jp/info:ndljp/pid/11236451/www.kantei.go.jp/jp/murayamasouri/speech/kokkai-134.html（2019 年 3 月 21 日访问）。

略思路也愈加清晰。显然，这一战略思路成为这一时期日本展开对华经济外交的指导原则和推进主线。

第一，日本将自身定位为亚太国家的一员，并将中国也视为亚太地区的重要成员之一，二者在重构冷战后亚太及全球新秩序问题上存在巨大合作空间。1992 年第 10 期的日本《外交论坛》杂志就专门刊登了对日本外务省亚洲局局长池田维的专访。池田维也毫无隐讳地阐明了日本对"亚太"概念的思考，即过去日本提"大东亚共荣圈"概念时，主要针对的是亚洲地区，而对于现在的日本而言，亚太地区具有新的战略重要性，应予以必要的重视；而且，如果仅仅局限于亚洲的话，那就只有日本是发达工业国，其余的基本都是发展中国家，尽管新兴工业经济体（Newly Industrial Economics，NIES）及东南亚国家联盟（Association of Southeast Asian Nations，ASEAN）等国家或地区的经济增长速度很快，且未来前景可期；而如果扩大至亚太地区的话，则美国、加拿大、澳大利亚会被包含进来，更意味着会涉及包括黄色人种在内的不同人种。[1]由此可见，日本外交的视阈业已由东亚扩展至亚太这一更大的区域，同时也兼顾了经济上的考虑，希望有更多的发达国家参与这一覆盖较广的新经济圈，确保日本外部市场的可获取价值。此外，日本亚太合作担当特命全权大使远藤哲也直白地阐明了日本意图经营抑或深耕亚太的两大重要动因：（1）亚太地区将持续发挥"世界经济增长中心"的功能，为世界经济增长提供不竭动能；（2）亚太地区的区域性框架结构正处于起步阶段，与欧洲的欧盟委员会（European Commission，EC）、欧洲自由贸易联盟（European Free Trade Association，EFTA）和安全领域的北大西洋公约组织（North Atlantic Treaty Organization，NATO）相比，仍处于低水平阶段，因此，未来的可塑性和发展性极强。[2]显然，日本是从经济和政治两个重要视阈出发，综合、全

---

[1] 池田維「急展開する東アジア情勢——日本は新時代を開けるか」『外交フォーラム』、1992 年 10 月号、第 54 頁。

[2] 遠藤哲也「APEC 協力への正念場：シアトル会議を踏まえて」『外交フォーラム』、1994 年 1 月号、第 40—41 頁。

面地对亚太地区的战略概念进行了评估与判断。这里需要补充的是，1993 年 7 月美国总统克林顿在日本早稻田大学发表演讲，其中就提出了建立"新太平洋共同体"的设想。克林顿政府积极推动亚太战略的形成与完善，这或许也从一个侧面为日本转变战略思路，将外交重心重新定位于亚太地区提供了一定刺激，至少日本的这一战略转变与美国的战略意志并不冲突，相反却可以同频共振、互为补充。

与此同时，就中国而言，日本认为自 1989 年 6 月起，中国就开启了重视亚洲的"全方位"外交。1990 年 8 月 8 日，中国和印度尼西亚签署了关于恢复外交关系的谅解备忘录；1991 年 9 月 30 日，中国和文莱建立外交关系；1991 年 11 月 10 日，中国与越南签订两国关系正常化的协议，至此，中国与东盟国家的关系正式进入全面发展的重要阶段。1995 年江泽民主席参加 APEC 非正式首脑会议，意味着中国作为亚洲地区大国的地位更为明确。[1]因此，无论是从市场价值，还是从地缘政治的重要性而言，中国自然而然地被日本纳入其所定义的亚太体系范围，同时，中国也成为日本未来拓展亚太战略的重要切入点和对象国之一。

第二，中国巨大的市场规模和经济增长潜能是深陷经济困境中的日本最为关注和期待的。日本成蹊大学教授广野良吉就曾坦言，中国拥有 12 亿人口，虽然人均 GNP 很低，但 GNP 总规模却很大。[2]就广野良吉的这番评论，日本外务省亚洲局地区政策课课长小岛诚二给予了积极回应，并指出中国成为全球经济的"一极"并非坏事，反而是好事，日本可以与经济实力对等的中国进行交往，更何况中国拥有 12 亿人口的巨大市场；更为重要的是，具有规模经济实力的中国可以与美国、欧洲和包括日本在内的亚洲各国展开贸易，基于此，世界整体的贸易和金融体制将会被重构。[3]通过日本学界和政府官僚的代表性观点可以判断，尽管日本学界与政府部门

［1］ 小島朋之「中国外交の行方」『外交フォーラム』、1994 年 1 月号、第 52—53 頁。
［2］ 小島明・広野良吉・小島誠二「開かれた地域経済圏の可能性」『外交フォーラム』、1993 年 7 月号、第 24 頁。
［3］ 同上、第 24—25 頁。

在诸多问题上存在分歧或对立，但在对华经济认知上却是出奇地一致，均认为中国经济存在巨大的增长潜能，同时 12 亿人口的大市场是日本最为关注的目标之一。

第三，战略上日本将中国视为未来多极世界的潜在一极，且有助于构建稳定的后冷战国际政治经济体系。广野良吉道出了日本对华的战略考量，即冷战后的国际格局实际呈现为日美欧三极共同主导的体系框架，但随着中国实力的增强，中国或包括中国在内的东亚将成为新的一极。可喜的是，与日本持有对等实力的经济体制的产生有助于构建全球多极化社会，后者更有利于世界经济整体的长期、稳定发展。1994 年 11 月，日本经济团体联合会（以下简称"日本经团联"）公布了《关于亚太地区域内合作推进方式的基本构想》政策建议报告，指出亚太地区，尤其是东亚地区作为"世界经济增长中心"实现了举世瞩目的发展，这一地区将对面向 21 世纪的世界经济的发展前景造成巨大影响；为了构建面向 21 世纪的新国际贸易经济秩序，让占世界总人口两成多的中国参加讨论是极为重要的，并且，日本经团联支持中国尽早加入 GATT 或 WTO。[1]1995 年 6 月 20 日，日本经团联又公布了题为"日本在亚太地区合作中的作用：针对 1995 年 APEC 大阪会议的建言"的政策报告，指出日本应当成为市场自由化的主导力量，同时，要确保 GATT 或 WTO 的整合性。[2]由此可见，促使中国加入 GATT 或 WTO，以及和中国共同构建面向 21 世纪的国际贸易经济新体系等是日本经济界的主流论调，同时，鉴于经团联在日本经济界和政界的特殊地位和重要影响力，它的政策建言报告必然得到日本政府的高度重视，并最终转化为实际的外交政策和对华政策。

基于上述的战略考量，日本展开了积极的对华经济外交，并希冀在政

---

[1] 日本経済団体連合会「アジア太平洋地域の域内協力のあり方に関する基本的考え」、1994 年 11 月 7 日、http://www.keidanren.or.jp/japanese/policy/pol015.html（2020 年 1 月 7 日访问）。

[2] 日本経済団体連合会「アジア太平洋地域協力における日本の役割―1995 年 APEC 大阪会議に向けての提言―」、1995 年 6 月 20 日、http://www.keidanren.or.jp/japanese/policy/pol047.html（2021 年 1 月 7 日访问）。

治、经济、社会等各个领域强化对华交流与合作。1995年1月，阪神大地震重创日本关西地区，对神户等主要城市造成经济和人员生命的严重损失。中国政府迅即做出反应，李鹏总理致电日本首相村山富市，对受灾地区的日本人民表示深切慰问。与此同时，中国政府紧急调拨价值300万元人民币的救灾物资，驰援日本的抗震救灾工作。1996年2月初，中国云南丽江地区发生大地震，作为回报性援助的典型代表之一，日本政府向灾区提供了大量救灾物资；1998年8月，中国长江、嫩江、松花江等地区发生特大水灾，日本政府提供了200多万美元现金和部分救灾物资以支援中国的抗洪救灾工作。[1]

尽管如此，并不能说日本完全放弃了对华防备心理，一味地推动中日关系向前发展，实际上，日本对华始终秉承"胡萝卜+大棒"的基本原则，在实施对华友好政策的同时，也没有忘记适度地打压或制衡。1995年8月29日，日本政府为抗议中国进行核试验，决定冻结1994年度的部分对华无偿援助（共78亿日元），并将减少1995年度的对华无偿援助，但对第三轮日元贷款最后一批款项的落实和实施则不予变动。显然，日本政府的这一政策措施意图凭借有节制地减少对华援助，迫使中国放缓或改变国防发展计划。[2]

1996年1月，随着日本首相村山富市宣布辞职，自民党与社会党联盟不复存在，社会党随后也更名为"社会民主党"，从原先的日本国会第一大在野党沦为难以发挥足够影响力的小党派。与此同时，由自民党、社会党等分离出来的一部分议员成立的中间偏右的"民主党"势力逐渐壮大，与以自民党为中心的执政联盟在国会形成"保保对立"的格局。[3]这一新执政联盟的形成不仅为自民党重回日本政坛中央地位创造了基础性条件，而且鲜明地反映了日本政治社会已步入新老交替的过渡期，日本对华政策的

---

[1] 周永生：《经济外交》，北京：中国青年出版社2004年版，第297页。

[2] 同上，第305页。

[3] 蔡亮：《互利与共赢：日本对上海ODA研究》，合肥：合肥工业大学出版社2010年版，第63页。

思维模式亦发生同步性嬗变。换言之，日本国会"保保对立"格局的出现是日本政治保守化倾向的突出表现，加之第二次世界大战后新生代政治家逐渐取代了有一定历史负罪感的老一代政治家，日本政治对华"歉疚感"式微，中日关系进而结束了"情念型"主导的友好期，开始转入正常期。受其影响，日本对华政策逐渐摆脱此前还或隐或现的部分"优待"考虑，彻底转变为完全以现实利益为核心考量的政策制定与战略实施；对华经济外交作为日本对华政策的重要组成部分，也将更多地展现其战略利益导向的典型特征，即"利己性"的战略思维逐步主导日本对外经济外交的政策制定与实际展开。[1]

第四节

———

桥本内阁的改革意图与对华问题的再思考

一、桥本内阁不断对华释放合作的积极信号

桥本龙太郎内阁自 1996 年 1 月 11 日上台，当年提出了"五大改革方向"，包括行政改革、经济结构改革、金融体系改革、社会保障结构改革和财政结构改革[2]；之后，桥本内阁扩大政策视阈，将教育问题也纳入改革的主攻方向，实施战略性"六大改革"。在全球经济治理方面，1996 年法国里昂八国集团（G8）峰会期间，桥本内阁提出"世界福利构想"，希望构建

---

[1] 蔡亮：《互利与共赢：日本对上海 ODA 研究》，合肥：合肥工业大学出版社 2010 年版，第 63 页。

[2] 首相官邸「第百三十九回国会における橋本内閣総理大臣所信表明演説」、1996 年 10 月 1 日、http://warp.ndl.go.jp/info：ndljp/pid/11236451/www.kantei.go.jp/jp/hasimotosouri/speech/1996/kisya-1002.html（2019 年 3 月 19 日访问）。

全球性的福利社会。在亚太区域层面，桥本内阁强调 APEC 的作用与效果，因为日本是 1995 年 APEC 大阪峰会的主办国，大阪峰会的会议成果之一就是共同提出了《大阪行动议程》（Osaka Action Agenda），所以桥本内阁就在不同场合多次强调《大阪行动议程》（尤其是 1996 年内的多个演讲中特意提到），希望 APEC 各方能尽快落实。

1996 年 1 月 11 日，桥本龙太郎当选日本首相后发表谈话，指出经过第二次世界大战后的 50 年，日本无论是在国内，还是在国际上都面临关键的转型期；桥本龙太郎将 1996 年定义为"结构改革元年"，希望推动涉及政治、行政、经济、社会的根本性结构改革，并致力于构建适合 21 世纪的新体系。[1]

新启动的桥本内阁，在对外政策上延续了之前自民党政府所一贯坚持的以日美同盟关系为基轴，制定并实施对外交往具体政策，由此，日美关系成为桥本内阁对外政策的重中之重。为了稳固日美同盟关系的发展，抑或为了促使美国建立起对桥本内阁的信任，后者很快就完成了其上任后的一大对美政治重要公关任务，即 1996 年 4 月 17 日桥本龙太郎与美国总统克林顿签署了《日美安保共同宣言》，标志着日美安保同盟关系实现了进一步的发展与延伸，同时也从另一个侧面说明桥本内阁已取得了对美外交的阶段性胜利。

在稳固了对美关系之后，桥本内阁随即将关注的焦点投向了中国。1996 年 6 月 29 日，法国里昂八国集团（Group 8，G8）峰会后，桥本龙太郎在答记者问时就坦率地表示应尽快努力将中国纳入国际体系，尤其是在加盟 WTO 一事上，只要中国努力实施必要的制度改革，日本就会积极主动地促成中国的加盟。[2]1996 年 9 月 11 日，桥本龙太郎在日本记者俱乐部举

---

[1]　首相官邸「内閣総理大臣談話」、1996 年 1 月 11 日、http://warp.ndl.go.jp/info：ndljp/pid/11236451/www.kantei.go.jp/jp/hasimotosouri/speech/1996/danwa-117.html（2019 年 3 月 20 日访问）。

[2]　首相官邸「リヨン・サミットにおける橋本総理大臣記者会見（平成 8 年 6 月 29 日：フランス、リヨン）」、1996 年 6 月 29 日、http://warp.ndl.go.jp/info：ndljp/pid/11236451/www.kantei.go.jp/jp/hasimotosouri/speech/1996/kisya-0703.html（2019 年 3 月 20 日访问）。

行讲演会，特别强调他曾经在西方领导人首脑会议上建议在 1997 年香港回归前解决中国的"入世"问题，而且，中国不加入 WTO 经济大框架对于国际社会而言并没有好处，因此，日本会在中国"入世"问题上发挥积极作用。[1]由此可见，中国的"入世"问题业已成为桥本内阁在对华问题上的首要关注点之一，并希望在这一问题上给予中方必要的支持与协助，以促成这一重大历史事件的尽早发生。日方在中国"入世"问题上所表现出的积极态度，实际上隐含了桥本内阁利用对华重大利好经济政策，来维持或推进对华政治关系及其他领域的战略合作的意图，这也属于经济外交的范畴内容。

1996 年 9 月 24 日，桥本龙太郎在美国首都华盛顿的外交问题评议会上发表演讲，其中提到使中国以建设性伙伴的身份尽快融入国际社会已刻不容缓，日美两国在支持中国改革开放政策的同时，推进对华建设性合作关系也是极为重要的。[2]显然，桥本龙太郎选择在华盛顿发表这一特殊的观点，一方面是希望向美方阐明未来桥本内阁对华政策的主基调，即以建设性合作为政策指导理念，支持中国的经济改革与经济发展；另一方面是希望能够激起美方在支持中国改革开放、帮助中国融入国际经济金融体系等问题上的共鸣，以形成日美两国在上述涉华问题上的基本共识。更为重要的是，桥本龙太郎的这一发言再度清晰地反映出日本对于中国"入世"问题的高度关注，以及迫切希望促成此事的焦急心理，更说明对华外交，尤其是经济外交业已成为桥本内阁的主要外交努力方向。

1996 年 10 月 1 日，桥本龙太郎在日本国会发表施政演说，这可以说是桥本内阁第一次系统性地对外公开其执政理念及政策组成。桥本龙太

---

[1] 首相官邸「日本記者クラブにおける橋本総理の講演」、1996 年 9 月 11 日、http://warp. ndl.go.jp/info; ndljp/pid/11236451/www.kantei.go.jp/jp/hasimotosouri/speech/1996/0914. html（2019 年 3 月 20 日访问）。

[2] 首相官邸「外交問題評議会（ニューヨーク）における橋本総理講演記録『これからの日本と世界における日米協力』」、1996 年 9 月 24 日、http://warp.ndl.go.jp/info; ndljp/ pid/11236451/www.kantei.go.jp/jp/hasimotosouri/speech/1996/kisya-1004.html（2019 年 3 月 20 日访问）。

郎在演讲中提出了"五大改革方向",包括行政改革、经济结构改革、金融体系改革、社会保障结构改革和财政结构改革。[1]综合桥本内阁的上述"五大改革方向",不难发现其核心关切就是经济,换言之,如何帮助日本经济摆脱持续衰退、实现日本经济的整体性复苏,回答这一问题是桥本内阁的第一执政要务。而关于中日关系,1996 年 11 月 8 日,桥本龙太郎在第二次组阁后的记者会上强调称,日中关系并不仅限于双边关系,日中关系的发展与稳定有助于亚太地区整体的和平与繁荣,同时对于整个国际社会也是极为重要的事情。[2]显然,桥本政府对中日关系的定位超越了双边性质的层面,是从地区及全球的视角出发,来整体衡量和评估中日关系未来发展的。

1996 年 11 月 24 日,中国国家主席江泽民在马尼拉出席 APEC 会议期间,会见了桥本龙太郎,为维护中日双边关系的稳定发展提供了重要支撑。

1997 年 1 月 1 日,桥本龙太郎召开记者招待会,正式宣布将"五大改革"政策方针扩充至"六大改革方向",即在原先行政、财政结构、社会保障结构、经济结构、金融体系等五大领域的基础上,增加教育改革问题。[3]

1997 年 1 月 14 日,桥本龙太郎在新加坡发表政策演讲。关于中日关系,桥本龙太郎指出,中日之间在历史、文化、政治经济方面有着无法割断的牵连。中国因改革开放政策,逐渐走上了现代化的道路,并在各个领域都提升了影响力。日本支持中国的改革开放,对华进行广泛的对话与协商,增进交流,以此稳固中国在国际社会中的建设性伙伴地位,而且,日

---

[1] 首相官邸「第百三十九回国会における橋本内閣総理大臣所信表明演説」、1996 年 10 月 1 日、http://warp.ndl.go.jp/info：ndljp/pid/11236451/www.kantei.go.jp/jp/hasimotosouri/speech/1996/kisya-1002.html（2019 年 3 月 19 日访问）。

[2] 首相官邸「第二次橋本内閣組閣後記者会見」、1996 年 11 月 8 日、http://warp.ndl.go.jp/info：ndljp/pid/11236451/www.kantei.go.jp/jp/hasimotosouri/speech/1996/kisya-1111.html（2019 年 3 月 20 日访问）。

[3] 首相官邸「橋本内閣総理大臣年頭記者会見」、1997 年 1 月 1 日、http://warp.ndl.go.jp/info：ndljp/pid/11236451/www．kantei．go．jp/jp/hasimotosouri/speech/1997/nento．html（2019 年 3 月 21 日访问）。

本的对华经济合作也是以此观点为基础而展开的。[1]

1997 年 1 月 20 日，桥本龙太郎在第 140 届国会发表施政演说，强调将大刀阔斧地推进行政、财政、社会保障、经济、金融体系和教育"六大部门"的改革。[2]

1997 年 2 月 20 日，桥本龙太郎就邓小平去世发表谈话，提及邓小平生前曾在 1978 年、1979 年两次访日，极为重视发展对日关系、增进相互理解，不仅如此，桥本龙太郎还高度赞扬了邓小平在发展中日关系、推动中国实施改革开放政策中的重要作用。[3]桥本龙太郎对邓小平推动中日关系发展和中国国内改革事业的高度肯定，其实也向中国传递了积极合作的重要政治信号，为中日两国在这一时期的政治关系和经济合作的稳定发展再度添加有分量的砝码。

1997 年 4 月 25 日，桥本龙太郎以"日本的前途与日美关系"为题发表演讲，其中强调了他所提倡的主张，即中国可以发挥"建设性作用"。他还提到：预计 21 世纪上半叶，中国的 GNP 将攀升至世界第一，影响力亦将进一步扩大；日本支持中国的改革开放政策，希望中国能够稳固其在国际社会中的建设性伙伴的地位，这有助于维护地区的稳定与繁荣；与此同时，有必要提升中国国内的各种制度与国际规则、标准的整合与对接，鉴于此，中国加入 WTO 就是在经济层面促进了这一整合进程，不仅有利于中国经济发展，同时也有利于国际贸易体制的强化；日方积极呼吁并支持中国尽快加入 WTO；在亚洲区域层面，人口及经济的快速增长对粮食、能源、环境造成极大影响，日本必须与包括中国在内的域内各国携手合

[1] 首相官邸「橋本総理の政策演説（平成 9 年 1 月 14 日シンガポール）」、1997 年 1 月 14 日、http://warp.ndl.go.jp/info: ndljp/pid/11236451/www.kantei.go.jp/jp/hasimotosouri/speech/1997/0114ase-seisaku.html（2019 年 3 月 21 日访问）。

[2] 首相官邸「第百四十回国会における橋本内閣総理大臣施政方針演説」、1997 年 1 月 20 日、http://warp.ndl.go.jp/info: ndljp/pid/11236451/www.kantei.go.jp/jp/hasimotosouri/speech/1997/0120shisei.html（2019 年 3 月 21 日访问）。

[3] 首相官邸「内閣総理大臣の談話（平成 9 年 2 月 20 日）（トウ小平死去に際して）」、1997 年 2 月 20 日、http://warp.ndl.go.jp/info: ndljp/pid/11236451/www.kantei.go.jp/jp/hasimotosouri/speech/1997/0220tou-danwa.html（2019 年 3 月 21 日访问）。

作，共同应对上述重要问题。[1]

1997 年 6 月 22 日，桥本龙太郎在美国丹佛召开记者招待会，指出日本支持日中友好精神与中国改革开放的发展趋势，而且，为了让中国以建设性伙伴的身份加入国际社会，必须尽快让其满足 WTO 的准入标准。[2] 与此同时，桥本龙太郎还指出，1997 年 7 月 1 日的香港回归不仅对于中国很重要，而且对于整个世界都是历史性的大事件；日本希望中国政府在维持一国两制的基础上，利用香港回归产生的影响，在中国国内和国际社会中发挥更具建设性伙伴性质的重要作用。[3]

1997 年 6 月 26 日，桥本龙太郎与北欧五国首脑共同举行记者招待会。关于中国，桥本龙太郎特意指出稳固中国在国际社会中建设性伙伴的地位是极为重要的。[4]

1997 年 7 月 24 日，桥本龙太郎在日本三大经济团体之一的经济同友会组织的会员交流会上发表演讲，指出世界正朝着"无国界"时代发展；历史已进入"后冷战时代"，其重要特征就是美苏间的军事对峙已不复存在，自由主义和共产主义之间的意识形态斗争业已终结。消灭共产主义原有目标已发生路线和速度上的改变，而从广义上来讲，这已转变为多数国家朝向自由主义市场经济体制发展的契机。其中的主要案例就是中国采取了"社会主义市场经济"发展路线。[5] 冷战终结，苏联解体，进而诞生了许多新的国家。鉴于此，如何保证这些国家政治和经济的稳定，以及如何

---

[1] 首相官邸「日本の進路と日米関係—橋本総理大臣のナショナルプレスクラブにおける演説」、1997 年 4 月 25 日、http://warp.ndl.go.jp/info：ndljp/pid/11236451/www.kantei.go.jp/jp/hasimotosouri/speech/1997/0430soriamerica.html（2019 年 3 月 22 日访问）。

[2][3] 首相官邸「橋本総理大臣内外記者会見記録（平成 9 年 6 月 22 日於デンバー）」、1997 年 6 月 22 日、http://warp.ndl.go.jp/info：ndljp/pid/11236451/www.kantei.go.jp/jp/hasimotosouri/speech/1997/0624soridenv.html（2019 年 3 月 22 日访问）。

[4] 首相官邸「日・北欧共同記者会見」、1997 年 6 月 26 日、http://warp.ndl.go.jp/info：ndljp/pid/11236451/www.kantei.go.jp/jp/hasimotosouri/speech/1997/0702sorine.html（2019 年 3 月 21 日访问）。

[5] 首相官邸「経済同友会会員懇談会における講演」、1997 年 7 月 24 日、http://warp.ndl.go.jp/info：ndljp/pid/11236451/www.kantei.go.jp/jp/hasimotosouri/speech/1997/0725soridouyu.html（2019 年 3 月 21 日访问）。

构建包括周边国家在内的新国际秩序成为重要课题。[1]

　　桥本龙太郎还在演讲中提出了"欧亚外交"的战略新理念。在此基础上，桥本龙太郎指出中国克服了各种问题，面貌有了大幅改观，尤其是实施改革开放政策以后，取得了举世瞩目的大发展。面向 21 世纪的日中关系若要持续、稳定发展，就不能局限于简单的双边关系，而应该将战略视角置于亚太地区乃至世界的和平与繁荣；必须让经济持续增长的中国加入国际经济体系，在此，日本始终支持中国尽快加入 WTO，并愿意竭力提供合作；日中两国特别需要合作应对的共同问题还包括环境问题、能源问题、粮食问题、人口问题及传染病防治等医疗问题。[2]

　　1997 年 8 月 28 日，桥本龙太郎在"读卖国际经济座谈会"上发表演讲，指出后冷战时代正孕育着新的国际秩序；他还建议 NATO 向东方扩大加盟国范围，构建从欧洲到大西洋的新安保秩序，对此，日本应因应而动，积极开展"欧亚外交"，以确保亚太地区的和平与繁荣这一日本外交的基本目标。[3]在谈及中国问题时，桥本龙太郎指出中国是欧亚大陆的一部分（桥本内阁积极倡导"欧亚外交"的新外交战略理念），因不断取得举世瞩目的发展而一举成为亚太地区的核心国家；此外，中国政府强调军备永远是为了防卫，中国并不追求霸权；日本同意中方观点，即若是客观评价，中国的军备实力绝不构成任何威胁，而且中国有尊重"和"的传统，因此从这一层面来看，中国也不会对他国构成威胁。[4]从桥本龙太郎的发言来看，日本对中国发展及取得的成绩表示高度肯定，并将中国视为共同维护亚太地区安全与稳定的伙伴。

　　1997 年 9 月 4 日，桥本龙太郎正式访问北京并在国家行政学院发表题

[1][2]　首相官邸「経済同友会会員懇談会における講演」、1997 年 7 月 24 日、http://warp.ndl.go.jp/info：ndljp/pid/11236451/www.kantei.go.jp/jp/hasimotosouri/speech/1997/0725soridouyu.html（2019 年 3 月 21 日访问）。

[3][4]　首相官邸「新たな対中外交を目指して（平成 9 年 8 月 28 日）」、1997 年 8 月 28 日、http://warp.ndl.go.jp/info：ndljp/pid/11236451/www.kantei.go.jp/jp/hasimotosouri/speech/1997/0829soriyomiuri.html（2019 年 3 月 21 日访问）。

为"新时代的中日关系——对话与合作的新发展"的演讲，指出后冷战时代国家社会的最显著变化之一就是中国取得了快速的经济发展，影响力也随之提升，与此同时，中国在解决国际问题上发挥着积极的建设性作用。[1]之后，桥本龙太郎访问沈阳并参观了"九一八"纪念馆，成为第二次世界大战后首位访问中国东北地区的日本首相。显然，桥本龙太郎精心安排的中国之行，是希望在历史问题上向善良的中国人民做一个政治坦白，以洗刷其之前以日本首相的身份参拜靖国神社之举（1996 年 7 月 29日），同时表明桥本内阁清醒地知道也愿意去反省日本在二战中所犯下的累累罪行；在此基础上，桥本龙太郎的此次访问充分释放了日本对华外交的善意和推进对华合作的强烈意愿，为桥本时代的中日合作"高屋建瓴"地搭建了政治框架。

1997 年 9 月 11 日，桥本龙太郎再度当选自民党总裁并重新改组内阁后发表"内阁总理大臣训示"，指出为了维护日本的安全及亚太地区的和平与稳定，日本必须构建并实施适合冷战后国际社会情势变化的新外交战略[2]；日本应以亚洲东端为起点展开"欧亚外交"，进一步发展与俄罗斯、中国、韩国的国家关系[3]。

1997 年 9 月 29 日，桥本龙太郎再度在国会发表施政演说，指出希望确立日中友好关系，使其能为亚太，乃至全球发展做出积极贡献。[4]

1997 年 11 月 11 日，中国国务院李鹏总理访日，提出发展中日关系五原则：相互尊重，互不干涉内政；求同存异，妥善处理分歧；加强对话，增进了解；互惠互利，深化经济合作；面向未来，实现世代友好。同

---

[1] 首相官邸「新時代の日中関係—対話と協力の新たな発展」、1997 年 9 月 5 日、http://warp.ndl.go.jp/info: ndljp/pid/11236451/www.kantei.go.jp/jp/hasimotosouri/speech/1997/0909soripekin.html（2019 年 3 月 21 日访问）。

[2][3] 首相官邸「内閣総理大臣説示」、1997 年 9 月 11 日、http://warp.ndl.go.jp/info: ndljp/pid/11236451/www. kantei. go. jp/jp/hasimotosouri/speech/1997/0912sorisetuji. html（2019 年 3 月 21 日访问）。

[4] 首相官邸「第百四十一回国会における橋本内閣総理大臣所信表明演説」、1997 年 9 月 29 日、http://warp.ndl.go.jp/info: ndljp/pid/11236451/www.kantei.go.jp/jp/hasimotosouri/speech/1997/0929shosin.html（2019 年 3 月 21 日访问）。

日，中日两国政府签署《渔业协定》。

1998 年 2 月 16 日，桥本龙太郎在国会发表施政方针演说，指出为了确保亚太地区的繁荣与稳定，日本、美国、中国、俄罗斯四国之间建立起信任与合作关系是最为重要的。[1]

1998 年 4 月 21 日，中国国家副主席胡锦涛访日，强调发展中日关系要"以史为鉴，面向未来"。

综上所述，桥本内阁自 1996 年 1 月上台之后，就在不同场合以不同方式向中方释放善意及积极信号。除 1996 年 7 月 29 日桥本龙太郎以日本首相身份参拜靖国神社引发中日关系出现一番剧烈波折之外，总体而言，桥本龙太郎执政期间的中日关系走势发展相对较为平稳，且呈现出逐渐上升的势头。在涉华问题上，桥本内阁在以下四个方面表现得尤为突出。

第一，战略上将中国视为构建后冷战时代新国际秩序的重要合作者，同时，因为中国具有尊重"和"的重要传统，所以，中日两国在价值观上存在一定的共性，可以实现相互理解、彼此沟通，中国是日本能够开展合作的重要对象。

第二，支持中国尽快加入 WTO，以帮助中国融入全球经济和国际贸易治理体系，同时，期待中国在维护并推动地区及全球自由贸易体系和经济治理体系发展上与日本积极合作，共同做出必要且有效的贡献。

第三，肯定中国为推动经济发展和对外合作而实施的一系列改革措施，尤其是改革开放政策实施之后所取得的巨大发展成果，与此同时，愿意继续支持并推动中国改革开放事业的持续深化与推进，并希望中国的制度改革能够朝透明化、国际化的大方向继续推进，实现国内制度与国际制度的对标与统一。

第四，肯定中国在维护地区安全和世界稳定中所发挥的建设性作用，战略上将中国视为一个在安全领域可以进行合作的重要伙伴，并期待

---

[1] 首相官邸「第百四十二回国会における橋本内閣総理大臣施政方針演説」、1998 年 2 月 16 日、http://warp.ndl.go.jp/info: ndljp/pid/11236451/www.kantei.go.jp/jp/hasimotosouri/speech/1998/0216sisei.html（2019 年 3 月 19 日访问）。

中日在地区安全合作问题上能有所斩获或突破，中国军备实力的增强可以做到透明化、公开化等。

二、 桥本内阁积极推进对华经济外交

冷战的终结是桥本内阁所面临的最大的外部环境变化，这也成为其制定内外政策的出发点和落脚点。以此为背景，如何应对后冷战时代国际格局的转变，如何构建并适应后冷战时代的国际秩序，以及如何维护后冷战时代地区及全球的政治经济稳定发展等，均成为桥本内阁必须面对且亟须解决的重要课题。鉴于此，战略上与中国合作就成为桥本内阁的不二选项，而对华实施经济外交便是其实现上述目标的主要路径之一。

总体来看，桥本内阁对华经济外交主要涉及以下若干方面。

第一，扩大对华贸易投资，夯实中日经济合作关系，为中日政治关系的稳定发展提供坚实基础。如前所述，自桥本龙太郎 1996 年初担任日本首相之后，他就在不同场合多次强调对华经济合作的重要性，并希望扩大对华贸易和投资，以促进中日经济关系行稳致远。以此为背景，中日贸易在 1996—1998 年的三年间，维持了稳定发展的重要势头。具体来看，1996 年中国对日货物贸易出口额为 308.8 亿美元，进口额为 291.8 亿美元，贸易总额约为 600 亿美元；1997 年中国对日货物贸易出口额为 318.3 亿美元，进口额为 289.9 亿美元，贸易总额约为 608 亿美元；1998 年中国对日货物贸易出口额为 296.6 亿美元，进口额为 282.7 亿美元，贸易总额约为 579 亿美元。[1]值得注意的是，在 1997 年亚洲金融危机发生后，中日贸易并没有出现大幅滑坡，而是保持了较为稳定的发展趋势，这一方面得益于中日经济合作的韧性和基础，另一方面也得益于两国政治高层对推动双边经济合作关系的关心和重视，促使中日贸易可以在一个水平相对较高的区间内稳定

---

[1] 数据源于联合国贸易和发展会议数据库：https://unctadstat.unctad.org/wds/ReportFolders/reportFolders.aspx?sCS_ChosenLang＝en(2023 年 5 月 31 日访问)。

发展、延伸，更为后金融危机时代的飞跃式增长奠定了重要基础。因此，从这一层面来看，日本积极扩大对华经济，尤其是对华贸易投资关系的稳步发展，其目的不仅仅在于经济，也指向了政治关系的稳定和发展，是典型的经济外交模式之一。

第二，利用经济援助等政策工具，提升对华政治友好关系。1996 年 2 月 3 日，云南省丽江纳西族自治县发生 7.0 级地震，造成重大人员及经济损失。日本政府提供紧急援助 30 万美元[1]；是年夏天，日本对安徽省等地的洪水灾害提供紧急援助 30 万美元，用于当地的抗洪救灾。1996 年 5 月，由日本无偿资金援助建设的中日友好环境保护中心在北京落成，此举意在向中国传递强化环境保护意识的积极信号，同时表明日本愿意在环保问题上加强对华合作，并利用自身在环保领域的技术、资金等优势，帮助中国解决现实性的环境问题。更为重要的是，如果中国持续提升环保意识，扩大对环保问题的重视度，与环境保护相关的绿色产业就会随之蓬勃发展，从而形成一个规模庞大的绿色市场并带来可观的经济效益。由此，具有较强国际竞争力的日本环保技术便可以有用武之地，也可较为容易地在中国的新兴环保市场上获取较大的市场份额与经济利益，反哺日本国内经济发展。此外，由于环境保护问题一直是日本政府对外政策的重点方向之一，因此，扩大对华在环保问题上的积极合作，实际上也在为日本构建其在全球环境治理问题上的领导地位及实现第二次世界大战后"政治大国"梦想等积累重要政治成果。从这一层面来看，日本对华积极采取"以经促政""以政促经"的政策方针，符合经济外交的属性特征，也凸显了日本对华政策目标的隐蔽性与两面性。

此外，政府开发援助作为日本外交的重要工具之一，也成为桥本内阁积极推进对华经济外交的常用政策工具。总体上，桥本龙太郎执政的三年间，日本对华政府开发援助出现了较为显著的提升，且有偿资金援助、无

---

[1] 日本国驻华大使馆：《日中关系年表（邦交正常化以后）》，https://www.cn.emb-japan.go.jp/itpr_zh/nenpyo.html（2021 年 2 月 25 日访问）。

偿援助和技术援助基本保持了逐年递增的发展趋势。具体而言，1996 年日本向中国提供了 1 705.11 亿日元的有偿资金援助、20.67 亿日元的无偿援助以及 98.9 亿日元的技术援助；1997 年日本对华提供了 2 029.06 亿日元的有偿资金援助、68.86 亿日元的无偿援助及 103.82 亿日元的技术援助；1998 年日本向中国提供了 2 065.83 亿日元的有偿资金援助、62.3 亿日元的无偿援助及 98.3 亿日元的技术援助。[1]

三、桥本内阁积极推进对华经济外交的动因分析

观察桥本龙太郎在不同场合发表的涉华言论及其领导的日本政府制定并实施的诸多涉华政策，不难发现，桥本时代日本对华经济外交的主要动因及基本诉求如下。

第一，桥本内阁希冀带领日本实现真正的"政治清算"，与第二次世界大战彻底"道别"，并实现二战后政治大国的战略追求，这其中，中国是不可回避且不得不争取的重要合作力量。实际上，对于冷战后的日本外交，日本国内不乏批评的声音。神户大学教授五百旗头真就曾指出，日本是占世界 GNP15% 的经济超大国，但并没有获取与之相配的信赖和尊敬，主要是因为日本并没有很好地展开以经济为基础的政治外交，更没有制定出将支持国际秩序和共同利益作为国家利益的外交战略。[2]为了更好地回应国内的批评和关切，桥本内阁实际上将最大限度地发挥日本在地区及全球政治中的功能及作用作为自身的主要政治任务，同时竭力追求包括中国在内的主要国家的承认和认同。

这里需要强调的是，全球环境问题一直是冷战后日本政府扩展国际政治、提升自身政治地位的主要抓手，而且，为了实现以环境问题树立政治大国形象的战略，日本政府持续实施系统化的经济外交政策，除了对广大

---

[1] 日本外务省「国别援助实绩　1991 年～1998 年の实绩　[7] 中国」，https://www.mofa.go.jp/mofaj/gaiko/oda/shiryo/jisseki/kuni/j_99/g1-07.htm（2021 年 2 月 25 日访问）。

[2] 五百旗头真「無秩序时代の日本外交」『外交フォーラム』、1996 年 1 月号、第 24 页。

发展中国家提供资金援助和技术援助之外，还尝试引领性地主导国际环境问题的讨论与规则设定，《京都议定书》的顺利达成折射出日方所做出的一定努力。用三菱化学生命科学研究所社会生命科学研究室室长米本昌平的话来总结，即广域的环境问题是日本外交的重大课题。[1]但日本清醒地认识到，要想在全球环境问题或相关联的气候变化问题上寻求突破，就必须争取到中国的合作与让步，当然，日本也愿意为此付出一定的经济代价，如向中国提供资金援助和技术援助等。因此，争取在全球环境问题及气候变化问题上的中国支持，为日本实现"政治大国"梦想奠定重要基础，也是这一阶段日本对华经济外交的一大主要战略目标。

第二，桥本龙太郎提出的涉及行政、财政结构、社会保障、经济结构、金融体系和教育领域的"六大改革"方向，其核心就是"经济问题"，而解决日本内在经济问题的关键，就必须寻求外部力量或外部市场的有效协助。这里，中国就成为日本认可的，战略上可以依靠、也值得依靠的重要力量。另一方面，当时日本经济仍处于泡沫经济崩溃后的衰退期，尽快促使日本经济走出衰退边缘、走向复苏和快速增长实际上是桥本内阁的首要职责和政治任务，也是日本民众评判桥本内阁是否有所作为的权威性标准之一。鉴于此，桥本内阁实际上将"以外促内"作为振兴国内经济的一大政策方针，并希冀依托中国经济发展所创造的强大外生性动能，帮助日本扩大对华贸易并获取巨大增长动能，最终一举实现日本经济的复苏和再增长。从这一层面来看，桥本内阁的任一对华政策举措，无论是政治，还是经济方面，均是相互关联、融会贯通的，即扩大对华政治交流、政治友好的战略目标之一是稳固并扩大对华经济合作，为国内经济复苏和再增长创造最大可能性，最终为稳固其执政地位和政治领导力服务。说到底，这还是经济外交的思维模式所决定的。

第三，桥本龙太郎积极寻求中国的鼎力合作，为日本经济复苏创造有

［1］米本昌平「日本外交の課題としての広域環境問題」『外交フォーラム』、1996年6月号、第22—30頁。

利、稳定的地区及全球外部环境。桥本内阁时期正巧遭遇亚洲金融危机，以泰国为代表的东亚地区相关国家经济大幅衰退，宏观经济体系出现不同程度的损伤。日本是东亚域内的主要经济体之一，同时外向型经济特征显著，因此，也不可避免地受到了此次金融危机的冲击，甚至其整体经济的运营体系及结构性安全等也受到了威胁。值得一提的是，亚洲金融危机发生后不久，日本为了将金融危机造成的负面影响压缩至最小，同时也是伺机而动，意在彰显其在地区经济和金融合作中的引领力和协调力，便提出构建亚洲货币基金组织（Asian Monetary Fund，AMF）的战略设想。显然，日本的这一设想是希望借助域内包括中国、韩国等在内的多个主要国家的经济实力，来共同干预此次危机，维护亚洲域内经济和金融发展的稳定性，并确保日本外部经济环境的舒适度和安全性。尽管日本的倡议得到了域内及国际社会的一定关切，但最终因为华盛顿和北京的反对而胎死腹中。取而代之的是之后的"宫泽倡议"（以日本前首相、时任日本大藏大臣的宫泽喜一的名字命名），即日本向亚洲国家（泰国、马来西亚、菲律宾、印度尼西亚、韩国、越南）展开短、中、长期的金融援助，以支持这些国家改善经济发展的基本面，并促使其尽快走出金融危机的阴影。亚洲货币基金组织的教训再次让日本意识到由其主动或单独推动区域经济合作的现实困难，因历史原因、地缘政治、外部干扰等各种问题交织在一起，日本尽管在亚洲域内是第一大经济体，但并没有获取相应的政治影响力和感召力，也没有能力可以抛弃中国，单方面地主导诸如构建亚洲货币基金组织等需要整合地区性资源才能实现的系统性工程。由是观之，对华经济外交的重要性不言而喻，它不仅有助于维护中日经济政治关系的平稳发展，更可以弥补日本在整合区域经济资源、推动区域经济一体化进程中引领能力不足的弊端，甚至还可能促使中国在部分地区及全球经济政治议题协商中减少对日的反对声音等，可以说是"一石多鸟"的好策略。

第五节

——

小渊惠三与森喜朗内阁的对华战略定位

小渊惠三内阁 1998 年 7 月上台之时，正巧面临 2000 年的世纪更迭之历史大背景，因此，"面向 21 世纪""面向未来"等关键词旋即成为小渊内阁的主要政策制定导向。1999 年 1 月，小渊惠三在国会发表施政演说，标新立异地提出"五大桥梁"理论。与此同时，小渊惠三还提出"富国有德"新理念，后者也是小渊内阁施政目标的另一大特点和亮点，即日本要成为"富国有德"的国家。具体而言，要在经济富裕的基础上，实现物质和心灵的平衡，将日本建设成为兼具品格或道德的国家。简言之，就是建设物质文明与精神文明双丰收的新日本。

一、"五大桥梁"理论和"富国有德"理念下的小渊内阁对华方略总览

与其前任桥本龙太郎相一致，小渊惠三在接任日本首相一职后，也同样高度重视对华关系的发展。

1998 年 8 月 7 日，小渊惠三在国会发表施政演说，指出 1998 年是《中日和平友好条约》缔结 20 周年；日本和中国共同肩负确保亚太地区稳定与繁荣的责任，因此，日中关系并不是简单的两国关系，日中双方应就国际社会关心的相关问题加强进一步的对话和交流。[1]由是观之，小渊内阁没有将中日关系的定位局限于双边层面，而是站在亚太地区及全球层面，更为宏观地来衡量中日关系发展的重要性。

1998 年 11 月 25 日至 30 日，中国国家主席江泽民对日本进行正式国事访问，开创了中国国家元首首次访日的重要历史，其政治意义非同一般。

---

[1] 首相官邸「第百四十三回国会における小渕内閣総理大臣所信表明演説」、1998 年 8 月 7 日、http://warp.ndl.go.jp/info: ndljp/pid/11236451/www. kantei. go. jp/jp/obutisouri/speech/1998/0807syosin.html（2019 年 3 月 19 日访问）。

其间，中日双方共同发表了《中日关于建立致力于和平与发展的友好合作伙伴关系的联合宣言》（1998 年 11 月 26 日），并签署《中日关于进一步发展青少年交流的框架合作计划》。值得一提的是，作为中日恢复邦交正常化之后共同签署的第三个政治文件，《中日关于建立致力于和平与发展的友好合作伙伴关系的联合宣言》标志着中日关系走入了一个新发展阶段，同时，中日关系也展现出更为成熟、互利性更强的时代特征。

1999 年 1 月 19 日，小渊惠三在国会发表施政演说。值得一提的是，小渊惠三在此次演说中，将中国列为与美国、俄罗斯同等的地区主要国家，同时强调江泽民主席 1998 年访日为中日关系迈入新发展阶段提供了重要契机，今后要朝着两国及国际社会的共同目标而采取共同行动，发展两国关系。[1] 小渊惠三的这番表态明确且充分说明其对发展中日关系的重视度，同时也将中国视为重要的战略合作伙伴，期待能与中方在双边、区域，乃至全球事务中开展长期、有效合作。与此同时，小渊惠三在此次施政演说中极具创意地提出了"富国有德"的新理念，强调国家不仅要追求经济富裕，更要具备高德、大志。[2] 不仅如此，小渊惠三还提出了著名的"五大桥梁"理论，即为了构建适合 21 世纪的国政运营，必须构建"五座桥梁"："走向世界之桥""经济繁荣之桥""民众安心之桥""环境安全之桥"和"通向未来之桥"。[3] 由此不难发现，小渊惠三对未来日本的发展之路是有过一番认真思考与精心设计的，其中既有物质层面的要求，也有精神层面的追求，而且"五大桥梁"理论更是高瞻远瞩地明确了日本五大发展方向，即经济繁荣的日本、社会稳定的日本、环境安全的日本、全球化的日本和可持续发展的日本。

在中日关系稳定发展、持续进取的大背景下，1999 年 7 月 8 日，小渊惠三正式访华。小渊惠三的成功访华使中日关系发展又迎来一波小高

---

[1][2][3] 首相官邸「第百四十五回国会における小渊内閣総理大臣施政方針演説」、1999 年 1 月 19 日、http://warp.ndl.go.jp/info:ndljp/pid/11236451/www.kantei.go.jp/jp/obutisouri/speech/1999/0119sisei.html（2019 年 3 月 19 日访问）。

潮，包括经济交流在内的双边合作进一步向纵深展开。

1999 年 8 月 6 日，小渊惠三在"21 世纪日本构想"研讨会上发表演讲，指出冷战终结促使世界体系发生巨大变革，国际关系发展更为多元化。[1] 与此同时，他再度重申了"富国有德"的新理念，指出日本应发展成"富国有德"的国家，即在经济富裕的基础上，实现物质和心灵的平衡，发展为同时兼具品格或道德的国家。[2]

之后的 1999 年 10 月 29 日，小渊惠三在日本国会发表施政演说，指出政府工作重心是在促使经济真正转入复苏轨道的同时，构建 21 世纪的新发展基础，实现面向未来的经济"新生"。[3]

2000 年 1 月 28 日，小渊惠三又在日本国会做施政演说，提出"五大挑战"理论，即对创新的挑战、对稳定的挑战、对经济新生的挑战、对和平的挑战、对地球的挑战。[4]

2000 年 4 月 2 日小渊惠三因中风而陷入昏迷，之后因突发疾病而提前离任。森喜朗临危受命，并于 2000 年 4 月 5 日正式就任日本第 85 任首相。

总体来看，小渊惠三领导下的日本政府首要任务依旧是拯救泡沫崩溃后的日本经济，并希冀尽快将其带回至有序复苏的正常轨道。尽管小渊惠三创新性地提出了"五大桥梁"理论，但其本质和基础是经济振兴问题，简言之，"经济繁荣之桥"是"五大桥梁"理论的核心要素，也是"走向世界之桥""民众安心之桥""环境安全之桥"和"通向未来之桥"其他"四座桥"的基础与关键。唯有实现日本经济的复苏与再发展，才能确保日本民众的稳定生活，才能维护日本国家的环境安全，才能保证日本经济的

---

[1][2] 首相官邸「『二十一世紀日本の構想』懇談会全体合宿における内閣総理大臣スピーチ」、1999 年 8 月 6 日、http://warp.ndl.go.jp/info:ndljp/pid/11236451/www.kantei. go.jp/jp/21century/990819souri.html（2019 年 3 月 19 日访问）。

[3] 首相官邸「第百四十六回国会における小渕内閣総理大臣所信表明演説」、1999 年 10 月 29 日、http://warp.ndl.go.jp/info:ndljp/pid/11236451/www.kantei.go.jp/jp/obutisouri/ speech/1999/1029syosin.html（2019 年 3 月 19 日访问）。

[4] 首相官邸「第百四十七回国会における小渕内閣総理大臣施政方針演説」、2000 年 1 月 28 日、http://warp.ndl.go.jp/info:ndljp/pid/11236451/www.kantei.go.jp/jp/obutisouri/ speech/2000/0128sisei.html（2019 年 3 月 18 日访问）。

对外开放，也才能实现日本的长期、可持续发展等。因此，一切问题的关键均指向了经济复苏问题。与此同时，关联至"富国有德"的新理念，其核心问题也是能否获得经济基础的有效支撑，而这也是确保日本朝向"有德国家"大好方向发展的前提与保障。以此为背景，作为日本潜在的主要出口市场，以及可以充分发挥日本制造业中间产品加工地和组装地功能的中国，便成为日本经济复苏的主要依托之一，同时也是串联起日本经济与美欧经济、全球经济的主要桥梁。从这一层面来看，尽早实现日本的经济复苏不仅是小渊内阁的经济任务，更是其政治任务，由此，对华的经济外交也同时凸显着政治与经济两方面的重要特征。

二、"日本新生"理念下的森喜朗内阁对华方略总览

小渊惠三的突然倒下，给日本政坛留下一个最为重要且最为关键的空白——首相职位。作为自民党内的实力派大佬之一，森喜朗在众星捧月般的支持下"顺理成章"地成为日本第 85 任首相（2000 年 4 月 5 日）。但好景不长，一年后森喜朗就因屡次失言及多个政策失误等，被迫挂冠而走（2001 年 4 月 26 日）。

虽然森喜朗领导下的日本内阁执政时间并不长，仅一年有余，但它却在若干方面尝试性地去积极推动日本行政的结构性改革，同时也将日本的对华保守外交推进了一大步，显现出其对华政策积极和消极的"两面性"。

总体而言，尽早实现日本经济复苏，促使日本经济重新回归稳定增长的正常轨道也是森喜朗内阁的首要任务。与桥本龙太郎、小渊惠三等自民党出身的两位前首相一样，拯救日本经济、推出切实可行且卓有成效的经济政策，不仅是森喜朗内阁的首要经济任务，更是亟待解决的政治任务之一。为此，森喜朗内阁提出了兼具政治与经济双重改革性质的功能性理念——"日本新生"。[1]2000 年 4 月 5 日，森喜朗在就职首日即发表讲

---

[1] 首相官邸「第百四十七回国会における森内閣総理大臣所信表明演説」、2000 年 4 月 7 日、http://warp.ndl.go.jp/info:ndljp/pid/11236451/www.kantei.go.jp/jp/morisouri/mori_speech/2000/0407syosin.html（2019 年 3 月 18 日访问）。

话，表明自己的政治使命就是要实现"日本新生"。[1]2001 年 1 月 27 日，森喜朗在达沃斯经济论坛发表主旨演讲，详细阐释了"日本新生"的创新理念和具体内涵，这一理念包含四个板块的重要内容：（1）稳步调整经济的资产负债表；（2）依托制度改革创造新产业，促进竞争，通过教育改革强化人力资源，以供给侧政策提升经济潜在增长率；（3）大力推动居于政策核心位置的 IT 革命；（4）行政简约化，并确立政治的领导地位。[2]由此不难发现，所谓的"日本新生"，核心问题还是实现日本经济的稳定复苏与中长期持续增长。实际上，在"日本新生"指导思想的大背景下，森喜朗内阁国内经济政策的主要突破口着重于两个方面：（1）中央政府各省厅的结构调整；（2）大力促进日本 IT 技术革命的发展，推动并落实以 IT 技术革新为支撑的"e-Japan"战略。

就推进行政体制改革而言，2001 年 1 月 4 日，森喜朗召开记者招待会，宣布将于 1 月 6 日实施"中央省厅改革"，即将原先日本中央政府的 1 府 22 省厅缩编为 1 府 12 省厅，以提升政府行政效率，构建适合 21 世纪的行政体系。[3]由此，森喜朗内阁提出了明确的日本政府行政体制改革的方案与方向，并着手推进具体的改革计划。

之后不久，为了创造未来日本经济发展的新动力源，同时从根本上改革日本经济的传统结构、形成富有全球竞争力的新结构体制，2001 年 1 月 22 日，森喜朗宣布将"e-Japan 战略"确定为日本的国家战略。[4]实际

---

[1] 首相官邸「内閣総理大臣談話」、2000 年 4 月 5 日、http://warp.ndl.go.jp/info：ndljp/pid/11236451/www.kantei.go.jp/jp/morisouri/mori_speech/2000/0405danwa.html（2019 年 3 月 18 日访问）。

[2] 首相官邸「ワールド・エコノミック・フォーラム（ダボス会議）における森総理大臣スピーチ—日本と地球の将来を形作る」、2001 年 1 月 27 日、http://warp.ndl.go.jp/info：ndljp/pid/11236451/www.kantei.go.jp/jp/morisouri/mori_speech/2001/0127dabos.html（2019 年 3 月 18 日访问）。

[3] 首相官邸「森内閣総理大臣記者会見—伊勢市」、2001 年 1 月 4 日、http://warp.ndl.go.jp/info：ndljp/pid/11236451/www.kantei.go.jp/jp/morisouri/mori_speech/2001/0105ise.html（2019 年 3 月 18 日访问）。

[4] 首相官邸「e-Japan 戦略についての内閣総理大臣メッセージ」、2001 年 1 月、http://warp.ndl.go.jp/info：ndljp/pid/11236451/www.kantei.go.jp/jp/morisouri/mori_speech/2001/0122message.html（2019 年 3 月 18 日访问）。

上，"e-Japan 战略"的明确提出是森喜朗内阁在经济治理方面的主要政策规划，森喜朗内阁希冀通过与互联网等相关的网络基础设施建设，来构建未来日本经济发展的新结构与新方式。"e-Japan 战略"赋予未来日本经济发展的新内涵和新动能，更为之后日本在数字经济领域的中长期发展开创了基础性的完备计划，奠定了必要的发展基础和前提条件。从这一层面来看，"e-Japan 战略"具有一定的积极意义，是研究日本经济结构转型和数字经济发展进程等问题时不可忽视的重要部分。

话题回到经济领域。尽早实现日本经济复苏是森喜朗内阁的第一要务，因此，与之前的几届日本内阁相类似，对华政策，尤其是对华经济外交就成为森喜朗内阁实现上述政治抱负的主要依靠，也是解决政治、经济等多个层面复杂问题的政策选择。

2000 年 4 月 7 日，上任后不久的森喜朗就在第 147 届日本国会发表施政演说，强调将以"日中共同声明"为基础，进一步拓展对华关系。[1]由此，森喜朗内阁表明了对华外交的基本态度，并希冀通过政治、经济等各种交流，扩大与中国之间的各层面交往。当然，森喜朗内阁所定义的中日关系也并非仅停留于双边层面，其更多内涵也辐射至亚洲，乃至全球层面。这里需要指出的是，尽管森喜朗担任首相期间，其公开的发言中并没有过多地直接谈及中国，表面上或许是森喜朗内阁的对华战略较桥本内阁、小渊内阁而言发生了明显调整，至少对华关系在森喜朗内阁的对外政策考量中所占的比重，抑或是其重要性有所下降，取而代之的是日本对俄关系的突破等，但日本的对华态度或对华政策并没有发生实质性改变，也没有出现强度上的减弱，而是更侧重于通过克服亚洲金融危机后的种种困难等区域层面的共同问题，来统括性地表述日本的对华基本态度与战略方针。

2001 年 1 月 27 日，森喜朗在达沃斯经济论坛发表主旨演讲，强调尽管亚洲地区受 1997 年金融危机的影响，出现了暂时的经济增长停滞，但进入

---

[1]　首相官邸「第百四十七回国会における森内閣総理大臣所信表明演説」、2000 年 4 月 7 日、http://warp.ndl.go.jp/info:ndljp/pid/11236451/www.kantei.go.jp/jp/morisouri/mori_speech/2000/0407syosin.html（2019 年 3 月 18 日访问）。

21 世纪之后，亚洲地区无疑将成为支撑世界经济增长的最重要地区之一。[1]森喜朗此处的发言并没有直接提及中国，但其主旨却明确指向了包括中国在内的亚洲，并释放出对未来亚洲区域经济发展的前景充满信心和期待的积极信号。可以说，森喜朗发言背后的潜台词实际直指蓬勃的中国经济及稳步崛起的中国。

三、 小渊惠三和森喜朗时代的日本对华经济外交概览及动因分析

小渊惠三和森喜朗执政时期，对华关系依旧在日本对外关系中扮演主要角色，且其所处地位和所发挥的作用随着中国综合国力的上升也在相应提升。日本愈发意识到中国的重要性，尤其是在日本经济的复苏进程中，中国广阔的市场纵深和丰赡的经济资源将产生决定性的作用。当然，对日本而言，中国的价值不仅仅停留于经济层面，更辐射至政治层面，中日关系的意涵和框架还有足够的扩大空间。

以小渊惠三的"五大桥梁"理论为例，至少"走向世界之桥""经济繁荣之桥""环境安全之桥"的三座"桥"就与中国息息相关。日本要走向世界，就必须先实现与亚洲国家的真正和解，也必须在第二次世界大战等历史问题上做出明确且诚恳的表态。这里，如何面对包括中国在内的亚洲国家，并在"历史问题上取得一致的共识"，就成为横亘在日本前进道路上的一大障碍。日本知名学者高原明生也已意识到这一问题的严重性，专门撰文提出"日中存在不可分割的关系"，同时明确指出日中关系的发展必须克服对"历史问题"的认知所造成的障碍。[2]

---

[1] 首相官邸「ワールド・エコノミック・フォーラム（ダボス会議）における森総理大臣スピーチ—日本と地球の将来を形作る」、2001 年 1 月 27 日、http://warp.ndl.go.jp/info: ndljp/pid/11236451/www. kantei. go. jp/jp/morisouri/mori _ speech/2001/0127dabos. html (2019 年 3 月 18 日访问)。

[2] 高原明生「日本と中国　その不可分なる関係」『外交フォーラム』、1999 年 10 月号、第 16—18 頁。

日本前驻 OECD 大使藤井宏昭曾指出，20 世纪 90 年代日本外交的基本目标就是创造有利环境，以稳步扩大并深化相互依存关系。[1]藤井宏昭的这一番表述，淋漓尽致地表现了日本在对华经济外交问题上的态度。

第一，政府开发援助作为日本经济外交的主要工具之一，在小渊惠三和森喜朗的执政期内也被充分使用，以扩大日本对华的经济政治联系。据日本外务省公布的官方资料显示，1997 年日本向中国提供了 2 029.06 亿日元的有偿资金援助、68.86 亿日元的无偿援助及 103.82 亿日元的技术援助；1998 年日本向中国提供了 2 065.83 亿日元的有偿资金援助、62.30 亿日元的无偿援助及 98.30 亿日元的技术援助。[2]值得关注的是，这一时期日本提供的有偿资金援助主要关注中国的环境治理工程，火力发电、水力发电及高速公路等基础设施建设，这为中国社会整体基础设施的条件完善提供了一定的资金保证，同时也为之后中国经济可以顺利驶入高速发展的"快车道"提供了有利的基础性条件。从这一层面而言，日本政府开发援助对中国改革开放事业的发展确实发挥了一定的良性促进作用，也切实解决了电力资源不足、物流基础设施落后等困扰中国经济社会发展的现实问题。但客观而言，中国能源及基建设施条件的总体性改善也有助于在华投资日企的中长期发展，更为之后日企生产基地大规模地进驻中国大陆创造了完备的基础性条件。1999 年 10 月，利用日元贷款建成的上海浦东国际机场投入使用；2000 年 3 月，日本为中国的环境示范城市项目（贵阳、重庆、大连）提供日元贷款。[3]

第二，为了扩大中日间的相互依存关系，日本政府持续扩大对华贸易，强化日本对华经济关系成为日本对华经济外交的首要任务，这也有助于持续推动中日政治关系的友好发展。从日本的主要十大贸易对象排名变

---

[1] 藤井宏昭「90 年代の国際経済と日本の役割」『外交フォーラム』、1991 年 1 月号、第 52 頁。

[2] 日本外務省「国別援助実績　1991 年～1998 年の実績　〔7〕中国」、https://www.mofa. go.jp/mofaj/gaiko/oda/shiryo/jisseki/kuni/j_99/g1-07.htm（2021 年 5 月 21 日访问）。

[3] 日本国驻华大使馆：《日中关系年表（邦交正常化以后）》，https://www.cn.emb-japan. go.jp/itpr_zh/nenpyo.html（2021 年 5 月 21 日访问）。

动情况来分析，中国从 1991 年起就始终稳居日本的第二大进口对象国的位置（2002 年中国超越美国，成为日本的第一大进口对象国）。尽管在 20 世纪 90 年代，中国在日本十大进口对象中的排名并没有发生过变化，但日本的对华进口占其总进口的比重却节节攀升，尤其是小渊惠三和森喜朗执政的 1998—2001 年的 4 年间，对华进口占比分别为 13.2%、13.8%、14.5% 和 16.5%。与之形成鲜明对比的是，日本与其第一大进口对象国美国之间的进口占比却在持续衰减，分别为 23.9%、21.6%、19.0% 和 18.1%。[1] 日本对华出口的统计排名方面，1990 年中国仍是日本排名第 12 位的出口对象国（占比仅为 2.1%，而日本对美出口的占比为 31.5%），但到了 1996 年，中国在日本主要出口对象中的排名就跃升至第 5 位，1998 年更是晋升至第 4 位，1999 年又进一步上升至第 3 位，2000 年虽然下降至第 4 位，但 2001 年又直接升格为第 2 位，仅次于美国。由此，中国在日本第二大出口对象国的位置上一直停留至 2008 年，之后基本连续保持着第一大出口对象国的位置优势。[2] 综观 1998—2001 年这 4 年，尽管中国在日本主要出口对象国的排名有升有降，但与对华进口一样，日本对华出口占其总出口的比重却扶摇直上，从 5.2%（1998 年）到 5.6%（1999 年），再到 6.3%（2000 年），最后升至 7.7%（2001 年），增加了 2.5 个百分点。与此同时，尽管与对美出口占比的 30.0%（2001 年）相比，对华出口占比的数值仍相对较少，但对美出口却呈现式微的趋势，而对华出口之后却直线上升，并于 2009 年超越对美出口，由此，中国成为日本的第一大出口对象国。[3]

第三，积极加速促成中国加入 WTO，实现在全球自由贸易框架下的中日经济的深度合作。对中国而言，日本是最大的贸易伙伴，而且是与美国比肩的对华投资国，因此，如果中国可以加入 WTO，日本将是最大的受益方。[4]

---

[1][2][3] 日本貿易振興機構「日本の貿易相手国 TOP 10（1990—2020）」、https://www.jetro.go.jp/ext_images/world/japan/stats/trade/excel/rank_top10_90-20.xls（2021 年 5 月 20 日访问）。

[4] 马成三「拡大する外国企業の対中ビジネス」（鮫島敬治・日本経済研究センター編『中国　WTO 加盟の衝撃』、日本経済新聞社、2001 年版、第 77—99 頁）、第 90 頁。

以中国市场开放的主要对象商品汽车、IT 产品等产品为例，日本在中国上述商品中的进口份额极高。具体而言，1998 年从日本进口的汽车数量占中国汽车进口总量的约 8 成，金额上占比是 66%；从日本进口的 IT 类代表性产品集成电路（IC）的进口占这类产品总进口比重的约 1/4。此外，日本对华机械出口中零部件的出口比重很高，按照日本国际贸易投资研究所公布的数据显示，这一比重已从 1990 年的 35%增长至 1997 年的 57.3%，7 年内增加了 22 个百分点。同时，鉴于中国的出口贸易以"加工贸易"为主，且机械类产品的贸易增长速度最快，因此，未来中国机械类产品出口的增长，也将带动日本对华机械类零部件的出口。[1]

除此之外，中国加入 WTO 有助于降低日本对华出口商品的关税水平，扩大中日双边贸易往来，更为重要的是，这还将扩大 WTO 相关规则的对华适用范围，进一步提升中国的贸易全球化发展水平及相应的国内规则制定，为日本企业进入中国投资和发展营造了良好的营商环境和制度约束。日本一桥大学商学部教授关满博就一针见血地指出，对于走出日本的企业而言，将来的目的地只有中国，而且，很多日企正意图构建"出口型生产基地"，在中国打造"迷你日本"（Mini Japan）。[2]不仅如此，中国经济有其独特特征，即中国拥有与国家建设紧密相关的所有支柱产业部门，并且，为了提升这些支柱产业的技术和生产能力，必须依托外资，走合作生产的道路。[3]因此，这也为日本企业创造了巨大的潜在经济利益。尽管如此，日本在参与中国市场竞争的过程中已逐渐有危机感。关满博指出，在日本犹豫期间，欧美企业已果敢进入中国，并共享了技术发展，而且，这一事态若继续发展，则日本企业的生存空间会越来越小。鉴于此，进入中国的日本企业应怀揣共享技术发展的理念，同时更进一步，追

---

[1] 马成三「拡大する外国企業の対中ビジネス」（鮫島敬治・日本経済研究センター編『中国 WTO 加盟の衝撃』、日本経済新聞社、2001 年版、第 77—99 頁）、第 91 頁。

[2] 関満博「日本企業が中国に進出するということ」『外交フォーラム』、No.134、1999 年 10 月号、第 34—35 頁。

[3] 同上，第 36—37 頁。

求新发展的可能。[1]关满博的上述观点清晰阐述了日本对华的战略意图：为日本企业找到合适的海外驻地和制造业基地或许是当时日本对华的主要战略定位，为此，日本通过扩大贸易联系、支持中国加入WTO等各种经济外交的手段与方式，来逐步推进对华的战略部署。

第四，日本积极推动对华经济外交，实则还有一个隐藏的战略目标，即始终希冀主导东亚，乃至亚太区域的经济一体化进程，为日本外向型经济的扩张型发展创造有利的外部环境，其中，最为关键的因素就是争取中国最大限度的支持与合作。日本学者宗像直子详细地梳理了20世纪80年代中期至21世纪初的亚太经济一体化的发展进程，并将其分为四个阶段。

（1）各种一体化提议相互竞争和影响的阶段（1985年至1992年），其中具有代表性的提议包括美国国内政策圈的多个涉及亚太国家和地区的双边自由贸易协定、日本和澳大利亚最先提出的APEC（1989年11月APEC第一次部长级会议在澳大利亚堪培拉举行）、马来西亚首相马哈蒂尔·穆罕默德的"经济集团"［后更名为"东亚经济干部会议"（East Asia Economic Caucus）］等。

（2）APEC占据首要位置的阶段（1993年美国西雅图APEC第一次领导人会议至1997年亚洲金融危机），亚太地区主要国家和地区普遍接受了"茂物目标"（1994年APEC）和《大阪行动议程》（1995年APEC），与此同时，美洲区域主义也取得快速发展，标志就是北美自由贸易协定（North American Free Trade Agreement，NAFTA）的生效和实施（1994年1月1日起）。

（3）"禁忌的崩溃"阶段（1997年亚洲金融危机至2000年末），即为应对亚洲金融危机，东亚各国不约而同地抛弃了停留于论坛或优惠贸易协定的传统禁忌，一时间各种经济合作协定纷纷出炉，如"东盟＋3"于1997年12月召开了第一次非正式领导人会议，在创设"亚洲货币基金"的努力未果而终之后，相关各方又签署了《清迈协议》，发展起一个覆盖东亚

---

[1] 関満博「日本企業が中国に進出するということ」『外交フォーラム』、No.134、1999年10月号、第37頁。

的货币互换协议网络；亚太域内的日本、韩国、新加坡、新西兰等国家纷纷提出签署双边自由贸易协定的设想，并启动相关谈判。

（4）"自由贸易协定"发展为新潮流的阶段（2000 年末以后），中国提升了区域合作的可能性成为这一时期的最大变量。中国完成了与东盟的自由贸易协定的联合可行性研究，并提供"早期收获计划"，促使 2002 年 11 月双方最终签署《中国-东盟全面经济合作框架协议》；受其影响，日本也迅速完成了与新加坡的《新时代经济伙伴协议》（2002 年 11 月 30 日生效），并与墨西哥（2002 年）、韩国（2003 年）、马来西亚（2004 年）、泰国（2004 年）、菲律宾（2004 年）、印度尼西亚（2005 年）等国启动了自由贸易协定谈判；2003 年 10 月，日本和东盟签署了《全面经济伙伴关系框架》，并于 2005 年开始谈判；美国也加入了这一行列，2002 年 10 月布什政府宣布了《东盟企业倡议》（Enterprise for ASEAN Initiative），2003 年 5 月签署了《美国-新加坡自由贸易协定》，同年 11 月宣布和泰国进行自由贸易协定谈判的意向。[1]

通过宗像直子对亚太经济一体化初始阶段历史的简要梳理，不难发现，中国是这一进程的主要参与者和决定性力量之一。亚太经济一体化的实现不可能绕过中国，当然，中国也希望通过推动并融入亚太经济一体化进程，来实现自身的经济发展与影响力提升。1994 年，APEC 第二次领导人会议设立了"茂物目标"，即 APEC 发达成员和发展中成员分别力争在 2010 年和 2020 年实现贸易投资自由化。此后，为了推进实现"茂物目标"，APEC 又相继在 1995 年和 1996 年制定了《大阪行动议程》和《马尼拉行动计划》，指导各成员以集体行动和单边行动相结合的方式削减贸易壁垒，扩大市场开放，逐步提高自由化水平。[2]中国作为最大的发展中国家

［1］［日］宗像直子：《政治如何赶上市场?：寻找东亚的经济区域主义》，载［美］卡赞斯坦、［日］白石隆编：《东亚大局势：日本的角色与东亚走势》，王星宇译，北京：中国人民大学出版社 2014 年版，第 132—144 页。

［2］刘晨阳、曹以伦：《APEC 三十年与我国参与亚太区域经济合作的战略新思考》，载《东北亚论坛》2020 年第 2 期，第 4 页。

和亚太域内的主要经济力量，一方面自然而然地受到了"茂物目标"的约束和限制，但另一方面，中国的成绩也决定了"茂物目标"能否如期实现，在战略层面更是决定了亚太经济一体化能否稳步推进。从这一层面来看，作为意图主导亚太经济一体化进程的日本，自然希望中国能在各个层面配合其实现这一战略目标，这不仅是经济层面的利益最大化，更是政治层面的战略性突破，同时可以稳固其在东亚域内的经济和政治大国地位。

除了经济外交之外，小渊内阁、森喜朗内阁还积极利用文化外交、民间外交等多个渠道，来夯实、拓展中日交流的深度和广度，并为维护中日政治关系在 20 世纪末和 21 世纪初的稳定创造有利因素。

1999 年是"中日文化友好年"，中日双边的民间交流出现了持续加深、走暖的大好趋势。1999 年 1 月，中国赠送日本一对朱鹮，并开始朱鹮的人工繁殖工程；同年 11 月，中日共同设立"中日民间绿化合作委员会"。[1] 2000 年 4 月，日本启动了"日中知识交流支援事业"（2007 年改名为"日中研究交流支援事业"）；同年 5 月，"日中文化观光交流使节团"的 5 000 名成员成功访华。由此，中日民间交往在"朱鹮外交"等一系列标志性工程的支撑下，有了进一步的全面提升。借助这一千载难逢的机会，日本开放了中国团体的赴日旅游，并于 2000 年 9 月开始对中国团队观光游客发放签证。[2] 放开对华的团体旅游不仅有助于吸引大批中国游客到访日本，帮助扩大日本的国内消费，带动日本经济的发展与增长，同时也有助于更多中国人认识日本、了解日本，增进中日间的民间交往和感情基础，扩大在华的"知日派"或"亲日派"，并以此推动中日政治关系的稳定发展。因此，放开对华团队旅游既是经济行为，也是政治举措，还是日本实施对外经济外交的一个重要方面。

综上所述，小渊惠三和森喜朗时代，日本同样充分使用了包括政府开发援助等在内的经济外交各种工具，在战术上和战略上推进中日在经济、

---

[1][2] 日本国驻华大使馆：《日中关系年表（邦交正常化以后）》，https://www.cn.emb-japan.go.jp/itpr_zh/nenpyo.html（2021 年 5 月 21 日访问）。

政治上的广泛联系，扩大日本在华的经济利益及其在区域和全球政治经济中的地位、影响力。其中，谋求海外市场及生产基地，以带动国内经济稳定复苏是这一时期日本对华的主要诉求，而且，日本的经济复苏及持续繁荣必须依赖中国庞大的市场需求，对此，日本国内的经济界及战略界均有清晰的认识，且极为看好中国市场的未来发展。

此外，在环境问题上，日本与中国的利益也紧密关联。由于地理上相近，中国的环境治理也直接关系到日本国内环境治理的好与坏。而且，日本也希望借助环境问题来提升自身在国际环境治理及全球政治格局中的地位和影响力，并使其成为实现第二次世界大战后"普通国家""政治大国"梦想的战略路径之一。这其中自然离不开中国的支持与承认。因此，环境问题也是日本对华的主要诉求之一，是日本积极推动对华经济外交的主要动因之一。限于篇幅且考虑到后文还会进行详细论述，此处不再赘述。

第三章

新世纪"务实性"日本经济外交战略与
"政冷经热"的中日关系

2001 年 2 月 20 日，日本经济团体联合会（简称"日本经团联"）发表了一篇题为《"思考 21 世纪的中日关系"——为了确立中日互信和扩大经济交流的建议》的政策建言报告，其中明确表示日本产业界对"村山谈话"持认同的态度，认为日本应当正确看待历史问题，与此同时，该报告指出，从政治、经济等各个方面来看，日中关系对两国而言均是最为重要的双边关系之一；中国即将加入 WTO，但同时也直面着全球化所带来的诸多课题，对此，作为与中国之间具有深厚经济纽带的日本，应该积极合作以解决相关问题，尽可能地扩大全球化成果，并谋求进一步发展。[1]应该说，日本经团联的这份报告充分肯定了第二次世界大战后，尤其是 1972 年中日恢复邦交正常化以后两国关系所取得的长足进步，同时也全面地反映了日本经济界在新世纪伊始就战后中日关系的发展演变及未来中长期关系发展所做的战略性思考，折射出日本经济界期待中日关系能在新世纪获取更多良性互动，创造出更多、更广、更具影响力的经济成果。

---

[1] 日本経済団体連合会「『21 世紀の中日関係を考える』—中日の相互信頼の確立と経済交流拡大のための提言」、2001 年 2 月 20 日、http://www.keidanren.or.jp/japanese/policy/2001/006.html（2021 年 1 月 7 日访问）。

伴随着日本经济界的良好期待，中日关系在 21 世纪拉开了帷幕，日本的对华外交也逐步展露出"务实性"的基本特征。

本章将以 21 世纪头十年为研究背景。这一时期，日本经济相较于其他亚洲国家，仍具有较为显著的竞争优势。受其影响，日本仍将自己视为"亚洲国家的代表"抑或是"亚洲的领袖"，并意图借助亚洲国家的基盘，参与全球的经济竞争与产业链分工。但因"扩张性"经济外交业已受挫，日本经济外交战略逐渐回归"务实性"路线，战略视野由亚太收缩至东亚地区。受其影响，日本对华政策的主基调转变为"合作＋竞争"，中日关系遭遇"政冷经热"的若干难题。

第一节

————

小泉时代的日本对华经济外交

2001 年 4 月，森喜朗内阁在一片谩骂和指责声中黯然下台，被日本媒体誉为"政治怪人"的小泉纯一郎继任接班，成为日本第 87 任首相。"邮政民营化"是小泉内阁对内政策的重心，而"积极倡导构建东亚共同体"则是其执政后期对外政策的主要亮点。

作为日本首相的小泉纯一郎始终强调"没有结构性改革就没有日本的复苏和发展"抑或是"没有改革就没有增长"的坚定信念[1]，不断宣扬其代表性政治口号，如"民间能做的让民间做（邮政民营化等国有企业改革），地方能做的让地方做（推动地方行政改革、搞活地方经济等）"等。[2]

---

[1] 首相官邸「年頭所感」、2004 年 1 月 1 日、https://warp.ndl.go.jp/info:ndljp/pid/233374/www.kantei.go.jp/jp/koizumispeech/2004/01/01syokan.html（2023 年 5 月 29 日访问）。

[2] 首相官邸「第 157 回国会における小泉内閣総理大臣所信表明演説」、2003 年 9 月 26 日、https://warp.ndl.go.jp/info:ndljp/pid/233374/www.kantei.go.jp/jp/koizumispeech/2003/09/26syosin.html（2023 年 5 月 29 日访问）。

由此可见，"改革"是小泉纯一郎及其领导的日本内阁对内政策的基本理念和首要关键词。

此外，小泉内阁的主要外交成绩包括实现对朝鲜的访问（2002 年 9 月 17 日，当日往返，这是日本首相首次访问朝鲜）并发表《日朝平壤宣言》等。而就中日关系而言，总体上小泉时代的中日关系因小泉纯一郎多次参拜供奉有甲级战犯的靖国神社而受到极大的影响，中日政治关系一度跌入恢复邦交正常化以来的历史低谷，中国民众的对日好感度也相应发生巨幅下滑，但好在经济合作成为牵动中日互动的重要羁绊，中日经济关系展现出良性向好的发展趋势和韧性，并且最终促成小泉时代的中日关系呈现"政冷经热"的总体特征。

一、 2001 年"执意推动改革"的小泉内阁登台

2001 年 4 月 26 日，在一片期待声中，小泉纯一郎登上日本政治的最高神坛，成为第 87 任日本首相。上台后的小泉纯一郎对内强调"推动改革"，打破传统的利益藩篱，使日本政治经济重新获取发展动力；对外强调以日美同盟为基础，积极扩大日本的对外交往，以提升日本在区域及全球范围内的政治影响力。

同日，小泉纯一郎在就任首相后便发表了首次首相讲话，指出"没有结构改革就没有经济复苏"的口号，并将这一届内阁命名为"断然实施改革的内阁"，以表明坚决推动各类社会经济结构改革的决心；与此同时，小泉纯一郎指出这一届内阁的首要任务就是"重建日本经济"。为了确保金融和产业的复苏，必须尽快实施以处理不良债权为代表的紧急经济对策。[1]鉴于此，经济问题是小泉内阁内外政策首先要应对的问题之一，也是其制定所有内外政策的出发点与落脚点。与此同时，在谈及包括中日关系在内

---

[1] 首相官邸「内閣総理大臣説示」、2001 年 4 月 26 日、https://warp.ndl.go.jp/info:ndljp/pid/233374/www.kantei.go.jp/jp/koizumispeech/2001/0426setuji.html（2023 年 5 月 29 日访问）。

的外交政策时，小泉纯一郎指出将以日美关系为基轴，构建与中国、韩国、俄罗斯等近邻的良好关系，在为亚太地区的和平与繁荣作贡献的同时，在地球环境问题等方面发挥日本合适的国际引领力。[1]

2001年5月7日，小泉纯一郎在第151届日本国会发表施政演说，指出为了实现"新世纪维新"，必须致力于"没有禁区的结构性改革"，并赋予这一届内阁以"断然改革的内阁"的称号。[2]小泉纯一郎使用如此多的新概念和新名词，目的之一就是要突出小泉内阁的"改革"特色，即小泉内阁将以改革为第一使命，着重致力于推动日本在各个领域的重大改革，并将以改革为依托来创造日本的新发展动力。而在谈及具体的经济改革措施之时，小泉纯一郎指出"没有结构性改革就难以实现经济复苏"的政策理念，为此，小泉内阁将在经济和财政领域果断实施三方面的结构性改革：

（1）用两到三年的时间，彻底解决不良债权问题。（2）构建适合21世纪环境发展的竞争性经济体系，其中涉及实施包括税制改革在内的制度改革，鼓励私人投资者积极参与市场投资，以带动证券市场的复苏；落实"e-Japan"重点计划，将日本打造为世界最尖端的IT国家；树立"科学技术创造立国"的理念，改革研发体制；促进城市的复苏和土地流转，以提高城市的魅力和国际竞争力。（3）推动财政结构的改革，实现财政健全化发展。[3]

这次施政演说的内容如实地反映了小泉纯一郎作为日本政府最高领导人的政治理念及对未来政府工作的初步设想，涉及金融政策、产业政策和宏观经济政策等多个具体领域，其政策意图充分展现小泉内阁务实、高效的工作作风。从中不难发现，不良债权问题实际上仍是泡沫经济崩溃所遗留下来的历史问题，同时因之前亚洲金融危机的冲击，其对日本经济的拖

---

［1］　首相官邸「内閣総理大臣説示」、2001年4月26日、https://warp.ndl.go.jp/info:ndljp/pid/233374/www.kantei.go.jp/jp/koizumispeech/2001/0426setuji.html（2023年5月29日访问）。

［2］［3］　首相官邸「第百五十一回国会における小泉内閣総理大臣所信表明演説」、2001年5月7日、https://warp.ndl.go.jp/info:ndljp/pid/233374/www.kantei.go.jp/jp/koizumispeech/2001/0507syosin.html（2023年5月29日访问）。

累与挑战又进一步加剧了。而产业政策方面，小泉内阁希冀通过树立"IT立国""科技立国"等新兴的革命性理念，全面推动日本经济结构的整体性改革，并依托这一改革来寻求推动经济增长的新发展动能。从这一层面来看，小泉纯一郎的政策主张其实是著名经济学家熊彼特的"破坏式创新"理念的现实版本，即打破束缚日本经济发展的传统利益藩篱，创造一种适合新时代发展且充满新兴动能的经济新结构和新体制。财政政策方面，小泉纯一郎明确意识到了日本财政所面临的危机，长期的赤字财政及政府救市行为等已给日本的财政带来了难以承受的负担，换言之，日本政府亟须进行适度的减负，尽快实现收支平衡，以降低日本国家的负债率。应该说，小泉纯一郎的政策设想是准确的，也是经过深思熟虑的，完全针对制约日本经济复苏的顽疾。但不可忽视的是，完成小泉内阁上述政策设想的关键，仍然是经济复苏和经济增长，而实现日本的经济复苏就必须为其寻找到一个理想的外部市场和外部制造业生产基地，以满足日本经济"以外养内"的战略需求。实际上，引发20世纪90年代末泡沫经济崩溃的一大重要原因就是日本国内市场趋于饱和，制造业发展遭遇严重的成本制约，国内扩大再生产无法有序地循环推进。鉴于此，日本对华的战略需求也愈发清晰，即潜在的消费大市场和充满竞争力的制造业发展环境成为日本对华经济的最主要诉求，这也是日本积极推动对华经济外交的根本动力源之一。

2001年9月27日，小泉纯一郎在第153届日本国会发表施政演说，公开表明"小泉结构性改革的五大目标"：（1）努力必有回报、失败后也可重来的社会；（2）依托民间和地方的智慧创造出活力且富庶的社会；（3）怡人、安全、安心生活的社会；（4）在美好环境中舒适生活的社会；（5）让孩子们充满理想和希望的社会。[1]实际上，"小泉结构性改革的五大目标"分别对应着社会经济领域的五个重要目标：（1）构建公平、公正的社会制度；（2）促进地方经济发展；（3）完善社会保障制度并构建发达的医疗体系；

---

[1] 首相官邸「第百五十三回国会における小泉内閣総理大臣所信表明演説」、2001年9月27日、https://warp.ndl.go.jp/info: ndljp/pid/233374/www.kantei.go.jp/jp/koizumispeech/2001/0927syosin.html（2023年5月29日访问）。

（4）加强环境保护的力度，构建怡人、舒适的环保社会；（5）构建可持续发展的社会。与此同时，小泉内阁还拿出了更为具体的政策部署计划与实施时间表（参见表3.1）。

表3.1　小泉内阁的主要工作计划与安排（2001年9月27日）

总体目标：推动结构性改革，以提升经济的基本发展力。	
劳动力市场改革	（1）设立"产业结构改革、雇佣对策本部"； （2）强化大学机能，促进地方产学官合作，以推动科技振兴； （3）促进以私人主动融资（PFI）方式运营的托儿所、养老院的发展，尽早实施医疗、社会福祉、保育、劳动力等领域的规制改革； （4）解决企业求人与劳动者求职之间的信息错配问题，通过充实网络渠道，增加相关信息的发布； （5）与地方政府合作，创造在教育、环保等公共服务领域的就业机会； （6）针对职业训练等扩大就业保险的支付范围，以促进中高龄老年人的再就业和稳定生活等。
经济、财政的结构性改革	（1）彻底处理不良债权问题，并推动金融体系的结构性改革； （2）构建竞争性的经济体系，制定新的股票持有限制，以限定银行等结构的持股风险； （3）构建高度透明且公平的证券市场； （4）制订"e-Japan2002计划"，加速构建世界最先进的IT国家，并致力于实现"电子化政府"的网上办事功能； （5）以"科创立国"为目标，促进科技领域的战略开发投资； （6）为提升城市魅力和国际竞争力，积极强化广域防灾设施的完善，强化大都市圈的物流机能，形成生命科学的国际基地，依托私人主动融资方式，修理并完善中央政府及国立大学的建筑设施等； （7）实施财政结构性改革，在"国债发行额控制在30万亿日元以下"的总体目标下，2002年度的财政预算中要削减5万亿日元，但向重点领域再投入2万亿日元。
行政结构改革	（1）优先废除、分割或民营化四大道路公团、都市基础整备公团、住宅金融公库、石油公团等，彻底推动特殊法人的废除及民营化工程； （2）就首相公选制及邮政三事业的可行性进行探讨，计划1年左右的时间拿出具体方案； （3）推动市町村等地方政府的合并； （4）制定适合新时代的司法制度。
社会的结构性改革	（1）重构可持续发展的医疗制度； （2）为使工作与育儿两不误，构建让所有孩子都能上托儿所及放学后能入晚托班的完善体制，在2004年度之前增加入托儿童15万人，增加1.5万个放学后的晚托班机构； （3）构建"零垃圾型城市"，以应对环境问题； （4）3年约7000辆政府公务车全部换为低公害车； （5）政府食堂的剩余湿垃圾直接提供给农民作为肥料或饲料，并以此为范本推广实施，以促进食物再循环。

（续表）

总体目标：推动结构性改革，以提升经济的基本发展力。	
对外政策	（1）为了实现 21 世纪的和平与繁荣，日本必须发挥主导性作用，使以尊重基本人权和民主主义、市场经济和自由贸易为基调的国际秩序获取进一步发展； （2）设立 WTO 谈判新回合，推动《京都议定书》在 2002 年生效，尽早实现联合国安理会改革； （3）日美关系是日本外交的基轴，在建立日美间的建设性对话，推进冲绳振兴开发的同时，落实普天间机场的搬迁、返还工作，削减冲绳县民的负担； （4）面对中国、韩国，明确展现日本直视历史、避免战争、尊重和平的基本立场，构建面向未来的合作关系，争取尽早与中韩最高领导人进行直接、真挚的对话； （5）与相关各国携手努力，共同构建自由、稳定、充满活力的 21 世纪东亚地区； （6）推进对俄在经济领域和国际事务层面的合作，尽全力解决北方四岛归属问题，缔结日俄和平条约； （7）与韩美紧密合作，竭力推动日朝关系正常化谈判，并依托对话，努力解决与朝鲜相关的人道主义问题和安保问题。

资料来源：首相官邸「第百五十三回国会における小泉内閣総理大臣所信表明演説」、2001 年 9 月 27 日、https://warp.ndl.go.jp/info: ndljp/pid/233374/www.kantei.go.jp/jp/koizumispeech/2001/0927syosin.html（2023 年 5 月 29 日访问）。

　　总体来看，小泉内阁的对内结构性改革政策主要针对四大模块，即劳动力市场、经济与财政、行政、社会制度。

　　第一，以扩大就业为主要方向，在创造新兴就业机会的同时，尽可能地确保现有劳动力的稳定就业。从政府自身的机构设置出发，设立"产业结构改革及就业对策本部"，统领性地制定并实施相关就业政策部署与落实。依托民间及社会资本，大规模地扩充托儿所、养老院等社会福利机构，解决中青年就业者的后顾之忧，使其能安心、放心地参与社会分工，实现工作效率的最大化。

　　第二，主动治理金融市场，以彻底清理不良债权问题为主要抓手，推动日本金融体系的结构性改革。经济政策领域强调"科技创造"的生产性效能，希冀利用"创新、创造"为经济增长注入新动力。与此同时，通过制订"e-Japan2002 计划"，整体推进网络基础设施的改造与升级，并带动日本行政手段与方式的改良与进步。财政方面，压缩政府财政支出成为小泉内阁的首要任务，这样一来，国债发行额就可以相应下降，有助于未来缩小日本国债规模，降低国债违约风险。

第三，行政改革突出"小政府"的改革发展方向，以减少政府负担为优先选项。以此为背景，优先废除、分割或民营化四大道路公团、都市基础整备公团、住宅金融公库、石油公团等，彻底推动特殊法人的废除及民营化工程。与此同时，小泉内阁的标志性改革工程——邮政民营化——正式进入讨论阶段，以最终形成一个可行且具体的操作版本。

第四，社会的结构性改革强调福祉与环保两个方面。社会福祉领域中，小泉内阁希望重构医疗制度，使其有利于日本社会的中长期可持续发展，同时，扩大托儿所、养老院等社会福利机构的数量和辐射面，为劳动者的安心、稳定就业创造最大可能。在环保方面，为了促成《京都议定书》在2002年生效，并在全球环保问题上展现日本的引领性作用，小泉内阁身体力行，在国内层面开展了不同方式的节能减排运动，同时，强调政府率先"垂范"的功能，从政府自身改革出发，减少对环境的污染与伤害。

2001年11月26日，小泉纯一郎就日本的经济财政运营情况发表阁僚讲话，指出结构性改革政策重点涉及七大板块，即环境、少子高龄化、地方发展、都市复苏、科学技术振兴、人才培养和教育、IT等。[1]应该说，环境、科技和IT三大议题是小泉内阁有别于其前任的标志性经济工程，也为之后的几届日本内阁奠定了基本经济政策的大方向。与此同时，上述七大板块有机地整合在一起，构建出小泉内阁经济政策的基本框架。

除对内积极推动改革之外，在外交方面，小泉内阁始终表示"日美同盟和国际协调并重是日本外交的基础"。因此，坚持"日美同盟为基础"是小泉内阁对外政策的出发点和落脚点。与此同时，在扩大对日美同盟依托的同时，积极扩大日本外交在全球政治中的影响力和实际效用，提升日本的国际地位，也是小泉内阁的一大政治诉求。

在小泉纯一郎发表的第一个施政演说（2001年5月7日）中，他以

---

[1]　首相官邸「当面の経済財政運営について［閣議における発言］」、2001年11月26日、http://warp.ndl.go.jp/info：ndljp/pid/11236451/www.kantei.go.jp/jp/koizumispeech/2001/1126keizai.html（2019年4月12日访问）。

"21世纪的外交和安保"为章节标题，详细阐述了此后日本外交的主要任务，其中，他明确强调日本是国际社会责任的主要承担国之一，应该主动地引领构建适合21世纪的国际体系，包括推动联合国的改革、强化以WTO为核心的自由贸易体制和积极应对全球环境问题等。[1]紧接着，在国别外交的内容阐述中，小泉纯一郎第一个提及的就是日美关系，并指出他将努力促使日美安保体制更为有效地运作；为进一步强化日美在经济、贸易领域的对话而积极拿出新的政策方案；强化对美在政治、安保领域的对话与合作；在努力推动冲绳地区经济发展的同时，切实落实包括搬迁、返还普天间机场等在内的"冲绳问题特别行动委员会"最终报告的建议，着实减轻冲绳县民的负担。[2]

2001年6月末，小泉纯一郎开启了其担任日本首相后的第一次外访。不出所料，小泉纯一郎将其外访的第一站放在了美国，以展现对这位盟友的重视与忠诚，同时也向外传递日美同盟关系不一般的信息。6月30日，小泉纯一郎与美国总统乔治·布什在戴维营举行会谈，并发表题为"为了安全和繁荣的伙伴关系"的联合声明，其中强调日美首脑将携手合作促进世界贸易的自由化发展，同时依托明确、强化并扩充WTO规则，促进经济增长；不仅如此，为了构建可以应对全球化课题的贸易体系，日美首脑将持续努力，争取在2001年下半年启动WTO的多哈回合谈判。[3]值得注意的是，2001年下半年WTO多哈回合谈判启动后，最重要的议题之一就是审议中国的加盟申请。结果，2001年12月11日，中国正式加入世界贸易组织，成为其第143个成员。由此可见，中国问题已经成为日美首脑会谈所关心的主要议题之一。

---

[1][2]　首相官邸「第百五十一回国会における小泉内閣総理大臣所信表明演説」、2001年5月7日、https://warp.ndl.go.jp/info：ndljp/pid/233374/www.kantei.go.jp/jp/koizumispeech/2001/0507syosin.html（2023年5月31日访问）。

[3]　首相官邸「安全と繁栄のためのパートナーシップ」、2001年6月30日、https://warp.ndl.go.jp/info：ndljp/pid/233374/www.kantei.go.jp/jp/koizumispeech/2001/0630anzen.html（2023年5月31日访问）。

结束访美之后，小泉纯一郎又直接访问了英、法两国，一方面完成了他上任后的外交首秀，并将小泉内阁的外交主旋律定调为"大国外交"；另一方面，也是为了与美、英、法等七国集团主要盟友进行政治沟通，为之后召开的八国集团峰会确定主要的探讨议题等。

此外，自小泉纯一郎担任日本新一届首相之后，对华关系就成为其所领导的内阁对外政策的主要方向之一。

小泉纯一郎在其第一个施政演说（2001年5月7日）中就明确指出，对华关系是日本最重要的双边关系之一；日本将借助2001年秋天在上海举办APEC首脑峰会的契机，进一步深化对华合作关系，同时期待中国能在国际社会中发挥更大的建设性作用。[1]小泉纯一郎的发言揭示了其重视发展对华关系的基本想法，同时也反映出小泉内阁期待在中日关系上寻求战略突破的政治抱负，小泉内阁不仅希望在双边层面进一步扩大务实性的战略合作，更期待在全球层面展示中日合作的政治及经济价值。

紧接着，在小泉纯一郎的第二个施政演说（2001年9月27日）中，他又直言不讳地强调，面对中国、韩国，需要明确展现日本直视历史、避免战争、尊重和平的基本立场，构建面向未来的合作关系，并争取尽早与中国、韩国最高领导人进行直接、真挚的对话。[2]

本着上述基本想法，2001年10月，小泉纯一郎对华进行正式访问，并在上海出席了APEC峰会。这也是小泉纯一郎就任首相后第一次访问中国。出人意料的是，被誉为"政治怪人"的小泉纯一郎的确不喜欢按常理出牌，在华访问期间径直奔赴卢沟桥，参观了坐落于那里的中国人民抗日战争纪念馆（2001年10月8日），嗣后发表了颇为"坦诚"的"参观感言"。

今天，我访问了卢沟桥……有幸参观纪念馆，再次痛感战争之悲

[1]　首相官邸「第百五十一回国会における小泉内閣総理大臣所信表明演説」、2001年5月7日、https://warp.ndl.go.jp/info:ndljp/pid/233374/www.kantei.go.jp/jp/koizumispeech/2001/0507syosin.html（2023年5月31日访问）。

[2]　首相官邸「第百五十三回国会における小泉内閣総理大臣所信表明演説」、2001年9月27日、https://warp.ndl.go.jp/info:ndljp/pid/233374/www.kantei.go.jp/jp/koizumispeech/2001/0927syosin.html（2023年5月31日访问）。

惨。我怀着对因侵略而牺牲的中国人民的由衷歉意和哀悼，观看了各种展品。决不允许再次发动战争，这或许是对因战争惨剧而死去的人们的一种告慰。出于这种心情，我们认为，日中关系不仅关系到日中两国的友好和平，而且是关系到亚洲，乃至世界和平的重要双边关系。

进入 21 世纪后，2001 年 9 月 11 日，美国发生了恐怖袭击……当今世界正面临如何消灭、遏制这种新型恐怖袭击的问题，值此之际访问中国，我认为这不仅对今后的中日关系至关重要，也对作为国际社会成员的双方就反恐合作交换意见至关重要……第二次世界大战后的日本正视历史、决不允许再次发动战争，正是基于反省，日本才作为和平国家实现了繁荣。过去，日本从国际社会孤立出去，结果贸然投入了那场悲惨的战争。战争结束后，日本的基本国策是坚信只有国际合作才是和平与繁荣之路，决不能从国际社会中孤立出去……虽然日本与中国也曾有过不幸的时期，但是面向 21 世纪的未来，我真诚希望日中友好关系能够发展得像今天的日美友好关系一样牢不可破。我认为，发展日中两国友好关系，不仅仅有利于日中两国，而且对整个亚洲及整个世界来说也是至关重要的。我作为首相，今后也愿意为日中友好发展竭尽全力。[1]

从小泉纯一郎所发表的"参观感言"中不难发现，他确实对中日关系的发展给予了巨大希望和期待，也希望通过这次出人意料的参观活动，拉近中日两国的距离，促使双边政治、经济关系能有进一步的深入推进。尽管如此，小泉纯一郎的这段"坦诚"的肺腑之言也必须打上引号，因为他担任首相后不久，就参拜了供奉有甲级战犯的靖国神社（2001 年 8 月 13 日）[2]，并在历史问题上屡次发表不当言论，严重伤害了包括中国在内的、

---

[1] 日本国驻华大使馆：《小泉纯一郎总理在参观中国人民抗日战争纪念馆之后发表的谈话》，2001 年 10 月 8 日，https://www.cn.emb-japan.go.jp/itpr_ja/bunken_2001danwa.html（2021 年 5 月 27 日访问）。

[2] 小泉纯一郎自 2001 年就任日本首相一职后，分别于 2001 年 8 月 13 日、2002 年 4 月 21 日、2003 年 1 月 14 日、2004 年 1 月 1 日、2005 年 10 月 17 日和 2006 年 8 月 15 日，连续六次参拜靖国神社，对中日关系发展造成了极为糟糕的负面影响。

在第二次世界大战中饱受日本侵略痛苦的相关国家的国民感情，也将中日关系发展置于一个不利的尴尬境地。

二、 小泉内阁对华经济外交凸显"务实性"特征

应该说，小泉内阁对华政策方针是明确的，一方面重视中日关系发展，仍将中国视为双边层面及全球层面的战略合作伙伴，并愿意为构建中日战略合作关系承担一定的经济成本。另一方面，随着中国改革开放成果的不断积累，中国经济在新世纪初已经有了较大的改观，经济实力及综合国力较改革开放初期也有了翻天覆地的变化。以此为背景，日本国内政治保守势力开始竭力鼓吹"中国威胁论"，这对小泉内阁的对华政策构成了一定压力，同时也促使小泉内阁的对华政策由原先的"扩张主义"逐渐转向"务实主义"的路线方针，强调在对华政治经济交往中要更多实现日本的现实及战略利益。

受此影响，2001 年 10 月，日本外务省发表了"对华经济合作计划"，其中明确决定削减对华日元贷款，并将按中国的实际需求来调整日本对华无偿资金援助和技术合作等。[1]显然，在小泉内阁对华务实主义路线的推动下，日本在逐渐调整对华经济合作的指导方针，同时，日本将中国定位为"经济小国""经济弱国"的传统概念也发生了动摇，取而代之的是，由于中国经济发展业已取得相当成果，"经济大国"抑或"潜在经济强国"的概念正在逐渐形成，并且中国对日经济的竞争力亦在不断上升。

2001 年 11 月 6 日，小泉纯一郎在参加完"ASEAN + 3"首脑峰会后出席记者招待会，当被记者问及尽管日本口口声声称重视与东盟的关系发展，但为何却是中国、而不是日本率先启动与东盟的自由贸易协定谈判时，小泉纯一郎随即变得语焉不详，只能用一些冠冕堂皇的简短句

---

[1]　外務省「对中国经济协力计画」、2001 年 10 月、https://www.mofa.go.jp/mofaj/gaiko/oda/seisaku/enjyo/china._h.html（2021 年 5 月 28 日访问）。

子搪塞。[1]由此可见，中国先于日本启动与东盟的自由贸易协定谈判，给小泉内阁造成了巨大的政治压力，更让日本感到了一定的失落，担忧自己被未来亚洲经济一体化进程所边缘化。

不仅如此，实际上在小泉纯一郎上台之后，便遭遇了对华经济外交的一件麻烦事，这也是前内阁遗留给小泉内阁的一个对华"政治遗产"。在处理这一对华经济纷争过程中，小泉内阁本想以日本绝对的经济优势来强压中国，迫使后者接受日本实施的贸易救济措施，但与小泉内阁的期待相反，中方采取了强硬的应对措施，并最终迫使小泉内阁决定放弃原定的政策安排，与中方在相关贸易问题上达成妥协。具体而言，2001 年 4 月 10 日，日本突然宣布对进口自中国的大葱、香菇、蔺草席三种农产品，自 4 月 23 日至 11 月 8 日实施为期 200 天的临时紧急进口限制措施，挑起了对华的"贸易战"。之后，中方多次与日方交涉，要求日方取消该决定。应该说，尽管这是小泉纯一郎的前任——森喜朗——领导的日本政府所遗留下来的政治麻烦，但小泉内阁也并没有对此给予客观、公正的考量，更没有权衡这一经济问题的重要性和敏感性，对中方提出的交涉表现出强硬的拒绝与抵触。在多次遭到日方拒绝的情况下，同年 6 月 18 日，中方宣布将对进口自日本的汽车、空调、移动电话三种商品征收 100% 的惩罚性关税，并于 6 月 22 日正式实施，此举意在促使日方改变之前实施的紧急限制措施。围绕着这一贸易争端，尽管中日双方进行了一系列的交涉与谈判，但始终没有达成一致。2001 年 12 月 11 日，日本经济产业大臣平沼赳夫和农林水产大臣武部勤在北京会晤中国对外贸易经济合作部部长石广生，希望打破两国贸易战的僵局，但谈判仍以失败告终。为了迎接 2002 年中日邦交正常化 30 周年的重大节点，同时营造一个中日关系发展的友好气氛，小泉纯一郎权衡利弊，趋利避害，终于派遣平沼赳夫和武部勤于 2001 年 12 月 20 日

---

[1] 首相官邸「ASEAN＋3 首脳会議後における小泉総理内外記者会見」、2001 年 11 月 6 日、http://warp.ndl.go.jp/info:ndljp/pid/11236451/www.kantei.go.jp/jp/koizumispeech/2001/1106asean.html（2019 年 4 月 12 日访问）。

短时间内再度访华，重新与石广生举行会谈，其中，日方做出了关键性让步，即不再要求中方自主限制对日农产品出口，两国最终顺利解决此次贸易争端。[1]

基于此，不难发现小泉内阁在这一事件中的态度骤变，这反映了日本在对华经济外交问题上的理念转变，20世纪90年代基于对华经济的绝对性优势而形成的"扩张主义"思潮已随着日本相对实力的衰弱而发生了实质性改变，更为强调现实利益及战略利益的"务实主义"对华经济外交理念逐渐成为小泉内阁及其后多届日本政府开展对华经济外交的指导性理念。

2001年12月21日，中日两国就取消相互贸易制裁措施达成一致，日本决定不实施对大葱、香菇和蔺草席的特殊保障措施，中方决定取消对汽车、手提及车载电话、空调三种日本产商品的附加关税。[2]对此，小泉纯一郎特意发表正式讲话，指出为了促进日中友好关系的长期发展以及日中经济的更大发展，政府作为一个整体，决定接受此次协议结果，不启动此次特殊保障措施。[3]

从小泉纯一郎事后专门发表的讲话内容来看，日本还是极为重视对华政治和经济关系的中长期发展的，小泉内阁也愿意为此做出必要努力，以夯实和扩大中日双边的政治及经贸关系。与此同时，日本在对华问题上始终将政治与经济紧密地联系在一起，不希望因经贸摩擦问题而阻碍中日友好关系的良性互动，也愿意为稳固并促进中日政治关系的稳定发展而牺牲一定的经济利益。由此可见，小泉内阁完全是以经济外交的基本理念来看待并处理此次中日经贸摩擦的，不希望因相对有限的贸易救济措施而牺牲更大规模的对华经济利益，更不愿意看到中日政治关系因有限的经济利益

［1］周永生：《经济外交》，北京：中国青年出版社2004年2月版，第166页。

［2］首相官邸「日中双方のねぎ、生しいたけ、畳表の農産品の貿易摩擦に関する覚書」、2001年12月21日、http://warp.ndl.go.jp/info：ndljp/pid/11236451/www.kantei.go.jp/jp/koizumispeech/2001/1221oboegaki.html（2019年4月14日访问）。

［3］首相官邸「内閣総理大臣の談話」、2001年12月21日、http://warp.ndl.go.jp/info：ndljp/pid/11236451/www.kantei.go.jp/jp/koizumispeech/2001/1221danwa.html（2019年4月14日访问）。

纷争而痛失稳定发展的大局。

或许小泉内阁的确希望维护并扩大中日经济利益交融，但其对华政策还是受到了日本国内保守政治势力和"中国威胁论"这一错误思潮的影响。2004 年 11 月 30 日，小泉纯一郎在参加完老挝主办的"ASEAN＋3"首脑峰会后举行记者招待会，其间，在回答与中国国务院总理温家宝会谈的相关问题时，小泉纯一郎表示已经邀请温家宝总理在合适的时间访问日本；关于日本对华政府开发援助政策，小泉纯一郎表示迄今为止日中在政府开发援助问题上的合作非常成功，也非常顺利，中方也始终准时归还借款，近期出现了一些新情况，即与日本提供的对华借款额相比，中方的对日还款额更高，鉴于此，日本希望将来中国可以尽快转变身份，由援助接受方变为援助提供方，以支援其他国家的发展。与此同时，小泉内阁也将从大局出发，重新考虑今后的政府开发援助政策。[1]小泉纯一郎在这里的公开表态其实已为之后日本终止对华日元贷款等埋下了伏笔，而后者也是日本对华政策，尤其是经济外交政策重大调整的标志性动作之一。

尽管小泉内阁在强调日本外交的基础是"日美同盟"的同时，也在竭力维护对美关系与对华关系二者之间的战略平衡，但其外交政策也遭到了国内一些政治学者及政治评论家的批评。日本著名政治评论家寺岛实郎就指出，小泉内阁对外政策的弱点就在于"过分考虑美国因素"，所有政策的出发点落脚点都是美国的国家利益，引致自身外交缩手缩脚，难有作为[2]；日本对美倾斜或对美一边倒的外交战略理念已经过时了，取而代之的应是"多边外交"的理念，即日本对外政策应重视包括中国在内的亚洲国家（当时中日贸易额已经超过美日贸易额，中国取代美国成为日本的第一大贸易伙伴），放弃一味追随美国的战略理念。[3]日本学者田村秀男指

［1］ 首相官邸「ASEAN＋3 首脳会議後の内外記者会見（要旨）」、2004 年 11 月 30 日、https://warp.ndl.go.jp/info；ndljp/pid/233374/www.kantei.go.jp/jp/koizumispeech/2004/11/30press.html（2023 年 5 月 31 日访问）。
［2］ 寺島実郎「小泉外交の晚鐘——政治的現実主義の虚妄（こもう）」『世界』、2005 年 9 月号、第 145—147 頁。
［3］ 同上、第 148—149 頁。

出，日本在对华问题上缺乏战略思维，都是紧跟美国，唯命是从，就连在小泉内阁决定 2008 年中止对华政府开发援助日元贷款问题上也存在相同的问题。田村秀男还指出，小泉内阁之所以要急于终止对华政府开发援助日元贷款，也是因为要服务美国的战略意图，即将腾出的对华政府开发援助日元贷款额度用于美国的对非援助计划，并借此构建美国所设想的"战略发展援助同盟"。[1]寺岛实郎和田村秀男的批评意见对小泉纯一郎产生了一定影响，故后者在任期间竭力塑造"对华友好"的公开形象。

三、 小泉内阁对华方向的战略需求

通过 2001 年半年多的政策试水，小泉内阁的内外政策从 2002 年开始步入常态化轨道，而对华政策，尤其是对华经济外交政策在其中占据了较为重要的位置。为了更好地说明和分析小泉内阁的主要内外政治诉求及其战略抱负，梳理小泉纯一郎在任首相期间的主要公开发言，从中提取出小泉内阁内外政策的主要目标，以及对华政策的主要需求与战略期待等，或许是一条较为有效且便利的捷径。

（一）对华总体政治定位："战略合作伙伴"

总体来看，小泉内阁始终将中国定位为重要的战略性合作伙伴，并且，在其政治视阈下，中日关系的合作范畴并不仅仅停留于双边层面，也不是日方单方面给予的或中方单方面获取的"单向维度"模式。确切地说，小泉内阁是从区域，乃至全球层面出发，来具体考量中日战略性合作关系的，同时小泉内阁也敏锐地觉察到中日合作是双向互惠、合作共赢的，并且从中长期来看，日方从中日战略合作中所能汲取的实质性利益必定要超越现实层面的简单估算。

---

[1] 田村秀男「对中国円借款打ち切りの深層——戦略なき小泉外交は何をもたらすか」『世界』、2005 年 7 月号、第 135—145 頁。

另一方面，2001 年 9 月 11 日美国发生了震惊世界的恐怖袭击事件，全球社会深陷恐怖主义的阴霾之中。以此为背景，维护地区和全球的安全与稳定，遏制恐怖主义势力的抬头，成为包括美国、日本、中国等在内的所有国家，尤其是政治大国的共同责任。从这一层面来看，尽管日本并非是全球主要的反恐国家，而且受到恐怖主义的威胁相对较小，但日本却希望借参与全球反恐合作来提升其政治大国地位及政治影响力，同时也为自卫队的"借船出海"创造千载难逢的好机会。不仅如此，作为亚洲地区的重要一员，日本也希望维护整个亚洲的安全与稳定，毕竟这是日本的"家门口"，也是日本发展对外经济的主要对象区域。换言之，亚洲的安全和稳定与日本未来发展紧密关联，二者并行不悖。由此，日本亟须在战略层面找到一个合作伙伴，以消灭或遏制住在亚洲地区持续抬头的恐怖主义。从这一层面来看，与中国合作，积极参与全球的反恐活动，同时推动双边、地区，乃至全球层面的政治经济体系的改革与完善，就成了小泉内阁对华政策的总体方针。就此，通过小泉纯一郎的多次重要涉华发言便可窥见一斑。

除了上述小泉纯一郎在 2001 年执掌首相大权的第一年内所做的若干表态之外，在接下去近五年的执政时间里（2006 年 9 月 26 日卸任），小泉纯一郎在不同场合、用不同方式，多次且明确地表达过其所领导的日本政府的这一对华战略意图。具体内容如下。

2002 年 2 月 4 日，小泉纯一郎在第 154 届日本国会发表施政演说，指出 2002 年是纪念日中恢复邦交正常化 30 周年的重要年份，日中两国将通过"日本年""中国年"的相关活动，扩大下一代年轻人的交流，以进一步夯实日中双边关系的基础。[1] 显然，小泉内阁已然意识到了进一步发展对华关系的重要性，并希望借 2002 年中日恢复邦交正常化 30 周年，以及 2003 年《中日和平友好条约》缔结 25 周年的重要时间点，扩大对华政治经

---

[1] 首相官邸「第 154 回国会における小泉内閣総理大臣施政方針演説」、2002 年 2 月 4 日、https://warp.ndl.go.jp/info:ndljp/pid/233374/www.kantei.go.jp/jp/koizumispeech/2002/02/04sisei.html（2023 年 5 月 31 日访问）。

济交往，以推动日中两国的全方位合作。

紧接着，2002 年 2 月 18 日，小泉纯一郎与到访日本的美国总统布什共同会见记者。在中国问题上，小泉纯一郎特意强调中国加入 WTO、举办奥运会，实则是在国际社会中发挥了巨大作用，日本对此表示认同，并将积极援助中国，期待后者在国际社会中取得更大发展。[1]在此，小泉纯一郎充分展现了对华合作的意向和决心，也为之后中日之间扩大经贸往来等战略合作埋下了伏笔。但需要指出的是，因小泉纯一郎多次参拜靖国神社，并在历史问题上频频发表错误言论，中日政治关系在小泉时代始终未能驶入正轨，一度呈现出"政冷经热"的非正常局面。

2002 年 9 月 10 日，小泉纯一郎访美，共同合作反恐成为小泉纯一郎此次美国之行的重要议题之一。小泉纯一郎在美国外交评议会发表题为"21 世纪的日美同盟：三大挑战"的演讲，其中指出 21 世纪的日美同盟将面临三大挑战：（1）后"9·11"时代的安全；（2）全球化时代的繁荣；（3）亚太的稳定与繁荣。[2]不难发现，在小泉内阁看来，反恐问题是当时困扰全球社会的最主要矛盾，如何维护地区及全球的安全和稳定是日美同盟所面临的最大挑战。面对这一客观存在的现实问题，日本愈发意识到与中国合作的重要性与实际价值，同时也愈发希望中国可以完全参与其中，成为全球反恐合作的重要一员。因此，在接下来的演讲中，小泉纯一郎就"开诚布公"地指出，中国在全球政治经济领域的影响力正与日俱增，但他并不将中国视为威胁。尽管中国欣欣向荣的经济发展对世界而言可能构成新时代的挑战，但也带来了经济发展的好机遇。当时，中国正致力于推进改革开放，同时也加入了 WTO，在国际社会中发挥越来越大的作用。这些对中国本身而言也是巨大挑战，因此，小泉纯一郎认为日本应该

---

[1] 首相官邸「内外共同記者会見」、2002 年 2 月 18 日、https://warp.ndl.go.jp/info：ndljp/pid/233374/www.kantei.go.jp/jp/koizumispeech/2002/02/18kyodo.html（2023 年 5 月 31 日访问）。

[2] 首相官邸「21 世紀の日米同盟：3つの挑戦」、2002 年 9 月 10 日、https://warp.ndl.go.jp/info：ndljp/pid/233374/www.kantei.go.jp/jp/koizumispeech/2002/09/10nitibei.html（2023 年 5 月 31 日访问）。

鼓励、帮助中国成为国际社会中的建设性成员。[1]这应该是小泉纯一郎就任首相后第一次公开、正面地回应"中国威胁论"的看法，也如实地反映了日本保守主义政治势力对一个欣欣向荣、持续发展中的中国的主流看法。

之后不久，2002 年 9 月 29 日，小泉纯一郎在致中国国务院总理朱镕基的信中写道，2002 年是日中邦交正常化 30 周年，在这 30 年间日中两国已在政治、经济、文化等各个领域加强了联系，日中两国在维护地区及世界的和平与繁荣方面，共同肩负着极为重要的责任。今后，希望与中国继续加强更广泛的合作关系。[2]从这封信的内容来看，小泉内阁真切希望在反恐领域与中国加强战略性合作，共同维护地区及世界的稳定与繁荣。

2003 年 1 月 31 日，小泉纯一郎在第 156 届日本国会发表施政演说，指出 2003 年是《中日和平友好条约》缔结 25 周年的重要节点，为了以两国人民的理解和信任为基础，实现亚洲，乃至全世界的和平、稳定和繁荣，日本将进一步推进多领域的对华合作关系。[3]

一年后的 2004 年 1 月 19 日，小泉纯一郎在第 159 届日本国会再度发表施政演说，指出日美关系是日本外交的基轴，日美合作应对国际社会的各种问题并发挥相应的领导力是日本极为重要的外交任务；与之相比，对华关系是日本最重要的双边关系之一，日中经济关系因贸易及投资的扩大而变得更为紧密，接下来，以互利共赢的方式发展日中经济关系，促使两国在解决亚洲及世界整体问题中加强合作。[4]尽管小泉内阁在定位日美关系

---

［1］ 首相官邸「21 世紀の日米同盟：3つの挑戦」、2002 年 9 月 10 日、https：//warp.ndl.go.jp/info：ndljp/pid/233374/www.kantei.go.jp/jp/koizumispeech/2002/09/10nitibei.html（2023 年 5 月 31 日访问）。

［2］ 首相官邸「小泉総理の朱鎔基中国総理へのメッセージ」、2002 年 9 月 29 日、https：//warp.ndl.go.jp/info：ndljp/pid/233374/www.kantei.go.jp/jp/koizumispeech/2002/09/29message.html（2023 年 5 月 31 日访问）。

［3］ 首相官邸「第 156 回国会における小泉内閣総理大臣施政方針演説」、2003 年 1 月 31 日、https：//warp.ndl.go.jp/info：ndljp/pid/233374/www.kantei.go.jp/jp/koizumispeech/2003/01/31sisei.html（2023 年 5 月 31 日访问）。

［4］ 首相官邸「第 159 回国会における小泉内閣総理大臣施政方針演説」、2004 年 1 月 19 日、https：//warp.ndl.go.jp/info：ndljp/pid/233374/www.kantei.go.jp/jp/koizumispeech/2004/01/19sisei.html（2023 年 5 月 31 日访问）。

和日中关系时存在明显"温差",前者是日本外交的基轴,而后者是最重要的双边关系之一,但小泉内阁对日中关系的定位并不局限于单纯的双边层面,而是站在亚洲及全球的宏观视角,用战略性的眼光来定义及看待中日关系的中长期发展的。

综上所述,小泉时代的日本政府始终将中国定位为一个可合作的战略性伙伴,这既离不开全球合作反恐的现实背景的烘托,也与中日间与日俱增的经贸往来和中国巨大的市场能量等客观因素息息相关。

尽管如此,小泉时代的日本社会内部已出现"中国威胁论"等不当言论,这对中日关系的正常发展构成了一定压力,也在一定程度上影响了小泉内阁对华政策的制定与实施。

2003 年 6 月 2 日至 3 日,八国集团首脑会议在法国的埃维昂莱班举行。中国国家主席胡锦涛应法国总统希拉克的邀请,出席了八国集团在峰会前与 11 个发展中国家举行的南北领导人非正式对话会议。这是中国领导人第一次参加西方国家主导的多边合作机制的政治议程,也是中国代表发展中国家直接向西方发达国家传递发展中国家对改革全球政治经济治理体系诉求的重要良机。当然,更为重要的是,这也是中国政治经济实力稳步提升的现实反映,充分说明包括美国、日本等在内的西方发达国家开始真正重视与中国的平等对话,也愿意在全球政治经济治理的多边舞台上给予中国一席之地。与此同时,中国参与八国集团非正式对话会议实则对日本构成了不小的压力,让后者为其在亚洲所构建起的"领导"地位和政治经济优势业已发生动摇而深感担忧,更使其在八国集团这一全球政治经济治理平台中的亚洲代表性有所弱化。

受其影响,日本实际上在多方面谋划并实施对华牵制或对华制衡,以求继续保持日本的对华相对优势。小泉纯一郎在任日本首相期间主要强调在安全层面对华实施战略牵制。2002 年 5 月 1 日,小泉纯一郎访问澳大利亚,与澳大利亚总理约翰·霍华德举行共同记者见面会,其中在回答"设立日美澳三国安全保障对话一事是否会招来中国的反对?"这个问题时,小泉纯一郎指出日本重视包括对华关系在内的睦邻关系,但因日本的军事合作受到一定制约，所以考虑在非军事领域与其他国家展开不同形式的合作；日美澳三边对话并不会对日中关系产生负面影响，希望此事不要被误解，三方仅仅是就地区内安保领域的共通课题进行一般性对话；日澳两国在安保领域尤为重视美国，日美澳三国所发挥的作用不同，可以形成相互补充的合作效果。[1]尽管小泉内阁在现实行动上依托所谓的"盟友"，持续扩大对华安全问题的"防护网"，但从小泉纯一郎的发言中不难发现，对华关系的考量和顾虑仍然存在，并且他试图尽量减少因设立日美澳三边安保对话而对中日关系发展造成的负面效应。

2005 年 4 月 28 日至 30 日，小泉纯一郎正式访问印度，日印双方共同发表了《在亚洲新时代的日印伙伴关系：日印全球伙伴关系的战略方向性》联合声明。[2]显然，小泉内阁的对印外交也存有平衡对华关系的意图，在突出其对印外交成绩的同时，在双边、地区和全球层面拓展日印新战略伙伴关系发展，为战略上平衡对华关系添加砝码。

此外，2005 年 5 月 2 日，小泉纯一郎在卢森堡与欧盟领导人举行第14 次日欧首脑定期会议，并发表共同声明，其中也涉及了中国问题等。联合声明强调日欧首脑就东亚局势坦诚地交换了意见，并相互说明了各自对华关系的近况；日欧首脑欢迎中国继续平稳推进改革开放政策，重视中国发挥负责任的、建设性的全球伙伴的作用；日本再次表明了反对解除对华武器禁运措施；日欧首脑强调应进一步加强围绕东亚安全环境展开的战略性对话。[3]2006 年 4 月 24 日，小泉纯一郎与欧盟首脑举行定期会晤后发表共同声明，其中就中国问题指出，东亚展示出更大发展和多样挑战的巨大

[1] 首相官邸「日・豪首脳会談後の共同記者会見」、2002 年 5 月 1 日、https://warp.ndl.go.jp/info：ndljp/pid/233374/www. kantei. go. jp/jp/koizumispeech/2002/05/01kaiken. html（2023 年 5 月 31 日访问）。

[2] 首相官邸「アジア新時代における日印パートナーシップ〜日印グローバル・パートナーシップの戦略的方向性〜」、2005 年 4 月 29 日、https://warp.ndl.go.jp/info：ndljp/pid/233374/www.kantei.go.jp/jp/koizumispeech/2005/04/29seimei.html（2023 年 5 月 31 日访问）。

[3] 首相官邸「第 14 回日・EU 定期首脳協議　ルクセンブルク、2005 年 5 月 2 日　共同プレス・ステートメント（仮訳）」、2005 年 5 月 2 日、https://warp.ndl.go.jp/info：ndljp/pid/233374/www.kantei.go.jp/jp/koizumispeech/2005/05/02press.html（2023 年 5 月 31 日访问）。

机会；继续支持中国的改革开放政策和措施；希望中国发挥负责任的、建设性的全球伙伴作用。[1]而在对华安全问题上，小泉纯一郎再度明确表示，日本反对欧盟解除对华武器出口禁运措施。[2]由此可见，中国问题已成为日本外交的主要议题之一，尤其是在与欧盟、美国等主要伙伴探讨国际关系及政治局势发展时，中国问题显然是各方的主要着眼点之一。与此同时，日本对华竞争的心态和态势愈发明显，尤其是日本多次强烈反对欧盟解除对华武器禁运，表明其在安全问题上对中国存在极强的戒备心。而且需要指出的是，扩大日美澳等多边安全合作及"反对欧盟解除对华武器出口禁运措施"可视为日本对华的战略牵制，也是小泉内阁针对国内甚嚣尘上的"中国威胁论"的被动反应之一，表明小泉内阁也在积极应对中国的崛起。

综上所述，尽管日本国内有关"中国威胁论"的不当言论业已逐渐抬头，但"一个强大的中国有利于日本的长期发展"却是小泉时代日本政府对华政策的主旋律，也是"小泉主义"对华政策的显著烙印。时任小泉内阁外务副大臣茂木敏充对此曾有过一个精辟的总结：日本并不认为中国经济的近期发展会对日本构成"威胁"，相反，对日本而言，这或者是"挑战"或者是"良机"，总之，日中经济将进一步强化互补关系。[3]应该说，茂木敏充的发言代表了小泉内阁对华政策的主基调，也真实反映了日本国内经济界的普遍声音，更是针对日本国内甚嚣尘上的"中国威胁论"做出的直接、客观、正面的回应。

（二）在推动全球政治经济治理体系改革问题上，期待中方的支持与协作

应该说，随着经济实力的持续增长及对国际社会所做贡献的增多，日

---

[1][2]　外務省「第 15 回日・EU 定期首脳協議　共同プレス・ステートメント仮訳骨子」、2006 年 4 月 24 日、https://www.mofa.go.jp/mofaj/area/eu/shuno15/k_st_k.html（2023 年 5 月 31 日访问）。

[3]　外務省「基調講演−WTOと中国：世界経済へのインパクトと日中経済関係の新局面（茂木敏充副大臣）」、2003 年 2 月 24 日、https://www.mofa.go.jp/mofaj/press/enzetsu/15/ear_0224.html（2023 年 5 月 31 日访问）。

本国内保守势力对第二次世界大战后全球政治经济的特定格局愈发不满，他们希冀改革并调整二战后的传统格局，以提升日本在其中的政治地位和引领作用。这是日本政治保守派的基本诉求之一。而就具体的改革议题切入口而言，日本在政治和经济方面可谓是各有所依，政治问题上，日本希冀推动实现联合国体系改革，并希望成为联合国安理会的常任理事国；经济议题上，日本希望推动以 WTO 为支撑的自由贸易体系的持续发展，为自身经济发展营建积极、有利的外部环境。

第一，对日本而言，推动实现联合国的体系改革是一个极具代表性的政治问题。实际上，日本若能成为联合国安理会常任理事国，则意味着它就能真正成为全球性政治大国，实现第二次世界大战后它所追求的"政治大国"战略梦想。

以此为背景，推动第二次世界大战后全球政治经济体系的改革与转变，是小泉内阁的主要对外政策目标之一。其中，中国被小泉内阁视为这一特殊领域的合作者、重要伙伴及有能力的支持者、建设者。

2003 年 1 月 1 日，小泉纯一郎发表"年初感想"，在谈及外交政策时他指出，日本将保持一贯姿态，继续以确保自身国家利益为基本出发点，在国际协调中发挥主体性功能。[1] 2005 年 1 月 1 日，小泉纯一郎发表"年初感想"，再度强调 2005 年将继续以"日美同盟"和"国际协调"为基础，开展维护国家利益的主体性外交。[2] 实际上，无论是"主体性功能"，还是"主体性外交"，都充分表明小泉内阁希望提升日本外交的自主性和独立性，同时也希望提升日本在国际政治舞台中的战略地位，并最终实现第二次世界大战后日本的"政治大国梦"，这其中还有个潜台词，即"日本要改变现行的战后国际秩序"，凸显日本在新国际秩序中的功能和作用。

这里需要强调的是，对于日本而言，改革第二次世界大战后国际秩序

---

[1] 首相官邸「年頭所感」、2003 年 1 月 1 日、https://warp.ndl.go.jp/info：ndljp/pid/233374/www.kantei.go.jp/jp/koizumispeech/2003/01/01syokan.html（2023 年 5 月 31 日访问）。

[2] 首相官邸「年頭所感」、2005 年 1 月 1 日、https://warp.ndl.go.jp/info：ndljp/pid/233374/www.kantei.go.jp/jp/koizumispeech/2005/01/01comment.html（2023 年 5 月 31 日访问）。

的主要路径实际上是多维的，但其中一个重要方向是改变二战后日美关系的传统格局，这其实包括了两个相对矛盾的问题：一方面就是日本希望改变二战后传统日美之间的"非对称性"，在美国束缚放松的前提下尽可能地扩大日本外交及内政的自主性与独立性，摆脱完全"亦步亦趋"或"影子政府"的政策牢笼；另一方面，尽可能地摆脱并不意味着完全的抛弃，对日本而言，对美倾向性政策仍然有其存在的特殊价值，即日本也想巧妙地借助美国这条"大船"，来尽可能地为自身"出海巡航"创造机会。

2006 年 6 月 29 日，受美国总统乔治·布什的邀请，小泉纯一郎以国宾身份正式访问美国，双方发表《新世纪的日美同盟》共同声明，指出日美两国首脑对双方在同盟基础下所开展的广泛合作表示满意，并宣誓将构建面向 21 世纪全球规模的新日美同盟关系。[1]由此，日美同盟的辐射半径进一步扩大，完全由传统的双边扩展至地区，进而又进一步演变为全球性的合作关系，促使日本"借船出海"的同盟平台也随之进一步扩大。与此同时，在这份《新世纪的日美同盟》共同声明中，具体写明了"鉴于日本在联合国中发挥了重要作用，做出了积极贡献，日美两国将加强合作，共同应对，以使日本成为联合国安全理事会常任理事国"[2]。仅从这份联合声明的内容来看，美国实际上在日本"入常"问题上表示了同意，但其真实意图并不明确，或许这也是美国对外政策的一贯做法——口头服务（lip service），说说而已。而在对华问题上，该声明指出"牢固的日美合作要利用好中国的活力，以维护并促进东北亚的和平与安宁"[3]。从声明的内容来看，日美两国在定义同盟与中国的关系时并没有表现出极度的强硬、抵触，相反却是积极、灵活的，展现出较强的合作意愿。

除此之外，这份《新世纪的日美同盟》共同声明还透露出一个重要信息，即日本期待推动联合国的机制改革，并成为联合国安理会常任理事国。

---

［1］［2］［3］ 外務省「共同文書 新世紀の日米同盟 2006 年 6 月 29 日（於 ワシントン DC）」、2006 年 6 月 29 日、https://www.mofa.go.jp/mofaj/kaidan/s_koi/cnd_usa_06/ju_doumei.html（2023 年 5 月 31 日访问）。

这实际上也是日本推动改革第二次世界大战后国际秩序的主要维度之一。当然，为了实现这一战略目标，除争取美国的同意或允许之外，小泉内阁还不断斡旋、纵横捭阖，不仅积极宣传日本在二战后国际政治经济发展中所发挥的巨大作用，而且努力扩大支持日本"入常"的朋友圈。

实际上，在小泉纯一郎当选首相后的第一次国会就职演说（2001年5月7日）中，他就直言不讳地指出日本是国际社会责任的主要担当国之一，应该主动地引领构建适合21世纪的国际体系，其中包括实现联合国的改革、强化以WTO为核心的自由贸易体制和积极应对地球环境问题等。[1]之后，实现联合国的改革就成为小泉纯一郎及其领导的日本政府的主要奋斗目标之一。

2004年9月21日，小泉纯一郎在第59届联大一般性辩论上发表演讲，大篇幅地介绍了日本的政府开发援助（ODA）、非洲开发会议（TICAD）、维和行动（PKO）等内容，强调了日本在维护第二次世界大战后全球和平与发展中所做的巨大贡献，并希望推动联合国的体制性改革，为日本"入常"创造可能。[2]在联大一般性辩论之后，小泉纯一郎与巴西总统席尔瓦、印度首相辛格、德国副首相兼外长费希尔等四国集团（G4）首脑在纽约举行会谈，共同就联合国改革问题进行讨论并发表联合声明。从声明的内容来看，四国认为联合国的整体性改革极为重要，尤其是必须扩大安理会常任理事国和非常任理事国的议席数，为此，四国实际在"入常"问题上结为联盟，相互支持对方作为候选国身份，以成为新安理会机构的常任理事国。[3]

---

[1] 首相官邸「第百五十一回国会における小泉内閣総理大臣所信表明演説」、2001年5月7日、https://warp.ndl.go.jp/info：ndljp/pid/233374/www.kantei.go.jp/jp/koizumispeech/2001/0507syosin.html（2023年5月31日访问）。

[2] 首相官邸「第59回国連総会における小泉総理大臣一般討論演説新しい時代に向けた新しい国連（『国連新時代』）（仮訳）」、2004年9月21日、https://warp.ndl.go.jp/info：ndljp/pid/233374/www.kantei.go.jp/jp/koizumispeech/2004/09/21speech.html（2023年5月31日访问）。

[3] 首相官邸「国連改革に関する伯・独・印・日首脳会合共同プレス声明（仮訳）」、2004年9月21日、https://warp.ndl.go.jp/info：ndljp/pid/233374/www.kantei.go.jp/jp/koizumispeech/2004/09/21seimei.html（2023年5月31日访问）。

2005 年 1 月 21 日，小泉纯一郎在第 162 届日本国会发表施政演说，指出日本已经是第二次世界大战后世界第二的经济大国，日本将继续坚持和平主义，并在资金面上通过扩大政府开发援助和承担联合国会费、在人力贡献上通过积极参与联合国的维和行动等，为维护世界和平与繁荣做出积极贡献；不仅如此，小泉纯一郎指出对美关系是日本外交的基础，"日美同盟是日本安全及世界和平与稳定的基础"。[1]

2005 年 9 月 15 日，小泉纯一郎在联合国成立 60 周年首脑会议上发表了题为"化表态为行动"的演讲，其中，他就联合国改革问题指出，第二次世界大战后 60 年间，世界发生了翻天覆地的变化，曾经处于殖民主义桎梏下的亚洲和非洲，如今也正转变为全球社会的重要参与者。在过去的 60 年里，日本坚持爱好和平的理念并取得了发展，同时为维护世界的和平与繁荣，发挥了独特且重要的贡献。联合国安理会的构成必须反映这一根本性变化。日本坚信安理会改革对于国际社会而言势在必行，这一改革包括删除已完全失去生命力，并且十分陈腐的"敌国条款"；"日本已经做好准备，将在改革后的安理会中作为常任理事国发挥更大作用"。[2]由此可见，小泉内阁对推动联合国改革及日本"入常"可谓是"胸有成竹""自信满满"。但因小泉内阁并没有在历史问题上给予在第二次世界大战中曾遭日本蹂躏的相关国家一个满意的解释和真诚的道歉，以消除包括多数亚洲国家在内的全世界爱好和平人士的疑虑，最终导致日本的"入常"梦想"胎死腹中"。

此外，尽管小泉纯一郎并没有在公开的发言或讲话中谈及中国在日本"入常"问题上的关键性作用，但显然这一议题无法绕开作为联合国安理会常任理事国之一的中国。换言之，日本所设想的"入常"必须要获得中方

[1] 首相官邸「第 162 回国会における小泉内阁总理大臣施政方针演说」、2005 年 1 月 21 日、https://warp.ndl.go.jp/info: ndljp/pid/233374/www.kantei.go.jp/jp/koizumispeech/2005/01/21sisei.html（2023 年 5 月 31 日访问）。

[2] 首相官邸「第 60 回国连总会首脑会合における小泉总理大臣演说『言叶から行动へ』（仮訳）」、2005 年 9 月 15 日、https://warp.ndl.go.jp/info: ndljp/pid/233374/www.kantei.go.jp/jp/koizumispeech/2005/09/15speech.html（2023 年 5 月 31 日访问）。

的支持和同意，这也是小泉内阁对华积极开展经济外交的一大主要战略目标，实际上就是"以经促政"。对此，日本国内一些学者的观点从不同侧面表述了这一客观事实。日本国际政治学者饭田敬辅就指出，四国集团[1]决议最终破灭的直接原因一般被认为是四国集团与非洲联盟制定共同方案的失败，但其背后的真实动因却是中国的影响。[2]饭田敬辅的这番表述基本代表了日本国内保守政治势力就"入常"失败的基本看法。

第二，在全球经贸体系改革议题上，小泉内阁希冀与中国积极合作，进一步推动以 WTO 框架为基础的全球自由贸易体系的扩容性发展，为扩大其自身的贸易利益及国内经济结构性改革等创造积极、有利的外部环境。

应该说，就中国加入 WTO 这一议题而言，日本政府从一开始就表现得较为积极，且支持的声音明显盖过了反对的声音。时任小泉内阁外务副大臣茂木敏充就指出，"WTO"和"中国"是捕捉 21 世纪前半段世界经济大潮的关键词，同时，这两个关键词也意味着"多边自由贸易体制"和"持续开放的巨大市场"[3]；中国加入 WTO 具有两方面的重大意义：一是对改革开放以来中国市场经济化所取得成果的总结，二是通过加入 WTO 为中国改革开放的提速升级进一步注入新活力。[4]由此可见，小泉内阁对中国加入 WTO 的解读实际上是积极的、正面的，他们期待这一结果的出现不仅为中国经济、更能为日本及全球经济的中长期发展带来更多、更大的现实利益。从这一层面来看，日本的战略性判断是极为准确的，也符合全球经济发展的内在规律和整体趋势。

2001 年 12 月 11 日，中国正式加入 WTO，成为其第 143 个成员，这也

---

[1] 指日本、德国、印度和巴西为共同推动联合国安理会改革而形成的合作联盟。

[2] ［日］饭田敬辅：《新自由主义制度论——联合国安理会改革的可能性与局限性》，载［日］日本国际政治学会编：《日本国际政治学（第一卷）：作为学科的国际政治》，刘星译，北京：北京大学出版社 2017 年版，第 66 页。

[3][4] 外务省「基調講演 - WTO と中国：世界経済へのインパクトと日中経済関係の新局面（茂木敏充副大臣）」、2003 年 2 月 24 日、https://www.mofa.go.jp/mofaj/press/enzetsu/15/ear_0224.html（2021 年 5 月 29 日访问）。

标志着中国正式融入全球贸易治理及经济治理的新平台，并成为其中的重要参与者和建设者。

2002 年 2 月 4 日，小泉纯一郎在第 154 届日本国会发表施政演说。关于中国加入 WTO 一事，小泉纯一郎表示，期待中国今后能够发挥更大的建设性作用，以进一步扩大发展与包括日本在内的整个国际社会的关系。[1]

显然，小泉内阁及此前多届日本政府对中国加入 WTO 后的形势研判是极为正确的，也是准确的，至少在中日贸易的持续性发展问题上，日本是巨大的利益获得者。纵观中国加入 WTO 的前一年（2000 年）至小泉内阁结束执政那年（2006 年）的中日贸易（参见表 3.2），日本对华出口额从 304 亿美元猛增至 929 亿美元，增长了 2 倍多，其中，2003 年的出口增长率甚至高达 43.5%，其余年份均保持较快速度的正增长；日本对华进口额从 553 亿美元增长至 1 185 亿美元，翻了 1 倍多，其中，2000 年和 2004 年的进口增长率分别高达 29% 和 25.3%，其余年份也均实现了较快速度的正增

表 3.2　日本对华贸易动向（2000 年至 2010 年）

年份	出口额 （亿美元）	出口增长率 （%）	进口额 （亿美元）	进口增长率 （%）
2000	304	30.4	553	29.0
2001	311	2.2	581	5.1
2002	399	28.2	617	6.2
2003	572	43.5	752	21.9
2004	738	29.0	942	25.3
2005	803	8.8	1 091	15.8
2006	929	15.6	1 185	8.6
2007	1 091	17.5	1 276	7.7
2008	1 240	13.7	1 423	11.5
2009	1 096	− 11.6	1 225	− 13.9
2010	1 491	36.0	1 528	24.7

资料来源：日本貿易振興機構「日本の貿易動向　総括表」、https://www.jetro.go.jp/ext_images/world/japan/stats/trade/excel/summary202103.xls（2021 年 5 月 20 日访问）。

---

[1] 首相官邸「第 154 回国会における小泉内閣総理大臣施政方針演説」、2002 年 2 月 4 日、https://warp.ndl.go.jp/info：ndljp/pid/233374/www.kantei.go.jp/jp/koizumispeech/2002/02/04sisei.html（2023 年 5 月 31 日访问）。

长。尽管无法直观地证明中国加入 WTO 与中日贸易持续扩大之间的必然联系，但不难发现，中日贸易在中国加入 WTO 前后确实迎来了一波良性发展的小高潮，并带动中日经济关系持续走深、走实。实际上，随着中国加入WTO，进一步向国际社会深度开放，中日间的经贸联系也在随之加深、扩容，其直观的表现就是贸易额的迅速增加和成倍累积。

更为重要的是，由于中日经济关系的互补性，以及中日两国与第三方所共同发生的"三角贸易"的典型特征，中日贸易的扩大是日本对华出口零部件及中间产品，之后在华进行加工及组装，再出口至第三方的真实反映。这样一来，日本整体的对外贸易规模就实现了多倍增长，同时其在国际贸易政治中的所占份额及可以释放的"贸易话语权"也同步增长。由此，日本就可以更进一步地夯实、稳固其作为全球贸易大国的独特地位，并在全球贸易及经济治理体系的改革中发挥相对应的政治感召力和引领力。2005 年 1 月 21 日，小泉纯一郎在第 162 届日本国会发表施政演说，指出推动世界贸易自由化，就必须构建起包括发展中国家在内的、所有国家均能获利的贸易体制；日本将全身心地投入相关工作，推动 WTO 新回合谈判最终达成。[1]小泉纯一郎的这一段发言，直白地表明了日本对推动全球贸易发展的"双重考虑"，即一方面要做大全球贸易蛋糕，进一步扩大日本的贸易利益；另一方面，要在全球贸易体系改革进程中凸显日本的政治引领力，并希冀以贸易治理领域为突破口，实现日本的"政治大国"梦。

（三）期待与中方在应对全球环境问题上展开积极合作

应该说，应对气候变化等环境问题是日本作为岛国的客观诉求，但其中也存在主动性成分，这个问题反映了日本意图通过环境治理的议题设置与政治讨论等，树立起自身在全球环境领域中的主导国地位和政治大国角色。

---

[1] 首相官邸「第 162 回国会における小泉内閣総理大臣施政方針演説」、2005 年 1 月 21 日、https://warp.ndl.go.jp/info/ndljp/pid/233374/www.kantei.go.jp/jp/koizumispeech/2005/01/21sisei.html（2023 年 5 月 31 日访问）。

总体来看，日本将中国视为合作应对全球环境问题的战略伙伴，并愿意与中国加强合作，以彰显日本在这一全球性议题上的关键领导力和政治大国形象；与此同时，日本更希望凭借自身在环境技术领域的强大竞争优势，说服中国放开对环境市场的约束与限制，为日企进入并占据中国环境市场做战略性铺垫。

20世纪六七十年代，日本一度是全球污染最为严重的国家之一，之后经过多年的立法、行政、制度改革等多方面的努力，才得以摆脱在环境问题上的"不良形象"，并一跃跻身全球知名的"清洁国家"行列。受国内环境治理思想演变的影响，日本在20世纪八九十年代开启了环境外交的尝试，希望通过国际合作来共同应对全球性的环境污染问题。当然，日本就环境外交的考虑并不单纯停留于环境污染、环境治理的浅层，其背后还隐藏着改善日本第二次世界大战后的国际形象、提升日本国际政治地位的深层动因。

1989年，日本政府主持在东京召开的地球环境会议，提出《地球环保技术开发计划》，向世界表明其对全球环境问题的关注和热情，并表示要向发展中国家提供环保技术与资金支持。[1]同年，日本外交蓝皮书首次将环境问题列为日本外交的重要课题之一。1992年6月，日本在联合国环境与发展大会上承诺，将在五年内为全球环境事业提供技术和巨额资金，并希望以此为契机，不断增大环境外交在对外政策中的占比，积极推行环境外交，同时参加国际环境会议及环境立法活动等。[2]1997年桥本内阁成立了"地球温室效应对策推进本部"，1998年6月又制定了《地球温室效应对策推进大纲——面向2010年的地球温室效应对策》；2002年3月，小泉内阁重新修订《地球温室效应对策推进大纲》，指出地球温室效应是"与人类生存基础密切相关的最重要环境问题之一"。[3]

---

［1］ 张玉来：《试析日本的环保外交》，载《国际问题研究》2008年第3期，第61页。

［2］ 房乐宪、张越：《美日欧环境外交政策比较》，载《现代国际关系》2001年第4期，第22页。

［3］ 刘江永：《日本应对气候变化的战略、措施与困难》，载《世界经济与政治》2003年第6期，第72页。

　　总体来看，日本环境外交的重点领域主要涉及两个方面：一是积极参与环境领域对外援助，其中不仅包含了日本向相关发展中国家提供政府开发援助，以帮助对象国改善或提升环境保护的质量和能力，也涉及日本与联合国环境计划署等国际机构合作，在多边框架下开展资源和技术的援助等，助力国际社会共同应对环境问题；二是积极参加环境领域国际规则的协商与制定，其中《京都议定书》的签署与生效是日本环境外交的成功典范之一。尽管如此，日本的对外环境政策还是受到了一定的诟病。国内一些学者指出，实际上在《京都议定书》生效之后，日本一方面对外大力提供环境领域的资金及技术援助，扮演"环境大国"的政治角色，另一方面却又将本国污染严重的企业向海外转移，污染他国的环境，而且，日本在国际环境事务中也大多站在发达国家一边，与广大发展中国家的环境要求存在一定的差距。[1]

　　从日本政府的视角出发，尽管在环境方面的投入将增加企业的成本与负担，但环境政策同样可以促进经济增长，产生显著的经济效益。鉴于此，日本政府提出，要争取实现"环境与经济的两全"，即在实现温室气体减排的同时，促进经济的有序发展。日本政府正是在这一环境与经济"两全"的基础之上，制定相关应对气候变化战略和政策措施的。[2]

　　综合上述分析不难发现，日本的环境外交实际上也是其经济外交的组成部分，既存在政治属性的成分，也有经济属性的考量。

　　而在对华环境外交方面，自1972年中日恢复邦交正常化之后，环境议题一直是日本对华外交的主要着力点之一。20世纪80年代，中日间的环境问题主要围绕着改善中国的生活环境保护以及城市生活设施而展开；90年代，中日两国对环境问题有了新认识，两国政府也都采取了新的环境外交政策。1994年3月，中日两国为了进一步推进和扩大环境保护领域的国际

[1]　房乐宪、张越：《美日欧环境外交政策比较》，载《现代国际关系》2001年第4期，第23—24页。
[2]　刘江永：《日本应对气候变化的战略、措施与困难》，载《世界经济与政治》2003年第6期，第75页。

合作，在已有的《中日科学技术合作协定》的基础上又签订了《中日环境保护合作协定》，这个协定成为之后中日共同开展国际环境保护合作的一个重要基础，与此同时，中日两国在环境领域的合作也促进了东亚地区的环境合作。此外，日本对华环境外交的全面展开始于日本的对华政府开发援助，其中环境领域的内容占了很大比重。1997 年京都会议之后，日本在环境问题上加强了与中国的合作，在桥本内阁时期表现得尤其明显。[1]

在这样的背景下，环境治理从一开始就成为小泉内阁对内、对外的首要政策议题之一。在"小泉结构性改革的五大目标"中，"构建在美好环境中舒适生活的社会"就是其中的重要内容组成。但小泉内阁所强调的环境治理问题，不仅是对内的，更是对外的，并且针对后者的功能性效应更强一些。

2001 年 4 月 26 日，初登首相宝座的小泉纯一郎便在首相讲话中明确指出，日本要在地球环境问题等方面发挥合适的国际引领力。[2]此番表态实际上对外透露出明确信号，小泉内阁将以环境问题为重要抓手，积极推动日本的对外交往，以提升日本的国际政治地位和政治引领力。之后，环境问题成为小泉纯一郎正式发言中的"高频词"，这也从一个侧面说明了小泉内阁对环境问题，尤其是参与并引领全球环境治理的重视与期待。

2001 年 5 月 7 日，小泉纯一郎在第 151 届日本国会发表施政演说，其中再次强调积极应对地球环境问题等。[3]2002 年 4 月 12 日，受邀参会的小泉纯一郎在首届博鳌论坛上发表题为"亚洲的新世纪——挑战和机会"的主题演讲，指出："为了确保可持续性发展，环境保护和经济发展应该同步完成；亚洲国家所排放的二氧化碳的比例占全球约 30%，地球变暖是一个

［1］ 沈海涛、赵毅博：《日本对华环境外交：构建战略互惠关系的新支柱》，载《东北亚论坛》2008 年第 5 期，第 34 页。

［2］ 首相官邸「内閣総理大臣談話」、2001 年 4 月 26 日、https://warp.ndl.go.jp/info:ndljp/pid/233374/www.kantei.go.jp/jp/koizumispeech/2001/0426danwa.html（2023 年 5 月 31 日访问）。

［3］ 首相官邸「第百五十一回国会における小泉内閣総理大臣所信表明演説」、2001 年 5 月 7 日、https://warp.ndl.go.jp/info:ndljp/pid/233374/www.kantei.go.jp/jp/koizumispeech/2001/0507syosin.html（2023 年 5 月 31 日访问）。

相当严重和紧急的问题；日本果断地致力于《京都议定书》中所规定的艰难决议；为了减少温室气体的排放，诚挚地希望亚洲地区排放量较大的发展中国家能够加强燃料转化和节能政策。关于地球变暖问题我们需要有共同的规则，所有国家都应该参与其中，并且亚洲各国应该合作并带头实现目标。"[1]小泉纯一郎此番言论折射出日本希望借助参与并引领环境治理问题来树立日本的大国地位与政治引领角色的战略考量，这也是包括小泉内阁在内的多届日本政府的共同目标与工作重心之一。

2001 年 7 月 10 日，小泉纯一郎主持召开"建设 21 世纪'环之国'会议"。会议报告从环境的观点出发，就"建设'环之国'"提出变革现有社会经济结构、生活方式和价值观，并基于这一认识，以地球之环、环境与经济之环、物质循环之环、生态体系之环、人与人之环为课题，提出各种旨在实现可持续发展的建议；主张日本在 21 世纪要谋求从"大量生产、大量消费、大量废弃"的社会向"可持续的、简朴而重视质量"的社会转变，把日本建成与地球共生的"环之国"。[2]

2001 年 10 月，日本国际论坛召集 89 名政策委员共同研讨、撰写了题为"里约 + 10 与日本的环境外交"的政策建议报告[3]，指出在面向 2002 年"里约 + 10"峰会的环境外交议题上，为使日本可以发挥指导性作用，应立即将日本经济社会改造为循环型的可持续模式，即日本自身要站在环境革命的领先位置，具体充实并切实实施对发展中国家的相关援助。[4]实际上，日本

---

[1] 首相官邸「『ボアオ・アジア・フォーラム』における小泉総理演説『アジアの新世紀—挑戦と機会』」、2002 年 4 月 12 日、https://warp.ndl.go.jp/info:ndljp/pid/233374/www.kantei.go.jp/jp/koizumispeech/2002/04/12boao.html（2023 年 5 月 31 日访问）。

[2] 刘江永：《日本应对气候变化的战略、措施与困难》，载《世界经济与政治》2003 年第 6 期，第 75 页。

[3] "里约 + 10"是指 2002 年 8 月 26 日至 9 月 4 日在南非约翰内斯堡召开的联合国可持续发展世界首脑会议。联合国于 1992 年 6 月 3 日至 14 日在巴西里约热内卢召开"联合国环境与发展会议"（United Nations Conference on Environment and Development），故十年后的联合国可持续发展世界首脑会议又被称为"里约 + 10"峰会（Rio + 10），而 2012 年 6 月在巴西里约热内卢举行的"联合国可持续发展大会首脑会议"又被称为"里约 + 20"峰会（Rio + 20）。

[4] 日本国際フォーラム政策委員会「リオ + 10 と日本の環境外交」、第 21 政策提言、2001 年 10 月 24 日、https://www.jfir.or.jp/j/activities/pr/pdf/21.pdf（2021 年 7 月 7 日访问）。

国际论坛是与日本外务省有很深关联的智库，因此，这一机构出具的政策建议报告的主基调完全符合日本政府外交政策的基本方向，或者说，此举就是通过所谓民间机构报告的方式来"试水"日本社会对政府对外政策的反应，进而决定是否完全执行或进行响应性的修改等。由此，日本政府希望借助"环境问题"及环境外交，来构建引领性大国外交地位的意图可见一斑，同时，日本国内的政界、商界及学界等就积极参与并引领全球环境治理议题已基本达成一致意见。

根据 2000 年 12 月第 55 届联大第 55/199 号决议，2002 年 8 月 26 日至 9 月 4 日在南非约翰内斯堡召开了第一届可持续发展世界首脑会议（World Summit on Sustainable Development，WSSD）。小泉纯一郎参加了此次峰会并发表主题演讲（2002 年 9 月 2 日），指出为了维护全球环境，日本将在此后五年时间内向发展中国家提供 5 000 人次环境领域的人才培养援助；将于 2003 年 3 月在京都举办第三届"世界水论坛"及相关部长级会议，并将在 2005 年主办探索与自然和谐共生的"爱知世博会"（日语原文为"愛·地球博"，其中的"爱"可谓是一语双关，既表示爱知的"爱"，也表示爱护地球的"爱"）。[1]

2003 年，小泉内阁在七国集团峰会上提出了以培养经济开发与环境保护领域的人才为基础的"小泉构想"，强调为了实施可持续发展，应该重视教育和人才培养。[2]2006 年 1 月 20 日，小泉纯一郎在第 164 届日本国会发表施政演说，指出对日本而言，达成《京都议定书》所规定的目标并不容易；为了解决威胁全人类的气候变化问题，2005 年制订了计划并举官民之力切实推进；为了让所有国家都行动起来，全世界合力应对"温室效应"，同时让美国、中国、印度等国家也参与进来，构建共通的规则，日本

---

［1］首相官邸「持続可能な開発に関する世界首脳会議における小泉総理大臣スピーチ」、2002 年 9 月 2 日、https://warp.ndl.go.jp/info: ndljp/pid/233374/www.kantei.go.jp/jp/koizumispeech/2002/09/02speech.html（2023 年 5 月 31 日访问）。

［2］沈海涛、赵毅博：《日本对华环境外交：构建战略互惠关系的新支柱》，载《东北亚论坛》2008 年第 5 期，第 33 页。

应发挥主导性的作用。[1]

继小泉纯一郎之后，安倍晋三领衔的日本政府同样将环境治理作为其对内、对外的主要切入口。安倍内阁于 2007 年 6 月通过了《21 世纪环境立国战略》报告，提出了以亚洲国家为中心"建设国际循环型社会"的战略方针。[2]2007 年 6 月，在海利根达姆八国集团峰会上，日本又提出了"美丽星球 50"方案，强调日本要在依托"环境技术革新扩大环境商业的同时，提高本国企业的国际竞争力，引领亚洲，乃至世界的环境经济"[3]。日本的长远目标是与其国际地位相适应，推动国际协调，维护和改善可持续生存的全球环境，在国际环境保护政策制定中发挥主导性作用。[4]

由此可见，日本政府非常重视环境问题的发展，且更重视日本在参与这一全球性议题讨论及方案制定中的功能与作用，而中国作为全球二氧化碳排放量最大的发展中国家，自然而然地就成为日本关注的焦点。值得一提的是，中国签署加入《京都议定书》一事在日本的主流意见看来，是克服全球气候升温问题的关键性第一步。[5]正是以这一基本认知为前提，小泉内阁将中国视为克服并解决全球环境问题的战略伙伴，希冀与中方扩大交流、加深合作，以共同应对全球气候变化问题。

---

[1] 首相官邸「第 164 回国会における小泉内閣総理大臣施政方針演説」、2006 年 1 月 20 日、https://warp.ndl.go.jp/info：ndljp/pid/233374/www.kantei.go.jp/jp/koizumispeech/2006/01/20sisei.html（2023 年 5 月 31 日访问）。

[2] 沈海涛、赵毅博：《日本对华环境外交：构建战略互惠关系的新支柱》，载《东北亚论坛》2008 年第 5 期，第 33 页。

[3] 吕耀东：《试析日本的环境外交理念及取向——以亚太环境会议机制为中心》，载《日本学刊》2008 年第 2 期，第 15 页。

[4] 首相官邸「第 168 回国会における安倍内閣総理大臣所信表明演説」、2007 年 9 月 10 日、https://warp.ndl.go.jp/info：ndljp/pid/8731269/www.kantei.go.jp/jp/abespeech/2007/09/10syosin.html（2023 年 5 月 31 日访问）。

[5] 日本国際フォーラム政策委員会「東アジア経済共同体構想と日本の役割」、第 23 政策提言、2003 年 6 月、https://www.jfir.or.jp/j/activities/pr/pdf/23.pdf（2021 年 7 月 4 日访问）。

（四）期待与中方合作推进以"东亚共同体"为基础的东亚、亚洲，乃至亚太及全球经济一体化建设

应该说，"东亚共同体"的战略畅想是小泉时代日本政府对外战略理念的一大创新，并且，它也因成为小泉内阁的标志性对外政策思想而被世人所熟知和解读。当然，小泉内阁的"东亚共同体"畅想并非是一蹴而就的，它的提出与实践转化同样需要一定的时间付出和经验积累。

2002 年 1 月 14 日，小泉纯一郎在出访东盟五国的最后一站——新加坡——时发表演讲，提出"小泉主义"，即日本对东南亚国家的政策方针，包括：（1）构建直率的伙伴关系；（2）同行共进。[1]"小泉主义"是对日本在 20 世纪 70 年代中期提出的"福田主义"的修正与发展，因为后者的理念主要强调两点：（1）构建对等的伙伴关系；（2）进行心与心的直接交流。"福田主义"的提出，是为了洗刷第二次世界大战中日本在东南亚地区实施暴行后残留的恶果，改变东南亚人民记忆中的日本残暴印象。在提及日本与东盟的合作关系时，小泉纯一郎强调应首先最大限度地利用"ASEAN＋3"的机制框架，深化中日韩三边合作，以构建区域发展的巨大推进力；与此同时，小泉纯一郎对中国在推动区域合作中发挥的积极作用表示赞赏，强调中国拥有丰富的人才和巨大的经济潜能，可以为这一地区发展做出巨大贡献。[2]

之后，在结束访问东盟五国后，小泉纯一郎举行记者招待会，指出日本与东盟、中国、韩国的区域性合作关系是开放性的，不是封闭性的（小泉纯一郎的发言主要是针对美国，欢迎美国积极参与这一地区内的合作），它向全世界敞开大门，这也有助于世界各国关心这一地区的发展；小泉纯一郎高度评价中国在维护世界及地区经济发展和政治稳定中发挥的巨

[1][2] 首相官邸「小泉総理大臣のASEAN 諸国訪問における政策演説『東アジアの中の日本とASEAN』＝率直なパートナーシップを求めて＝シンガポール」、2002 年 1 月 14 日、https://warp.ndl.go.jp/info:ndljp/pid/233374/www.kantei.go.jp/jp/koizumis-peech/2002/01/14speech.html（2023 年 5 月 31 日访问）。

大作用，中日两国为了东盟的发展以及整个地区的发展开展相互合作；未来，"ASEAN＋3"将与亚欧会议（ASEM）、APEC 等机制合作，进一步扩大辐射面，为此，日本将和中国、东盟共同构建起更多合作平台。[1]在回答"中国和东盟已共同决定 10 年内达成自由贸易协定，而日本为何对东盟没有相类似的提议？"时，小泉纯一郎表示未来将持续发展与东盟的友好合作关系和事务合作，而且并不排除签署贸易协定的可能性；为了达到成熟的伙伴关系，应该营造缔结自由贸易协定的积极环境。[2]由此可见，中国与东盟在经济合作上的自由贸易协定提议及相关举措已经对日本构成不小压力。与此同时，小泉纯一郎指出日本和东盟、日中韩的地区合作关系绝不是排他性的，相反，美国的存在反而提供了安全感；日美之间缔结了安保条约，这是日本外交的基轴，而对于亚洲各国而言，美国的参与是理所当然的事情。[3]

2002 年 2 月 4 日，小泉纯一郎在第 154 届日本国会发表施政演说，强调日美关系愈发紧密，一方面要提升日美安保体制的信赖度；另一方面，为了实现日美两国可持续的经济增长，要在"为了增长的日美经济伙伴关系"框架下进行富有建设性的对话；此外，小泉纯一郎还强调 2002 年1 月出访东盟五国时，业已表明日本东南亚外交将采取"直率的伙伴关系"和"同行共进"的基本理念，目标是构建扩大的"东亚共同体"。[4]小泉纯一郎随即将话题转至中国，指出中国在 2001 年加入 WTO，期待中国此后能够发挥更大的建设性作用，以进一步扩大发展与包括日本在内的整个国际社会的联系。[5]这里值得注意的是，构建"东亚共同体"是小泉内阁的标志性外交政策口号，集中了小泉纯一郎本人及其内阁围绕东亚及亚洲经济一体化建设的思想精髓，更构思出了一个日本主导的、亚洲国家共同参与的经济合作体的蓝图版本。当然，小泉内阁这一极具战略性的"东亚共

---

［1］［2］［3］　首相官邸「小泉総理大臣のASEAN諸国訪問における内外記者会見」、2002 年 1 月 14 日、https://warp.ndl.go.jp/info：ndljp/pid/233374/www.kantei.go.jp/jp/koizumispeech/2002/01/14kaiken.html（2023 年 5 月 31 日访问）。

［4］［5］　首相官邸「第 154 回国会における小泉内閣総理大臣施政方針演説」、2002 年 2 月 4 日、https://warp.ndl.go.jp/info：ndljp/pid/233374/www.kantei.go.jp/jp/koizumispeech/2002/02/04sisei.html（2023 年 5 月 31 日访问）。

同体"畅想，得到了日本学界及商界的积极回应。2003 年 6 月，政府智库日本国际论坛邀请日本社会各界贤达 74 人，经过为期一年的反复讨论与编写，公布了一份题为"东亚经济共同体构想及日本的作用"的政策建议报告，其中提出构建包括东盟十国、日本、中国、韩国、中国香港、中国台湾在内的"东亚共同体"（Economic Community in East Asia，ECEA），以加强成员方之间贸易、资本交易和技术转移的经济联系。[1]更为重要的是，这份报告极力强调日本的主导性作用，不仅表现在东亚域内的能源合作方面，更渗透到域内的货币互换及以东亚货币为基础的债券发行与流通等敏感领域；报告还指出，为了在 2025 年实现东亚地区单一货币化，日本、韩国、新加坡和中国四个国家必须发挥主导性作用。[2]这份报告还专门强调了中国在构建"东亚共同体"中的关键作用，指出没有中国参加的"东亚共同体"，无论是从政治（尤其是东亚的安全视角），还是从经济视角来看，都是无法想象的，期待中国在"东亚共同体"中成为发挥主导性功能的一极，但同时呼吁中国为此加速体制性改革。[3]

此外，2002 年 4 月 12 日，受邀参会的小泉纯一郎在首届博鳌论坛上发表题为"亚洲的新世纪——挑战和机会"的主题演讲，强调在东亚合作的基础上，进一步开展包括中亚和西亚在内的更加广泛的合作，尤其是在能源、环境、货币和金融、贸易和投资以及发展援助等五个领域加大合作力度，以形成覆盖整个亚洲地区的一体化合作。[4]在同一报告中，小泉纯一郎强调，"中国顺利加入 WTO 后，将遵循国际经济规则"，同时与包括东盟各国在内的亚洲地区开展经济合作等也是至关重要的。[5]这里，小泉纯一郎将中国加入 WTO 与遵循国际经济规则相联系，明确表示日本期待中国严

---

［1］［2］［3］　日本国際フォーラム政策委員会「東アジア経済共同体構想と日本の役割」、第
　　　　　　　23 政策提言、2003 年 6 月、https://www.jfir.or.jp/wp/wp-content/uploads/
　　　　　　　2021/10/23.pdf（2023 年 5 月 31 日访问）。
［4］［5］　首相官邸「『ボアオ・アジア・フォーラム』における小泉総理演説『アジアの新世
　　　　　紀—挑戦と機会』」、2002 年 4 月 12 日、https://warp.ndl.go.jp/info；ndljp/pid/
　　　　　233374/www.kantei.go.jp/jp/koizumispeech/2002/04/12boao.html（2023 年 5 月 31 日
　　　　　访问）。

守 WTO 经贸规则，为全球经济与自由贸易发展做出相应贡献；同时，小泉纯一郎的发言也不无含沙射影地表露了日本的潜藏动机，即日本希冀用 WTO 的规则体系和制度框架来约束中国的未来发展，尤其是此后中国融入全球经济发展的进程，促使中国成为一个经济全球化、贸易自由化发展过程中的"制度化良性公民"。

2004 年 6 月 4 日，小泉纯一郎在内阁会议决定"2004 经济财政运营和结构性改革的基本方针"后发表谈话，指出 2004 年重要的经济任务之一就是通过"新产业创造战略"及与亚洲各国的经济合作，推进有助于提升经济发展活力的政策措施。[1]显然，小泉内阁的经济政策重心包含了对外经济合作，而与中国的经济合作成为难以回避且极为重要的一个方面。

2004 年 9 月 21 日，小泉纯一郎在第 59 届联大一般性辩论上发表演讲，表示正在东亚地区积极促进共同体的构建，并希望以"ASEAN + 3"为基础，宣扬"东亚共同体"构想。[2]2004 年 10 月 8 日，小泉纯一郎在越南河内举行的第五届亚欧会议开幕式上发表演讲，他指出，一方面，东盟正在安保、经济、社会文化等各个领域努力形成共同体；另一方面，日本、中国、韩国及东盟也开始为构建"东亚共同体"而努力前进。因此，地区内经济联合等各个机制性合作的形成就构成了共同体的基础。[3]由此可见，构建"东亚共同体"作为小泉纯一郎独创的战略性理念，业已成为其各类对外公开发言的中心思想之一。

2004 年 11 月 20 日至 21 日，APEC 首脑峰会在智利的圣地亚哥举

---

[1] 首相官邸「『経済財政運営と構造改革に関する基本方針 2004』（閣議決定）についての内閣総理大臣の談話」、2004 年 6 月 4 日、https://warp.ndl.go.jp/info:ndljp/pid/233374/www.kantei.go.jp/jp/koizumispeech/2002/06/04danwa.html（2023 年 5 月 31 日访问）。

[2] 首相官邸「第 59 回国連総会における小泉総理大臣一般討論演説新しい時代に向けた新しい国連（『国連新時代』）（仮訳）」、2004 年 9 月 21 日、https://warp.ndl.go.jp/info:ndljp/pid/233374/www.kantei.go.jp/jp/koizumispeech/2004/09/21seimei.html（2023 年 5 月 31 日访问）。

[3] 首相官邸「アジア欧州会合開会式における小泉総理あいさつ」、2004 年 10 月 8 日、https://warp.ndl.go.jp/info:ndljp/pid/233374/www.kantei.go.jp/jp/koizumispeech/2004/10/08speech.html（2023 年 5 月 31 日访问）。

行，会后发表"圣地亚哥倡议"，建议所有 APEC 成员加强合作，以提升 APEC 域内的贸易和投资自由化、便利化发展，为构建"亚太自由贸易圈"创造可能性。[1]APEC 的首脑宣言在一定程度上契合了小泉内阁的"东亚共同体"构想，更与日本希冀构建覆盖整个亚洲及亚太地区的自由贸易圈的想法完全吻合。从这一层面来看，小泉内阁实际上将"亚太自由贸易圈"视为扩大版的"东亚共同体"，并将依托"东亚共同体"的成功与基础，在构建"亚太自由贸易圈"的进程中凸显日本的主导力与政治引领能力。

综上所述，小泉内阁在东亚及亚洲经济一体化的构建问题上，其实有着清晰的思路与完整的计划，而"东亚共同体"的具体思想与内容则全面、真实、生动地反映了小泉内阁的这一战略。但更为重要的是，在小泉内阁推进及落实"东亚共同体"构想时，中国始终是难以回避的合作对象与重要伙伴，或许更是决定"东亚共同体"构建成败的主要因素，基于这一战略性考量，对华经济外交就成为小泉内阁积极善用的一张王牌。

（五）对华多维度经济因素的综合考量

如前文所述，小泉内阁就从一开始就从自身经济利益最大化的基本原则出发，将中国视为战略性的可合作伙伴。鉴于此，小泉内阁积极扩大对华经济外交的最终目标之一就是从多个维度切入，扩大中日经济合作的广度和深度，并使日本的总体经济利益实现最大化。总体上，小泉内阁的对华经济综合考虑着重于以下方面。

第一，让中国融入以日本为核心的东亚制造业生产分工体系，以便日本国内产业链向外转移或扩张，并构建起日本主导的成本低廉、竞争力强的东亚新产业链体系。

---

[1] 首相官邸「第 12 回 APEC 首脑会議サンティアゴ宣言（仮訳）『一つの共同体、我々の未来』サンティアゴ、チリ 2004 年 11 月 20—21 日」、2004 年 11 月 21 日、https://warp. ndl.go.jp/info：ndljp/pid/233374/www.kantei.go.jp/jp/koizumispeech/2004/11/20sengen. html（2023 年 5 月 31 日访问）。

日本经济产业省公布的 2001 年《通商白皮书》就把东亚地区视为一个经济整体来进行分析与展望，并详细论述了东亚经济成长的现实情况与巨大的增长潜能。在东亚地区内新崛起的中国经济，自然而然地成为其中最受关注的主要因素之一。2001 年版《通商白皮书》指出，伴随着冷战的终结，中国、东欧原共产主义国家的市场经济化发展步伐正在提速，原本分裂的东西市场已整合在一起，世界经济正式迎来了被喻为"大竞争时代"的全球化时代；其中，东亚整体作为一个舞台，也将迎来"大竞争时代"，而其在世界经济中的核心作用亦将延续；与此同时，贸易投资壁垒的弱化、欧美企业通过并购方式进入东亚地区、中国持续推动市场经济化的发展并逐渐崛起，并列为东亚地区实现快速发展的三大要素背景。[1]由此可见，日本极为重视东亚地区的发展，并将其与日本此后的贸易增长、经济发展、产业发展等密切关联，同时日本尤其关注中国在新一轮东亚地区发展中的关键作用与经济价值，认为这是促成此后东亚地区经济增长、持续发展的必要支撑之一。

此外，日本之所以将 21 世纪的对外经济发展重心聚焦于东亚，主要是因为东亚地区分工合作体系的形成及完善，以及以东亚为整体的中间产品及产成品贸易迅速扩大。比如说，从 1990 年至 1998 年，就东亚域内贸易来看，机械类产成品的贸易总额增加了 92%，机械类零部件的贸易额更是增加了 179%，而机械类零部件占机械产品的比重由 35% 上升为 51%（参见图 3.1）。[2]由于日本在机械类产品领域具有较强的技术竞争优势，因此，机械类相关零部件及产成品在东亚的贸易结构直观地反映了日本在东亚地区贸易分工体系中的"领头雁"地位。

另据图 3.1 和图 3.2，1990 年至 1998 年的 9 年时间，东亚地区以日本为中心的各种机械类产业链分工体系逐渐形成，即日本向中国大陆，NIEs（韩国、中国台湾、中国香港、新加坡），ASEAN4（泰国、菲律宾、马来西

---

[1] 経済産業省『通商白書　2001』、2001 年、第 3 頁。
[2] 同上，第 11 頁。

● 机械类零部件总额（单位：亿美元）

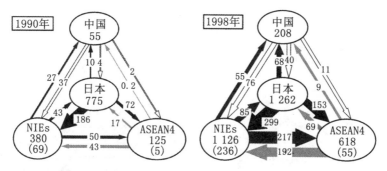

● 机械类零部件占机械产品的比重

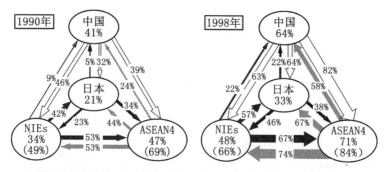

注：（1）图中中国的数据不包含中国香港、中国台湾和中国澳门的数据。（2）因数据获取受限，本图 1990 年的数据中，中国内地、中国香港的数据为 1992 年的数据，菲律宾的数据为 1991 年的数据；1998 年的数据中，中国台湾的数据为 1996 年的数据，泰国的数据则为 1997 年的数据。（3）圆圈内国别名称下方的数字为其对世界的贸易额，百分比数字则表示其对日本及东亚贸易的比重。（4）NIEs 圆圈内括号中的数字表示 NIEs 公布的数据；ASEAN4 圆圈内括号中的数字表示 ASEAN4 公布的数据。（5）NIEs 包括韩国、中国台湾、中国香港、新加坡；ASEAN4 包括泰国、菲律宾、马来西亚、印度尼西亚。

资料来源：経済産業省『通商白書 2001』、2001 年版、第 13 頁、「第 1-1-13 図 日本及び東アジアにおける中間財貿易の拡大」。

图 3.1 中间产品贸易额在日本及东亚地区的扩张情况（1990 年和 1998 年）

亚和印度尼西亚）出口各类机械类零部件，并在上述国家或地区进行加工、组装后，向第三方出口机械类产成品的生产、销售网络架构业已浮出水面。

此外，日本经济产业省公布的 2002 年度《通商白皮书》中，还精确地计算了日本与东亚主要国家和地区的贸易结合度，通过比较 1990 年和 2000 年的两组数据后不难发现，日本与中国、NIEs（这里不包括中国香港）、ASEAN4 之间的贸易结合度均出现了不同程度的增长。具体而言，

● 一般机械类零部件总额（单位：亿美元）

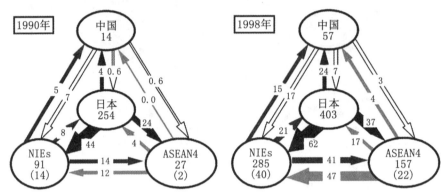

● 运输机械类零部件总额（单位：亿美元）

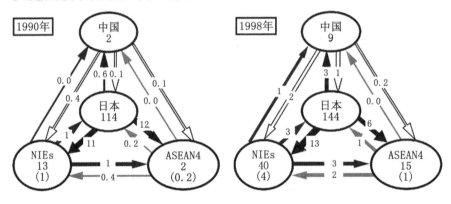

● 电气机械类零部件总额（单位：亿美元）

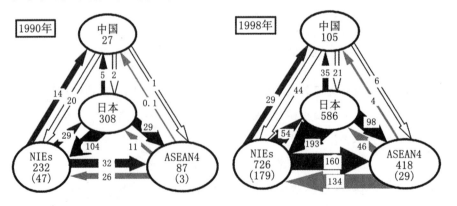

● 精密机械类零部件总额（单位：亿美元）

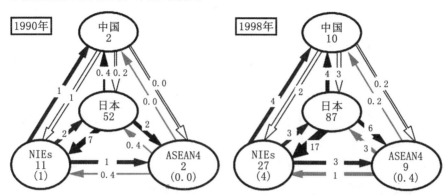

注：（1）图中中国的数据不包含中国香港、中国台湾和中国澳门的数据。（2）因数据获取受限，本图 1990 年的数据中，中国内地、中国香港的数据为 1992 年的数据，菲律宾的数据为 1991 年的数据；1998 年的数据中，中国台湾的数据为 1996 年的数据，泰国的数据则为 1997 年的数据。（3）圆圈内国别名称下方的数字为其对世界的贸易额，百分比数字则表示其对日本及东亚贸易的比重。（4）NIEs 圆圈内括号中的数字表示 NIEs 公布的数据；ASEAN4 圆圈内括号中的数字表示 ASEAN4 公布的数据。（5）NIEs 包括韩国、中国台湾、中国香港、新加坡；ASEAN4 包括泰国、菲律宾、马来西亚、印度尼西亚。

资料来源：经济产业省『通商白書 2001』、2001 年版、第 13 頁、「第 1-1-13 図 日本及び東アジアにおける中間財貿易の拡大」。

图 3.2 按产业分类的中间产品贸易额在日本与东亚地区的比较（1990 年和 1998 年）

2000 年日本对华出口贸易结合度[1]为 1.86，较 1990 年的同一数据值 1.40 增加了 0.46。与之相对应，2000 年日本对华进口贸易结合度[2]为 3.71，较 1990 年的同一数据值 2.76 增加了 0.95。另一方面，2000 年中国对日出口贸易结合度为 2.91，较 1990 年的同一数据值 2.19 增加了 0.72；中国对日进口贸易结合度为 2.46，较 1990 年的同一数据值 1.67 增加了 0.79。[3] 由此可见，与 1990 年相比，2000 年中日双边贸易依赖明显抬升，中日经贸互惠关系进一步凸显。与此同时，日本对 NIEs（这里不包括中国香港）的出口贸易结合度为 4.10，较 1990 年的同一数据值 3.95 增加了 0.15；而日本

———————————

[1] A 国对 B 国的出口贸易结合度＝（A 国对 B 国的出口额/A 国对世界的出口额）/（B 国对世界的进口额/世界的总进口额）。

[2] B 国对 A 国的进口贸易结合度＝（B 国从 A 国的进口额/B 国对世界的进口额）/（A 国对世界的出口额/世界的总出口额）。

[3] 经济产业省「通商白書 2002」、2002 年、第 11 頁。

对 ASEAN4 的出口贸易结合度为 3.07，较 1990 年的同一数据值 2.79 增加了 0.28。[1]鉴于此，日本对韩国、中国台湾、新加坡、泰国、菲律宾、马来西亚、印度尼西亚等东亚国家及地区的出口贸易关联度均出现不同程度的增加，其主要动因就是日本将上述国家及地区作为生产加工的目的地，并对上述国家及地区大幅增加了以零部件为主的中间产品出口，促使上述国家及地区的部分制造业生产及产品出口等均不同程度地需要依赖日本技术和日本制造。

单位：百万美元

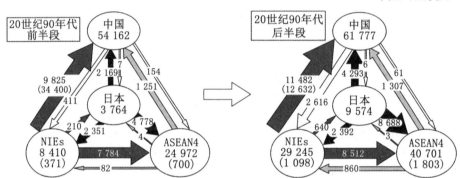

注：（1）图中中国的数据不包含中国香港、中国台湾和中国澳门的数据。（2）20 世纪 90 年代前半段的数值是 1990—1994 年投资额的年平均额，20 世纪 90 年代后半段的数值是 1995—1999 年投资额的年平均额。（3）圆圈中的数字是流向各国的对内直接投资总额。（4）NIEs 圆圈内括号中的数字表示 NIEs 公布的数据；ASEAN4 圆圈内括号中的数字表示 ASEAN4 公布的数据。（5）中国香港向中国内地的直接投资额并没有包括在 NIEs 的数字之内，而是被单独列出在 NIEs 指向中国内地的箭头下方的括号中。

资料来源：経済産業省『通商白書　2002』、2002 年、第 12 頁、「第 1-1-17 図　日本及び東アジ アにおける直接投資の動向」。

图 3.3　日本及东亚的直接投资发展动向（20 世纪 90 年代）

除了与东亚国家及地区之间的贸易关联度上升以外，日本还进一步加大了对东亚地区的资本渗透，大幅增加对东亚地区的绿色投资，以兴建重要的生产基地，扩大生产规模等。观察图 3.3 可知，1990—1994 年的 5 年间，日本对华直接投资的年均输出规模为 2 169 万美元，而 1995—1999 年的 5 年间，日本对华直接投资的年均输出规模就攀升至 4 293 万美元，几乎

---

[1]　経済産業省「通商白書　2002」、2002 年、第 11 頁。

翻了一番；1990—1994 年的 5 年间，日本对 ASEAN4 的直接投资年均输出规模为 4 778 万美元，而 1995—1999 年 5 年间的同一数据猛增至 8 688 万美元，几乎实现了翻倍；同样，1990—1994 年的 5 年间，日本对 NIEs 的直接投资年均输出规模为 2 351 万美元，而 1995—1999 年 5 年间的同一数据基本保持不变，为 2 392 万美元。由此可见，日本在 20 世纪 90 年代后半段大幅度扩大了对包括中国大陆、东南亚发展中国家在内的东亚地区的资本输出，而这些资本多数被用于兴建生产基地等，以扩充日本在东亚地区的生产加工规模和构筑以日本为核心的东亚地区产业链结构。

综上所述，日本在 20 世纪 90 年代便开始战略性地打造以其为中心的东亚地区产业链体系，并通过扩大投资，尤其是绿色投资的方式，积极在包括中国在内的东亚国家及地区内建造或扩建生产基地，以承接来自日本的原材料及中间产品的进口加工，并将产成品现地销售或向第三方出口。这里，中国大陆作为具有充沛劳动力和低廉成本土地资源的地区，自然而然地成为日本投资流向的主要目的地，这也符合日本经济界对华的主要期待。2003 年 5 月 20 日，日本经团联发布了一份题为"扩大与加入 WTO 后的中国的经贸关系"的政策建议报告，其中明确指出 2001 年 12 月中国加入 WTO，向世界开放大门，承诺遵守国际规则，日本经济界对中国的英明决断表示欢迎；不仅如此，日本经济界明确表示愿意推动日中经济关系进一步趋向紧密化发展，并愿意帮助中国政府解决履行 WTO 的规则承诺、推动 WTO 规则的新自由化发展、国有企业改革、金融体系改革、政府机构改革等一系列问题。[1]与此同时，该政策建议报告对中日经贸关系做出了战略性的评估和展望，指出日本企业将中国定位为生产和出口基地，并愿意积极开拓在华市场业务，此外，日本企业与中国的经济业务不仅限于双边层面，更着眼于包括东南亚国家在内的整个东亚地区。[2]由此可见，日本经

---

[1][2]　日本経済団体連合会「WTO 加盟後の中国との通商・経済関係の拡大に向けて」、2003 年 5 月 20 日、http://www.keidanren.or.jp/japanese/policy/2003/045/index.html（2021 年 1 月 8 日访问）。

济界对于中国加入 WTO 持积极态度，并期待新一届中国政府能积极开展对日经济合作，以扩大中日经贸交流与经济基本盘。

第二，日本希冀借助中国潜在的规模市场效应，为其商品的出口与销售创造战略机遇，并为小泉内阁所积极倡导的国内经济结构性改革提供强大支撑力。

自 2001 年登上首相职位之后，小泉纯一郎就积极宣扬其"大刀阔斧"的改革思想，尤其是瞄准日本国内"破旧"的经济体制，频繁强调"没有禁区"的改革。其标志性的政治术语——"没有结构性改革就没有日本的复苏与发展"成为当时日本政坛的流行语，更成为日本在那个时代的政治标志。

2002 年 1 月 1 日，小泉纯一郎发表"年初感想"，再度强调自 2001 年 4 月担任首相以来，就全身心地致力于推动"没有禁区的结构性改革"，并且坚持在"没有改革就没有增长"的方针下，推进所有领域的改革。[1]

2002 年 2 月 4 日，小泉纯一郎在第 154 届日本国会发表施政演说，直言："为了恢复日本经济的持续发展，应该坚决实施经济、财政、行政、社会等各领域的结构性改革。"[2]

2002 年 10 月 18 日，小泉纯一郎又在第 155 届日本国会发表施政演说，强调自从他就任以来，日本在内政方面就坚决实施"没有禁区"的结构性改革，在外交方面则基本在国际合作中发挥了主体性作用。[3]

2002 年 10 月 30 日，小泉纯一郎就"实现提速改革的综合对策决定"发表首相讲话，指出为了克服通货紧缩、盘活经济，必须加速实施由金融体系

---

［1］ 首相官邸「年頭所感」、2002 年 1 月 1 日、https://warp.ndl.go.jp/info:ndljp/pid/233374/www.kantei.go.jp/jp/koizumispeech/2002/01/01syokan.html（2023 年 5 月 31 日访问）。

［2］ 首相官邸「第 154 回国会における小泉内閣総理大臣施政方針演説」、2002 年 2 月 4 日、https://warp.ndl.go.jp/info:ndljp/pid/233374/www.kantei.go.jp/jp/koizumispeech/2002/02/04sisei.html（2023 年 5 月 31 日访问）。

［3］ 首相官邸「第 155 回国会における小泉内閣総理大臣所信表明演説」、2002 年 10 月 18 日、https://warp.ndl.go.jp/info:ndljp/pid/233374/www.kantei.go.jp/jp/koizumispeech/2002/10/18syosin.html（2023 年 5 月 31 日访问）。

改革、税制改革、制度改革和财政支出改革等四大支柱组成的改革措施。[1]

2004年10月12日，小泉纯一郎在第161届日本国会发表施政演说，指出他是在"弃官兴民"的方针下推进制度改革及特殊法人的废除和民营化的。同时，小泉纯一郎指出日本外交的基础是日美同盟和国际协调，并以此为解决国际性问题做出积极贡献。[2]

2005年6月21日，日本首相小泉纯一郎在内阁会议确定"2005年经济财政运营和结构性改革的基本方针"后发表首相讲话，指出政府推动了结构性改革，日本达成了不良债权的处理目标，企业盈利能力上升，失业率下降，同时民间需求也在缓慢复苏，可以说，日本经济走出了所谓的"后泡沫经济"时期。[3]显然，小泉纯一郎的这段谈话一方面是为了凸显其在经济治理方面的政治成就，另一方面也是为了鼓舞士气，希望日本经济能够彻底走出泡沫经济崩溃的阴影，实现稳定的复苏与增长。值得注意的是，小泉纯一郎的公开讲话中首次使用了"后泡沫经济"这个词，意在与泡沫经济时期做切割，同时也是进一步突出日本经济结构改革的辉煌成就。

2005年8月8日，日本参议院否决了政府提出的邮政民营化相关六法案，其中有多名自民党的议员投了反对票。小泉纯一郎随即召开自民党执行部领导会议，决定解散众议院，重新大选，这一决定得到了天皇的批准。当日，小泉纯一郎召开记者招待会，表示此次解散众议院重新大选的目的就是为了推动邮政民营化，希望以此博得日本民众的支持。[4]2005年9月

[1] 首相官邸「内閣総理大臣の談話［改革加速のための総合対応策の決定等］」、2002年10月30日、https://warp.ndl.go.jp/info：ndljp/pid/233374/www.kantei.go.jp/jp/koizumispeech/2002/10/30danwa.html（2023年5月31日访问）。

[2] 首相官邸「第161回国会における小泉内閣総理大臣所信表明演説」、2004年10月12日、https://warp.ndl.go.jp/info：ndljp/pid/233374/www.kantei.go.jp/jp/koizumispeech/2004/10/12syosin.html（2023年5月31日访问）。

[3] 首相官邸「『経済財政運営と構造改革に関する基本方針2005』（閣議決定）についての内閣総理大臣の談話」、2005年6月21日、https://warp.ndl.go.jp/info：ndljp/pid/233374/www.kantei.go.jp/jp/koizumispeech/2005/06/21danwa.html（2023年5月31日访问）。

[4] 首相官邸「小泉内閣総理大臣記者会見［衆議院解散を受けて］」、2005年8月8日、https://warp.ndl.go.jp/info：ndljp/pid/233374/www.kantei.go.jp/jp/koizumispeech/2005/08/08kaiken.html（2023年5月31日访问）。

21 日，因自民党赢得了此次大选，作为自民党总裁的小泉纯一郎在国会众议院第三次被任命为日本首相，并建立自民党和公明党的联合政权。[1] 2005 年 9 月 26 日，小泉纯一郎在第 163 届日本国会发表施政演说，指出"日美同盟"和"国际协调"是日本外交的基础，作为国际社会负责任的一员，日本发挥了积极作用；日本此后将加强与中国、韩国等周边邻国的广泛合作，在增进相互理解和信任的基础上，构建面向未来的友好关系。[2]

由此可见，结构性改革成为小泉内阁对内政治的关键词，也是其对内的最主要政策目标之一。以日本国内的 IT 产业建设为例，2003 年 7 月 2 日，在第 19 次 IT 战略本部会议决定"第二代 e-Japan 战略"后，小泉纯一郎发表谈话，指出 2001 年 1 月政府决定实施"e-Japan 战略"，为了实现其中规定的"在 2005 年前成为世界最尖端的 IT 国家"的战略目标，日本付出了各种努力，并最终成为全世界为数不多的、拥有高速且廉价的互联网基础设施的国家。在此基础上，在充分考虑"结构性改革"和"创造新价值"两大新战略思想后，IT 政策的重心由"整备基础设施"转移至"活用 IT"；与此同时，新战略中加入了"2006 年以后维持最尖端水平"的目标，目标是实现"健康、安心、感动、便利"的社会。[3]

这里需要指出的是，尽管小泉内阁的结构性改革涉及经济、财政、行政、社会等各个领域，但其关键或核心的部分就是经济的结构性改革。换言之，唯有实现经济领域的结构性改革，实现日本经济的有序复苏和持续增长，才能带动并确保日本在财政、行政、社会等其他领域中的结构性改

---

[1] 首相官邸「小泉内閣総理大臣記者会見（第三次小泉内閣発足後）」、2005 年 9 月 21 日、https://warp.ndl.go.jp/info：ndljp/pid/233374/www.kantei.go.jp/jp/koizumispeech/2005/09/21press.html（2023 年 5 月 31 日访问）。

[2] 首相官邸「第 163 回国会における小泉内閣総理大臣所信表明演説」、2005 年 9 月 26 日、https://warp.ndl.go.jp/info：ndljp/pid/233374/www.kantei.go.jp/jp/koizumispeech/2005/09/26syosin.html（2023 年 5 月 31 日访问）。

[3] 首相官邸「第 19 回 IT 戦略本部における『e-Japan 戦略 II』の決定についての内閣総理大臣の談話－IT 実感社会を目指して－」、2003 年 7 月 2 日、https://warp.ndl.go.jp/info：ndljp/pid/233374/www.kantei.go.jp/jp/koizumispeech/2003/07/02danwa.html（2023 年 5 月 31 日访问）。

革得以落实及稳步推进。另一方面，作为全球重要的开放经济体之一，对外贸易一直是日本经济结构组成的重要部分，也是促使日本经济复苏的重要 "动力源" 和 "起爆器"。以此为背景，小泉内阁极度重视对外贸易发展在经济复苏进程中的重要地位与作用，尤为重视中国在日本对外贸易中所占的举足轻重的地位。从这一视角来看，日本积极扩大对华贸易进出口，一方面是从对外经济层面扩大对华经济外交的广度与深度，另一方面是从对内经济层面提升国内经济发展动能，为以经济为核心的结构性改革提供不竭动力。

2003 年，日本向中国出口商品 13.7 万亿日元，第一次超过日本的对美出口（13.4 万亿日元）。[1]这是一个标志性的转折，也象征着日本的出口贸易重心逐渐由美国转向中国。2004 年，中国的对外贸易额超越日本，成为全球第三大贸易国；2005 年，中国 GDP 总量超越英国，成为全球第四大经济体，仅次于美国、日本和德国。尽管当时中国的人均 GDP 还停留在 1 700 美元左右，但北京、上海、广州等一线城市的人均 GDP 已接近或超越 6 000 美元，具有实际购买力的中产阶层已悄然生成，中国也逐渐由 "世界工厂" 转变为 "世界市场"。

不仅如此，中国自身经济实力的快速增长着实为日本对华贸易及日本经济复苏提供了重要的外部动能与发展机遇。从图 3.4 中不难发现，中国的国民总收入在 2001—2010 年的 10 年间，从 10 万亿猛增至近 40 万亿元人民币的超大规模，实现了接近翻两番的增长成绩；与此同时，中国的人均国内生产总值从 8 717 元升至 30 808 元人民币的新水平，增加了近 3 倍。人均 GDP 及国民总收入的倍数级增长，不仅为进口日本商品及原材料提供了扎实的经济基础，也为日本商品行销中国市场提供了重要的购买力基础。

正是看到中国经济及中国市场对于日本经济 "转跌回升" 的关键作用，小泉内阁 "毅然决然" 地主动站出来，对日本国内甚嚣尘上的 "中国威胁论" 给予 "当头一棒"。

---

[1] 吴寄南、陈鸿斌：《中日关系 "瓶颈" 论》，北京：时事出版社 2004 年版，第 208 页。

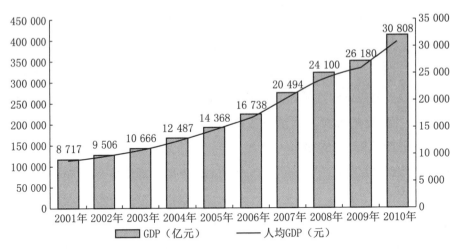

资料来源：国家统计局，《国际数据》，https://data.stats.gov.cn/easyquery.htm? cn = C01（2021 年 9 月 9 日访问）。

图 3.4 中国的国民总收入与人均 GDP 变动情况（2001 年至 2010 年）

2002 年 4 月 12 日，受邀参会的小泉纯一郎在首届博鳌论坛上发表题为"亚洲的新世纪——挑战和机会"的主题演讲，指出："中国充满活力的经济发展给日本带来了挑战和机遇。中国经济的发展和市场的扩大将会刺激竞争，也会被证明整体上对全球经济是一个巨大的机遇。因为日中两国在产业结构上有所不同，所以两国还可以加强相辅相成的双边经济关系。我看好日中经济关系的发展，这种发展不会挖空日本的产业，而是为在日本培养新的产业以及在中国市场增强活力提供了良好的机遇。两国在经济改革方面的整合努力将会发展两国的经济关系。"[1]小泉纯一郎的这段发言可被视为对在日本国内颇受政治保守势力欢迎的"中国威胁论"的响亮回应，也表明了小泉内阁愿意在经济上与中国进行战略性合作的意愿和决心。

2003 年 5 月 31 日，中国国家主席胡锦涛在莫斯科会见了日本首相小泉纯一郎，后者明确表示："近年来中国的快速发展对日本、对亚洲不是威

[1] 首相官邸「『ボアオ・アジア・フォーラム』における小泉総理演説『アジアの新世紀——挑戦と機会』」、2002 年 4 月 12 日、https://warp.ndl.go.jp/info：ndljp/pid/233374/www.kantei.go.jp/jp/koizumispeech/2002/04/12boao.html（2023 年 5 月 31 日访问）。

胁,而是机遇,两国完全可以加强合作,共同为亚洲地区的发展和繁荣做出贡献。希望通过纪念《中日和平友好条约》缔结 25 周年推动两国互利互惠的友好关系进一步发展。"[1]

2004 年 10 月 9 日,小泉纯一郎参加完在越南河内举行的第五届亚欧会议后召开记者招待会,在回答关于日中关系的问题时,小泉纯一郎给予了长篇幅的回应,指出"日中关系的重要性只会加强,不会减弱";他就任首相一职 3 年来,中国经济取得了举世瞩目的发展,这对日本政府及日本国民而言是重大机遇,绝非威胁;此后应积极抓住机遇,扩大日中交流;3 年时间过去了,日本从中国的商品进口及日本对中国的商品出口均出现大幅增长,贸易额也急速增加,较 3 年前增长显著,与 10 年前的日中贸易额相比更是增加至三倍多;尽管当时日本最大的贸易伙伴国是美国,但显然,不久以后中国就将超越美国,成为日本最大的贸易伙伴国;日中关系并不仅仅停留于双边关系层面,对亚洲、对亚欧会议、对整个世界而言,日中关系也是不可或缺的。[2]

2005 年 1 月 4 日,小泉纯一郎召开年头记者招待会,指出外交难题堆积如山,尤其是伊拉克的复兴、对朝交涉等,小泉内阁将深度审视日美同盟和国际协调的重要性,积极应对上述外交问题[3];在回答"2005 年是第二次世界大战后 60 周年,日本将如何开展对中国、韩国等国家的近邻外交"的提问时,小泉纯一郎表示中国、韩国是日本的邻国,并且是极为重要的邻国,因此,日韩友好、日中友好的总体方针没有变化;关于对华关系,小泉纯一郎表示中国经济取得了举世瞩目的发展成就,这对日本而言

[1] 外交部:《胡锦涛会见日本首相小泉纯一郎》,2003 年 6 月 1 日,https://www.fmprc.gov.cn/web/gjhdq_676201/gj_676203/yz_676205/1206_676836/xgxw_676842/t23686.shtml(2021 年 9 月 14 日访问)。

[2] 首相官邸「アジア欧州会合後の内外記者会見（要旨）」、2004 年 10 月 9 日、https://warp.ndl.go.jp/info: ndljp/pid/233374/www.kantei.go.jp/jp/koizumispeech/2004/10/09press.html（2023 年 5 月 31 日访问）。

[3] 首相官邸「小泉総理大臣年頭記者会見」、2005 年 1 月 4 日、https://warp.ndl.go.jp/info: ndljp/pid/233374/www.kantei.go.jp/jp/koizumispeech/2005/01/04press.html（2023 年 5 月 31 日访问）。

并不是威胁，相反却是很好的机会、机遇，因此，"中国威胁论"并不成立，中日进出口贸易飞速增长，有助于双方的经济发展，日本经济界及全体国民应该充分理解日中共存、互惠关系。[1]

通过细读小泉纯一郎以上就中日关系所发表的历年重要讲话后不难发现，尽管小泉内阁在历史等问题上存在严重的保守主义倾向，但其对日中关系，尤其是日中经济关系的战略性发展始终持肯定、期待的态度，且政策层面较为积极、主动，愿意对华进行辐射范围较广、层级跨度较深的战略性合作。当然，小泉内阁的战略目的始终是唯一的，也就是使中日关系服务于日本国内经济的结构性改革，服务于日本经济整体的战略性复苏等。

（六）希望中方在对朝问题上能与日本相向而行

朝鲜的导弹实验和核试验问题，可谓是困扰小泉内阁及多届日本政府的"心头大患"。因上述两大问题被日本保守势力视为对其国家安全的直接威胁，故朝鲜问题对日本而言，就好比是"如芒在背""如鲠在喉"，日本急切希望从根本上解决上述两大问题，以彻底消除对其国家安全的威胁。鉴于此，小泉内阁希望在对朝问题上得到中方的支持与合作，促使日本对朝关系实现突破，同时也有助于共同维护地区及全球的安全与稳定。与此同时，小泉内阁以对朝问题作为自身对外政策的主要切入口，可以说是切中要害，精准且巧妙地利用了日本国内在朝鲜问题上焦虑、焦躁的心态，既希望通过解决对朝问题这一主要矛盾来打开其外交的总体局面，也期待国内社会能对其外交表现给予高评分，为其巩固国内政治地位加分。

由此，小泉纯一郎在担任首相期间就始终把应对涉及朝鲜的问题作为一个主要、直接的政策切入口。一方面，小泉内阁在对朝外交上表现出较为强硬的态度，针对导弹及核试验问题等与朝鲜相关的若干问题，小泉内

---

[1] 首相官邸「小泉総理大臣年頭記者会見」、2005 年 1 月 4 日、https://warp.ndl.go.jp/info:ndljp/pid/233374/www.kantei.go.jp/jp/koizumispeech/2005/01/04press.html（2023 年 5 月 31 日访问）。

阁均给予了严厉的批评和指责；但另一方面，小泉内阁却展现出对朝外交的"两面性"特征，即通过秘密通道的接触与交流，竟实现了访问朝鲜的历史性创举，这不由令人瞠目结舌。

具体而言，2002 年 2 月 4 日，小泉纯一郎在第 154 届日本国会发表施政演说，针对美国发生的"9·11"恐怖袭击事件及有"不明国籍的武装船只"出没日本近海问题，指出维持和平、应对危机管理是目前政府面对的现实性问题。[1]这里，小泉纯一郎所提到的"不明国籍的武装船只"，实际上在日本国内是被默认来自朝鲜的，而小泉纯一郎之所以要在施政演说中强调此事，无非是为了凸显朝鲜在日本国家安全上所造成的麻烦和现实威胁，符合日本保守势力在对朝问题上的一贯强硬立场和态度。

尽管如此，小泉政府并没有放弃在对朝接触上的努力，甚至急切希望借助"出其不意"的高层访问，彻底实现日朝关系的正常化发展。2002 年 9 月 17 日，小泉纯一郎"闪电式"访问朝鲜（当日往返），并与朝鲜国防委员会委员长金正日举行会谈。这是日本首相首次访问朝鲜，被视为小泉内阁的重大外交创举和历史性政治遗产。2004 年 5 月 22 日，小泉纯一郎第二次"闪电式"访问朝鲜（当天往返）。虽然如此，但需要指出的是，小泉纯一郎的"闪电式"访问并没有从根本上解决日朝间根深蒂固的历史仇恨与政治矛盾，也没有从结构上改变日本对朝敌视、强硬的政治态度，换言之，日朝关系仍处于僵硬、固化的对抗状态。正是基于日朝关系的这一现实背景，小泉内阁在尝试性地进行"双边"性质的对朝直接接触的同时，也期待可以倚重多边场合来一揽子解决日朝间的诸多矛盾。

2003 年 1 月 12 日，小泉纯一郎访问俄罗斯后召开记者招待会，其中特意就朝鲜问题指出，尽管当时日本与朝鲜之间的邦交正常化交涉停滞了，但此后不仅要依靠日美韩机制，还要和俄罗斯、中国及国际社会发展对朝问题的合作关系，总之，在国际社会中采取孤立态度对朝鲜非常不

---

[1]　首相官邸「第 154 回国会における小泉内閣総理大臣施政方針演説」、2002 年 2 月 4 日、https://warp.ndl.go.jp/info:ndljp/pid/233374/www.kantei.go.jp/jp/koizumispeech/2002/02/04sisei.html（2023 年 5 月 31 日访问）。

利，对地区和平与稳定非常不利，对世界发展也非常不利。[1]2003 年 3 月 28 日，小泉纯一郎在记者招待会上回答"如何应对朝鲜开发核武器和导弹所造成的威胁"的提问时，强调朝鲜也充分认识到了《日朝平壤宣言》的重要性，日方此后希望通过和平的政治解决方式，在与韩国、美国紧密合作的基础上，与俄罗斯、中国及国际社会合作，继续努力实现日朝关系的正常化。[2]之后的 2003 年 9 月 26 日，小泉纯一郎在第 157 届日本国会发表施政演说，强调日美同盟和国际协调是日本外交的基础；关于朝鲜问题，小泉内阁希望以《日朝平壤宣言》为基础，一揽子解决包括导弹及核试验等在内的安全保障问题。鉴于此，小泉内阁将与美国、韩国紧密合作，同时与中国、俄罗斯继续协作，为实现目标而持续努力。[3]

这里需要强调的是，小泉纯一郎多次在涉及朝鲜的问题上提及与中国合作的重要性和必要性，足以显现日本重视中方在解决涉朝问题上的政治影响力和作用力，同时也表明日本在涉朝问题上对中方是有所期待的。有鉴于此，日本积极扩大对华经济外交，其背后的一大政治考虑也是希望中方可以在涉朝问题上积极迎合日本的政治需求与安全需求，共同、一致地解决诸如导弹及核试验等与朝鲜相关的若干问题，从战略上确保日本的国家安全不受朝鲜的任何威胁。

（七）希望中方弱化在传统矛盾上对日本的压力

除了上述考量之外，小泉内阁的对华经济外交似乎还存在希望弱化中国在历史问题、领土问题上对日施压、敲打的嫌疑。

---

[1] 首相官邸「ロシア訪問　内外記者会見（要旨）」、2003 年 1 月 12 日、https://warp.ndl.go.jp/info:ndljp/pid/233374/www.kantei.go.jp/jp/koizumispeech/2003/01/12press.html（2023 年 5 月 31 日访问）。

[2] 首相官邸「小泉内閣総理大臣記者会見［平成 15 年度予算成立を受けて］」、2003 年 3 月 28 日、https://warp.ndl.go.jp/info:ndljp/pid/233374/www.kantei.go.jp/jp/koizumispeech/2003/03/28yosan.html（2023 年 5 月 31 日访问）。

[3] 首相官邸「第 157 回国会における小泉内閣総理大臣所信表明演説」、2003 年 9 月 26 日、https://warp.ndl.go.jp/info:ndljp/pid/233374/www.kantei.go.jp/jp/koizumispeech/2003/09/26syosin.html（2023 年 5 月 31 日访问）。

提及历史问题，就不得不论及靖国神社[1]，应该说，小泉纯一郎在任首相期间的行为举止显然是有悖常理的，严重伤害了包括中国在内的，曾在第二次世界大战中遭受日本军国主义侵略、蹂躏的受害国民众的感情，更损害了日本在战后欲积极建构"和平主义国家形象"的初衷。日本外交问题专家五百旗头真还专门梳理了日本国内反华派就中国反对参拜靖国神社一事的主要观点，包括三个层面：第一，日本对华采取低姿态让步只会使中国更加"傲慢"；第二，参拜靖国神社是日本的内政问题，但中国干涉日本的内政问题，并且日本政府过于重视中国的意见；第三，如果日本坚持参拜，那么中国就会放弃反对。[2]由此可见，靖国神社问题不仅仅反映了日本国内民族主义高涨的客观事实，同时也折射出其作为日本抗衡中国的工具的特征。以此为背景，参拜靖国神社已完全被标志化或标签化了，即参拜靖国神社的政治家便是"爱日本，且能够守护日本利益的人"；不参拜靖国神社的政治家便是"不爱日本，也不能守护日本利益的人"。

在这一特殊且激进意识形态的笼罩下，在2001年4月自民党总裁选举之际，小泉纯一郎作为候选人就明确提出，一旦自己成为首相，就将在8月15日参拜靖国神社。事实上，小泉纯一郎一边重申他本人没有肯定侵略战争的意图，只是为了祈祷和平而参拜，一边坚持每年参拜靖国神社。[3]2001年

[1] 1946年1月19日，远东盟军最高统帅麦克阿瑟签署并颁布《特别通告》及《远东国际军事法庭宪章》，宣布在东京设立远东国际军事法庭，由中、美、苏、英、法、荷、加拿大、澳、新西兰、印度、菲律宾11国各派一名法官组成远东国际军事法庭，对日本战犯进行审判。1946年4月29日，远东国际军事法庭对东条英机等28名甲级战犯提起公诉，除永野修身和松冈洋右病死、大川周明因精神病被予以撤诉外，其余25人被判有罪。其中，东条英机、土肥原贤二、板垣征四郎等7人被判处死刑，平沼骐一郎、小矶国昭、梅津美治郎等16人被判处无期徒刑，东乡茂德和重光葵分别被判处20年和7年徒刑。1948年12月23日，东条英机等7人在东京巢鸭监狱被执行绞刑。靖国神社供奉的14名甲级战犯中除白鸟敏夫外，其余13人都直接参与侵华战争或对日本制定、执行侵华政策负有重大罪责。具体内容参见《靖国神社中供奉的甲级战犯（上）》，载《人民日报》第3版，2014年1月6日；《靖国神社中供奉的甲级战犯（下）》，载《人民日报》第3版，2014年1月7日。

[2][3] [日]五百旗头真：《战后日本外交史：1945—2010》，吴万虹译，北京：世界知识出版社2013年版，第201页。

8 月 13 日，小泉纯一郎作为日本首相首次参拜靖国神社，引发日本国内及国际舆论的一片反对。之后，2002 年 4 月 21 日和 2003 年 1 月 14 日，小泉纯一郎又两度参拜靖国神社。

2004 年 1 月 1 日，小泉纯一郎发表"年初感想"，指出小泉内阁的外交政策重视国际协调和日美同盟，同时为追求日本的国家利益，不断推进外交及安保政策。[1]当日，小泉纯一郎第四次参拜靖国神社。2004 年 1 月 5 日，小泉纯一郎召开新年记者招待会，在回答如何应对因元旦参拜靖国神社而引发的中韩两国的强烈反对时，小泉纯一郎以元旦参拜靖国神社仅是日本文化的惯例为由，为自己的参拜行为开脱；与此同时，他指出中国、韩国是日本的邻国，日中关系、日韩关系都是日本重要的伙伴关系，日本之后将继续在更多领域扩大对中韩两国的交流。[2]

2004 年 11 月 22 日，在参加完于智利圣地亚哥举行的 APEC 首脑峰会后，小泉纯一郎举行记者招待会。当被问及 11 月 11 日与中国国家主席胡锦涛的中日首脑会谈情况，以及如何应对中方对参拜靖国神社的反对、如何改善未来日中关系发展时，小泉纯一郎指出日中关系的重要性此后只会上升，不会下降；日中关系的友好发展不仅惠及两国，而且有利于双方在国际社会的不同领域中进行合作，因此，日中关系对日本而言是极为重要的。日中间的进出口贸易均在扩大，今后日中友好关系的重要性亦会随之增强；此外，在回答关于靖国神社相关问题时，小泉纯一郎回应称每当谈及日中关系，马上就会转向与靖国神社相关的问题，实际上，除靖国神社问题之外，日中间还存在着很多重要关系，应该以大局为重，客观看待日中关系，因为日中友好对两国、对世界都是极为重要的，即使出现引发双方不愉快的事件，或是双方存有摩擦、分歧的问题等，双方应站在更高立

---

[1] 首相官邸「年頭所感」、2004 年 1 月 1 日、https://warp.ndl.go.jp/info:ndljp/pid/233374/www.kantei.go.jp/jp/koizumispeech/2004/01/01syokan.html（2023 年 5 月 31 日访问）。

[2] 首相官邸「小泉総理大臣年頭記者会見」、2004 年 1 月 5 日、https://warp.ndl.go.jp/info:ndljp/pid/233374/www.kantei.go.jp/jp/koizumispeech/2004/01/05press.html（2023 年 5 月 31 日访问）。

场，以更宽广的大局观来谨慎对待，避免个别负面问题成为阻碍日中关系整体发展的障碍，为此，日中两国应直率地交换意见，开展广泛交流。[1]从小泉纯一郎所使用的"大局观"一词不难发现，日方存在两方面的考量：一方面，小泉纯一郎希望借所谓"大局观"概念来提醒中方转移关注点，当然，这样做反而会欲盖弥彰，加深中日双方在历史认知等问题上的分歧与矛盾；另一方面，"大局观"一词也反映出小泉内阁及日本政界本意上还是希望能搞好中日关系的，并且，小泉内阁在对华问题上是存在大战略思维的，具有较为系统且深邃的思考和研究，它不希望中日关系因个别分歧而走入"死胡同"，最终引发中日两国在政治、经济、文化、社会等各个领域断绝交流与互助。

2005 年 1 月 4 日，小泉纯一郎召开新年记者招待会，在回答"2005 年是第二次世界大战结束 60 周年，日本将如何开展对中国、韩国等国家的近邻外交"的提问时，小泉纯一郎表示中国、韩国是日本的邻国，并且是极为重要的邻国，因此，日韩友好、日中友好的总体方针没有变化；关于对华关系，小泉纯一郎表示中国经济取得了举世瞩目的发展成就，这对日本而言并不是威胁，相反却是很好的机会、机遇，因此，"中国威胁论"并不成立。[2]简言之，小泉纯一郎认为靖国神社问题并不是日中关系中的关键问题，希望中方能够理解其参拜靖国神社的动机。2005 年 1 月 21 日，小泉纯一郎在第 162 届日本国会发表施政演说，指出对日本而言，中国是与美国并列的主要贸易伙伴国，两国关系也在逐渐加深；之前的日中首脑会谈中，两国对于在双边及国际社会中发挥日中关系的重要性，构建面向未来的日中关系上形成共识；尽管日中两国在个别领域存在意见相左的情

---

［1］首相官邸「アジア太平洋経済協力会議（APEC）首脳会議後の内外記者会見（要旨）」、https://warp.ndl.go.jp/info:ndljp/pid/233374/www.kantei.go.jp/jp/koizumispeech/2004/11/22press.html（2023 年 5 月 31 日访问）。

［2］首相官邸「小泉総理大臣年頭記者会見」、2005 年 1 月 4 日、https://warp.ndl.go.jp/info:ndljp/pid/233374/www.kantei.go.jp/jp/koizumispeech/2005/01/04press.html（2023 年 5 月 31 日访问）。

况，但从发展大局出发，双方将在广泛领域进一步加强合作。[1]2005 年 8 月 8 日，在回答关于靖国神社的提问时，小泉纯一郎回答称自己是"日中友好论者"，并再度强调靖国神社问题并不是日中关系的全部，此后维持及发展日中、日韩友好关系是极为重要的。[2]2005 年 11 月 19 日，小泉纯一郎在参加完 APEC 首脑峰会后召开记者招待会，再度强调自己是"日中友好论者"，并不担心日中关系的将来。[3]

正是由于持有"靖国神社问题并不是日中关系中的关键问题"这一错误、荒谬的思想，2005 年 10 月 17 日，小泉纯一郎在任日本首相期间第五次参拜靖国神社。

由于多次受到以小泉纯一郎为代表的日本保守主义势力的挑衅和刺激，2005 年 4 月，中国各地陆续爆发"反日大游行"。这可以视为中国民众坚决反对小泉纯一郎屡次参拜靖国神社的激愤之举，也是对日本保守势力罔顾历史事实、无视中国国民感情的强烈回应。这在日本政界及社会内部造成了一定的影响。2005 年 4 月 23 日，在印度尼西亚雅加达参加完第二次亚非首脑会议之后，小泉纯一郎召开记者招待会。当被反复问及与中国国家主席胡锦涛的会谈及对受到"反日游行"负面影响的中日关系的未来展望时，小泉纯一郎多次回答称，尽管日中双方存在着一时的对立或意见相左，又或存在着反日游行或日本的"反华情绪"，但日中两国的友好发展与合作不仅对日中两国，对亚洲及国际社会而言也是很重要的；日中间的人员交流逐渐增多，日中贸易额也已经超越日美，中国成为日本最大的贸易伙伴国，可以说，当时已进入日中相互需要的时代；与其煽动相互敌对的

---

[1] 首相官邸「第 162 回国会における小泉内閣総理大臣施政方針演説」、2005 年 1 月 21 日、https://warp.ndl.go.jp/info：ndljp/pid/233374/www.kantei.go.jp/jp/koizumispeech/2005/01/21sisei.html（2023 年 5 月 31 日访问）。

[2] 首相官邸「小泉内閣総理大臣記者会見［衆議院解散を受けて］」、2005 年 8 月 8 日、https://warp.ndl.go.jp/info：ndljp/pid/233374/www.kantei.go.jp/jp/koizumispeech/2005/08/08kaiken.html（2023 年 5 月 31 日访问）。

[3] 首相官邸「APEC 首脑会議後の内外記者会見（要旨）」、2005 年 11 月 19 日、https://warp.ndl.go.jp/info：ndljp/pid/244428/www.kantei.go.jp/k/speech/2005/11/19_1.html（2023 年 5 月 31 日访问）。

情绪，不如增进两国的友好发展，为日中两国带来最大利益。[1]

2005 年 8 月 15 日，小泉纯一郎发表第二次世界大战结束 60 周年纪念谈话，即 "小泉谈话"，其中用了很大篇幅来宣扬日本积极反省第二次世界大战历史，并为维护战后世界的和平与繁荣做出了巨大贡献。[2]显然，"小泉谈话" 的用意是为了将当时的日本与二战时期的日本做切割，使日本能完全摆脱二战历史的束缚，登上一个新的历史发展平台。需要指出的是，尽管 "小泉谈话" 中提及了日本的殖民统治和侵略历史，也表达了对日本发动战争行为的道歉之意，但这并不能表示以小泉纯一郎为代表的日本政界，乃至整个社会能完全深刻反省二战历史，而且，小泉纯一郎仍在以屡次参拜靖国神社的不当行为，向亚洲人民的二战 "历史伤疤" 上不断 "撒盐"。

2006 年 1 月 20 日，小泉纯一郎在第 164 届日本国会发表施政演说，指出日本与中国、韩国在经济、文化、艺术、体育等方面开展了广泛交流；中国已超越美国，成为日本最大的贸易伙伴国；尽管在一部分问题上意见相左，但中国、韩国仍是日本的重要邻国，因此，应以大局为重，加强与中国、韩国的合作，以增进相互理解和信任为基础，构建面向未来的合作关系。[3]

尽管小泉纯一郎多次公开表态要以大局为重，加强对华、对韩的合作关系，但 2006 年 8 月 15 日，他再度前往靖国神社进行参拜（在任首相期间的第六次参拜）。之后，小泉纯一郎接受媒体采访，在多次被问及是否以首相公职身份参拜时，他始终含糊其词，语焉不详，而在经过多次思想斗争

［1］ 首相官邸「アジア・アフリカ首脳会議の際の小泉総理内外記者会見」、2005 年 4 月 23 日、https://warp.ndl.go.jp/info: ndljp/pid/233374/www.kantei.go.jp/jp/koizumispeech/2005/04/23press.html（2023 年 5 月 31 日访问）。

［2］ 首相官邸「内閣総理大臣談話」、2005 年 8 月 15 日、https://warp.ndl.go.jp/collections/info: ndljp/pid/233374/www.kantei.go.jp/jp/koizumispeech/2005/08/15danwa.html（2023 年 5 月 31 日访问）。

［3］ 首相官邸「第 164 回国会における小泉内閣総理大臣施政方針演説」、2006 年 1 月 20 日、https://warp.ndl.go.jp/info: ndljp/pid/233374/www.kantei.go.jp/jp/koizumispeech/2006/01/20sisei.html（2023 年 5 月 31 日访问）。

之后，小泉纯一郎还是明确回避了公职参拜的敏感话题。[1]由此可见，小泉纯一郎在参拜靖国神社一事上也是心存顾虑的，一方面要顾及国内的保守派和政治选票，另一方面也在盘算日中、日韩等对外关系如何展开。

综合小泉纯一郎连续六年参拜靖国神社的"非正常行为"，以及事后接受采访或发表演说时充满矛盾的语句，不难发现，小泉纯一郎在参拜靖国神社问题上还是存有顾虑的，至少考虑到了这一行为对日中、日韩关系的负面影响，而且，事后他也希望通过不同方式来扮演"灭火器"的角色，以弱化来自中国、韩国等方面的批判与指责。为此，经济外交便再度成为小泉内阁的"工具"，希冀利用一定的经济利益，缓和中国、韩国在靖国神社等历史问题上对日本施加的压力。

除了历史问题之外，领土问题也是横亘于中日关系发展中极为棘手的结构性矛盾。2004 年 3 月 26 日，在就"2004 年度预算达成"召开的记者招待会上，小泉纯一郎在回答关于"3 月 24 日中国保钓人士登上钓鱼岛"[2]的相关提问时指出，对于钓鱼岛问题必须以大局为重，不应给日中关系带来不良影响。[3]从小泉纯一郎给出的这一番表态来看，小泉内阁在钓鱼岛及对华关系问题上还是以克制、谨慎的态度为主的，并不希望钓鱼岛问题再度成为有碍中日关系发展的"绊脚石"。

2004 年 11 月 30 日，小泉纯一郎在参加完老挝主办的"ASEAN＋3"首脑峰会后举行记者招待会，其间，在回答关于中国在东海进行资源开发一事的提问时，小泉纯一郎表示关于资源开发及东海开发一事，日中之间不应该是对立的关系，东海也不应该成为"对立之海"，相反，双方应该在能源及资源开发问题上相互合作、共同开发，化"对立之海"为

---

[1] 首相官邸「小泉総理インタビュー」、2006 年 8 月 15 日、https://warp.ndl.go.jp/info:ndljp/pid/244428/www.kantei.go.jp/k/speech/2006/08/15_2.html（2023 年 5 月 31 日访问）。

[2] 2004 年 3 月 24 日，殷敏鸿、冯锦华、张立昆、尹东明、胡显峰、王喜强、方卫强七名中国民间保钓志愿者成功登上了钓鱼岛。

[3] 首相官邸「小泉内閣総理大臣記者会見［平成 16 年度予算成立を受けて］」、2004 年 3 月 26 日、https://warp.ndl.go.jp/info:ndljp/pid/233374/www.kantei.go.jp/jp/koizumispeech/2004/03/26yosan.html（2023 年 5 月 31 日访问）。

"合作之海"。[1]实际上，小泉纯一郎的此番发言再度暴露其在对华问题上基本持有积极合作的现实性态度，且始终坚持把"利益至上"作为制定并实施对华政策的出发点与落脚点。经济外交作为小泉政府对华政策的重要组成部分，自然也是其外交政策的重要工具之一，小泉内阁也希望通过一定的经济利益交换，来弱化中国在领土等若干问题上对日施压、敲打，为日本构建地区政治大国和全球政治大国地位营造有利的外部环境。

第二节

"安福麻"的自民党时代与中日关系迎来"转折"

可以说，小泉纯一郎是日本历史上为数不多在鲜花和掌声中"高调"退场的首相。2006 年 9 月，曾担任小泉内阁官房长官的安倍晋三当选为第 21 届自民党总裁，并当选日本第 90 任首相。自此，中日关系在安倍晋三、福田康夫、麻生太郎三位自民党首相时代迎来了一波回暖的"小高潮"，也暂时摆脱了"政冷经热"的尴尬状态。

一、安倍时代的日本对华外交（2006 年 9 月至 2007 年 9 月）

2006 年 9 月 26 日，年仅 53 岁的安倍晋三当选日本第 90 任首相，并成为首位第二次世界大战后出生且就任时年龄最小的首相时，日本政界及整个社会着实为之一惊。安倍晋三就职首相之后，首次发表公开谈话就突出自己"首位战后出生的日本首相"的特殊身份。[2]安倍晋三此举就是为了

［1］　首相官邸「ASEAN＋3 首脳会議後の内外記者会見（要旨）」、2004 年 11 月 30 日、https://warp. ndl. go. jp/info：ndljp/pid/233374/www. kantei. go. jp/jp/koizumispeech/2004/11/30press.html（2023 年 5 月 31 日访问）。

［2］　首相官邸「内閣総理大臣談話」、2006 年 9 月 26 日、https://warp.ndl.go.jp/info：ndljp/pid/8731269/www. kantei. go. jp/jp/hukudaspeech/2007/09/26danwa.html（2023 年 5 月 31 日访问）。

提醒日本民众及国际社会"时代已发生根本性变化",日本必须彻底脱离二战阴影。与此同时,因安倍晋三在竞选自民党总裁期间提出构建"美好国家日本"的口号,安倍内阁被日本媒体称为"创造美好国家的内阁"。

在安倍晋三执政时期,中日关系发展有了较大幅度的回暖与提升,双边关系也在原来的友好关系的基础上升格为战略互惠关系。与此同时,包括中国在内的亚洲地区,成为安倍内阁对外政策的关注点之一,这标志着日本对外战略较以往发生了较大调整。

（一）安倍内阁对外政策的总体方略

作为第二次世界大战后出生的首位日本首相,安倍晋三一上台,就延续了小泉纯一郎积极推进内政、外交改革的基本路线,在积极调整内政的基础上,努力调整战后日本对外战略的主要方向,进一步提升日本外交的独立性和自主性。

内政方面,安倍内阁对内经济政策基本延续了小泉内阁的主要方针。2006 年 12 月 1 日,安倍晋三就"2007 年度预算编制的基本方针"发表首相讲话,表明安倍内阁在对内经济政策上延续小泉内阁的标志性基本理念——"没有改革就没有经济增长",提出"没有经济增长就没有日本的未来"。[1]

外交方面,安倍内阁提出实施"富有主见的外交"新理念[2],强调日本对外政策制定的独立性与主见性。尽管作为首相的安倍晋三在多个场合仍在积极强调日美同盟是日本外交的基础或优先方向,但安倍内阁的外交重心实际上已转移至亚洲,尤其是包括中国在内的东亚地区。2006 年 9 月 26 日,新上台的安倍内阁对外公布内外政策"基本方针",在外交政策中专

---

［1］首相官邸「経済財政諮問会議答申を受けた『平成 19 年度予算編成の基本方針』（閣議決定）についての内閣総理大臣の談話」、2006 年 12 月 1 日、https://warp.ndl.go.jp/info：ndljp/pid/244428/www.kantei.go.jp/jp/abespeech/2006/12/01danwa.html（2023 年 5 月 31 日访问）。

［2］首相官邸「基本方針」、2006 年 9 月 26 日、https://warp.ndl.go.jp/info：ndljp/pid/244428/www.kantei.go.jp/jp/abespeech/2006/09/26housin.html（2023 年 5 月 31 日访问）。

门指出需进一步明确"为了世界和亚洲的日美同盟",同时为了积极贡献构建紧密联系的亚洲,日本将转变政策,实施"富有主见的外交"。[1]此外,安倍晋三还强调日本是亚洲国家,故应该极为重视与亚洲的外交,并将努力发展对中国、韩国及俄罗斯等近邻国家的外交关系;此外,安倍晋三还强调,和平发展的中国与日本紧密关联,且极为重要,而且中国的发展给日本带来重大利好消息,因此,他将努力实现日中关系的进一步发展。[2]安倍内阁所提出的"富有主见的外交",一方面,是为了突出日本外交的独立性和自主性,尤其是安倍内阁在其外交政策决策中的主体性功能,另一方面,安倍内阁的外交战略将明显偏重于亚洲,或者说,亚洲将成为安倍外交的优先方向。当然,安倍内阁一上来就表示日美同盟关系是日本外交、安全的基础,并希望能提升日美相互信任关系,这难免有表明安倍内阁"政治正确性"的嫌疑,但不容忽视的是,亚洲外交,尤其是对华外交的确在安倍内阁的外交布局中占有极为重要的地位,这也是其外交战略不同于其前任小泉内阁的最大亮点。

2006 年 9 月 29 日,安倍晋三在第 165 届日本国会发表施政演说,指出日本将转变为"富有主见的外交",进一步明确"为了世界和亚洲的日美同盟关系",并积极做出外交贡献以构建紧密联系的亚洲;中国、韩国都是日本的重要邻国,并且在经济等多个领域都与日本建立了史无前例的紧密关系,因此,加强与中国、韩国的信任关系,对于亚洲地区及整个国际社会而言都是极为重要的。日本将面向未来,努力与中国、韩国进行坦诚对话。[3]

值得关注的是,安倍晋三为了表明日本对外政策重心转向亚洲的意

---

[1] 首相官邸「基本方針」、2006 年 9 月 26 日、https://warp.ndl.go.jp/info：ndljp/pid/244428/ www.kantei.go.jp/jp/abespeech/2006/09/26housin.html（2023 年 5 月 31 日访问）。

[2] 首相官邸「安倍内閣総理大臣記者会見」、2006 年 9 月 26 日、https://warp.ndl.go.jp/ info：ndljp/pid/244428/www. kantei. go. jp/jp/abespeech/2006/09/26press. html（2023 年 5 月 31 日访问）。

[3] 首相官邸「第 165 回国会における安倍内閣総理大臣所信表明演説」、2006 年 9 月 29 日、 https://warp.ndl.go.jp/info：ndljp/pid/244428/www. kantei. go. jp/jp/abespeech/2006/09/ 29syosin.html（2023 年 5 月 31 日访问）。

志，他首次外访目的地就选择了中国（2006 年 10 月 8 日至 9 日）和韩国（2006 年 10 月 9 日至 10 日），第二次正式外访选择了参加 2006 年在越南河内举办的 APEC 首脑峰会并对越南进行正式访问，第三次正式外访选择菲律宾；而安倍内阁接待的第一位国宾是印度尼西亚总统苏西洛·班邦·尤多约诺，第二位国宾是印度总理辛格。

（二）三次"胡安会"凸显安倍内阁对华外交的积极性

总体来看，在安倍时代，日本对华经济外交主要侧重于"以政促经"，强调"政治是手段，经济是目的"。尤其是半年多时间里日本首相安倍晋三与中国国家主席胡锦涛举行了三次正式会谈（简称"胡安会"），成为引领安倍内阁对华外交的主要风向标，也为中日关系"由寒转暖"奠定了重要的政治基础。

2006 年 10 月 8 日，上任不到 20 天的日本首相安倍晋三就将首次外访的目的地定为北京，安倍晋三也因此成为继 1972 年的田中角荣之后，第二位上任后选择中国作为首个出国访问目的地的日本首相。安倍晋三访华期间，中国国家主席胡锦涛、人大常委会委员长吴邦国、国务院总理温家宝分别与其举行了正式会谈，双方就中日关系的中长期发展坦诚交换意见，深入交流。

在第一次"胡安会"上，中国国家主席胡锦涛明确指出，进入 21 世纪，就在中日关系向新的深度和广度迈进的时候，日本个别领导人坚持参拜靖国神社，使中日关系面临困难局面，这是我们不愿看到的；中日友好和互利合作不仅关系到两国的发展和利益，也关系到亚洲乃至世界的和平稳定与发展繁荣；中日双方必须从战略高度和长远角度来审视和把握两国关系，坚持和平共处、世代友好、互利合作、共同发展的大目标，坚定不移地推动中日关系长期健康稳定向前发展；实现中日关系长期健康稳定发展，需要加强政治互信、深化互利合作、扩大人员交往、加强两国在地区和国际事务中的沟通与协调；两国应采取切实措施，扩大双方在贸易、投资、科技等领域的合作，尤其要加强能源、环保、信息通信技术、金融等领域的合作；中国坚定不移地走和平发展道路，坚持"与邻为善、以邻为伴"的周边外交方针，愿同世界各国友好相处、互利合作、共同发展；中方希望并欢迎日本继续走作为和平国家的道路，在地区和国际事务中发挥建设性作用。[1]安倍晋三回应称，日中经济相互依存，中国经济的快速发展也推动了日本经济的复苏和增长，两国其他领域合作也不断向深度广度发展，希望双方加强各层次的接触，增进互信，扩大在经济、文化、教育和人员等领域交流以及在地区和国际事务中的沟通与合作，推动日中关系向更高层次发展。[2]由此可见，在对日外交上，中方强调历史问题、台湾问题，以及能源、环保、信息通信技术、金融、地区和国际事务等重要议题，与之相对，日方则更为注重经济、文化、人员、地区和国际事务等。毫无疑问，经济合作成为中日双方的共同关切，也是政治会谈时的主要议题之一。从这一层面来看，"以政促经"成为这一阶段日本对华经济外交的主要特征。

在华访问期间，安倍晋三还特意召开记者招待会，开门见山地指出中国是日本的重要邻邦，为了构建面向未来的日中信任关系，他将中国选为首个外访地；关于东海资源开发问题，安倍晋三指出为将东海建设成为和平、友好、合作之海，日中两国将加速达成协议；在回答关于历史问题和靖国神社问题时，安倍晋三表示日本曾对亚洲多国人民造成巨大伤害和苦痛，日本对这些残留的伤痕表示深刻反省，在此基础上，日本走过了第二次世界大战后的60年；在回答关于日中关系政治和经济"双轮驱动"问题时，安倍晋三表示应将经济和政治作为驱动日中关系的"两个轮子"，其中日中经济关系正高速发展，过去5年时间内日中贸易量实现翻倍，并已超过日美贸易量。[3]从安倍晋三的这段回应中不难发现，在历史问题上相较

---

[1][2] 中华人民共和国外交部：《胡锦涛会见日本首相安倍晋三》，2006年10月8日，https://www.fmprc.gov.cn/web/gjhdq_676201/gj_676203/yz_676205/1206_676836/xgxw_676842/t275255.shtml（2021年10月9日访问）。

[3] 首相官邸「中国訪問に関する内外記者会見」、2006年10月8日、https://warp.ndl.go.jp/info:ndljp/pid/244428/www.kantei.go.jp/jp/abespeech/2006/10/08chinapress.html（2021年10月9日访问）。

于前首相小泉纯一郎而言，此时安倍晋三的态度是诚恳的，至少在一定程度上表明其能够理解中国政府及广大民众群体在历史问题上的严正立场。不仅如此，安倍晋三的这段回应更透露出以下若干重要信息：

第一，安倍内阁极为重视对华外交及中日关系的中长期发展，希望通过政治努力，构建稳定的、可信赖的双边合作关系。

第二，安倍内阁不希望将包括东海资源开发在内的中日间若干结构性矛盾放大，使之破坏中日关系友好发展的大局，同时愿意本着"搁置争议、共同开发"的基本宗旨，与中方共同推进东海油气资源的合作开发。

第三，安倍内阁认识到，在中日关系发展问题上，政治与经济二者是不可分离的，且二者有着相互依赖、相互影响的密切关系，故应该竭力构建政治加经济的中日关系"双轮驱动"模式，以更好地促进双边经济合作关系深入发展。

日本首相安倍晋三访华期间，中日双方还共同发表了《中日联合新闻公报》，首次提出"政治和经济两个车轮强力运转"，以推进中日关系的持续发展，这一表述明确地表明中日两国政府反对"政经分离"，坚持"政经合一"，并期待全方位地推进友好合作关系。[1]与此同时，2006 年的《中日联合新闻公报》中还专门使用了"努力构筑基于共同战略利益的互惠关系"的表述，实际上进一步提升了中日关系发展的战略定位，并指明中日关系发展的立意与指向是长期性的、战略性的，是以构筑互惠关系为根本目标的。

这里，结合安倍晋三上任伊始中日政治关系的历史背景，不难发现，促使政治与经济紧密关联的战略意愿，直观地反映出安倍内阁及日本的现实想法，即一方面希望以经济为手段，推动两国政治关系的转圜与回暖；另一方面，更希望政治关系的"正常发展"，进一步推动两国经济领域的深度合作与战略延伸。由是观之，安倍晋三"有违常规"的北京之旅，完全契合日本持续推进对华经济外交的战略意图，也为下一阶段的经

---

[1] 杨栋梁：《日本后发型资本主义经济政策研究》，北京：中华书局 2007 年版，第 482 页。

济外交政策布局营造良好的环境氛围。

时隔一个月，第二次"胡安会"于 2006 年 11 月 18 日（APEC 第 14 次领导人非正式会议期间）在越南河内举行。中国国家主席胡锦涛在这次会见中指出：一个多月后两国领导人再次会晤，体现了中日双方改善和发展两国关系的共同意愿，标志着两国关系呈现出新的局面；当前，中日关系发展正处于重要时刻；两国领导人有责任从战略和全局高度牢牢把握两国关系发展的正确方向，继续保持两国关系发展的良好势头；展望未来，两国面临着开创全方位、宽领域、多层次互利合作新格局的共同课题。[1]

第二次"胡安会"的政治气氛较第一次有了进一步的升温，双方探讨议题的广度和深度也有所提升，在经济合作等传统议题的基础上，双方还就朝鲜半岛无核化等新议题达成基本共识。

两次"胡安会"的顺利举行以及中日关系的逐步回暖，促使安倍晋三及其领导的日本政府愈发重视对华方向的战略突破，并希望借助中日关系的"破局"，带动日本的亚洲外交呈现出"焕然一新"的面貌。为此，2007 年 1 月 1 日安倍晋三专门发表"年初感想"，特意重提了 2006 年 10 月访问重要邻国——中国和韩国——的经历，指出对华方面，将原来的友好关系升格为战略互惠关系；对韩方面，在共有自由民主价值观的基础下强化了伙伴关系，此后将构建与中韩两国的信任关系及面向未来的关系。[2]

2007 年 4 月 11 日至 13 日，中国国务院总理温家宝访日（又称"融冰之旅"，并且温家宝之前刚刚结束对韩国的访问行程），在东京与安倍晋三举行会谈。在接待完温家宝的到访之后，2007 年 4 月 27 日，安倍晋三访问

---

[1]　中华人民共和国外交部：《胡锦涛会见日本首相安倍晋三》，2006 年 10 月 8 日，https://www.fmprc.gov.cn/web/gjhdq_676201/gj_676203/yz_676205/1206_676836/xgxw_676842/t275255.shtml（2021 年 10 月 9 日访问）。

[2]　首相官邸「年頭所感」、2007 年 1 月 1 日、https://warp.ndl.go.jp/info:ndljp/pid/244428/www.kantei.go.jp/jp/abespeech/2007/01/01syokan.html（2023 年 5 月 31 日访问）。

美国（安倍晋三就任首相后的对美首访），与美国总统布什在戴维营举行正式会谈[1]，并联合发表了《日美两国关于能源安全、绿色开发及气候变化的共同声明》。[2]

就在中日关系"回暖"的大背景下，2007 年 6 月 8 日，中国国家主席胡锦涛在德国海利根达姆出席八国集团同发展中国家领导人对话会议期间，再次会见了日本首相安倍晋三，第三次"胡安会"顺利举行。

> 他（胡锦涛主席）指出，中日关系面临进一步发展的重要机遇，并且，牢牢抓住这一机遇，把两国战略互惠关系推向前进，还有很多工作要做。中日两国要坚持两国三个政治文件的原则，通过增强政治互信，扩大互利合作，为两国关系长远发展奠定坚实基础。在互利互惠的领域，应该加强合作，实现互利共赢；在有分歧的问题上，应该以两国人民的根本利益为重，妥善处理，维护两国关系大局。
>
> 对于中国国家主席胡锦涛的发言，日本首相安倍晋三给予了积极的肯定与回应，并表示 2007 年"是中日实现邦交正常化 35 周年，也是两国文化体育交流年……日方愿意抓住这一机遇，推动两国关系朝着战略互惠关系的方向迈进"。[3]

安倍时代的三次"胡安会"成为引领中日关系转圜的重要风向标，更是高屋建瓴地为中日关系"回暖"搭建了指导性框架，并对中日关系在具体领域的展开提供了思路和路径。从这一层面来看，应该积极肯定安倍内阁在扭转中日关系大局方面的突出贡献与卓越表现，尤其是安倍晋三在担

---

[1] 首相官邸「平成 19 年 4 月 27 日キャンプ・デービットにて行われた安倍総理とブッシュ大統領による共同プレス行事（概要）」、2007 年 4 月 27 日、https://warp.ndl.go.jp/info：ndljp/pid/2905439/www.kantei.go.jp/jp/abespeech/2007/04/27press.html（2023 年 5 月 31 日访问）。

[2] 首相官邸「エネルギー安全保障、クリーン開発及び気候変動に関する日米共同声明（仮訳）」、2007 年 4 月 27 日、https://warp.ndl.go.jp/info：ndljp/pid/10955906/www.kantei.go.jp/jp/abespeech/2007/04/27seimei.html（2023 年 5 月 31 日访问）。

[3] 中华人民共和国外交部：《胡锦涛主席会见日本首相安倍晋三》，2007 年 6 月 8 日，https://www.fmprc.gov.cn/web/gjhdq_676201/gj_676203/yz_676205/1206_676836/xgxw_676842/t328668.shtml（2021 年 10 月 9 日访问）。

任首相后不久，便为了实现中日关系的战略性转圜、破局而实施"破冰之旅"，展现了第二次世界大战后新一代日本政治家"敢作敢为""敢为人先"的政治魄力与政治行动力。尽管如此，需要指出的是，安倍内阁的对华外交在展现积极谋求政治关系战略转圜的同时，却无法完成根除对华的战略防范，尤其突出表现在安全领域。

2007 年 1 月 13 日，安倍晋三访问欧洲时举行记者招待会，在回答关于解除对华武器禁运的问题时，安倍晋三指出中国的发展不仅对日本，对世界也是巨大机遇，与此同时，2006 年 10 月他曾访问中国，并将两国关系提升为"战略互惠关系"水平，未来将与中方共同构建"战略互惠关系"；而中国的军费逐年增加，日本较为担忧一旦解除对华武器禁运就会影响亚洲整体安全环境，因此日本不赞成解除这一措施。[1]由此可见，"政经上合作、安全上防范"是安倍内阁对华政策的总基调，这也从一个侧面反映出日本始终在安全问题上无法对华"释怀"的战略困境。2007 年 3 月 13 日，安倍晋三与到访日本的澳大利亚总理约翰·霍华德在东京签署《日澳安全保障协议》，之后共同出席记者招待会。在回答"如何处理日美澳三边安保合作与中国的关系？"的提问时，安倍晋三指出必须发展好日中战略互惠关系，同时通过"ASEAN＋3"、东亚论坛等场合，加强对华联系；《日澳安全保障协议》绝不会影响日中关系的发展。[2]安倍晋三的这番表态折射出其一定的顾虑，即担忧《日澳安全保障协议》的签署会破坏之后温家宝总理访日的友好气氛，并对中日政治关系的战略性转圜及未来中日关系的战略性发展造成阴影。

另一方面，受日本国内高企的"中国威胁论"的负面影响，21 世纪初，日本便提出了"中国＋1"的设想，以避免"将所有的鸡蛋都放在一个

---

[1] 首相官邸「欧州訪問における内外記者会見」、2007 年 1 月 13 日、http：//warp.ndl.go.jp/info：ndljp/pid/11236451/www.kantei.go.jp/jp/abespeech/2007/01/13press.html（2023 年 5 月 31 日访问）。

[2] 首相官邸「日・豪共同記者会見」、2007 年 3 月 13 日、http：//warp.ndl.go.jp/info：ndljp/pid/11236451/www.kantei.go.jp/jp/abespeech/2007/03/13kyoudou.html（2023 年 5 月 31 日访问）。

篮子里"的高风险。安倍晋三执政时期，日本进一步明确了与印度、东南亚国家加大经济合作力度的战略意愿，并希冀通过缔结经济伙伴关系协定、自由贸易协定等合作协定，引导部分日资企业向上述国家及地区进行投资、生产。2006 年 12 月 15 日，安倍晋三与正式到访的印度总理辛格（安倍内阁起步后的第二位国宾）共同举行记者招待会，在回答关于中国、韩国对印的贸易量增长迅速可能导致日本失去在印度的发展基础的提问时，安倍晋三表示日本与印度将于 2007 年启动经济伙伴关系协定谈判，希望借此提升日印经济合作的紧密度，扩大日印之间的贸易、投资及人员交流。[1]显然，安倍内阁的这一举动一方面是为日本企业扩大海外市场、充分利用印度优厚的经济资源做战略性辅助，但另一方面，这也暴露出安倍晋三积极推进"中国＋1"海外布局的战略意图，希望在一定程度上克制或降低对中国经济的战略依赖。

综上所述，在安倍晋三担任日本首相的第一任期内，中日关系，尤其是政治关系较小泉时代有了很大幅度的改善，在中国国家主席胡锦涛与安倍晋三频繁的高层会晤的引领下，中日政治关系也逐步重回正轨，更为双边经济等各方面的积极合作创造了良好的激励性因素。

更为重要的是，安倍任期内的日本及时悬崖勒马，竭力推动积极、务实的对华外交路线，尽力回避或弱化在历史问题等若干敏感问题上"单向思维"的政策模式，从而避免了中日关系，尤其是政治关系的持续性僵化，更扭转了中日政治关系愈发"走向死胡同"的发展趋势，为中日政治关系下一步的实质性改善及阶段性稳定发展奠定了重要基础。

二、 福田时代的日本对华外交（2007 年 9 月至 2008 年 9 月）

2007 年 7 月 29 日，日本首相安倍晋三领导的自民党在日本参议院选举

---

[1] 首相官邸「日本・インド共同記者会見」、2006 年 12 月 18 日、https://warp.ndl.go.jp/info:ndljp/pid/244428/www.kantei.go.jp/jp/abespeech/2006/12/15kyoudou.html（2023 年 5 月 31 日访问）。

中大败。由此，自民党自 1955 年立党 52 年以来，第一次沦为参议院第二大党，失去了参议院的控制权。一个月后的 2007 年 8 月 27 日，安倍晋三改组内阁，但受到多名阁员因丑闻或失言而辞职的负面影响，安倍内阁支持度持续下滑；9 月 12 日，安倍晋三宣布因个人健康原因辞去首相一职，自此，安倍晋三的第一任首相任期基本结束。

2007 年 9 月 23 日，自民党内召开众议院和参议院两院议员大会，进行新总裁选举。日本前首相福田赳夫之子、前官房长官福田康夫击败自民党干事长麻生太郎，当选第 22 任自民党总裁；嗣后，在 2007 年 9 月 25 日召开的日本国会众议院全体会议上当选为第 91 任首相，接替安倍晋三，成为"日本丸"的新掌舵人。

福田康夫上台执政后，随即提出新政府的首要政治任务就是"消除（日本国民）对政治的不信任感"。[1]与此同时，福田内阁提出明确的执政目标，即将日本建设为"自立"（自我努力）、"共生"（相互帮助、相互支撑）、"充满希望"（前景光明）、"生活安定"（老人生活稳定、安心）的国家，实现可持续的社会发展。[2]在外交领域，福田内阁确立的外交口号为"创造和平的外交"[3]，并在 2008 年 7 月成功举办了北海道洞爷湖八国集团峰会（2008 年 7 月 7 日至 9 日），后者成为福田内阁的主要外交功绩之一。

总体来看，福田内阁的外交政策呈现"对美、对华双平衡"的主要特征。

第一，始终强调以日美同盟为日本外交的基石，确保福田内阁的所谓

---

［1］ 首相官邸「福田内閣総理大臣記者会見」、2007 年 9 月 25 日、https://warp.ndl.go.jp/info：ndljp/pid/233240/www.kantei.go.jp/jp/hukudaspeech/2007/09/25press.html（2023 年 5 月 31 日访问）。

［2］ 首相官邸「内閣総理大臣談話」、2007 年 9 月 26 日、https://warp.ndl.go.jp/info：ndljp/pid/233240/www.kantei.go.jp/jp/hukudaspeech/2007/09/26danwa.html（2023 年 5 月 31 日访问）。

［3］ 首相官邸「第 168 回国会における福田内閣総理大臣所信表明演説」、2007 年 10 月 1 日、https://warp.ndl.go.jp/info：ndljp/pid/233240/www.kantei.go.jp/jp/hukudaspeech/2007/10/01syosin.html（2023 年 5 月 31 日访问）。

"政治正确性"。2007 年 9 月 26 日，福田康夫在日本国会发表就任首相后的首次演说，指出日本外交将以坚持日美同盟和国际协调为基础，在国际社会中承担与自身国力相符的责任，目标是成为被国际社会信任的国家；与此同时，日本将双轨并进，即"强化日美同盟"和"推进亚洲外交"，尤其是积极推进亚洲外交，希望能够获取更大成果。[1]2007 年 11 月 21 日，福田康夫就出席东亚首脑峰会等召开记者招待会，指出日本外交的要务是以日美同盟为基础，开展亚洲外交，与此同时，深化与中国、韩国等亚洲各国的关系；日美同盟关系为日本参与亚洲活动提供广阔平台，同时，日本与亚洲的良好关系也有助于日美同盟的发展。[2]由此可见，为了表示对美国的"忠诚"与"支持"，福田内阁也未能跳出美国对日本政治外交所设置的"藩篱"。这样一来，坚持日美同盟就成为福田内阁外交战略的出发点与落脚点，而福田内阁的首要外交目标就是依托日美同盟的政治及安全架构，积极在国际社会中发挥"负责任的大国"的政治作用，以整体提升日本在国际社会中的政治地位和影响力，尽力实现第二次世界大战后日本"政治大国"的战略梦想。

值得一提的是，2007 年 11 月 1 日，日本《反恐特别措施法》（2001 年10 月通过）失效，福田康夫为此专门发表"特别讲话"，强调"9·11"事件中有近 3 000 人丧生，其中日本死者为 24 人；恐怖主义是对自由、开放社会的挑战，因此，"反恐"关乎日本的国家利益。日本作为参与国际"反恐"活动的一员，必须尽快重启在印度洋上的油料补给活动。[3]福田康夫

---

［1］ 首相官邸「内閣総理大臣談話」、2007 年 9 月 26 日、https：//warp.ndl.go.jp/info：ndljp/pid/233240/www.kantei.go.jp/jp/hukudaspeech/2007/09/26danwa.html（2023 年 5 月31 日访问）。

［2］ 首相官邸「東アジア首脳会議出席等に関する内外記者会見」、2007 年 11 月 21 日、https：//warp.ndl.go.jp/info：ndljp/pid/233240/www.kantei.go.jp/jp/hukudaspeech/2007/11/21press.html（2023 年 5 月 31 日访问）。

［3］ 首相官邸「福田内閣総理大臣の談話（テロ対策特別措置法の失効に伴う対応措置の終了）」、2007 年 11 月 1 日、https：//warp.ndl.go.jp/info：ndljp/pid/233240/www.kantei.go.jp/jp/hukudaspeech/2007/11/01danwa.html（2023 年 5 月 31 日访问）。

的这一段"特别讲话"显然是针对国内的保守派及反对党而发表的"肺腑之言"，因为这一法案的失效意味着日本必须放弃以"反恐"为名，派遣日本海上自卫队赴印度洋参与油料补给的军事行动安排，同时也意味着福田内阁的对美外交将失去一个重要且有效的政策工具，日美同盟关系也势必将受其影响而出现一定的"罅隙"。为了尽快弥补这一对美外交问题上所暴露出的缺陷，2008年1月11日，执政的自民党主导并在国会众议院强行通过了《补给支援特别措施法》（其前身就是《反恐特别措施法》），日本由此以"反恐"为名，重启了向印度洋派遣海上自卫队参与油料补给的军事活动。法案通过当日，福田康夫又再度专门发表"特别讲话"[1]，肯定了通过这一法案的及时性和重要性，并以此来表现福田内阁对这一法案的重视及对美提供军事保障工作的坚定支持。显然，日本的这一政治举动实际上是在变相地为美军的海外军事行动提供必要的资源辅助和资金保障，也为福田内阁接下来推动对美外交的新进程提供了一个强有力的政策工具，更有助于日美同盟关系的战略性稳固与发展。另一方面，从日本国内政治来看，以"反恐"为名参与印度洋上的油料补给军事行动，实际上为日本自卫队"借船出海"制造了口实，也满足了日本国内保守政治势力的"强军"野心，更向外昭示了日本军事的存在感与影响力。

　　第二，在亚洲外交的框架下，积极推进对华政治与经济的合作与交流。福田康夫担任首相期间，适逢2007年中日恢复邦交正常化35周年的重要节点，中日关系发展也恰巧迎来了一波小高潮。需要指出的是，从政策的理论框架来看，福田内阁的外交视阈主要集中于亚洲地区，故其将中日关系的合作与发展定位在亚洲外交的框架和范畴之内，希冀通过推进与中国的战略合作，为亚洲的稳定与发展创造更多福利，做出更大贡献，也为日本经济及国家发展谋取最大的外部利益。2007年9月29日，福田康夫向中

---

[1]　首相官邸「福田内閣総理大臣の談話（補給支援特別措置法の成立）」、2008年1月11日、https://warp.ndl.go.jp/info:ndljp/pid/233240/www.kantei.go.jp/jp/hukudaspeech/2008/01/11danwa_1.html（2023年5月31日访问）。

国国务院总理温家宝发来贺电，指出在日中恢复邦交正常化 35 周年之际，日中两国应合作构建"战略互惠关系"，共同为亚洲及世界和平、稳定、发展做出建设性贡献。[1]之后，2007 年 10 月 1 日，福田康夫在第168 届日本国会发表施政演说，提出"创造和平的外交"新理念，强调日本外交的基础是坚持日美同盟和国际协调，面临的主要问题包括：海上自卫队在印度洋上的支援活动、朝鲜问题、联合国改革与日本的"入常"问题、日美同盟、对华关系、对韩关系、WTO 多哈回合谈判等；对华关系方面，日本将"与中国构建以共通的战略利益为基础的互惠关系，一同为亚洲的和平和稳定做出贡献"。[2]

另一方面，福田内阁积极推进亚洲外交以及在其亚洲外交框架下大力推动中日关系发展的战略构想，很快就得到了日本经济界的热切响应。距离 9 月 25 日福田康夫就任日本新首相不到一个月，2007 年 10 月 16 日，日本经团联就发表了一份题为"谋求构建并推进对外经济战略：依托亚洲发展的贸易及投资立国战略"的政策建议报告，其中用大量篇幅介绍并强调了中国在亚洲及全球经济中的重要性，并指出中国在东亚地区的政治、经济影响力越来越大，亚洲地区的稳定和繁荣离不开中国的稳定发展；不仅如此，日本经济界对中国自 2001 年加入 WTO 后所做出的一番努力表示肯定，其中包括简化行政手续、制定并修改相关法律等，同时坚定认为加强对华经济合作是构建东亚共同体所不可或缺的重要一步。[3]由此也不难发现，从一个侧面而言，中国积极配合日本主导构建"东亚共同体"，成为这一时期日本经济界及政界对华的主要诉求之一。

---

[1] 首相官邸「福田総理の温家宝中国総理へのメッセージ」、2007 年 9 月 29 日、https://warp. ndl. go. jp/info: ndljp/pid/233240/www. kantei. go. jp/jp/hukudaspeech/2007/09/29message.html（2023 年 5 月 31 日访问）。

[2] 首相官邸「第 168 回国会における福田内閣総理大臣所信表明演説」、2007 年 10 月 1 日、https://warp.ndl.go.jp/info: ndljp/pid/233240/www. kantei. go. jp/jp/hukudaspeech/2007/10/01syosin.html（2023 年 5 月 31 日访问）。

[3] 日本経済団体連合会「対外経済戦略の構築と推進を求める：アジアとともに歩む貿易・投資立国を目指して」、2007 年 10 月 16 日、http://www.keidanren.or.jp/japanese/policy/2007/081/gaiyo.pdf（2021 年 1 月 8 日访问）。

视线回到福田内阁。2007 年 11 月 21 日，福田康夫就出席东亚首脑峰会等议题召开记者招待会，当回答关于"福田主义"[1]的提问时，福田康夫表示 2008 年正巧是"福田主义"发表 30 周年，与当时相比，此时的情况发生了巨大改变，亚洲也已成长为经济增长中心，并且，中国迅速崛起，印度经济积聚巨大潜力，这些时代背景的变化促使日本外交政策发生"变质"；日本外交应充分考量上述因素，重新思考亚洲外交的政策及方向。[2]这里，福田康夫将"中国迅速崛起"作为研判未来日本外交政策的重要变量之一，表明日本已充分意识到与日俱增的"中国因素"影响力对决定日本外交政策及战略发展的重要作用，也为福田康夫接下来的访华行程开启了"政治热身"。之后的 12 月末，福田康夫便踏上了中华大地（2007 年 12 月 27 日至 30 日，又称"迎春之旅"）。

2007 年 12 月 28 日，福田康夫在北京大学发表题为"共同开创未来"的演讲，指出"日中两国应发展为共同构建起亚洲及世界美好未来的创造性伙伴"；同一演讲中，福田康夫高度评价了中国的经济发展和政治成就，指出中国在 1978 年开启了改革开放，积极推进国内制度的大胆改革和对外开放，2001 年又加入了 WTO，当时已是 GDP 排名世界第四、贸易总额世界第三的国家，是国际经济的重要参与者，为日本、亚洲，乃至全世界都带来了巨大利益；与此同时，中国在国际社会中的存在感和影响力达到了史无前例的高度，就地区及国际社会的各种问题积极关心、发声和行动。[3]不仅如此，福田康夫还指出其父亲——福田赳夫——在首相任期内与中国缔结了《中日和平友好条约》（1978 年），并形象地将恢复邦交正常

---

[1]　指 1977 年日本前首相、福田康夫的父亲福田赳夫在出席马来西亚吉隆坡会议时，围绕着日本对东南亚国家的具体政策而提出的方针、理念。

[2]　首相官邸「東アジア首脳会議出席等に関する内外記者会見」、2007 年 11 月 21 日、https://warp. ndl. go. jp/info: ndljp/pid/233240/www. kantei. go. jp/jp/hukudaspeech/2007/11/21press.html（2023 年 5 月 31 日访问）。

[3]　首相官邸「福田総理訪中スピーチ『共に未来を創ろう』」、2007 年 12 月 28 日、https://warp. ndl. go. jp/collections/info: ndljp/pid/1228104/www. mofa. go. jp/mofaj/press/enzetsu/19/efuk_1228.html（2023 年 5 月 31 日访问）。

化时签署的《中日联合声明》（1972 年）比喻为连接日中两国的"吊桥"，而把《中日和平友好条约》进一步比喻为"铁桥"；正是有了这一座座桥梁，才使日中两国国民联系在一起；当时，日中两国的贸易总额已突破 2 000 亿美元，日本成为中国最大的投资来源国。[1]在回顾并总结中日恢复邦交正常化后所取得的一系列重要成绩之后，福田康夫还展望了日中关系发展的未来，并尝试对其进行科学的规划与设计。福田康夫引用《易经》中"丽泽兑"的词句，形象地阐明日中关系应发展为君子之交，即双方坦诚交流、互学共进，这有助于亚洲及世界的和平与稳定发展；福田康夫还进一步指出"互惠合作""国际贡献"和"相互理解、相互信赖"是日中战略互惠关系的三大支柱。[2]

应该说，福田康夫的访华之举延续并确保了安倍内阁以来中日关系企稳向好的发展势头，并为接下来中日两国开展政治、经济等多方面的合作奠定了重要的政治基础。2008 年 1 月 18 日，福田康夫在第 169 届日本国会发表施政演说，指出日美同盟是日本外交的基轴，日本将在持续增进日美信任关系的基础上，进一步扩大人员和智力交流；2007 年的对美国、对新加坡、对中国的访问开启了"共鸣外交"；对华关系上，日本将通过节能及环境治理方面的合作，深化对华战略互惠关系，构建有助于亚洲和世界稳定发展的关系结构。[3]由此可见，福田内阁的对外政策始终强调"对美"与"对华"的平衡性发展，兼顾二者的共性与特性，即在强调日美同盟的基轴效应的同时，更为注重对华政策的实效性发展，突出中日"战略互惠关系"的形成与深化，期待中日合作能为亚洲及全球政治经济的稳定发展贡献长效性、实质性成果。

---

［1］ 首相官邸「福田総理訪中スピーチ『共に未来を創ろう』」、2007 年 12 月 28 日、https：//warp.ndl.go.jp/collections/info：ndljp/pid/1228104/www.mofa.go.jp/mofaj/press/enzetsu/19/efuk_1228.html（2023 年 5 月 31 日访问）。

［2］ 首相官邸「福田総理訪中スピーチ『共に未来を創ろう』」、2007 年 12 月 28 日、http：//www.mofa.go.jp/mofaj/press/enzetsu/19/efuk_1228.html（2014 年 7 月 15 日访问）。

［3］ 首相官邸「第 169 回国会における福田内閣総理大臣施政方針演説」、2008 年 1 月 18 日、https：//warp.ndl.go.jp/info：ndljp/pid/233240/www.kantei.go.jp/jp/hukudaspeech/2008/01/18housin.html（2023 年 5 月 31 日访问）。

在中日政治关系持续"回暖"的大背景下，2008 年 5 月 6 日至 10 日，中国国家主席胡锦涛应邀访问日本，这是中日两国纪念共同缔结《中日和平友好条约》30 周年的主要政治活动，促发了中日关系发展的一波新高潮，这次访问也被外界誉为"暖春之旅"。胡锦涛主席访日期间，中日两国共同发表了"第四个政治文件"——《中日关于全面推进战略互惠关系的联合声明》，由此，中日两国通过政治文本背书的方式进一步确立了双边性的战略互惠关系。不仅如此，中日两国还共同签署了《中华人民共和国政府和日本国政府关于气候变化的联合声明》，向全世界展示了中日两国在共同合作解决全球气候变化问题上的决心和意志。

2008 年 5 月 7 日，作为国宾访日的中国国家主席胡锦涛与日本首相福田康夫举行会谈，双方就东亚地区合作、朝鲜问题、联合国安理会改革等广泛议题交换意见；与此同时，对于日本较为关注的东海资源开发问题、中国产的冻饺子问题等，胡锦涛主席在会谈后的记者招待会上均一一作了详细回应。[1]值得关注的是，胡锦涛主席访日期间，中日双方达成了 70 个项目的合作意向，再创中日合作的新高潮。[2]

政治关系的改善离不开民间外交的支撑。中国国家主席胡锦涛结束访日行程后不久，2008 年 5 月 12 日，中国四川省汶川县发生 8.0 级大地震，造成重大人员和经济损失。福田康夫在第一时间分别向国家主席胡锦涛和国务院总理温家宝发来慰问函，并表示准备在必要时提供支援。[3]之后不久，日本政府便先于其他国家向中国派遣救援队，且日本救援队第一时间赶到了汶川救援现场，展开施救行动，向多位被困于地震灾害中的汶

---

[1] 首相官邸「日中共同記者会見」、2008 年 5 月 7 日、https://warp.ndl.go.jp/info：ndljp/pid/10198915/www.kantei.go.jp/jp/hukudaspeech/2008/05/07kaiken.html（2023 年 5 月 31 日访问）。

[2] 首相官邸「日中首脳会談内外記者会見」、2009 年 4 月 30 日、https://warp.ndl.go.jp/info：ndljp/pid/284573/www.kantei.go.jp/jp/asospeech/2009/04/30naigai.html（2023 年 5 月 31 日访问）。

[3] 外務省アジア大洋州局中国課「中国四川省を震源とする地震の発生に対する福田総理発胡錦濤国家主席及び温家宝総理宛見舞いの伝達」、2008 年 5 月 12 日、http://warp.ndl.go.jp/info：ndljp/pid/11236451/www.kantei.go.jp/jp/hukudaspeech/2008/05/12message.html（2019 年 3 月 18 日访问）。

川受难群众及时施以援手。据统计，日本在 5 月 15 日、5 月 19 日决定分别向中国派出救援队（61 人，派遣时间为 5 月 15 日至 21 日，为期 7 天，派遣目的地为四川省广元市青川县、北川县）与医疗队（23 人，派遣时间为 5 月 20 日至 6 月 2 日，为期 14 天，派遣目的地为四川大学附属华西医院），并于 5 月 13 日对华提供约 5 亿日元的紧急援助物资和无偿资金援助；5 月 30 日，日本再次决定对华提供不超过 5 亿日元的援助，其中包括帐篷、净水器及饮用水等生活必要物资。之后，日本国际协力机构（Japan International Cooperation Agency，JICA）又派遣四个不同批次的技术专家组来华协助搜救和灾后重建工作。[1]由此不难发现，日本对华的灾难救援与灾后重建工作做出了一定贡献。特别值得关注的是，日本救援队在救援现场为在地震中不幸罹难的逝者举行了特别"追悼仪式"，相关的照片及视频在中国网络及媒体上广泛传播，一时间给中国民众留下了极为深刻且颇受感动的极佳印象，也大幅改观并提升了中国普通民众对日本的认知度和好感度。

2008 年 5 月 22 日，福田康夫在出席国际交流会议"亚洲的未来"晚餐会时发表《向着太平洋变为"内海"的时刻——对"共同前进中"的未来亚洲的五个承诺》主旨演讲，再一次坦诚地表述了其对中日关系的思考与期待，他指出在 2008 年 5 月初，他与中国国家主席胡锦涛举行了会谈，双方均重视日中战略互惠关系，且共同认为日中关系站在了"新的起跑线"上，由此，福田康夫认为日中双方关系首次获得了全球性的视野；此外，福田康夫认为，作为大国的中国保持持续稳定的增长是极为重要的事情，而日本应尽可能地一同合作、努力，这将决定亚洲的未来。[2]

---

［1］ 日本参议院「第 8 回参议院政府开发援助（ODA）调查派遣报告书」，2012 年 5 月，第 193 页，https://www.sangiin.go.jp/japanese/kokusai_kankei/oda_chousa/h23/pdf/3-3.pdf （2022 年 1 月 10 日访问）。

［2］ 首相官邸「福田内阁总理大臣スピーチ　『太平洋が「内海」となる日へ—「共に歩む」未来のアジアに5つの约束—』国际交流会议『アジアの未来』晚餐会にて」、2008 年 5 月 22 日、https://warp.ndl.go.jp/info:ndljp/pid/8731269/www.kantei.go.jp/jp/hukudaspeech/2008/05/22speech.html（2023 年 5 月 31 日访问）。

2008 年 8 月，北京奥运会如期顺利举行。福田康夫专程访华，并出席了北京奥运会的开幕式。与此同时，约有 340 名日本选手参加北京奥运会，彰显日本对北京奥运会的重视与支持。福田康夫的"北京奥运"之旅尽管可谓是福田内阁对华政治外交的"谢幕"之举，但也折射出福田内阁在对华问题上的重视与对中国的好感，也为下一任日本首相在对华问题上"开好局、走对路"指明了方向、奠定了重要基础。

三、 麻生时代的日本对华外交（2008 年 9 月至 2009 年 9 月）

2008 年 9 月 1 日，福田康夫突然宣布辞去日本首相职务，引发日本政界的剧烈动荡。9 月 22 日，执政的自民党举行新总裁选举，麻生太郎当选。9 月 24 日，日本国会举行首相指名选举，最终自民党新总裁麻生太郎凭借着在众议院获胜的优势，当选日本第 92 任首相。[1]是日，福田康夫发表"内阁总辞职讲话"，宣告福田康夫内阁终结使命，日本政治转入"麻生太郎时代"。就在福田内阁轰然倒台的前几天，2008 年 9 月 15 日，美国第四大投资银行雷曼兄弟公司宣布破产，标志着次贷危机的负面影响急剧扩散。由此，如何应对美国的次贷危机及其所引发的全球性金融危机和世界经济的大萧条，成为日本政治难以回避且必须克服的首要问题。

麻生太郎就任首相后即发表讲话，指出对经济状况的不安、对国民生活的不满、对政治的不信任危机的"三不"使其感到强大的执政压力。[2]或许是迫于全球性金融危机的外压及国内政治"失信于民"的内压的双重冲击，麻生内阁从启动之初就极为重视外交纾困、传导的机制和功能，而

[1] 麻生太郎当选日本第 92 任首相的过程颇为曲折，麻生太郎就任首相之时，以民主党为首的日本在野党已对执政的自民党构成了强大攻势，并且直接威胁到后者的执政地位，而作为首相的麻生太郎及其领导的日本政府也不得不面对"扭曲国会"的尴尬局面，这也注定了麻生内阁的"失落"与"碌碌"。

[2] 首相官邸「麻生内閣総理大臣記者会見」、2008 年 9 月 24 日、https://warp.ndl.go.jp/info；ndljp/pid/284573/www.kantei.go.jp/jp/asospeech/2008/09/24kaiken.html（2023 年 5 月 31 日访问）。

"强化对华外交"成为麻生内阁对外政策的主线之一。

2008 年 9 月 25 日，上任仅一天的新首相麻生太郎便在联合国大会一般性辩论上发表演讲，指出中国和韩国对于日本而言都是重要的伙伴，应当进一步增强互惠和共同利益；日本必须与中韩两国及东盟等推进多层次合作，共同努力实现东亚及世界的和平与繁荣。[1]麻生太郎的发言向包括中国在内的周边国家释放出积极信号，也为接下来麻生政府的外交政策确立了主基调。

2008 年 9 月 29 日，麻生太郎在第 170 届日本国会发表施政演说，提出构建"自豪且有活力的日本外交"，积极做出国际贡献。麻生首相将这届政府的外交任务确定为五个主要方向，其中最为重要的就是强化日美同盟，其他的四个方向分别为：与中国、韩国、俄罗斯等邻国一同构筑亚太地区的稳定和繁荣，实现共同发展；致力于解决恐怖主义、全球变暖、贫困、水问题等人类面临的共同挑战；向新兴的民主主义国家输出日本信奉的价值观；应对朝鲜问题。[2]麻生内阁基本继承了福田内阁的总体外交思路，以日美同盟作为日本外交的出发点和落脚点，在此基础上，积极拓展与包括中国在内的周边大国外交；不同的是，相较于福田内阁，麻生内阁的对外政策更为务实且更为精炼，没有了"日本亚洲外交"的大框架、大帽子，更多地体现在周边大国外交关系的发展与巩固问题上，并致力于解决反恐、环境、贫困、朝鲜问题等困扰日本政治、经济、安全等发展的现实性问题。更为重要的是，麻生内阁还强调"价值观外交"的重要性，意图对外输出日本式"普世价值观"，以此彰显第二次世界大战后日本社会经济发展的成功经验并扩大其在国际社会的政治影响力和主导力。

值得注意的是，2008 年恰逢《中日和平友好条约》缔结 30 周年的重要

---

[1]　首相官邸「第 63 回国連総会における麻生総理大臣一般討論演説」、2008 年 9 月 25 日、https://warp.ndl.go.jp/info:ndljp/pid/284573/www.kantei.go.jp/jp/asospeech/2008/09/25speech.html（2023 年 5 月 31 日访问）。

[2]　首相官邸「第 170 回国会における麻生内閣総理大臣所信表明演説」、2008 年 9 月 29 日、https://warp.ndl.go.jp/info:ndljp/pid/284573/www.kantei.go.jp/jp/asospeech/2008/09/29housin.html（2023 年 5 月 31 日访问）。

节点。2008 年 10 月 23 日，日本首相麻生太郎与中国国务院总理温家宝、日本外相中曾根弘文与中国外交部长杨洁篪互致贺电，庆祝《中日和平友好条约》缔结 30 周年，并表示今后将继续推进日中两国"战略互惠关系"的发展。时间上创造出的宝贵机遇也为中日双边关系发展创造出了空间上的巨大实惠。以此为背景，当选首相后不到一个月的时间，麻生太郎便开启了其任内的首次访华之旅（2008 年 10 月 23 日至 25 日）。2008 年 10 月 24 日，麻生太郎在北京人民大会堂举行的纪念《中日和平友好条约》缔结 30 周年招待会上发表演讲，强调"对日本而言，没有比中国更重要的国家了"，日中关系的真谛是"彼此不可或缺的伙伴"；与 30 年前每年约 4 万人在两国间穿梭相比，2007 年同一数据超过了 500 万人；2007 年日中贸易总额为 2 400 亿美元，是 30 年前同一数据的 50 倍；不仅如此，麻生太郎还强调称，日中两国应在环境及节能问题、联合国改革等广泛问题上展开合作，积极从亚洲向世界传递合作的信号。[1]通过麻生太郎所提供的一系列事实与数据，可以发现中日关系，尤其是经济关系在 30 年间取得了翻天覆地的快速发展，双边的人员往来及贸易往来均实现了高质量的倍数级增长。与此同时，麻生太郎言真意切的致辞更是言简意赅地道出了中日间"一衣带水"邻邦关系的实质，即对日本而言，中国是最重要的国家，是"不可或缺的伙伴"，这或许也是几代日本政治家最想吐露的政治真言。另一方面，这一致辞也道出了麻生内阁在对华问题上的主要诉求，即希望中方在共同应对全球气候变化、促成联合国改革等问题上给予合作，以推动中日关系务实发展。

2008 年 12 月，中国国务院总理温家宝访日，并在福冈参加了由日方主办的"中日韩领导人会议"。值得一提的是，这是中日韩领导人首次在东盟与中日韩（10＋3）的框架外举行的会议。借着这次峰会的契机，中日领导

---

[1] 首相官邸「日中平和友好条約締結 30 周年記念レセプション　麻生総理挨拶～日中関係についての、私の所信表明～」、2008 年 10 月 24 日、https://warp.ndl.go.jp/info:ndljp/pid/284573/www.kantei.go.jp/jp/asospeech/2008/10/24message_about.html（2023 年 5 月 31 日访问）。

人又多了一次面对面交流的机会。

2009 年 4 月 29 日至 30 日，应中国国务院总理温家宝邀请，麻生太郎对中国进行正式访问。在经历了"破冰之旅""融冰之旅""迎春之旅"和"暖春之旅"后，麻生太郎风趣地将此次访华活动形容为"不再需要用季节来比喻"的"合作之旅"[1]。值得一提的是，麻生太郎的此次访华之行实际上是在 2008 年胡锦涛访日期间与福田康夫所达成的"构建两国首脑定期互访机制"框架下，日本首相首次对中国的正式访问，也标志着两国首脑定期互访机制正式启动。[2]

2009 年 4 月 30 日，麻生太郎在北京发表题为"我送给日中下一代领导人的鼓励歌"的主题演讲，指出过去的近半年多时间内，他与胡锦涛主席、温家宝总理都分别进行了四次会谈，双方进行了密切沟通；与此同时，麻生太郎指出亚洲具有世界最大的潜力，是"21 世纪开放发展的中心"，但亚洲的发展也需要有利的环境，为此，中日两国合作引领亚洲经济发展就是其前提性条件。麻生太郎认为中国此前几年取得了飞速发展，而且中国经济的发展可以给国际社会带来机遇；中日两国在地理及历史上都是"永远的邻居"，彼此共同选择了构建"战略互惠关系"，这是实现日中"共同利益"的正确道路。[3]从麻生太郎坦诚的言语中可以获知，他对中日合作及共同引领亚洲经济发展给予了高度评价和积极期待。

是日，麻生太郎与中国国家主席胡锦涛举行会谈（4 月 29 日与国务院总理温家宝举行会谈），并在会后举行记者招待会。麻生太郎再次非常满意地回顾了过去近半年多时间内与胡锦涛、温家宝所进行的四次会谈，且中日双方进行了密切沟通；与此同时，麻生太郎将此次出访的主要成果归结

---

[1]《麻生访华前接受本报专访　称日中已"迎来春天"》，央视网：http://news.cctv.com/world/20090429/100972.shtml（2023 年 6 月 1 日访问）。

[2] 冯昭奎：《麻生来了，中日关系今后怎样》，载《世界知识》2009 年第 10 期，第 38 页。

[3] 首相官邸「日中次世代ビジネスリーダーとの集いにおける麻生内閣総理大臣スピーチ〜日中次世代リーダーに送る私の応援歌〜」、2009 年 4 月 30 日、https://warp.ndl.go.jp/info：ndljp/pid/284573/www.kantei.go.jp/jp/asospeech/2009/04/30speech.html（2023 年 5 月 31 日访问）。

为以下三个方面：（1）在经济及商务领域，为应对全球金融及经济危机，日中双方就尽快且扎实地落实 2009 年 4 月初举行的二十国集团伦敦峰会所达成的共识，取得了一致意见；（2）在环境、能源、气候变化问题等领域，日中两国将进一步推动对话与合作；（3）日中两国民间交流取得巨大成果，并将继续推动相关交流；关于朝鲜问题，麻生太郎认为六方会谈是解决朝鲜问题最为现实的框架，今后麻生内阁将与包括中国在内的六方会谈成员紧密合作，努力实现六方会谈的尽早重启。[1]由此不难发现，解决相关的朝鲜问题，也是麻生内阁对华的主要政治诉求。

　　尽管麻生太郎执政期间，中日两国高层领导频繁会面，双边政治关系保持了积极沟通、良性互动的总体发展态势，但必须指出的是，由于麻生内阁的外交战略及政策仍坚持以日美同盟为基础，故麻生内阁的对华外交依旧受对美外交的制约与影响。

　　2008 年 11 月 5 日，麻生太郎就奥巴马当选新一届美国总统发表专门讲话，称日美两国在自由民主主义、尊重基本人权、推进市场经济等方面拥有相同价值观；日美同盟是日本外交的基轴，是维护亚太地区和平与稳定的基础；日本愿意在解决全球经济、反恐、地球环境等国际社会所共同面对的课题上，与奥巴马总统及美方全力合作。[2]显然，麻生太郎的这段"慷慨陈词"是在向即将就任美国总统的奥巴马及即将迎来执政权力的民主党传递积极信号，并希望日美同盟关系不会因美国的政权更替而受到任何影响或出现任何不确定因素。2008 年 11 月 15 日，麻生太郎参加在华盛顿举行的首届二十国集团首脑峰会，就如何应对全球金融危机发表了日本的政策计划，其中关于国际金融体制的中长期发展，日本希望可以维持以美元为基础的国际经济和金融体制，同时，推进东亚地区贸易、金融的一体

---

［1］　首相官邸「日中首脳会談内外記者会見」、2009 年 4 月 30 年、https://warp.ndl.go.jp/
info；ndljp/pid/284573/www.kantei.go.jp/jp/asospeech/2009/04/30naigai.html（2023 年
5 月 31 日访问）。

［2］　首相官邸「オバマ米上院議員の米国大統領当選に対する内閣総理大臣の談話」、2008 年
11 月 5 日、https://warp.ndl.go.jp/info；ndljp/pid/284573/www.kantei.go.jp/jp/asospeech/
2008/11/05danwa.html（2023 年 5 月 31 日访问）。

化进程，以地区主义对全球主义进行积极的补充；为了强化国际货币基金组织的资金池基础，日本准备向国际货币基金组织追加注资 1 000 亿美元。[1]其中，"维持以美元为基础的国际经济和金融体制"的鲜明表态，看似是经济上的选择，实则也是政治上的抉择，表明日本对以美元为基础的国际经济和金融体系的绝对性支持，这更彰显了麻生内阁对美国主导或垄断全球经济的绝对支持。

2009 年 1 月 21 日，麻生太郎专门就奥巴马就任美国总统发表讲话，指出日美两国是共有普遍价值和战略利益的同盟国，站在领导全世界的立场上，日美两国共同集合知识、想法及战略，可以创造美好未来。[2]之后不久的 2009 年 1 月 28 日，麻生太郎在第 171 届日本国会发表施政演说，指出日本外交的第一步是要与美国、与奥巴马总统共同强化日美同盟，携手应对金融危机、反恐、核裁军及核不扩散、气候变化等全球性问题；之后，麻生太郎还提及了日中间的"战略互惠关系"和日韩间的"成熟伙伴关系"，并希望基于此为亚洲及世界的和平与稳定做出贡献；不仅如此，麻生内阁也将致力于推动 WTO 多哈回合尽早达成妥协，启动经济合作协定的谈判等。[3]

综上所述，对美外交的优先性成为麻生内阁对华外交政策的最大外在影响因素。与此同时，受到日本国内保守主义政治势力的影响，麻生内阁在积极推动对华政治关系持续改善与发展的同时，也不断在安全等敏感问题上对华"旁敲侧击"，这在一定程度上对中日关系的持续走稳、走深构成阻碍。2009 年 5 月 5 日，麻生太郎访问欧洲期间在德国发表题为"共同克

---

[1] 内閣府「金融・世界経済に関する首脳会合　麻生総理　配付資料　『危機の克服』日本語訳版」、2008 年 11 月 15 日、https://www5.cao.go.jp/keizai-shimon/minutes/2008/1120/item7.pdf（2020 年 6 月 10 日访问）。

[2] 首相官邸「米国オバマ政権発足に際する内閣総理大臣の談話」、2009 年 1 月 21 日、https://warp.ndl.go.jp/info:ndljp/pid/8731269/www.kantei.go.jp/jp/asospeech/2009/01/21danwa.html（2023 年 5 月 31 日访问）。

[3] 首相官邸「第 171 回国会における麻生内閣総理大臣　施政方針演説」、2009 年 1 月 28 日、https://warp.ndl.go.jp/info:ndljp/pid/8731269/www.kantei.go.jp/jp/asospeech/2009/01/28housin.html（2023 年 5 月 31 日访问）。

服全球课题的日欧伙伴关系"的演讲，其中特意提到中国的国防费用连续20年出现两位数增长，但具体内容缺乏透明性，与此同时，中国核军备的现代化也在持续推进。[1]麻生太郎选择在欧洲这一中日两国之外的第三方发表此番颇具批判性的发言，明显表露出牵制中国的战略意图，同时也从一个侧面表明日本忌惮中国军事实力与综合国力的稳步增长。

2009年7月21日，麻生太郎解散众议院，日本正式进入大选时间。[2]麻生内阁的执政期也随之进入尾声。2009年9月16日，麻生太郎最后一次以首相身份举行记者招待会，正式宣布麻生内阁总辞职。当被问及对于鸠山新内阁有何政策期待时，麻生太郎坦言就日本经济复苏工作而言，他只是做了一半的工作，希望鸠山新内阁可以而且必须继续做下去，这里，麻生太郎还特意提到了中国，或许是在提醒鸠山新内阁不可以忽视中国在与日本共同应对国际金融危机、实现日本经济复苏中的关键作用；不仅如此，麻生太郎还指出日本所面对的国际形势已发生巨大转变，毕竟距离冷战结束已经过去了20年，他希望鸠山新内阁能够妥善应对恐怖主义、海盗等各种新条件所构成的新国际形势。[3]麻生太郎的这段总结性陈词，既可以视为对其近一年首相工作的总结与回顾，也可以看作对鸠山新内阁的提醒和鞭策，而"重视中国在新国际形势中的地位与作用"显然是这段质朴发言的核心要义，这也从一个侧面凸显了中国因素对日本经济、政治、外交等各个领域的影响日益扩大的客观现实。至此，继1993年短暂丢失执政权之后，自民党再度退居政治二线，成为在野党，日本政治也从此进入了民主党执政的"新时代"。

---

[1] 首相官邸「麻生内閣総理大臣の欧州における政策スピーチ　『グローバルな課題を克服する日欧のパートナーシップ』」、2009年5月5日、https://warp.ndl.go.jp/info：ndljp/pid/8731269/www.kantei.go.jp/jp/asospeech/2009/05/05speech.html（2023年5月31日访问）。

[2] 首相官邸「麻生内閣総理大臣記者会見」、2009年7月21日、https://warp.ndl.go.jp/info：ndljp/pid/8731269/www.kantei.go.jp/jp/asospeech/2009/07/21kaiken.html（2023年5月31日访问）。

[3] 首相官邸「麻生内閣総理大臣記者会見」、2009年9月16日、https://warp.ndl.go.jp/info：ndljp/pid/8731269/www.kantei.go.jp/jp/asospeech/2009/09/16kaiken.html（2023年5月31日访问）。

四、"安福麻"时代的日本对华经济外交概览（2006 年 9 月至 2009 年 9 月）

总体来看，安倍晋三、福田康夫、麻生太郎三任日本首相期间，政治交流引领经济合作的特征极为显著，"以政促经"成为这一时期日本对华经济外交的关键词。受其影响，中日政治关系逐渐经历了缓和、复苏、升温、高速发展的若干阶段，双边经济合作也随之走深、走实。

第一，日本积极推动对华关系的改善与发展，促使中日政治关系发展迎来阶段性高潮，后者引领了中日双边经济合作关系进一步向纵深发展。经过了安倍晋三的"破冰之旅"（2006 年 10 月）、温家宝的"融冰之旅"（2007 年 4 月）、福田康夫的"迎春之旅"（2007 年 12 月）和胡锦涛的"暖春之旅"（2008 年 5 月）这四个彪炳史册的中日政治互动之后，中日关系终于"拨开云雾见青天"，迎来了难能可贵的阶段性发展高潮。

2006 年 10 月，安倍晋三访华期间，中日双方正式提出"战略互惠关系"的新理念与新方向；2007 年 4 月，温家宝访日期间，双方就"战略互惠关系"的精神、内涵与实质做了清晰的表述，指出其基本精神是"日中两国共同为亚洲以及世界的和平、稳定与发展做出建设性贡献，是新时代赋予两国的庄严责任。基于这一认识，今后日中两国将全面发展在双边、地区及国际等各层次的互利合作，共同为两国、亚洲以及世界做出贡献，在此过程中相互获得利益并扩大共同利益，借此推动两国关系发展到新的高度"[1]。与此同时，双方明确了战略互惠关系包括以下五个具体方面的基本内涵。（1）相互支持和平发展，增进政治互信。保持并加强两国高层往来。努力提高各自政策的透明度。扩大和深化两国政府、议会、政党的交流与对话。（2）深化互利合作，实现共同发展。加强在能源、环保、金融、信息通信技术、知识产权保护等领域的合作，充实和完善合作机制。

---

[1] 日本国驻华大使馆：《日中联合新闻公报》，2007 年 4 月 11 日，https://www.cn.emb-japan.go.jp/itpr _ zh/bunken _ 2007press.html（2021 年 11 月 22 日访问）。

（3）加强防务对话与交流，共同致力于维护地区稳定。（4）加强人文交流，增进两国人民相互理解和友好感情。广泛开展两国青少年、媒体、友城、民间团体之间的交流。开展丰富多彩的文化交流。（5）加强协调与合作，共同应对地区及全球性课题。共同致力于维护东北亚和平与稳定，坚持通过对话和平解决朝鲜半岛核问题，实现朝鲜半岛无核化目标。双方赞成联合国包括安理会进行必要、合理的改革。支持东盟在东亚区域合作中发挥重要作用，共同在开放、透明、包容等三项原则基础上促进东亚区域合作。[1]

表 3.3　"安福麻"时代中日两国首脑会谈（2006 年至 2009 年）

时　间	事　件
2006 年 10 月	（"破冰之旅"）日本首相安倍晋三访华，发表《中日联合新闻公报》，提出"战略互惠关系"。
2007 年 4 月	（"融冰之旅"）中国国务院总理温家宝访日，发表《中日联合新闻公报》，启动经济高层对话机制。
2007 年 12 月	（"迎春之旅"）日本首相福田康夫访华（北京、天津、曲阜）。
2008 年 5 月	（"暖春之旅"）中国国家主席胡锦涛访日，双方共同发表《中日关于全面推进战略互惠关系的联合声明》，签署"中日互设文化中心协定"。
2008 年 7 月	中国国家主席胡锦涛访日，出席八国集团北海道洞爷湖峰会扩大会议，并会见日本首相福田康夫。
2008 年 8 月	日本首相福田康夫访华，出席北京奥运会开幕式，并在人民大会堂与中国国家主席胡锦涛会谈。
2008 年 10 月	日本首相麻生太郎访华，出席亚欧峰会及纪念《日中和平友好条约》缔结 30 周年招待会，签署《中华人民共和国和日本国领事协定》，并在人民大会堂与中国国家主席胡锦涛举行会谈。
2008 年 11 月	中国国家主席胡锦涛出席于秘鲁首都利马举行的 APEC 领导人非正式会议，其间会见日本首相麻生太郎。
2008 年 12 月	中国国务院总理温家宝访日，出席在福冈举行的"中日韩领导人会议"。
2009 年 4 月	中国国家主席胡锦涛出席于伦敦举办的二十国集团领导人金融峰会，其间会见日本首相麻生太郎。
2009 年 4 月	日本首相麻生太郎应邀正式访华，与中国国家主席胡锦涛、国务院总理温家宝分别举行会谈。

资料来源：笔者根据各种资料整理。

---

[1]　日本国驻华大使馆：《日中联合新闻公报》，2007 年 4 月 11 日，https://www.cn.emb-japan.go.jp/itpr_zh/bunken_2007press.html（2021 年 11 月 21 日访问）。

更为重要的是，在 2007 年 4 月中国国务院总理温家宝访日期间，与日本首相安倍晋三共同主持了中日经济高层对话机制的启动会议。中日经济高层对话机制是两国政府为协调双边经济政策与合作而设立的，是中日之间最高级别的对话机制，中方牵头人是中国国务院副总理曾培炎，日方牵头人是日本外务大臣高村正彦。

2007 年 12 月 2 日，中日经济高层对话第一次会议在北京举行，日本外务大臣高村正彦亲自率团参会并对华进行正式访问，相关内阁成员也随之集体访华。中日双方就宏观经济和贸易投资问题、气候变化等环境和能源问题、地区及国际经济问题等，坦率交换了意见，增进了相互理解。[1]这次对话会议的成功召开，为下一阶段中日间推进具体的经济合作政策、落实具体的经贸合作项目等打下了坚实基础，与此同时，这次会议的举行也是重要的风向标和信号塔，向外释放出中日两国共同推进经济合作的积极信号。

因中日政治气氛的缓和与转暖，除了启动上述副部级经济高层对话机制之外，其他领域的高层对话及交流机制也随之恢复正常，中日双方在包括经济在内的广泛领域呈现出新一轮的积极互动。例如，2006 年 10 月，中日执政党交流机制第二次会议在日本东京召开；12 月，中日历史共同研究第一次全体会议在北京举行。2007 年 1 月，第七次中日战略对话在杭州举行，日本外务省事务次官（副部级）谷内正太郎率团访华，并与中国外交部长李肇星在钓鱼台国宾馆进行了会晤；3 月，中国全国人民代表大会与日本国会参议院定期交流机制第一次会议在东京举行；11 月，中日执政党交流机制第三次会议在北京举行。2008 年 2 月，中国全国人大与日本参议院定期交流机制第二次会议在北京举行，全国人大常委会副委员长、中日议会（参院）交流机制主席路甬祥与日本参议院代表团团长、民主党参议员大石正光共同主持会议；4 月，第一次中日湄公河政策对话会在北京举行；

---

［1］《首次中日经济高层对话举行 发表新闻公报（全文）》，中央政府门户网站，2007 年 12 月 3 日，http://www.gov.cn/jrzg/2007-12/03/content_823626.htm（2021 年 12 月 17 日访问）。

6月，第二次中日韩外长会在日本东京举行，中国外交部长杨洁篪、日本外务大臣高村正彦、韩国外交通商部长官柳明桓出席。2009年6月，第二次中日经济高层对话在东京举行，会后中国国务院副总理王岐山和日本外务大臣中曾根弘文共同会见了记者；同月，中国外交部副部长王光亚与日本外务省事务次官薮中三十二在北京举行第十次中日战略对话。

由此可见，政治关系"由寒转暖"，带动了经济、文化、次区域发展等各方面的日本对华交流与合作，从一个侧面也反映出日本对华政策及战略的阶段性转变。

第二，日本控制性地对华实施政府开发援助政策，在终止对华日元贷款的基础上，逐渐弱化了技术合作、无偿援助等其他对华经济外交政策工具的使用频率与力度，反映出对华防范心理逐渐上升。

具体来看，日本政府开发援助包含日元贷款（又称"有偿资金援助"）、无偿资金援助和技术合作三大板块，而在日本对华政府开发援助的结构组成中，日元贷款从1979年启动后就一直占据着绝对核心，也是日本对华经济外交的主要政策工具。尽管如此，在日本国内"中国威胁论"等对华非友好言论喧嚣尘上的大背景下，日本政府应景性地转变了对华政府开发援助的政策方向，而首当其冲的就是终止了对华日元贷款。2005年3月15日，日本外务大臣町村信孝同中国外交部长李肇星进行了电话会谈，表明将在2008年奥运会前终止对华提供新的日元贷款。2007年12月1日，中日两国政府就463亿日元的最后一笔对华日元贷款交换了公文，中国外交部长杨洁篪和日本外务大臣高村正彦分别代表各自政府签字，至此，长达30年的日本对华日元贷款落下了帷幕。尽管按照外务省2008年的标准，2006年人均国民收入在6 275美元以下的国家属于日元贷款的对象国，而2006年中国的人均国民收入为2 000美元，但由于日本国内关于对华政府开发援助批判声音强烈，日本政府还是终止了新的对华日元贷款。[1]2008年3

---

[1] [日]服部健治、丸川知雄：《日中关系40年史（1972—2012）Ⅱ经济卷》，张季风、叶琳译，北京：社会科学文献出版社2014年版，第233页。

月，日本政府正式终止了对华提供新的日元贷款，日元贷款自此退出了日本对华经济外交的历史舞台。对华日元贷款的终止折射出日本对华政府开发援助政策发生实质性转变，日本对华防范与竞争的战略意识愈发强烈。

受对华防范战略思维和终止日元贷款政策的方向性引导，作为政府开发援助组成部分的无偿援助和对外技术合作两大部分，也出现了日渐式微的发展态势。据日本国际协力机构公布的相关数据显示，2006—2009 年，日元贷款从 2006 年度的 1 371 亿日元骤降至 2007 年度的 463 亿日元，之后日本就终止了对华日元贷款项目。与之形成对应，日本对华的无偿资金援助和技术合作也出现逐渐走弱的态势，2006 年度上述两项的统计数据还分别为 24.02 亿日元和 43.24 亿日元，而到了 2009 年度二者就分别降至 13.08 亿日元和 32.62 亿日元，均减少了约 11 亿日元（参见表 3.4）。

表 3.4　日本对中国、印度援助的实际情况对比（2006 年至 2009 年）

单位：亿日元

年度/国别	2006 年		2007 年		2008 年		2009 年	
	中国	印度	中国	印度	中国	印度	中国	印度
日元贷款	1 371.28	1 848.93	463.02	2 251.3	—	2 360.47	—	2 182.17
无偿资金援助	24.02	5.96	14.49	3.97	19.92	4.28	13.08	4.66
技术合作	43.24	25.35	37.08	21.6	33.91	24.51	32.62	31.94

资料来源：参議院「第 8 回参議院政府開発援助（ODA）調査派遣報告書」、2012 年 5 月、179 頁、https://www.sangiin.go.jp/japanese/kokusai ＿ kankei/oda ＿ chousa/h23/h23oda-houkoku.html（2022 年 1 月 10 日访问）；外務省「政府開発援助（ODA）国別データブック 2010：インド」、131 頁、https://www.mofa.go.jp/mofaj/gaiko/oda/shiryo/kuni/10 ＿ databook/pdfs/02-01.pdf（2022 年 1 月 21 日访问）。

另据日本国际协力机构公布的数据显示，"安福麻"时代日本启动的对华技术合作项目总数为 13 个，集中于生态保护、节能环保、地震灾后重建、卫生医疗、社会保障等多个领域；此外，2006 年 12 月，日本向中国提供了一项无偿援助，以帮助中国构建完备的酸雨及黄沙监控网络。

表 3.5 "安福麻"时代日本启动的对华政府开发援助项目汇总（2006 年 9 月至 2009 年 9 月）

项目名称	合作方式	合作时间或签约时间
提升安全生产的科学技术能力计划项目	技术合作	合作时间：2006 年 10 月至 2010 年 10 月
疫苗预防可能性感染症的监测及控制项目	技术合作	合作时间：2006 年 12 月至 2011 年 12 月
山西省雁门关地区生态环境修复和扶贫项目	技术合作	合作时间：2007 年 3 月至 2011 年 3 月
新疆天然草地生态保护和牧民定居项目	技术合作	合作时间：2007 年 6 月至 2012 年 3 月
草原环保型节水灌溉示范项目	技术合作	合作时间：2007 年 6 月至 2011 年 5 月
中国中西部地区康复人才培训项目	技术合作	合作时间：2008 年 4 月至 2013 年 3 月
节水型社会建设示范项目（高效水资源管理）	技术合作	合作时间：2008 年 6 月至 2011 年 6 月
循环经济推进项目	技术合作	合作时间：2008 年 10 月至 2013 年 10 月
可持续农业技术研究开发计划（第 2 阶段-环境友好型农业技术开发及推广）	技术合作	合作时间：2009 年 4 月至 2014 年 3 月
耐震建筑人才培养项目	技术合作	合作时间：2009 年 5 月至 2013 年 5 月
四川大地震复兴支援 心灵呵护人才育成项目	技术合作	合作时间：2009 年 6 月至 2014 年 5 月
四川省凉山州金沙江流域生态环境保全综合开发示范项目	技术合作	合作时间：2009 年 6 月至 2014 年 5 月
水坝运用管理能力提升项目	技术合作	合作时间：2009 年 9 月至 2013 年 12 月
酸雨及黄沙监测网建设计划	无偿援助	交换公文（E/N）时间：2006 年 12 月
宁夏回族自治区水环境治理项目	日元贷款	借款合同（L/A）签署时间：2007 年 3 月
内蒙古自治区呼和浩特市大气环境改善项目（2）	日元贷款	借款合同（L/A）签署时间：2007 年 3 月
吉林省松花江流域生态环境治理项目	日元贷款	借款合同（L/A）签署时间：2007 年 3 月
新疆维吾尔自治区地方城市环境治理项目（1）	日元贷款	借款合同（L/A）签署时间：2007 年 3 月
四川省地方城市水环境治理项目	日元贷款	借款合同（L/A）签署时间：2007 年 3 月
安徽省地方城市水环境治理项目	日元贷款	借款合同（L/A）签署时间：2007 年 3 月
陕西省水环境治理项目（西安市）	日元贷款	借款合同（L/A）签署时间：2007 年 3 月

（续表）

项目名称	合作方式	合作时间或签约时间
云南省昆明市水环境治理项目（2）	日元贷款	借款合同（L/A）签署时间：2007 年 3 月
新疆维吾尔自治区地方城市环境治理项目（2）	日元贷款	借款合同（L/A）签署时间：2007 年 12 月
河南省南阳市环境治理项目	日元贷款	借款合同（L/A）签署时间：2007 年 12 月
青海省生态环境治理事业	日元贷款	借款合同（L/A）签署时间：2007 年 12 月
安徽省城市废弃物处理项目	日元贷款	借款合同（L/A）签署时间：2007 年 12 月
湖南省城市废弃物处理项目	日元贷款	借款合同（L/A）签署时间：2007 年 12 月
甘肃省兰州市大气环境改善项目	日元贷款	借款合同（L/A）签署时间：2007 年 12 月

资料来源：笔者根据 JICA 官网公布的资料编制而成，https://www2.jica.go.jp/ja/oda/index.php?anken＝&area1＝%E3%82%A2%E3%82%B8%E3%82%A2&country1＝%E4%B8%AD%E8%8F%AF%E4%BA%BA%E6%B0%91%E5%85%B1%E5%92%8C%E5%9B%BD&area2＝&country2＝&area3＝&country3＝&field1＝&field2＝&field3＝&tech＿ga＝%E6%8A%80%E8%A1%93%E5%8D%94%E5%8A%9B&oda＿loan＝%E6%9C%89%E5%84%9F%E8%B3%87E9%87%91%E5%8D%94%E5%8A%9B&grant＿aid＝%E7%84%A1%E5%84%9F%E8%B3%87%E9%87%91%E5%8D%94%E5%8A%9B&start＿from＝2006&start＿to＝2009&search＝%E6%A4%9C%E7%B4%A2&p＝3（2022 年 1 月 13 日访问）。

尽管日本政府明显修改了对华政府开发援助政策路线，但日本国内经济界人士显然有不同的声音。2006 年 4 月，日本三大经济团体之一的经济同友会发布《对今后日中关系的建议——给日中两国政府的消息》报告，就未来中日关系的发展提出四大建议，强调日中两国政府及民众之间的相互信任和尊重对于亚洲，乃至世界的稳定与繁荣是不可或缺的。截至2005 年底，日本对华直接投资累计 533 亿美元，在华日企数量达到 3.5 万家；2005 年日本对华贸易额为 24.949 1 万亿日元，超过对美贸易额的21.876 1 万亿日元。[1]无论是安全领域，还是经济领域，与相互对立相比，中日两国的共同繁荣都更加符合两国的国家利益。[2]这份报告还就进

[1] 经济同友会「今後の日中関係への提言：日中両国政府へのメッセージ」、2006 年 5 月9 日、第 1 頁、https://www.doyukai.or.jp/policyproposals/articles/2006/pdf/060509.pdf（2022 年 1 月 9 日访问）。

[2] 经济同友会「今後の日中関係への提言：日中両国政府へのメッセージ」、2006 年 5 月9 日、第 5 頁、https://www.doyukai.or.jp/policyproposals/articles/2006/pdf/060509.pdf（2022 年 1 月 9 日访问）。

一步深化中日经济关系建言献策，指出尽管对华日元贷款计划于 2008 年停止，但仍希望日本政府以环境措施、节能措施为中心，继续对华提供技术合作和无偿援助。[1]由此可见，作为日本经济界代表之一的经济同友会仍希望维持对华无偿援助与技术合作，因为这是从日本经济发展的现实角度和战略角度出发，所应该做出的最为明智的中长期选择，但遗憾的是，日本政府显然并没有充分听取经济同友会的这份政策建议。

另一方面，应当看到的是，作为日本政府实施经济外交的重要政策工具之一，政府开发援助从一个侧面反映了日本政府的对外战略。2006 年 9 月 29 日，日本首相安倍晋三在第 165 届国会发表施政演说，指出将以安倍亲自主导的"海外经济合作会议"为主体，战略性地开展政府开发援助。[2]安倍晋三的此番表态表明了日本历届政府重视政府开发援助这一重要外交手段的一贯立场，也凸显安倍内阁强调政府开发援助服务日本外交战略、国家战略实现的价值与功能；与此同时，站在新首相的立场上，安倍晋三更为强调的是要将对外援助等外交政策的制定权全部收归首相官邸，构建"一元化"的外交政策及战略的新决策机制，即日本的一切对外政策及国家战略必须由首相个人直接领导或亲自部署，且更多反映政治家及首相官邸的意志与想法，而不是停留于"官僚阶层主导"的传统决策机制。此外，诚如 2007 年《外交白皮书》中所言，日本每次实施政府开发援助政策时，都会综合考量政府开发援助大纲所揭示的自由、民主、基本人权及实现市场经济制度等若干原则，同时，旨在通过加强个人及地区社会的保护及能力，构建起确保每个人都能有尊严地活着的社会。[3]由此，政

---

[1] 经济同友会「今後の日中関係への提言：日中両国政府へのメッセージ」、2006 年 5 月 9 日、第 10 頁、https://www.doyukai.or.jp/policyproposals/articles/2006/pdf/060509.pdf （2022 年 1 月 9 日访问）。

[2] 首相官邸「第 165 回国会における安倍内閣総理大臣所信表明演説」、2006 年 9 月 29 日、https://warp.ndl.go.jp/info: ndljp/pid/244428/www. kantei. go. jp/jp/abephoto/2006/09/29syosin.html （2023 年 5 月 31 日访问）。

[3] 外務省『外交青書 2007』、2007 年 3 月、第 8 頁、https://www.mofa.go.jp/mofaj/gaiko/bluebook/2007/pdf/index.html （2021 年 12 月 21 日访问）。

府开发援助作为日本外交政策及战略的工具属性便一目了然。但这里需要指出的是,实际上,在此前日本政府公布的政府开发援助相关报告中,并没有如此强调意图通过政府开发援助来实现输出自由、民主、人权等意识形态的战略目标,而是更注重改善民生及提升经济价值等,但随着政府开发援助大纲的修改以及凸显意识形态和价值观因素在政府开发援助政策评定中的决定性作用,其"针对中国"的用意逐渐凸显,这也为其修改对华政府开发援助政策提供了指导性的参考依据。

不仅如此,对华政府开发援助政策的大幅调整也从一个侧面折射出日本对华战略的思维转变,即"务实主义"的倾向愈发凸显,同时对华防范心理亦随之上升。通过比较2006—2009年日本对中国和印度所实施的政府开发援助情况,不难发现,日本在对华和对印政府开发援助政策上出现了严重分化,并且明显已将政府开发援助政策的重心从中国移到了印度。具体而言,在无偿资金援助和技术合作两个大类上,尽管日本每年对华的援助金额还略超印度,但相较于2006年,2009年中国和印度之间的数据差距已大幅缩小,而2009年在技术合作这一项目上,日本对印输出的31.94亿日元已极为接近对华输出的32.62亿日元的阶段性低值了。在日元贷款项目上,日本对待中国和印度的差异便更为明显了,即2006年,日本对印提供贷款1 848亿日元,远超对华的1 371亿日元贷款金额,而到了2007年,对华贷款又骤降至463亿日元,之后日本便终止了对华日元贷款这一援助项目,与之形成鲜明对比的是,日本在2007年对印提供了2 251亿日元贷款,较2006年环比增加了近400亿日元,之后的2008年和2009年又分别对印提供了2 360亿日元和2 182亿日元贷款,维持了超过2 000亿日元贷款的高位状态,凸显对印政策扶持的强烈意图。在这一时期,日本对中国和印度两国在政府开发援助政策上的巨大差异,也从一个侧面折射出其在战略上对华防范心理上升的客观事实,同时希冀通过扶持印度的经济发展与国家建设,来平衡中国迅速提升的经济实力和政治影响力。

第三,积极扩大对华经贸往来,进一步在对华经济合作中扩大自身的利益与实惠。

在对华贸易方面，根据表 3.2 所示，2006—2009 年的四年间，日本对华进出口贸易基本呈现稳步增长的态势，除 2009 年因受次债危机所引发的全球金融危机的负面影响，日本对华进出口贸易出现负增长之外，其余各年均呈现两位数或接近两位数的正增长。具体而言，日本对华出口贸易额在 2006 年为 929 亿美元，出口增长率为 15.6%，与之相对应，同一年的日本对华进口额为 1 185 亿美元，同比增长 8.6%；2007 年日本对华出口额为 1 091 亿美元，同比增长 17.5%，而对华进口额为 1 276 亿美元，同比增长 7.7%；2008 年日本对华出口额为 1 240 亿美元，同比增长 13.7%，而对华进口额为 1 423 亿美元，同比增长 11.5%。2009 年，因受到次债危机及全球金融危机的负面影响，日本对华出口贸易额减少至 1 096 亿美元，同比减少 11.6%，而对华进口贸易额也同步性地降低至 1 225 亿美元，同比减少 13.9%。[1]尽管如此，金融危机造成的负面影响并没有成为中日贸易发展的负担，并且，在时隔一年后的 2010 年，中日贸易便急速地弥补了全球金融危机所造成的损失缺口，同时更是实现了超高比例的增长，促使中日贸易额突破 3 000 亿美元大关，成为中日贸易发展的历史新高点。由此可见，中日贸易发展具有很强的韧劲和动力，而日本对华贸易在这一阶段的持续性增加，反映出日本对华经济依赖程度的加深，同时也从一个侧面反映出日本在逐步扩大对华经济的影响力和渗透力。总之，进一步提升中日经济的"黏合度"成为这一时期日本经济界及政界人士的一致共识。

在对华投资方面，积极扩大对华投资成为日本这一时期对华政策的主旋律。观察日本贸易振兴机构公布的统计数据不难发现，2006—2009 年的 4 年内，日本对华直接投资呈现逐年递增的情况，而且并没有因次债危机引发的全球金融危机而出现减少或减弱的现象。从日本对华投资的流量来看，2006—2009 年的 4 年间，其数值每年均维持在 60 亿美元以上，且呈现

---

[1] 日本貿易振興機構「日本の貿易動向総括表」、https://www.jetro.go.jp/ext_images/world/japan/stats/trade/excel/summary202103.xls（2021 年 5 月 20 日访问）。

逐年递增的发展势头,从 2006 年的 61.69 亿美元逐渐增长为 2009 年的 68.99 亿美元。与此同时,日本对亚洲和世界的投资流量均因全球金融危机的负面影响而出现严重衰减,尤其是 2009 年,日本对亚洲的投资流量降至 206 亿美元,较 2008 年减少了约 30 亿美元,与之相对应,2009 年日本对世界的投资流量骤减至 746 亿美元,这一数据较 2008 年的 1 308 亿美元几乎减少了约一半;日本的对外投资存量方面,2006—2009 年的对华投资存量也同步性地保持了快速增长的态势,年增长额均保持在 100 亿美元左右,并且,从 2006 年的 303 亿美元到 2009 年的 550 亿美元,在仅仅 4 年的时间内,日本对华投资存量就几乎实现了翻番,显示出日本看好中国经济未来发展的坚定信心。与此同时,尽管同一时期日本对亚洲和世界的对外投资存量均逐年递增,但就增长幅度来看,略逊于对华投资的相关情况,这进一步凸显了日本对华投资的强烈兴趣与扩大对华经济合作的坚定决心。从这一层面来看,日本经济外交的战略目标之一包含扩大对华经济合作的深度与广度,在中国经济快速发展的进程中获取充分的经济利益。

关于日本对华投资,南开大学日本研究院教授杨栋梁给出了客观、中肯的评价:"日本的对华投资一方面缓解了中国资金不足、技术落后、产业调整、就业及管理水平落后等方面的压力,另一方面也给日本自身带来了竞争压力外溢、加快国内产业结构升级的效果,国内经济长期低迷期给企业造成的巨大压力由此得到缓解。毫无疑问,这是一种中日双赢的结果。"[1]

在扩大对华贸易、投资的同时,日本希冀进一步加强对华人文交流,以推动中日两国在社会、经济等多个领域的"大丰收"。2009 年 7 月,日本开始向中国个人游客发放旅游签证,这一举措显然有助于中国普通民众零距离地深度观察、了解日本,也有助于提升中日两国民间交往的基础和国民感情,更有助于中日关系的中长期稳定、友好的发展。当然,对于日本经济而言,大量的中国游客涌向日本国内,既推动了日本餐

---

[1] 杨栋梁:《日本后发型资本主义经济政策研究》,北京:中华书局 2007 年版,第 485 页。

表 3.6　日本对中国、亚洲及世界的投资情况（2000 年至 2010 年）

单位：100 亿美元

年份	流　量			存　量		
	中国	亚洲	世界	中国	亚洲	世界
2000	934	2 132	31 534	8 699	49 311	278 445
2001	2 158	7 797	38 495	10 043	53 230	300 868
2002	2 622	8 177	32 039	12 408	58 421	305 585
2003	3 980	5 028	28 767	15 296	64 267	335 911
2004	5 863	10 531	30 962	20 208	76 416	371 755
2005	6 575	16 188	45 461	24 655	88 187	388 197
2006	6 169	17 167	50 165	30 316	107 653	449 680
2007	6 218	19 388	73 483	37 797	132 986	546 839
2008	6 496	23 348	130 801	49 002	159 570	683 872
2009	6 899	20 636	74 650	55 045	175 645	740 364
2010	7 252	22 131	57 223	66 478	212 708	830 464

资料来源：日本貿易振興機構「直接投資統計：日本の直接投資（国際収支ベース、ネット、フロー）：国・地域別：長期データ：対外」、https://www.jetro.go.jp/world/japan/stats/fdi/（2020 年 6 月 25 日访问）；日本貿易振興機構「直接投資統計：日本の直接投資（残高）（1996～2020 年末）：対外」、https://www.jetro.go.jp/ext＿images/world/japan/stats/fdi/data/20fdistock01＿jp.xls（2022 年 2 月 10 日访问）。

饮业、酒店业、旅游业的蓬勃发展，同时强劲且充实的中国购买力更为日本国内经济的复苏与发展提供了强大动能，成为后续日本经济发展不可或缺的主要外在力量之一。

另一方面，在这一阶段，日本积极扩大对华贸易、投资等各方面的经济合作，其背后的主要动力之一就是日本经济界的坚定支持与战略选择，后者将中国经济的持续发展视为重振日本经济的重要机遇，同时，构建良性的中长期中日关系更有助于区域稳定与繁荣，也有助于日本更好地发挥区域性的政治影响力和引领力。2007 年 10 月 16 日，日本经团联发布题为"追求构筑并推进对外经济战略：成为与亚洲同进步的贸易及投资国家"的政策建议报告，其中明确指出日本未来需要重点应对的三大工程分别是构建东亚（经济）共同体、提升全球营商环境、改善并改革国内制度；为此，日本应加强对华经济合作，因为中国正不断取得稳定发展，并在东亚地区逐步提升政治、经济影响力，更是维护东亚地区稳定、繁荣所不可或缺的重要力量，与此同时，加强日中经济合作，更是构建东亚（经济）共同体所不可或缺的关键一步。[1]在此基础上，2008 年 12 月，日本经团联又发表题为"实现环境友好型的日中关系"的报告书，其中对中日关系，尤其是中日经济关系再度给予了高度评价："随着全球化的不断推进，日中两国在全领域扩大交流，尤其是经济关系，日中两国业已构建起无法分割的紧密关系。"[2]由此可见，以经团联为代表的日本经济界极为重视中国的作用与影响力，坚信加强并深化对华经济合作是日本实现构建东亚（经济）共同体战略设想的必要步骤，这也是这一时期日本对华经济外交持续快速发展的主要原因之一。

五、"安福麻"时代日本积极拓展对华经济外交的动因分析（2006 年至 2008 年）

总体来看，2006 年至 2008 年的 3 年间，中日关系"回暖"，在经历了"破冰之旅"（2006 年 10 月日本首相安倍晋三访华）、"融冰之旅"（2007 年 4 月中国国务院总理温家宝访日）、"迎春之旅"（2007 年 12 月日本首相福田康夫访华）、"暖春之旅"（2008 年 5 月中国国家主席胡锦涛访日）这一系列关键性的发展阶段之后，中日关系着实走出了一波小高潮。尽管在政府开发援助问题上出现了终止对华日元贷款、削弱对华无偿援助和技术合作等情况，但总体而言，日本对华经济外交还是较为积极的，日本外交也开始加速向中国倾斜，并加大了对华方面的关注度和投入度，这背后的动因不仅仅是中国经济出现迅猛增长的良好发展势头，同时也是日本自身国家发展的战略需求使然。

---

[1] 日本経済団体連合「対外経済戦略の構築と推進を求める-アジアとともに歩む貿易・投資立国を目指して-」、2007 年 10 月 16 日、http://www.keidanren.or.jp/japanese/policy/2007/081/index.html（2022 年 2 月 22 日访问）。

[2] 日本経済団体連合会「環境にやさしい日中関係をめざして」、2008 年 12 月 16 日、http://www.keidanren.or.jp/japanese/policy/2008/094.html（2022 年 2 月 22 日访问）。

（一）日本在环境问题上拓展对华合作的期待

"安福麻"三届日本政府均延续了在环境问题上积极谋求中方战略性合作的基本态度，希望中方能在全球环境治理问题上给予日方最大的支持和帮助，从而为日本在全球环境治理问题上建构主导性地位和"大国政治"影响力创造条件。从安倍内阁说起，安倍晋三一就任日本首相，就在其第一次公开的首相谈话中提出了"美好的国家日本"这一新兴战略理念[1]，其领导的内阁被称为"创造美好国家的内阁"；而在安倍内阁行将终了之时，安倍晋三仍在"谢幕词"中反复强调亟须应对全球气候变化问题，甚至称应对全球气候变化问题是安倍内阁全球外交的主要抓手，同时，作为主要的政绩之一，安倍内阁提出了名为"美丽星球50"的倡议。[2]不仅如此，安倍内阁认为其在推动日本环境外交上的努力是卓有成效的，尤其是《京都议定书》的达成，提升了日本在气候变化问题及全球环境治理政治圈中的影响力。鉴于此，安倍内阁希望能"乘胜追击"，推动《京都议定书》及相关减排目标的落实，并以此为契机，积极在对华外交上使用"气候变化牌"，希望中方能给予积极响应；此外，安倍在多个场合不断强调，要构建美国、中国、印度等主要排放国都参与的多边合作框架。[3]

2007年3月27日，安倍晋三在国会批准2007年度预算案之后出席记者招待会，当回答关于中国国务院总理温家宝访日及日中关系的相关提问时，安倍指出日本应在环境及能源领域积极开展对华合作，广泛交换意见。[4]由此可

［1］首相官邸「内閣総理大臣談話」、2006 年 9 月 26 日、https://warp.ndl.go.jp/info：ndljp/pid/244428/www.kantei.go.jp/jp/abephoto/2006/09/26hossoku.html（2023 年 5 月 31 日访问）。

［2］首相官邸「内閣総辞職に当たっての内閣総理大臣談話」、2007 年 9 月 25 日、https://warp.ndl.go.jp/info：ndljp/pid/8731269/www.kantei.go.jp/jp/abespeech/2007/09/25danwa.html（2023 年 5 月 31 日访问）。

［3］首相官邸「日・独共同記者会見」、2007 年 8 月 29 日、https://warp.ndl.go.jp/info：ndljp/pid/8731269/www.kantei.go.jp/jp/abespeech/2007/08/29kyoudou.html（2023 年 5 月 31 日访问）。

［4］首相官邸「安倍内閣総理大臣記者会見［平成 19 年度予算成立を受けて］」、2007 年 3 月 27 日、http://warp.ndl.go.jp/info：ndljp/pid/11236451/www.kantei.go.jp/jp/abespeech/2007/03/27kaiken.html（2023 年 5 月 31 日访问）。

见，环境问题是安倍内阁对华外交的主攻方向之一。

2007 年 5 月 24 日，安倍晋三正式发表"美丽星球 50"倡议，这也是日本参与全球政治并意图主导气候变化问题走向的标志性倡议。基于此倡议，日本希望在 2050 年将地球建设为一个美丽的星球，并提出三个支柱型提议：（1）"长期战略"，即 2050 年前世界整体二氧化碳排放量减少一半，简称"2050 减半目标"；（2）"中期战略"，包括 2013 年以后温室效应对策的具体"三原则"；（3）日本为达成《京都议定书》的要求目标而实施的国内运动。[1]2007 年 6 月 6 日至 8 日，八国集团首脑会议在德国小镇海利根达姆举行，与会领导人就全球化进程中世界经济、气候变化和非洲议题等关键性挑战展开讨论，并在应对气候变化和对非援助等问题上取得进展。在海利根达姆峰会上，安倍晋三向全球社会抛出了"美丽星球 50"的战略性倡议[2]，意图塑造日本在全球环境治理及应对气候变化问题上的引领性角色及其"大国政治"的特殊地位。此外，与会期间，安倍晋三与中国国家主席胡锦涛举行了会谈，合作应对全球环境问题自然成为两国领导人探讨的共同议题之一。

2007 年 6 月 8 日，安倍晋三就出席日本-欧盟定期首脑峰会及八国集团海利根达姆峰会等情况召开记者招待会，当被问及与胡锦涛主席的会谈及日中关系问题时，安倍晋三坦率地回答道，他已经与中方达成了共识，日中两国将致力于推动日中战略互惠关系发展，为解决地区及全球问题而共同努力；同时，关于气候变化问题，安倍晋三表示已再次向胡锦涛说明了日方的提案，日中两国可以携手在环境问题上共同合作，这既是关系两国及地区民众切身利益的课题，也是构建战略互惠关系所涉

---

[1] 首相官邸「地球温暖化対策に関する内閣総理大臣演説美しい星へのいざない『Invitation to「Cool Earth 50」』〜3つの提案、3つの原則〜国際交流会議『アジアの未来』晩餐会にて」、2007 年 5 月 24 日、https://warp.ndl.go.jp/info: ndljp/pid/8731269/www.kantei.go.jp/jp/abespeech/2007/05/24speech.html（2023 年 5 月 31 日访问）。

[2] 首相官邸「第 168 回国会における安倍内閣総理大臣所信表明演説」、2007 年 9 月 10 日、https://warp.ndl.go.jp/info: ndljp/pid/8731269/www.kantei.go.jp/jp/abespeech/2007/09/10syosin.html（2023 年 5 月 31 日访问）。

的一大适合领域[1]；与此同时，日本建议构建由主要排放国组成的框架体系，这在八国集团范围内已获得理解，接下来应加强对美国、中国、德国等主要排放国的工作，以获得它们的更多合作。[2]

2007年9月10日，安倍晋三在第168届日本国会发表施政演说，提出"用环境问题主导世界"的口号。[3]显然，环境问题被安倍内阁及日本视为参与全球政治的重要切入口和主要抓手，并希望通过在环境问题中扮演主导性角色，提升日本在国际政治舞台的存在感和影响力。

继安倍晋三之后，就任日本首相一职的福田康夫也积极主打"环境牌"，尤其是在对华外交上，福田内阁也将环境问题视为对华优先协商方向之一。2007年12月，福田康夫访华，中日双方发表了《中华人民共和国和日本国政府关于推动环境能源领域合作的联合公报》和《中华人民共和国和日本国政府关于进一步加强气候变化科学技术合作的联合声明》。值得注意的是，作为发展中国家的中国是全球二氧化碳的主要排放国之一，且当时的二氧化碳排放量正处于逐年递增的上升期，不仅如此，环境污染也是长期困扰中国经济发展的关键问题，亟待制定并落实卓有成效的综合治理对策。而日本作为发达国家的一员，在环境治理领域具有很强的竞争优势，且握有全球领先的环境治理技术，这与身为发展中国家的中国构成鲜明对比。鉴于此，日本与中国达成上述两个涉及环境问题的重要政治文

---

[1]　应该说，"共同应对全球性的气候变化问题"是日本对华外交的一大政治诉求。一方面，因为中国是排放大国，所以脱离中国谈减排或气候变化问题，本身就是不成立的；另一方面，日本欲借推动"气候变化问题"的国际化进程构建全球政治大国的形象和影响力，并为其"入常"等外交战略目标提供帮助，因此从这一层面来看，中方的支持就显得尤为重要且不可或缺。由于日方在"气候变化问题"及相关的环境问题上存在重要战略动机，且这些问题与中方的经济发展、战略利益等息息相关，因此，"气候变化问题"也就顺理成章地成为日本对华外交、尤其是经济外交的一大主要目标。

[2]　首相官邸「日・EU定期首脳協議及びG8ハイリゲンダム・サミット出席に関する内外記者会見」、2007年6月8日、https://warp.ndl.go.jp/info：ndljp/pid/8731269/www.kantei.go.jp/jp/abespeech/2007/06/08press.html（2023年5月31日访问）。

[3]　首相官邸「第168回国会における安倍内閣総理大臣所信表明演説」、2007年9月10日、https://warp.ndl.go.jp/info：ndljp/pid/8731269/www.kantei.go.jp/jp/abespeech/2007/09/10syosin.html（2023年5月31日访问）。

件，一方面彰显了福田内阁在对华环境外交上取得了重要突破，与中国就未来共同应对全球气候变化、合作推动全球环境治理等问题形成了战略性共识，同时更凸显福田内阁在全球环境治理问题上的积极有为，主动向以中国为代表的发展中国家伸出环境治理领域的技术"橄榄枝"，以促使发展中国家与发达国家一道，致力于全球环境治理事业。

2008 年 1 月 18 日，福田康夫在第 169 届日本国会发表施政演说，指出在对华关系上，要通过节能及环境治理方面的合作，深化对华战略互惠关系，构建有助于亚洲和世界稳定发展的关系结构。[1]福田康夫的发言表明福田内阁将环境治理领域的深度合作视为对华外交的重要工具，并希望借助这一工具，扩大中日双边合作的视阈与范围，将其扩容至整个亚洲，乃至世界。

2008 年 6 月 9 日，福田康夫在日本记者俱乐部发表题为"朝向低碳化社会的日本"的主题演讲，指出为了更好地应对全球变暖问题，作为环境发达国的日本未来打算向中国、印度等主要排放国积极提供先进的节能技术及专利。[2]

之后不久的 2008 年 6 月 13 日，福田康夫又在"2008 年地球环境研讨会"上发表主旨演讲，提到为了改善全球气候变暖的环境问题，接下来日本考虑向中国、印度等发展中国家提供当时研发出的新技术。[3]此外，福田康夫还以中国和印度等实现了显著经济增长的发展中国家为例，展示了环境问题与经济发展之间的密切联系，指出相较于 1990 年，2005 年中国和

［1］ 首相官邸「第 169 回国会における福田内閣総理大臣施政方針演説」、2008 年 1 月 18 日、
　　 https：//warp.ndl.go.jp/info：ndljp/pid/233240/www.kantei.go.jp/jp/hukudaspeech/2008/
　　 01/18housin.html（2023 年 5 月 31 日访问）。
［2］ 首相官邸「福田内閣総理大臣スピーチ『低炭素社会・日本』をめざして日本記者クラブ
　　 にて」、2008 年 6 月 9 日、https：//warp.ndl.go.jp/info：ndljp/pid/233240/www.kantei.go.
　　 jp/jp/hukudaspeech/2008/06/09speech.html（2023 年 5 月 31 日访问）。
［3］ 首相官邸「福田内閣総理大臣スピーチ2008 年地球環境シンポジウムにて」、2008 年 6 月
　　 13 日、http：//warp.ndl.go.jp/info：ndljp/pid/11236451/www.kantei.go.jp/jp/hukudaspeech/
　　 2008/06/13speech.html（2023 年 5 月 31 日访问）。

印度的 GDP 分别已增加至原来的 3.8 倍和 2.4 倍，与之相对应，中国占全球的二氧化碳排放量由 1990 年的 11%增加至 19%，印度占全球的二氧化碳排放量由 1990 年的 3%增加至 4%。[1]福田康夫的这一表态既表明福田内阁将全球环境治理问题视为对外政策的主要抓手之一，也说明福田内阁充分认识到与中国、印度等发展中大国在全球环境治理问题上开展合作的客观必要性和战略价值。

2008 年 7 月 9 日，福田康夫作为议长，在日本北海道洞爷湖举行八国集团峰会记者招待会，指出八国集团各国就 2050 年前全球范围的二氧化碳排放量至少减少 50%这一长期目标达成共识，并希望这能成为全球的共同目标。[2]这可以视为福田内阁重要的外交成绩之一，也是福田内阁积极推动"气候变化外交"取得阶段性胜利的重要标志之一。

综上所述，全球环境治理问题被福田内阁视为参与全球治理及实施对外战略的主要抓手之一，并且，这一重要战略方向也被完全融入福田内阁的对华外交政策。在此过程中，福田内阁既希望发挥日本"环境大国"的政治角色，向中国等发展中国家输出先进的环境治理技术与治理理念，凸显日本在全球环境治理领域的绝对性竞争优势与引领性地位，也期待中国等发展中国家能给予日本更多的响应与配合，以加速实现日本对外战略，尤其是对外环境战略的稳步实施。

继安倍、福田两届内阁之后，麻生内阁延续了以环境战略为抓手的对外政策主线，并积极在对华政策中融入环境问题。2009 年 1 月 28 日，麻生太郎在第 171 届日本国会发表施政演说，指出为实现日本经济的持续增长，麻生内阁制定了新的"发展战略"，主要由三大支柱性政策组成，其中

---

[1]　首相官邸「福田内閣総理大臣スピーチ2008 年地球環境シンポジウムにて」、2008 年 6 月 13 日、http：//warp. ndl. go. jp/info：ndljp/pid/11236451/www. kantei. go. jp/jp/hukudaspeech/2008/06/13speech.html（2023 年 5 月 31 日访问）。

[2]　首相官邸「福田内閣総理大臣記者会見　北海道洞爺湖サミット　議長記者会見」、2008 年 7 月 9 日、https：//warp. ndl. go. jp/info：ndljp/pid/233240/www. kantei. go. jp/jp/hukudaspeech/2008/07/09kaiken.html（2023 年 5 月 31 日访问）。

之一就是"低碳革命",即创造世界最高水平的环保技术和社会体系。[1]接着,2009 年 4 月 9 日,麻生太郎又在日本记者俱乐部发表题为"面向新发展"的主题演讲,介绍了麻生内阁制定的"新增长战略"中的三大支柱型政策:(1)依托低碳革命来引领世界发展的国家;(2)安心且富有活力的健康长寿社会;(3)活用日本的底蕴。与此同时,鉴于洗衣机、电视机和电冰箱曾是造就日本经济高速增长的"三大神器",麻生太郎创新性地提出太阳能电池、新能源汽车、节能家电将成为 21 世纪低碳社会的"新三大神器"。[2]

2009 年 6 月 10 日,麻生太郎发表题为"成为拯救未来的一代吧"的演讲,详细阐述了日本在应对气候变化问题上的三大原则:(1)主要排放国必须全部参加,且日本要发挥引领作用;(2)环境与经济并行发展;(3)实现 2050 年长期目标,即至 2050 年削减 60%—80% 的二氧化碳排放量。与此同时,麻生太郎还透露了日本实施减排任务的中期计划,即日本将较 2005 年减少 15% 的二氧化碳排放量,超越美欧等主要发达国家和地区减排 14% 与 13% 的中期目标,同时向发展中国家转移相关先进技术,并依托技术革新和核能开发,到 2030 年减排约四分之一,最终实现 2050 年减排约七成的长期目标。[3]

2009 年 7 月 8 日至 10 日,八国集团领导人峰会在意大利中部城市拉奎拉举行,中国、印度、巴西等新兴经济国领导人也应邀参加了此次会议。

---

[1] 除了"低碳革命"之外,麻生首相提及的其他两大支柱分别是:"健康长寿",即利用 ips 细胞等最先进的医疗研究技术,实现贴心且高效的医疗看护服务;"底蕴发挥",即活用日本特色的软实力,包括充满魅力的地方及知名景点,动漫、时尚等品牌力、美味且安全的食物等。具体内容参见首相官邸「第 171 回国会における麻生内閣総理大臣　施政方針演説」、2009 年 1 月 28 日、https://warp.ndl.go.jp/info:ndljp/pid/284573/www.kantei.go.jp/jp/asospeech/2009/01/28housin.html(2023 年 5 月 31 日访问)。

[2] 首相官邸「麻生内閣総理大臣講演『新たな成長に向けて』　日本記者クラブにて」、2009 年 4 月 9 日、https://warp.ndl.go.jp/info:ndljp/pid/284573/www.kantei.go.jp/jp/asospeech/2009/04/09speech.html(2023 年 5 月 31 日访问)。

[3] 首相官邸「麻生内閣総理大臣記者会見　『未来を救った世代になろう』」、2009 年 6 月 10 日、https://warp.ndl.go.jp/info:ndljp/pid/284573/www.kantei.go.jp/jp/asospeech/2009/06/10kaiken.html(2023 年 5 月 31 日访问)。

2009 年 7 月 10 日，在参加完八国集团拉奎拉峰会之后，麻生太郎举行记者招待会，指出为应对气候变化问题，日本决定在 2020 年之前实现"较 2005 年削减 15％"的中期目标，为此，将持续推进"低碳革命"。[1]麻生太郎的这一表态对外明确传递出日本在全球环境治理问题上的"凌云壮志"，同时也折射出其希望以环境问题为突破口，实现第二次世界大战后政治崛起的"雄心"。从这一层面来看，麻生内阁也急切地希望中方能在全球环境治理问题上给予日方积极回应，至少在政策上配合日方稳妥落实减排任务，以进一步彰显日本在全球环境治理问题上的影响力和引领力。

（二）日本在"入常"问题上希望中方合作

日本希望中国在"入常"问题上给予相应的政治支持，合作推动联合国的体制改革。实际上，成为联合国安理会常任理事国是第二次世界大战后日本真正实现"政治大国"的一大标志性梦想，也是日本在 20 世纪 60 年代末成为全球资本主义第二大经济强国之后，国内保守政治势力逐渐形成的新战略共识。20 世纪 80 年代，日本前首相中曾根康弘高调提出"战后政治总决算"的口号，其背后的用意也是希望能为日本成为联合国安理会常任理事国，进而成为全球"政治大国"铺平道路。

1992 年 1 月，日本首相宫泽喜一在出席联合国安理会首脑大会时提出，应调整安理会成员国的职能和结构，以反映"新时代的现实"，间接地提出了日本成为常任理事国的要求。此前，日本驻联合国大使波多野敬雄宣称，日本要在"五年内成为安理会常任理事国"，并将实现此目标作为日本成为"政治大国"的标志。1992 年 9 月，在联合国大会上，日本外相渡边美智雄也间接地表达了日本成为安理会常任理事国的愿望。[2]国内学者

［1］首相官邸「ラクイラ・サミット　内外記者会見」、2009 年 7 月 10 日、https：//warp.ndl.go.jp/info：ndljp/pid/8295038/www.kantei.go.jp/jp/asospeech/2009/07/10laquila_naigai.html（2023 年 5 月 31 日访问）。
［2］刘建飞、林晓光：《21 世纪初期的中美日战略关系》，北京：中共中央党校出版社 2002 年版，第 52—53 页。

李莹在《90 年代后日本的右倾民族主义》一文中就曾指出："日本在 20 世纪 90 年代以后出现的右倾民族主义表现出体系化、大众化的特征，并且，日本的右倾民族主义发展的必然结果是争当政治大国，积极谋求成为联合国安理会常任理事国，扩张军事实力，修改宪法，加强爱国主义教育等。"[1]研究员吕耀东敏锐地观察到，为了恢复因侵略他国而"丧失"的部分国家对外职能，否定侵略历史、谋求废除《联合国宪章》中的"敌国条款"、修宪等就成为日本政治的主题。[2]

由此观之，积极推动联合国的体制改革，并谋求成为安理会常任理事国与战后日本追求"政治大国"战略目标之间存在着密不可分的内在联系，并且，这一话题在 21 世纪初再度成为日本政治的关注焦点之一。以此为背景，日本外务省公布的 2006 年版《外交蓝皮书》就开诚布公地提出，2005 年日本外交的最大课题之一就是联合国安理会的改革议程。[3]与此同时，2005 年恰逢联合国成立 60 周年，日本与德国、印度、巴西共同组成"四国联盟"（G4），希望在这一敏感时点，依托四国的合作力量来实现共同的"入常"梦想。

2006 年 9 月 26 日，新上台的安倍内阁对外公布内外政策基本方针，在外交政策中专门指出需进一步调整、加强首相官邸作为外交"司令塔"的功能，提升信息收集能力；日本应以"入常"为目标，致力于联合国的改革进程。[4]2007 年 1 月 26 日，安倍晋三在第 166 届国会发表首相施政方针演说，指出日本应在国际社会中做出与其地位相匹配的贡献，鉴于此，日本将坚韧地致力于联合国的一揽子改革进程，并实现成为安理会常任理事

［1］参见李莹：《90 年代后日本的右倾民族主义》，载《日本学刊》2007 年第 4 期，第 30—41 页。

［2］吕耀东：《试析日本的民族保守主义及其特性》，载《日本学刊》2006 年第 5 期，第 5—15 页。

［3］外務省『外交青書 2006』、2006 年 4 月、第 7 页、https://www.mofa.go.jp/mofaj/gaiko/bluebook/2006/pdf/index.html（2021 年 12 月 21 日访问）。

［4］首相官邸「基本方針」、2006 年 9 月 26 日、https://warp.ndl.go.jp/info: ndljp/pid/8731269/www.kantei.go.jp/jp/abespeech/2006/09/26housin.html（2023 年 5 月 31 日访问）。

国的目标。[1]这里值得关注的是，联合国改革议题实际上也是日本对华的主要政治诉求之一。2007 年 3 月 27 日，日本首相安倍晋三在国会批准 2007 年度预算案之后出席记者招待会，当回答关于中国国务院总理温家宝访日及日中关系的相关提问时，安倍晋三指出温家宝访日有助于推进日中互惠关系的发展，同时，日本在国际场合希望成为联合国安理会常任理事国，在这一问题上，日本必须努力获得中国的支持。[2]由是观之，安倍内阁将中国的支持视为日本能否成功获取联合国安理会常任理事国席位的关键。

继安倍晋三之后，福田康夫同样将"入常"与"对华"紧密地关联在一起。2007 年 10 月 1 日，福田康夫在第 168 届日本国会发表施政演说，提出"创造和平的外交"新理念，强调日本外交的基础是坚持日美同盟和国际协调，面临的主要问题包括联合国改革与日本的"入常"问题及对华关系问题等。[3]尤其是在对华关系方面，福田康夫特意强调，日本将"与中国构建以共通的战略利益为基础的互惠关系，一同为亚洲的和平和稳定做出贡献"[4]。

2008 年 5 月 7 日，作为国宾访日的中国国家主席胡锦涛与日本首相福田康夫举行会谈，其中，日方专门谈及了联合国安理会改革的相关议题[5]，凸显

---

［1］首相官邸「第 166 回国会における安倍内閣総理大臣施政方針演説」、2007 年 1 月 26 日、https://warp.ndl.go.jp/info：ndljp/pid/8731269/www.kantei.go.jp/jp/abespeech/2007/01/26sisei.html（2023 年 5 月 31 日访问）。

［2］首相官邸「安倍内閣総理大臣記者会見［平成 19 年度予算成立を受けて］」、2007 年 3 月 27 日、https://warp.ndl.go.jp/info：ndljp/pid/8731269/www.kantei.go.jp/jp/abespeech/2007/03/27kaiken.html（2023 年 5 月 31 日访问）。

［3］福田首相的施政演说中还包括了海上自卫队在印度洋上的支援活动、朝鲜问题、日美同盟、对华关系、WTO 多哈回合谈判等其他议题。具体内容参见首相官邸「第 168 回国会における福田内閣総理大臣所信表明演説」、2007 年 10 月 1 日、https://warp.ndl.go.jp/info：ndljp/pid/233240/www.kantei.go.jp/jp/hukudaspeech/2007/10/01syosin.html（2023 年 5 月 31 日访问）。

［4］首相官邸「第 168 回国会における福田内閣総理大臣所信表明演説」、2007 年 10 月 1 日、http://www.kantei.go.jp/jp/hukudaspeech/2007/10/01syosin.html（2023 年 5 月 31 日访问）。

［5］首相官邸「日中共同記者会見」、2008 年 5 月 7 日、https://warp.ndl.go.jp/info：ndljp/pid/10198915/www.kantei.go.jp/jp/hukudaspeech/2008/05/07kaiken.html（2023 年 5 月 31 日访问）。

出其亟须在这一问题上得到中方的理解与支持。

可惜的是，与安倍晋三一样，福田康夫同样陷入了"短命首相"的怪圈，早早地结束了自己的首相任期。于是，日本"入常"未竟的事业很快便转交至新首相麻生太郎的手上。2008 年 9 月 25 日，上任仅一天的新首相麻生太郎便在联合国大会一般性辩论上发表演讲。麻生太郎还念兹在兹地谈及联合国安理会改革一事，期待通过扩大常任及非常任的议席数，以尽早实现相关改革。[1]2008 年 10 月 24 日，麻生太郎在北京人民大会堂举行的纪念《中日和平友好条约》缔结 30 周年招待会上发表演讲，又专门强调了日中两国应在环境及节能问题、联合国改革等一系列问题上展开合作，积极从亚洲向世界传递合作的信号。[2]

综上，分析安倍晋三、福田康夫、麻生太郎三任日本首相的公开表态，尤其是他们在与中国领导人会晤时围绕联合国改革所做的专门性发言等，不难发现，推动联合国改革、使日本成为联合国安理会常任理事国，是这一时期日本对华外交的主要诉求之一，这也从一个侧面解释了日本积极推动对华经济外交的动因所在。

（三）就推动亚太自由贸易发展问题存在共同利益

日本希望中方在推动亚洲及亚太区域经济一体化、构建以自由贸易为基础的亚太自由大市场问题上给予日本相应的支持。实际上，推动区域经济一体化建设既是一个经济问题，也是一个政治问题。从经济层面来看，区域经济一体化的建设有助于推进区域性贸易便利化与一体化发展，为域内各经济体的经济增长创造有利的内外部条件，最终形成实实在

---

［1］ 首相官邸「第 63 回国連総会における麻生総理大臣一般討論演説」、2008 年 9 月 25 日、https://warp.ndl.go.jp/info：ndljp/pid/284573/www.kantei.go.jp/jp/asospeech/2008/09/25speech.html（2023 年 5 月 31 日访问）。

［2］ 首相官邸「日中平和友好条約締結 30 周年記念レセプション　麻生総理挨拶～日中関係についての、私の所信表明」、2008 年 10 月 24 日、https://warp.ndl.go.jp/info：ndljp/pid/284573/www.kantei.go.jp/jp/asospeech/2008/10/24message＿about.html（2023 年 5 月 31 日访问）。

在的经济利益；而实现上述结果的过程却是一个需要政治协商、讨价还价的艰难过程，其中包含了主导权之争、利益博弈、政治妥协等多方面内容。由是观之，推动构建区域经济一体化完全属于政治经济学范畴，而对于意图主导东亚，乃至亚太经济一体化建设的日本而言，达成这一战略目标完全符合其经济外交的基本属性，即既有政治意图，也有经济利益。

从另一个视角出发，作为资源贫乏的岛国，日本经济呈现出显著的岛国属性，这就意味着它必须依托外来的资源进口及对外贸易来实现循环型发展。与此同时，第二次世界大战后日本从全球贸易及区域分工合作中赚取了巨大的经济利益，故它始终积极倡导自由贸易理念，并努力推动区域及全球经济一体化建设。在东亚地区，日本则希冀依托其较强的经济竞争优势，引领东亚乃至亚太区域的经济一体化建设，以有利于其未来经济的中长期发展。更为重要的是，上述基本思想，得到了日本经济界的强烈支持，同时，针对前首相小泉纯一郎高调提出要构建"东亚共同体"的新战略理念，日本经济界同样也给予了高度重视和支持，并积极建议政府要以"东亚共同体"为抓手，与中国加强合作，以共同促进区域经济的稳定增长。2006 年 4 月，日本三大经济团体之一的"经济同友会"发布《对今后日中关系的建议——给日中两国政府的消息》报告，强调日中两国政府及民众之间的相互信任和尊重对于亚洲乃至世界的稳定与繁荣是不可或缺的。[1]由此，日中应互不争霸、和平共存、相互合作、互不干涉内政，以此构建起平等的伙伴关系，为相互实现彼此的国家利益而合作；与此同时，面向实现国际社会的稳定发展，尤其是东亚经济共同体，日中两国宜构筑起共同发挥主体性功能的合作关系。[2]

受日本经济界的鼓舞，安倍晋三、福田康夫、麻生太郎三位首相继承

---

[1] 经济同友会「今後の日中関係への提言：日中両国政府へのメッセージ」、2006 年 5 月 9 日、第 5 頁、https://www.doyukai.or.jp/policyproposals/articles/2006/pdf/060509.pdf（2022 年 1 月 9 日访问）。

[2] 经济同友会「今後の日中関係への提言：日中両国政府へのメッセージ」、2006 年 5 月 9 日、第 6 頁、https://www.doyukai.or.jp/policyproposals/articles/2006/pdf/060509.pdf（2022 年 1 月 9 日访问）。

了前任们的区域经济合作政策，同时更希望凸显日本在这一多边议程中的引领性角色与地位，这就无法绕开中国的支持与合作。

2006 年 11 月 20 日，安倍晋三就出席 APEC 首脑会议及对越南正式访问等内容召开记者招待会，指出 APEC 是支撑亚太地区历史变革的最大框架；日本拥有当时世界第二的经济规模，将在 APEC 的发展中持续发挥引领性作用。[1]安倍晋三这一直白的表述，清晰地表明日本希冀在亚太经济合作及经济一体化建设中发挥引领者功能，以彰显日本占据绝对优势的经济竞争力，同时这也有助于稳固并提升日本的政治影响力与域内政治大国地位。

2007 年 3 月，日本政府公布的 2007 年版《外交蓝皮书》也如实反映了日方的这一区域经济合作思想，其中更是直言不讳地指出，维持并强化多边贸易体制创造了繁荣的世界经济，这也是日本经济发展所紧密依托的支柱。[2]

2008 年新年伊始，国际原油价格延续了 2007 年持续上涨的态势，并一举突破 100 美元大关，对全球经济及中国、日本等原油主要进口国均造成了极大影响。面对这一全球性的经济挑战，中日两国唯有加强合作，共克时艰，才能在稳定地区及全球经济发展的同时，确保将自身经济发展所受的负面影响压缩至最小。

2008 年 1 月 18 日，日本首相福田康夫在第 169 届国会发表施政演说，指出日本实施"全球战略"，进一步向全世界开放，提升与亚洲、世界之间的人员、货物、资金和信息交流；为了将世界的活力转变为日本发展的动能，日本应积极参与 WTO 谈判、在亚太地区尽早签署经济合作协定等，同时进一步提升对日投资制度的透明度，稳步实现对日投资倍增计划。[3]

---

[1] 首相官邸「APEC 首脳会議出席・ベトナム公式訪問における内外記者会見」、2006 年 11 月 20 日、https://warp. ndl. go. jp/info：ndljp/pid/8731269/www. kantei. go. jp/jp/ abespeech/2006/11/20vietnampress.html（2023 年 5 月 31 日访问）。

[2] 外务省『外交青书 2006』、2006 年 4 月、第 7 頁、https://www.mofa.go.jp/mofaj/gaiko/ bluebook/2006/pdf/index.html（2021 年 12 月 21 日访问）。

[3] 首相官邸「第 169 回国会における福田内閣総理大臣施政方針演説」、2008 年 1 月 18 日、https://warp.ndl.go.jp/info：ndljp/pid/233240/www. kantei. go. jp/jp/hukudaspeech/2008/ 01/18housin.html（2023 年 5 月 31 日访问）。

2008 年 12 月 15 日，麻生太郎就"WTO 多哈回合谈判难以形成实质性进展且放弃年内举行部长级会议的计划"发表评论，指出在全球经济面临巨大发展阻力的情况下，WTO 未能达成新共识是非常可惜的，尽管如此，日本今后仍将努力致力于尽早完成多哈回合谈判；同时，为了与保护主义抗衡，日本在 WTO 框架下呼吁各成员不要设置包括出口限制等措施在内的贸易和投资领域的新壁垒。[1]麻生太郎的评论表明，日本对金融危机背景下全球贸易保护主义的抬头怀有一定担忧，但这也更加坚定了其积极促进全球自由贸易发展的决心与方向，并急切地希望在这个过程中发挥引领性作用。

2009 年 1 月 28 日，麻生太郎在第 171 届日本国会发表施政演说，其中提及了日中"战略互惠关系"和日韩"成熟伙伴关系"，并希望基于此为亚洲及世界的和平与稳定做出贡献；不仅如此，麻生内阁还将致力于推动 WTO 多哈回合尽早达成妥协、启动经济合作协定的谈判等。[2]2009 年 4 月 9 日，麻生太郎在日本记者俱乐部发表题为"面向新发展"的主题演讲，提出"亚洲经济倍增的发展构想"，认为亚洲是 21 世纪发展的中心，日本应利用好身处亚洲的地理优势，结合"新增长战略"，实现日本经济的持续增长。[3]

这里有必要补充的是，为应对 1997 年的亚洲金融危机，中日韩及其他相关方曾就稳定区域金融而达成《清迈倡议》。与之相关联，2009 年 4 月末，麻生太郎应邀访华。之后的 5 月 3 日，中日韩财长就三国对筹建中的自我管理的区域外汇储备库的出资份额达成重要共识，即中日两国各出资

［1］ 首相官邸「WTOドーハ・ラウンド交渉に関する内閣総理大臣コメント」、2008 年 12 月 15 日、https://warp.ndl.go.jp/info：ndljp/pid/8731269/www.kantei.go.jp/jp/asospeech/2008/12/15comment.html（2023 年 5 月 31 日访问）。

［2］ 首相官邸「第 171 回国会における麻生内閣総理大臣　施政方針演説」、2009 年 1 月 28 日、https://warp.ndl.go.jp/info：ndljp/pid/8731269/www.kantei.go.jp/jp/asospeech/2009/01/28housin.html（2023 年 5 月 31 日访问）。

［3］ 首相官邸「麻生内閣総理大臣講演『新たな成長に向けて』　日本記者クラブにて」、2009 年 4 月 9 日、https://warp.ndl.go.jp/info：ndljp/pid/284573/www.kantei.go.jp/jp/asospeech/2009/04/09speech.html（2023 年 5 月 31 日访问）。

384 亿美元，韩国出资 192 亿美元，中日韩三国资金占储备库总额的 80%。在发生金融危机时，储备库将以借贷方式向发生流动性困难的成员方提供资金帮助。

2009 年 5 月 21 日，麻生太郎在第 15 届国际交流会议"亚洲的未来"上发表题为"向着跨越经济危机、再度起飞的亚洲前进"的主题报告，提出"亚洲的发展构想"，希望亚洲经济可以从"出口主导型"变革为"内需主导型"；为此，麻生太郎提出两个具体建议：（1）推进广域开发，包括推进基础设施建设、产业开发、通关手续简便化等一体化工程，实现人员、财物、资本的自由流动；（2）扩大亚洲内需，包括各国建设社会保障网络，提升亚洲中等收入层的安心度以扩大消费，同时充实教育以扩大中等收入层的规模。[1]由此可见，推进亚洲，乃至亚太地区经济的一体化建设，也是麻生内阁的主要对外经济政策之一，这其中自然离不开中国的参与和合作。不仅如此，对于意图在这一进程中发挥引领性功能、占据主导性地位的日本而言，中方的理解和支持是不可或缺的。这在一定意义上构成了日本要在这一阶段积极推动对华经济外交的动因之一。

（四）意图弱化中方在历史、领土等问题上的对日施压

日本希望借助夯实对华经济合作，弱化中方在历史问题、领土问题上对日本施加的压力。应该说，1972 年中日恢复邦交正常化以来，历史问题、领土问题一直是横亘在中日关系发展中的主要矛盾，双方在历史问题、领土问题上的分歧较为显著，且始终没有达成能满足彼此需求的一致共识。尽管如此，"安福麻"时代的中日关系中，双方就历史问题、领土问题的矛盾、分歧被有效克制，且并没有成为阻碍双边关系正常发展的显性困难，同时再加上中日政治、经济关系进入一个相对较为稳定的发展机遇

---

[1] 首相官邸「第 15 回国際交流会議『アジアの未来』 麻生内閣総理大臣講演 『経済危機を超え、再び飛躍するアジアへ』」、2009 年 5 月 21 日、https://warp.ndl.go.jp/info: ndljp/pid/10955906/www.kantei.go.jp/jp/asospeech/2009/05/21speech.html（2023 年 5 月 31 日访问）。

期，中日双方在历史问题等方面也取得了一定的相对性突破。

另一方面，对于"安福麻"三代政权而言，历史问题和领土问题实际上是日本国内政治保守势力牵制、制衡政府的主要切入口，反过来，这也是"安福麻"三代政权积极争取国内保守势力政治支持、谋求政治选票的重要路径。因此，从政治实操层面而言，历史问题和领土问题是极为敏感且极难应对的政治议题，需要集思缜密、妥善处理。由是观之，"安福麻"三代政权并不想过分渲染中日两国在历史、领土等敏感问题上的分歧，也担忧这些矛盾被过分操作、过分放大，最终严重影响中日关系稳定、向上的发展势头，同时也使政府的对华政策受到国内政治保守势力的打压与牵制，甚至失去对华政策的主导权与话语权等。有鉴于此，"安福麻"时代日本积极开展对华经济外交，希冀中方在一定程度上能减弱在历史问题、领土问题上的对日施压，同时也确保双方就上述问题的分歧处于可控范围之内。

实际上，从"安福麻"三代日本首相的若干发言中，我们可以直观地感受到他们对中日两国在历史问题、领土问题上存在严重分歧的担忧。2006 年 10 月 8 日，安倍晋三在访华期间召开记者招待会，在回答关于历史问题和靖国神社问题时，安倍晋三表示日本曾对亚洲多国人民造成了巨大伤害和苦痛，日本对这些残留的伤痕表示深刻反省，在此基础上，日本走过了第二次世界大战后的 60 年。[1]安倍晋三的这一表述符合客观的历史事实，也在一定程度上回应了中国及整个亚洲人民对其在历史问题上做出公正表态的积极期待。值得一提的是，2013 年 1 月 1 日，第二次登上日本首相宝座的安倍晋三，在其亲自撰写的《致新国家》一文中，把领导自民党夺回执政权比喻为一场重要的战斗，其目的是要使日本摆脱二战的阴影，重新出发。[2]安倍晋三的这一表态暴露出其蛊惑日本民众逃避历史问

---

[１]　首相官邸「中国訪問に関する内外記者会見」、2006 年 10 月 8 日、https://warp.ndl.go.jp/info:ndljp/pid/244428/www.kantei.go.jp/jp/abespeech/2006/10/08chinapress.html（2021 年 10 月 9 日访问）。

[２]　安倍晋三：「新しい国へ」『文藝春秋』、第 91 巻第 1 号、創刊 90 周年記念、2013 年 1 月 1 日発行、第 133 頁。

题的嫌疑，同时也说明他对第二次世界大战后的国际政治体系及日本实际国际地位被"严重低估"的不满。安倍晋三前后两次在历史问题上的不同表态，存在显著矛盾，同时更折射出其在对华政策上迥然不同的两种态度。

视线回到 2006 年 10 月安倍晋三访华。在访华期间，安倍晋三与中国国务院总理温家宝就年内启动中日共同历史研究达成共识。之后的 11 月，中国国家主席胡锦涛在越南河内举行的 APEC 会议期间，再度会晤了安倍晋三，其间，对该共识再次予以确认。2006 年 11 月 16 日，中国外交部长李肇星与日本外务大臣麻生太郎就"中日历史共同研究实施框架"达成一致，决定中日两国学者将基于《中日联合声明》《中日和平友好条约》《中日联合宣言》三个政治文件的原则，以正视历史、面向未来的精神，对中日关系进行共同研究。之后，中日双方分别委托中国社会科学院近代史研究所和日本国际问题研究所负责落实具体研究工作。2006 年 12 月 9 日，安倍晋三在正式访问菲律宾期间举行记者招待会。在回答关于中日关系及历史问题的相关提问时，安倍晋三表示之前访问中国时，已与中方达成一致，将提升日中战略互惠合作关系，同时开展关于历史问题的共同研究，以深化日中间的相互理解。[1]总体来看，这一时期的日本在历史问题上的政治态度相对较为积极，愿意就两国在历史问题上的诸多分歧与中方进行坦诚交流与协商，并试图达成一个最终的妥协方案。

除了历史问题外，在领土问题上安倍内阁的政策态度也相对较为克制、理性。2007 年 6 月 8 日，安倍晋三就出席日本-欧盟定期首脑峰会及八国集团海利根达姆峰会等内容召开记者招待会，指出关于东海资源开发问题，日本已与中方达成一致，双方将加紧协调，争取讨论出两国都可以接受的方案；同时因顾虑到可能对中日关系发展产生不必要的负面影响，对于中国台湾地区前领导人李登辉访日问题，安倍晋三并没有给予直接回答，与此同时，安倍晋三指出始终确保日中关系的稳定发展是两国的共同

---

[1] 外務省「フィリピン公式訪問における内外記者会見」、2006 年 12 月 9 日、https://www.mofa.go.jp/mofaj/kaidan/s_abe/eas_06/kaiken.html（2023 年 5 月 31 日访问）。

利益，并且对区域社会也极为重要，双方应各自承担起在区域社会内的相应责任。[1]

总体来看，"安福麻"三届日本政府在领土问题上的对华政策相对较为温和，主要是因为他们并不希望领土问题搅乱日本对华关系发展的大趋势，进而影响日本对华政治经济关系的整体进步。

（五）日本期待中方在朝鲜问题上予以合作

日本希冀通过用经济撬动政治的方式，寻求中国在朝鲜问题上的支持与帮助。以安倍时代为例，对于安倍晋三而言，解决朝鲜问题不仅是其重要的政治任务和政治使命，更是其博取国内政治喝彩的高光时刻，是赢取政治选票的"积极有为"的行动。2002年9月17日，当小泉纯一郎走下旋梯，正式开启日本领导人对朝鲜的首访时，时任日本内阁副官房长官的安倍晋三就陪伴其左右，并一路成为日本媒体争相追逐的焦点人物之一。不仅如此，甚至有媒体爆料称，安倍晋三曾竭力反对小泉纯一郎在《日朝平壤宣言》上签字，故安倍晋三也被贴上了"对朝强硬派"的标签，而这也成为他备受日本国内政治保守势力欢迎与支持的主要动因之一。从那一刻起，安倍晋三就与朝鲜问题紧密地联系在了一起。2006年10月8日，作为日本首相的安倍晋三在访问中国期间召开记者招待会，指出日中两国在政治领域应相互合作，相互发挥影响力，尤其是在"六边会谈"机制下，合作阻止朝鲜的核开发及应对导弹问题等；朝鲜问题是日中两国的共通课题之一。[2]安倍晋三此番发言明显透露出朝鲜问题是安倍内阁对华政治诉求的主要议题之一，其主要目标是终止朝鲜的导弹及和核武器研发，以清除朝鲜对日所构成的外部威胁，保证日本国家的绝对安全。

---

[1] 首相官邸「日・EU定期首脳協議及びG8ハイリゲンダム・サミット出席に関する内外記者会見」、2007年6月8日、https://warp.ndl.go.jp/info:ndljp/pid/8731269/www.kantei.go.jp/jp/abespeech/2007/06/08press.html（2023年5月31日访问）。

[2] 首相官邸「中国訪問に関する内外記者会見」、2006年10月8日、https://warp.ndl.go.jp/info:ndljp/pid/244428/www.kantei.go.jp/jp/abespeech/2006/10/08chinapress.html（2021年10月9日访问）。

2007 年 3 月 27 日，安倍晋三在国会批准 2007 年度预算案之后出席记者招待会，当回答关于中国国务院总理温家宝访日及日中关系的相关提问时，安倍晋三指出日中合作关系到地区和平、繁荣与稳定，因此，今后将与中方在六方会谈等重要平台上加强合作。[1]

福田内阁和麻生内阁延续了安倍内阁的基本态度，也在和平解决朝鲜问题上积极寻求中方的帮助与支持。2007 年 10 月 1 日，福田康夫在第 168 届日本国会发表施政演说，提出在对华关系方面，日本将与中国构建以共同的战略利益为基础的互惠关系，共同贡献亚洲的和平和稳定。[2] 2008 年 5 月 7 日，作为国宾访日的中国国家主席胡锦涛与日本首相福田康夫举行会谈，双方就东亚地区合作、朝鲜问题等广泛议题交换意见。[3] 2008 年 8 月 2 日，福田康夫在完成内阁改组后发表讲话，指出福田新内阁的外交将坚持以牢固的日美同盟为基础，与亚太国家一同构建同步且开放的关系；同时，在朝鲜问题上，新内阁将尽全力解决核试验问题、导弹问题等。[4]作为日本政府的掌门人，福田康夫多次在重要场合谈及朝鲜问题，足以显现日本对解决朝鲜问题的重视，同时也从一个侧面反映出日本积极推动对华经济外交的政策诉求所在。

继安倍晋三、福田康夫之后，麻生太郎依旧将解决朝鲜问题视为日本政府推进对外政策的优先方向之一。2008 年 9 月 29 日，麻生太郎在第

---

[1] 首相官邸「安倍内閣総理大臣記者会見［平成 19 年度予算成立を受けて］」、2007 年 3 月 27 日、http://warp. ndl. go. jp/info：ndljp/pid/11236451/www. kantei. go. jp/jp/ abespeech/2007/03/27kaiken.html（2023 年 5 月 31 日访问）。应该说，日本对华的一大主要政治诉求就是"朝鲜问题"，其中具体包括"绑架问题""导弹问题"和"核试验问题"三个板块的内容。

[2] 首相官邸「第 168 回国会における福田内閣総理大臣所信表明演説」、2007 年 10 月 1 日、https://warp.ndl.go.jp/info：ndljp/pid/233240/www. kantei. go. jp/jp/hukudaspeech/2007/ 10/01syosin.html（2023 年 5 月 31 日访问）。

[3] 首相官邸「日中共同記者会見」、2008 年 5 月 7 日、https://warp.ndl.go.jp/info：ndljp/ pid/10198915/www.kantei.go.jp/jp/hukudaspeech/2008/05/07kaiken.html（2023 年 5 月 31 日访问）。

[4] 首相官邸「内閣総理大臣談話」、2008 年 8 月 2 日、http://warp.ndl.go.jp/info：ndljp/pid/ 11236451/www.kantei.go.jp/jp/hukudaspeech/2008/08/02danwa.html（2019 年 3 月 18 日访问）。

170 届日本国会发表首次施政演说，将朝鲜问题明确定位为麻生内阁五大外交任务之一，凸显出麻生内阁在解决朝鲜问题上的使命感和责任感，同时，其五大外交任务的另一主要方向——与中国、韩国、俄罗斯等邻国一同构筑亚太地区的稳定和繁荣，实现共同发展——表明麻生内阁还是希望与中国等相关国家积极合作，以多边协商的方式，一揽子妥善解决朝鲜问题。

2009 年 4 月 30 日，麻生太郎在正式访华期间与中国国家主席胡锦涛举行会谈，并在会后举行记者招待会。关于朝鲜问题，麻生太郎认为六方会谈是解决朝鲜问题最为现实的框架，今后麻生内阁将与包括中国在内的六方会谈成员紧密合作，努力实现六方会谈的尽早重启。[1]

尽管如此，2009 年的 4 月和 5 月，包括朝核问题在内的朝鲜问题局势风云突变，解决朝鲜问题的困难度与复杂性急遽增加。2009 年 4 月 5 日，朝鲜宣布发射"光明星 2 号"卫星，对此，联合国安理会发表主席声明，谴责朝鲜此次发射活动，与此同时，联合国朝鲜制裁委员会公布了新的制裁措施。朝鲜认为这一"评判"不公，遂于 4 月 14 日发表声明，宣布退出朝核问题六方会谈并将按原状恢复已去功能化的核设施。4 月 29 日，朝鲜外务省发言人发表声明称，如果联合国安理会不就"侵犯朝鲜自主权的行动""赔礼道歉"，朝鲜会再次进行核试验和试射洲际导弹。5 月 25 日，朝鲜再次进行了地下核试验，地点为咸镜北道吉州郡的地下设施。当日，麻生太郎就"朝鲜实施地下核试验"发表首相声明，强调朝鲜的核试验及导弹对日本的安全构成重要威胁，同时明显危及东北亚及国际社会的和平与安全，日本对朝鲜做出严正抗议和强硬指责。[2]实际上，从日本的视角来看，朝鲜问题，尤其是朝鲜核问题，对日本的国家安全构成了重

［1］ 首相官邸「日中首脳会談内外記者会見」、2009 年 4 月 30 日、https://warp.ndl.go.jp/info：ndljp/pid/284573/www.kantei.go.jp/jp/asospeech/2009/04/30naigai.html（2023 年 5 月 31 日访问）。

［2］ 首相官邸「内閣総理大臣声明」、2009 年 5 月 25 日、https://warp.ndl.go.jp/info：ndljp/pid/284573/www.kantei.go.jp/jp/asospeech/2009/05/25seimei.html（2023 年 5 月 31 日访问）。

大威胁。2009 年 6 月 13 日，麻生太郎就联合国一致通过针对朝鲜的安理会1874 号决议发表讲话，高度评价了联合国及国际社会对朝采取的这一具体行动，并指出日本将坚决采取具体行动，以寻求一揽子解决核试验问题和导弹问题等诸多问题。[1]

综上所述，"安福麻"时代的日本政治中，包括朝核问题在内的朝鲜问题一直占据着关键位置。"安福麻"三届内阁均希望能够在和平解决朝鲜问题上取得突破，因为这不仅有助于其获取足够的政治加分，维持长期执政地位，也有助于日本维护国家安全与战略安全。当然，这也完全是从日本的视角来观察问题的。

此外，"安福麻"三届内阁均以中国为标牌，凸显了各自对外政策的独特特征。应该说，在定义安倍晋三、福田康夫、麻生太郎这三位日本政治家时，很难用"亲华派"这个词，充其量只能用"知华派"这一较不准确的词语。尽管如此，三位政治家在担任日本首相期间，着实表现出了不同于第二次世界大战后多数日本首相所坚持的"重美轻华"或"唯美是从"的典型特征，在对华方向上展现出了更多的独立性和优先性，这背后实际上还是其作为政治家的基本政治逻辑在发生作用。简言之，为了追求其对外政策的独特性，以及更好地维护日本的国家利益，三位政治家不约而同地选择了"对华倾斜"的政治态度。

---

[1] 首相官邸「内閣総理大臣コメント」、2009 年 6 月 13 日、https://warp.ndl.go.jp/info:ndljp/pid/284573/www.kantei.go.jp/jp/asospeech/2009/06/13comment.html（2023 年 5 月31 日访问）。

第四章

"对冲性"日本经济外交战略与"政冷经凉"的中日关系

　　2009 年 8 月末，日本民主党以压倒性的优势，在众议院的选举中赢得胜利。由此，第二次世界大战后长时间垄断日本执政权的自民党再度跌下神坛，转变为在野党，以鸠山由纪夫为党首的日本民主党经过多年的不懈努力，终于摇身一变，成为执政党，并与社民党和国民新党组成执政联盟。一时间，"日本变天了"成为众人奔走相告的重大消息。

　　受到日本国内政治的巨大影响，中日关系的确在鸠山由纪夫执政时期走出了一波"小阳春"。但好景不长，随着领土争端等中日两国结构性矛盾逐渐放大，中日政治关系便陷入持续滑坡的困难阶段，中日经济关系也随之转入"政冷经凉"的新发展阶段。可以说，从民主党党首鸠山由纪夫上台执政到自民党总裁安倍晋三接过首相职位的接力棒，中日政治、经济关系呈现出"高开低走"的基本态势，领土争端、历史问题等结构性矛盾仍是横亘在中日关系发展道路上的主要障碍。以此为背景，日本对华经济外交战略的指导理念也逐步呈现"对冲性"的明显特征，即在控制推进对华经济合作的节奏与步伐的同时，日本希冀通过开展务实的对华经济外交，来对冲或弱化中国逐渐增长的地区及全球影响力，确保自身在地区及全球政治经济事务中仍可以发挥一定的影响力，甚至是主导力。

第一节

————

民主党时代的日本对华经济外交

整体而言，20 世纪 90 年代之后的日本经济长期处于低迷状态，2008 年的金融危机和 2011 年的超强地震对于日本经济更是雪上加霜。受其影响，民主党把经济复苏与发展作为其国家战略重点内容，出台了"新增长战略"，以实现"强经济"的目标[1]；并于 2010 年 12 月成立"经济外交促进总部"，以更加系统地推进不同领域的具体事务，包括经济伙伴关系协定或自由贸易协定，自然资源和能源，基础设施建设，旅游业等；2011 年 11 月又出台"全面经济伙伴关系基础政策"（Basic Policy on Comprehensive Economic Partnerships），旨在推进与伙伴国之间更高水平的经济合作；与此同时，日本也积极利用区域及全球多边平台，包括联合国、WTO、OECD、G20、G8、APEC 等，在这些国际组织中积极担当自由贸易促进者角色。总而言之，经济外交是民主党对外政策的重要内容，反映并服务于日本国家战略的实施与演进。

一、 民主党时代日本对华政治关系概览

2009 年 9 月 16 日，日本民主党党首鸠山由纪夫正式走上执政宝座，成为第 93 任日本首相。可以说，对于长期处于在野党地位的民主党的上台执政，日本社会"众星捧月"般地给予了巨大的信任与期待，**但不幸的**是，民主党的鸠山由纪夫及之后的菅直人、野田佳彦所领导的三届内阁的拙劣表现，让日本民众十分失望。这三届内阁也未能逃出"一年一相"的政治怪圈，在总共执政三年多之后，便将执政权杖又转交给了自民党（2012 年 12 月），民主党又重新跌落至在野党的"落魄"位置。

---

[1] 刘红：《日本民主党"新增长战略"评析》，载《日本研究》2010 年第 4 期，第 1 页。

总体上，民主党执政时期的中日关系走势由暖转冷，经济关系也因为政治关系的恶化而逐渐陷入低谷。从领导人的角度而言，这一阶段主要经历了鸠山由纪夫、菅直人、野田佳彦三位首相。三人虽同属日本民主党，但是政治背景和外交理念并不相同，所以在对华战略上也不尽相同。作为日本民主党的"开山首相"，鸠山由纪夫是典型的鸽派政治家，对华态度相对友好，这也是民主党区别于自民党的重要内容之一。在对外战略上，鸠山内阁积极调整外交政策和区域经济合作战略，主动发展中日战略互惠关系，积极参与东亚合作，并寻求"对等"的日美关系。鸠山由纪夫担任首相期间，积极推动中日关系良性发展，任命对华友好的冈田克也为外务大臣，积极利用参加二十国集团华盛顿峰会的机会与时任中国国家主席胡锦涛见面，促进中日韩会谈的举行，更是打破惯例促成时任中国国家副主席习近平与日本天皇会面。

鸠山由纪夫之后的菅内阁，其对华政策是民主党执政时期对华政策的转折点，即从鸠山时期的"友好"转向了之后的"对冲"或"对抗"。菅直人曾是鸠山由纪夫的特使，而菅内阁也曾试图继承鸠山内阁的对华友好政策，多次表示发展中日双方战略互惠关系，尽管如此，因受到民主党内诸如前原诚司等鹰派政治人物的压力，以及美国对日本的不满等，菅内阁不得不调整日本的外交政策重心，再度强调日美同盟的基石性功能，并在对华关系上呈现出"友好"与"对抗"的矛盾性特征。

菅直人之后的野田佳彦是民主党内的鹰派代表人物。他出身于军人家庭，担任过财务大臣，熟悉防卫和财政，因此，野田佳彦在对华策略上呈现出典型的两面性，即一方面在军事上防范中国，另一方面在经济上却希望加强与中国的战略性合作，拓展中日战略互惠关系。

（一）鸠山内阁时期的中日关系

作为政治家的鸠山由纪夫在就任日本首相一职后便积极倡导并传播"友爱政治"精神，这也是其标志性的政治理念之一，更是横贯其内外政策的中心词。在对外战略方面，构建"东亚共同体"是鸠山由纪夫对外政策布局的最主要目标之一；在日美关系问题上，鸠山由纪夫强调"对等的日美关系"，希冀提升日本外交的独立性和自主性，摆脱"完全依附于美国"的传统外交格局。

2009 年 9 月 16 日，鸠山由纪夫召开当选首相后的首次记者招待会。尽管鸠山由纪夫本人在会上只字未提"普天间"或"冲绳"等敏感词语，但在回答对未来日美关系发展的构想时，鸠山由纪夫还是流露出了希望尽快实现紧密且对等的日美关系，以及妥善解决普天间问题的意愿和决心。[1]

与对美政策彰显"强硬"的态度相比，鸠山内阁启动之后，在对华政策方面采取了较为温和且积极的态度，努力推动中日战略互惠关系更上一

---

[1] 鸠山由纪夫在回答中表示："日本在以往的日美关系中处于被动的地位，应努力站在主动的立场上与美国发展关系。"详细内容参见首相官邸「鸠山内阁总理大臣记者会见」、2009 年 9 月 16 日、http://www.kantei.go.jp/jp/hatoyama/statement/200909/16kaiken.html（2011 年 11 月 18 日访问）。之后，鸠山由纪夫在其任期内多次就普天间基地搬迁问题发表强硬表态。2009 年 12 月 25 日，鸠山由纪夫出席记者招待会，大声呼吁美方给予足够的理解，以便日美两国能在 2010 年 5 月前就普天间基地搬迁的新选址等问题确定具体方案，这是鸠山由纪夫首次在公开的场合给普天间基地搬迁问题设定具体期限，同时也反映出鸠山内阁对美交涉的强硬程度不断升级，参见首相官邸「鸠山内阁总理大臣记者会见」、2009 年 12 月 25 日、http://www.kantei.go.jp/jp/hatoyama/statement/200912/25kaiken.html（2011 年 11 月 14 日访问）。2010 年元旦，鸠山由纪夫发表新年谈话，专门提及普天间基地搬迁问题，足以显现出鸠山由纪夫及其领导的日本政府对这一问题的牵挂，参见首相官邸「鸠山内阁总理大臣 平成 22 年 年頭所感」、2010 年 1 月 1 日、http://www.kantei.go.jp/jp/hatoyama/statement/201001/01nentou.html（2014 年 6 月 28 日访问）。2010 年 1 月 29 日，鸠山由纪夫在日本第 174 次国会上发表施政讲演，再次强调政府必须在 2010 年 5 月前决定普天间基地的最终搬迁地等事宜，参见首相官邸「第 174 回国会における鸠山内阁总理大臣施政方針演说」、2010 年 1 月 29 日、http://www.kantei.go.jp/jp/hatoyama/statement/201001/29siseihousin.html（2011 年 11 月 18 日访问）。2010 年 5 月 28 日，鸠山由纪夫就普天间基地搬迁问题专门召开记者招待会，表明鸠山内阁在这一问题上的最终决定，即改变原先"县外搬迁"或"国外搬迁"的设想，改为将普天间基地迁至冲绳县内的名护市边野古沿海地区，参见首相官邸「鸠山内阁总理大臣记者会见」、2010 年 5 月 28 日、http://www.kantei.go.jp/jp/hatoyama/statement/201005/28kaiken.html（2011 年 11 月 2 日访问）。鸠山内阁多次就普天间基地搬迁问题发表政策意见，表明其对这一问题高度重视，不仅如此，鸠山内阁在这一问题上展现了对美的积极"攻势"，与其所标榜的构建"对等"日美关系的政治意图相吻合。尽管如此，鸠山内阁关于这一问题的最终政策决定与民主党在 2009 年参加众议院大选时打出的竞选纲领相违背，也与鸠山由纪夫上台时对日本民众许下的政治诺言相背离，因而成为不久之后鸠山由纪夫辞任首相的直接导火索和主要动因之一。

层楼，并期望在地区及全球层面进一步推进中日双边及多边合作，这与其所表露出的强烈的"脱美"倾向形成了鲜明对比。不仅如此，鸠山内阁时期，中日政治关系呈现出"首脑互动引领"下的良性发展态势。总而言之，中日关系在鸠山内阁时期经历了一段短暂的"蜜月期"。

2009年9月16日，鸠山由纪夫正式就任日本首相一职后，中国国务院总理温家宝第一时间发去贺电，祝贺他就任日本首相。温家宝在贺电中表示，中日互为重要邻邦，深化互信与合作符合两国和两国人民的根本利益，希望中日双方共同努力，推动中日战略互惠关系在新的历史起点上取得更大发展。同日，中国外交部长杨洁篪也向新任日本外务大臣冈田克发去了贺电。[1]

2009年9月21日，中国国家主席胡锦涛在纽约会见了日本首相鸠山由纪夫，并就中日关系发展提出了五点建议。[2]对此，鸠山由纪夫表示完全赞同胡锦涛关于进一步发展两国关系的意见，表示日本政府和人民希望同中国发展友好关系，日方致力于推动日中战略互惠关系向前发展、充实内涵，进一步加强高层往来，加强相互了解和信任，深化两国经贸等各领域务实合作，增进两国国民感情，加强亚洲地区合作；日本政府在历史问题上将坚持"村山谈话"精神，在台湾问题上将继续恪守《中日联合声明》的基本原则。[3]2009年9月26日，鸠山由纪夫在结束访美后的返程飞机上写下"致全体日本国民"的亲笔信，简要陈述了其在美访问的大致行程及

---

[1] 外交部：《温家宝总理电贺鸠山由纪夫就任日本首相》，2009年9月16日，https://www.fmprc.gov.cn/web/gjhdq_676201/gj_676203/yz_676205/1206_676836/xgxw_676842/200909/t20090916_9301422.shtml（2021年12月16日访问）。

[2] 胡锦涛提出的五点建议分别是：（1）加强高层交往，增进政治互信；（2）加强经贸合作，强化利益纽带；（3）增进国民感情，夯实民意基础；（4）加强亚洲事务合作，推动国际事务协调；（5）妥善处理分歧，维护友好大局。具体参见外交部：《国家主席胡锦涛会见日本首相鸠山由纪夫》，2009年9月22日，https://www.fmprc.gov.cn/web/gjhdq_676201/gj_676203/yz_676205/1206_676836/xgxw_676842/200909/t20090922_9301423.shtml（2021年12月16日访问）。

[3] 外交部：《国家主席胡锦涛会见日本首相鸠山由纪夫》，2009年9月22日，https://www.fmprc.gov.cn/web/gjhdq_676201/gj_676203/yz_676205/1206_676836/xgxw_676842/200909/t20090922_9301423.shtml（2021年12月16日访问）。

鸠山内阁就应对全球气候变化问题、核不扩散和核裁军问题（这也是鸠山内阁对外政策的两大主要目标）的主要政策主张，并指出他在与胡锦涛的会谈中提出将东海建设为"友好之海"的建议，并得到了中方的肯定。[1]由此可见，相较于日本国内众多保守派政治人士的"逃避"态度，鸠山由纪夫对中日之间存在钓鱼岛领土争端这一尖锐问题有着极为清醒的认识，并试图采取相对"柔性"的操作方式，以使中日双方能在东海问题上实现"搁置争议、共同开发"。

2009 年 10 月 10 日，中国国家主席胡锦涛在钓鱼台国宾馆会见了前来出席第二次中日韩领导人会议的日本首相鸠山由纪夫和韩国总统李明博。胡锦涛就中日关系指出，当前，中日关系保持良好发展势头，中日正着力构筑两国战略互惠关系，推进各领域交流合作。中方愿与日方共同努力，继续落实好双方达成的有关共识，推动中日战略互惠关系深入健康稳定发展。[2]对此，鸠山由纪夫做了积极回应，在祝贺中华人民共和国成立 60 周年，并表达对中国发展取得的巨大成就感到由衷高兴之后，进一步指出日本政府愿本着以史为鉴、面向未来的精神，同中方密切合作，共同推动日中关系发展。[3]同日，中国国务院总理温家宝也会见了鸠山由纪夫，后者在会谈中表示，日本政府正视历史问题，面向未来，致力于在日中四个政治文件的基础上全面构筑日中战略互惠关系；日方愿与中方保持高层交往，加强经贸等领域合作，促进人文和青少年交流；此外，日方愿按照双方达成的原则共识，妥善解决东海问题，使东海成为两国之间的友好之海。[4]由此可见，鸠山由纪夫并没有刻意回避

---

[1] 首相官邸「国民のみなさまへ」、2009 年 9 月 26 日、http://www.kantei.go.jp/jp/hatoyama/statement/200909/27shokan.html（2014 年 6 月 28 日访问）。

[2][3] 外交部：《胡锦涛主席会见韩国总统李明博和日本首相鸠山由纪夫》，2009 年 10 月 11 日，https://www.fmprc.gov.cn/web/gjhdq_676201/gj_676203/yz_676205/1206_676836/xgxw_676842/200910/t20091011_9301426.shtml（2021 年 12 月 16 日访问）。

[4] 外交部：《温家宝会见日本首相鸠山由纪夫》，2009 年 10 月 10 日，https://www.fmprc.gov.cn/web/gjhdq_676201/gj_676203/yz_676205/1206_676836/xgxw_676842/200910/t20091010_9301425.shtml（2021 年 12 月 16 日访问）。

中日之间在领土问题、历史问题上的分歧，相反，他坦诚表态、积极应对，希冀能与中方共同努力，以实质性地推进中日战略互惠关系的有序建设。

鸠山由纪夫在参加完中日韩峰会后，与中国国务院总理温家宝、韩国总统李明博共同举行记者招待会，鸠山由纪夫在发言中强调了推进中日韩三方经济合作、合作应对气候变化问题、包括核武器及导弹研发在内的朝鲜问题等三大问题，凸显日本对上述三方面问题的重视；在回答关于中国环境治理的问题时，鸠山由纪夫指出中日两国在水处理问题上的民间合作是不足的，重要的是共同构建双赢关系，不仅如此，还要形成与经济峰会类似的政治峰会机制。[1]

带着访华及中日韩峰会的美好成果，鸠山由纪夫返回了日本，并开始着手布局其任内的对华具体政策。2009 年 10 月 26 日，鸠山由纪夫在第173 届日本国会发表就任首相后的首次施政演说，在内政方面，鸠山由纪夫用"战后行政大扫除"的揶揄，来彰显其希望实现日本行政体制改革的决心与魄力，与此同时，鸠山由纪夫用"从混凝土到人"的标志性口号，表明鸠山内阁意图转变公共事业依赖型的产业结构，以提升民众的实际获得感；在提及中国时，鸠山由纪夫强调要相互尊重多样的价值观，积极挖掘共同点和可合作点，构建起真正的信任关系，持续推进合作。[2]鸠山由纪夫的这一发言再度传递出其尊重中日两国存在诸多分歧的客观现实，尽管如此，他还是更愿意探寻中日两国的共同利益，构建起互惠互利的实质性合作关系。

在两国频繁"首脑外交"和良好政治气氛的烘托下，中日两国的党际

---

[1] 首相官邸「日中韓共同記者会見」、2009 年 10 月 10 日、http://www.kantei.go.jp/jp/ha-toyama/statement/200910/10JCKkyoudou.html（2014 年 6 月 28 日访问）。

[2] 首相官邸「第 173 回国会における鳩山内閣総理大臣所信表明演説」、2009 年 10 月 26 日、http://www.kantei.go.jp/jp/hatoyama/statement/200910/26syosin.html（2011 年 12 月 2 日访问）。

及民间交流也愈发兴盛。2009 年 12 月 10 日，中国国家主席胡锦涛在人民大会堂会见了以日本民主党干事长小泽一郎为团长的日本民主党代表团主要成员。[1]值得一提的是，小泽一郎率领的这一代表团不仅包括 143 名日本国会议员，还有 500 多名民主党支持者，其中很大一部分是日本商界的主要代表，他们希望通过参与这一重要的对华政治外交活动，或夯实、或积累重要的政治人脉，同时也便于利用"以政促经"的方式，进一步寻觅、挖掘在华投资新机遇，拓展在华经济的中长期利益。

延续着 2009 年下半年的良好开头，鸠山内阁在 2010 年的执政期内继续积极推动对华政治外交的良性互动。2010 年 1 月 29 日，鸠山由纪夫在日本第 174 届国会上发表施政演说，其中关于中日关系，他强调，为了扩展亚太地区信任关系圈，需要进一步充实日中战略互惠关系。[2]由此可见，鸠山由纪夫并没有将中日关系限制于双边层面，而是站在亚太地区层面，充分考量这一双边关系的中长期发展。

可以说，鸠山内阁执政期间，中日两国高层次政治交往频繁，两国首脑密切交流、深度合作，推动中日友好关系达到了阶段性高峰（参见表 4.1）。值得关注的是，2009 年 12 月 15 日和 2010 年 6 月 1 日，日本天皇分别会见了访日的中国国家副主席习近平和国务院总理温家宝。尽管这两次历史性的重要政治会晤被外界的一些政治评论人士视为日本对华高规格的，甚至是超规格的政治礼遇，但这却从一个侧面折射出鸠山内阁对发展中日关系的高度重视。

---

[1] 外交部：《胡锦涛会见日本民主党代表团》，2009 年 12 月 10 日，https://www.fmprc.gov.cn/web/gjhdq_676201/gj_676203/yz_676205/1206_676836/xgxw_676842/200912/t20091210_7992090.shtml（2021 年 12 月 15 日访问）。

[2] 首相官邸「第 174 回国会における鸠山内閣総理大臣施政方針演説」、2010 年 1 月 29 日、http://www.kantei.go.jp/jp/hatoyama/statement/201001/29siseihousin.html（2011 年 11 月 18 日访问）。

表 4.1 鸠山内阁时期中日两国主要政治交流活动（2009 年 9 月至 2010 年 6 月）

时　间		事　件
2009 年	9 月 16 日	中国国务院总理温家宝致电鸠山由纪夫，祝贺他就任日本首相。
	9 月 21 日	中国国家主席胡锦涛在纽约会见日本首相鸠山由纪夫。
	9 月 28 日	中国外交部长杨洁篪在上海会见出席第三次中日韩外长会的日本外务大臣冈田克也； 第三次中日韩外长会在上海举行。
	10 月 9 日	中国国务委员戴秉国在中南海会见日本外务大臣冈田克也； 中国外交部长杨洁篪在北京同日本外务大臣冈田克也举行会晤，双方就朝鲜半岛局势、东亚区域合作等国际和地区问题交换意见。
	10 月 10 日	中国国家主席胡锦涛于钓鱼台会见韩国总统李明博、日本首相鸠山由纪夫； 中国国务院总理温家宝在人民大会堂会见来华出席第二次中日韩领导人会议的日本首相鸠山由纪夫。
	10 月 21 日	日本首相鸠山由纪夫在首相官邸会见中国全国人大外事委员会主任委员、中国人民外交学会名誉会长李肇星以及在东京出席第三届"中日关系研讨会"的中方代表团主要成员。
	11 月 11 日	中国国务院总理温家宝在中南海紫光阁会见以日本侵华战争遗孤池田澄江为团长、日中协会会长野田毅为名誉团长的日本遗孤感谢中国人民养育之恩访华团。
	11 月 19 日	中国外交部长杨洁篪在东京分别会见日本众议院议长横路孝弘和参议院议长江田五月； 外交部长杨洁篪在东京同日本外务大臣冈田克也举行会谈，双方就中日关系以及共同关心的国际和地区问题坦诚深入地交换了意见。
	11 月 20 日	中国外交部长杨洁篪在东京会见日本首相鸠山由纪夫。
	11 月 21 日	中国外交部长杨洁篪在东京接受了日本广播协会（NHK）的采访，就中国发展情况及国际作用、中日关系、中美关系、东亚区域合作、朝鲜半岛核问题等回答了提问； 杨洁篪先后会见日本前首相福田康夫和京都府知事山田启二。
	12 月 2 日	中国国家副主席习近平在人民大会堂会见以日本国际贸易促进协会会长、日本众议院前议长河野洋平为团长的"2009 年度日本国际贸易促进协会访华团"一行； 中国外交部长杨洁篪会见河野洋平。
	12 月 3 日	中国国务院副总理李克强在中南海紫光阁会见日本国际协力机构理事长绪方贞子； 中国外交部长杨洁篪会见绪方贞子，就新时期中日务实交流与合作交换了意见。

（续表）

时　　间		事　　件
2009 年	12 月 10 日	中共中央总书记、国家主席胡锦涛在人民大会堂会见以民主党干事长小泽一郎为团长的日本民主党代表团主要成员。
	12 月 14 日	中国国家副主席习近平在东京会见日本首相鸠山由纪夫，双方就中日关系和其他共同关心的国际和地区问题坦诚深入交换意见，达成广泛共识。
	12 月 15 日	中国国家副主席习近平在东京日本皇宫会见日本天皇明仁； 习近平在东京分别会见日本众议院议长横路孝弘和参议院议长江田五月； 习近平在东京出席日本经济团体联合会早餐会，发表题为"推动中日经贸合作提高到新水平"的讲话； 习近平在东京分别会见日本国民新党党首龟井静香、自民党总裁谷垣桢一、公明党党首山口那津男、共产党委员长志位和夫，同他们就双边和国际、地区中的广泛话题进行了坦诚、深入、友好的交谈。
	12 月 16 日	中国国家副主席习近平在东京分别会见日本社民党党首福岛瑞穗和日本外务大臣冈田克也； 习近平在福冈会见日本福冈县知事麻生渡。
	12 月 17 日	中国国务院总理温家宝在哥本哈根会见日本首相鸠山由纪夫。
2010 年	1 月 11 日	中国国家副主席习近平在人民大会堂会见日本静冈县知事川胜平太、前知事石川嘉延一行。
	2 月 13 日	鸠山由纪夫向全球华人祝福新春，并表达进一步拓展日中交流的愿望："日中两国在不断加强'战略性互惠关系'方面达成一致。共同担负着世界和平与发展责任的日中两国，都希望进行更活跃的交流与互惠合作。"
	3 月 10 日	日本外务大臣冈田克也会见中日友好协会名誉顾问、中日友好 21 世纪委员会中方首席委员唐家璇。
	3 月 11 日	日本首相鸠山由纪夫在东京首相官邸会见中日友好协会名誉顾问、中日友好 21 世纪委员会中方首席委员唐家璇； 日本众议院议长横路孝弘和参议院议长江田五月分别在东京会见到访的唐家璇。
	4 月 3 日	中国国务院副总理李克强在人民大会堂会见来华出席第三次中日财长对话的日本副首相兼财务大臣菅直人； 中国国务院总理温家宝在中南海紫光阁会见菅直人； 第三次中日财长对话在北京举行，中国财政部部长谢旭人与菅直人共同主持了对话，两国财长一致认为，中日财长对话作为重要的政府间对话机制，有利于增进双方在经济政策管理方面的相互了解，也有利于在经济领域推动中日战略互惠关系进一步发展。
	4 月 12 日	中国国家主席胡锦涛在华盛顿会见日本首相鸠山由纪夫。

（续表）

时　间		事　件
2010 年	5 月 1 日	中共中央政治局常委、全国政协主席贾庆林在上海东郊宾馆会见日本首相特使、日本国家战略担当相仙谷由人。
	5 月 12 日	中国国务院总理温家宝在人民大会堂会见御手洗富士夫和米仓弘昌率领的日本经济团体联合会代表团。
	5 月 15 日	出席第四次中日韩外长会议的中国外交部长杨洁篪在韩国庆州会见日本外务大臣冈田克也。
	5 月 30 日	日本首相鸠山由纪夫邀请，中国国务院总理温家宝于当地时间抵达东京，开始对日本进行为期三天的正式访问； 温家宝在东京出席由日中友好七团体和在日华侨华人四团体共同举办的欢迎晚宴。
	5 月 31 日	中国国务院总理温家宝在东京同日本首相鸠山由纪夫举行会谈； 温家宝在东京分别会见日本众议院议长横路孝弘和参议院议长江田五月； 温家宝在东京出席日本经济团体联合会举行的欢迎午餐会并发表讲话。
	6 月 1 日	日本天皇明仁在皇宫会见中国国务院总理温家宝。

资料来源：笔者根据中国外交部官网整理。

（二）菅内阁时期的中日关系

对于菅内阁而言，最主要的政治任务之一就是挽回民主党在日本民众心目中的政治信誉，因为其前任鸠山由纪夫领导的民主党内阁仅维持了8 个多月的极短时间便草草下台，许多竞选时的政治承诺也未能兑现，显然在政治上严重失信于日本国民。

在对华政策上，菅直人在不同场合多次表示要坚持发展"中日战略互惠关系"的总方针，但由于受到 2010 年"9·7 日本巡逻船钓鱼岛冲撞中国渔船事件"（以下简称"9·7 撞船事件"）的负面影响，中日关系实际上因钓鱼岛问题等迅速转入"大滑坡"阶段，且向下的发展趋势始终未能终止。总而言之，菅内阁时期是中日关系"由暖转冷"的转折期。在 2011 年日本"3·11"大地震发生后，菅内阁的主要精力便聚焦于日本国内的政治、经济，尤其是应对能源供需失衡及灾区救助与再振兴等，强调必须降低核电在日本能源体系中的结构性占比，中长期应推进"去核电"的战略目标，并开始推动修改日本的"基本能源计划"。受此影响，自撞船事件后深陷下降通道的中日关系出现了短暂的趋势性缓和，但双边政治交流活动并没有出现任何好转的迹象，钓鱼岛的领土争端成为阻碍中日政治关系复苏的突出矛盾。

具体而言，2010 年 6 月 4 日，中国国务院总理温家宝致电菅直人，祝贺他当选日本首相。温家宝在贺电中指出，中日互为重要近邻，同为亚洲和世界上的重要国家，发展长期稳定、睦邻友好的中日关系，符合两国和两国人民的根本利益，也有利于亚洲和世界的和平、稳定与繁荣；中方愿与日方共同努力，坚持中日间四个政治文件确定的各项原则，认真落实双方达成的重要共识，推动中日战略互惠关系持续深入向前发展。[1]

2010 年 6 月 8 日，菅直人正式就任日本首相。当日，菅直人召开记者招待会，强调菅内阁的主要任务之一就是实现"三大重建"，即重建日本经济、重建财政、重建社会保障。[2]三天后，即 2010 年 6 月 11 日，菅直人在第 174 届日本国会上发表了就任首相后的首次施政演说。他在开头部分便以"恢复信任、重新开始"为主题，强调要克服日本前首相鸠山由纪夫和前民主党干事长小泽一郎的"政治与金钱"问题、普天间基地搬迁问题等种种困难，重新恢复日本国民对民主党执政的政治信任。[3]在外交方面，菅直人强调，日美同盟关系是日本安全的保证，同时也是维护亚太地区稳定和繁荣的国际公共财产，今后要切实深化日美同盟关系；在普天间基地搬迁问题上，菅直人承诺无论如何一定要完成普天间基地的搬迁和归还工作，并将一部分美国海军陆战队转移至关岛；除此之外，菅直人还强调，日本要强化与亚洲近邻各国之间政治、经济、文化等各个方面的关系，将来共同构建东亚共同体，其中，日本要深化与中国的战略互惠关系。[4]

---

[1] 外交部：《温家宝总理电贺菅直人当选日本首相》，2010 年 6 月 4 日，https://www.fmprc. gov.cn/web/gjhdq_676201/gj_676203/yz_676205/1206_676836/xgxw_676842/ 201006/t20100604_9301443.shtml（2021 年 12 月 14 日访问）。

[2] 首相官邸「菅内閣総理大臣記者会見」、2010 年 6 月 8 日、http://www.kantei.go.jp/jp/ kan/statement/201006/08kaiken.html（2014 年 6 月 27 日访问）。

[3][4] 首相官邸「第 174 回国会における菅内閣総理大臣所信表明演説」、2010 年 6 月 11 日、http://www.kantei.go.jp/jp/kan/statement/201006/11syosin.html（2011 年 11 月 14 日访问）。

2010 年 6 月 13 日，中国国务院总理温家宝应约与日本新任首相菅直人通电话，并正式启动中日总理热线联系。菅直人说，温家宝前不久对日本的访问非常成功，特别是温家宝与日本各界民众亲切交流，对推动日中关系长期稳定发展具有重要意义；日本政府及他本人高度重视深化日中战略互惠关系，愿同中方保持高层交往，落实好双方达成的共识，加强在重大国际和地区问题上的沟通协调，推动两国各领域合作取得新的进展。[1]温家宝邀请菅直人在方便的时候访问中国，菅直人表示感谢并愉快地接受了邀请。[2]由此可见，因享受着鸠山内阁时期的"蜜月"余温，中日关系在菅内阁启动之初，依旧保持着继续向前的"惯性"，并通过搭建总理热线的联络方式，将中日间的高层沟通与交流合作机制推到了一个新的历史高点。与此同时，中方也希望能够延续鸠山内阁时期中日高层，尤其是首脑级别的频繁互动，以夯实和维护中日关系的良性发展，故在第一时间便邀请新任首相菅直人访华，对此，后者欣然接受。

与中国国务院总理温家宝进行电话会谈的半个月后，菅直人便迎来了就任首相后的第一次中日最高领导人会晤。2010 年 6 月 27 日，中国国家主席胡锦涛在多伦多会见菅直人。胡锦涛指出，中日互为近邻，都是亚洲和世界上的重要国家，在地区和国际事务中拥有广泛共同利益；发展长期稳定、睦邻友好的中日关系符合两国和两国人民的根本利益，也是国际社会的普遍期待；当前，中日关系总体保持良好发展势头。两国领导人密切接触，各领域务实合作扎实推进，在国际和地区事务中保持密切沟通。与此同时，胡锦涛还就进一步发展中日关系提出五点建议。[3]作为回应，菅直

---

[1][2] 外交部：《温家宝与日本首相菅直人通电话》，2010 年 6 月 13 日，https://www.fmprc.gov.cn/web/gjhdq_676201/gj_676203/yz_676205/1206_676836/xgxw_676842/201006/t20100613_7992126.shtml（2021 年 12 月 14 日访问）。

[3] 胡锦涛提出的五点建议包括：(1) 加强高层沟通，增进战略互信；(2) 深化经贸合作，实现互利双赢；(3) 加强国际地区事务中的协调合作，扩大共同利益；(4) 扩大人文交流，巩固中日关系民意基础；(5) 妥善处理有关敏感问题。具体内容参见外交部：《胡锦涛会见日本首相菅直人》，2010 年 6 月 27 日，https://www.fmprc.gov.cn/web/gjhdq_676201/gj_676203/yz_676205/1206_676836/xgxw_676842/201006/t20100627_9301444.shtml（2021 年 12 月 14 日访问）。

人表示其领导的新内阁十分重视发展日中关系,认为这不仅对两国十分重要,而且对亚洲和平与发展具有重要意义。日本政府将根据日中四个政治文件的原则和精神推进日中关系。日方愿意同中方一道努力,进一步丰富两国关系战略内涵,推进高层往来以及政党、议会、各部门交流,加强各领域对话合作,发展两国互利双赢的经贸关系,加强人文交流特别是青年往来,共同推动东亚区域合作,妥善处理两国关系发展中出现的问题。[1]由此,菅内阁时期,中日最高领导人的第一次会晤在友好、和谐的气氛中顺利结束,双方直面分歧,强调合作,都明确表达了确保中日战略互惠关系行稳致远的决心与意愿。

2010 年 6 月 27 日,菅直人参加完在加拿大安大略省的亨茨维尔举行的八国集团、二十国集团峰会后,举行记者招待会。菅直人介绍了其在八国集团峰会上重点阐述韩国护卫舰"天安号"沉没事件[2]的相关观点。与此同时,据菅直人介绍,在与中国国家主席胡锦涛会面时,他向胡锦涛介绍了八国集团关于"天安号"事件及朝鲜问题的讨论情况,并希望中方也能相向而行。[3]由此可见,菅内阁将中方视为合作对象,希望与中方加强合作,以共同妥善压制"天安号"事件的负面影响,维护东北亚地区的和平与稳定。

尽管菅内阁启动初期希望能继承鸠山内阁对华关系友好、有序发展的"衣钵",进一步推进日中战略互惠关系的行稳致远,但"9·7 撞船事件"的发生完全打乱了原定计划,同时又因为受到日本国内政治保守势力的强

---

[1] 外交部:《胡锦涛会见日本首相菅直人》,2010 年 6 月 27 日,https://www.fmprc.gov.cn/web/gjhdq_676201/gj_676203/yz_676205/1206_676836/xgxw_676842/201006/t20100627_9301444.shtml(2021 年 12 月 14 日访问)。

[2] "天安号"沉没事件是指 2010 年 3 月 26 日晚间,载着韩国海军 104 人的"天安号"护卫舰,在黄海海域白翎岛和大青岛之间巡逻时,突然沉入海底的政治事件,沉船导致 46 名舰上官兵死亡。5 月 20 日,多国专家组成的军民跨国调查小组报告指称,护卫舰遭朝鲜潜艇发射鱼雷击沉。https://baike.baidu.com/item/%E5%A4%A9%E5%AE%89%E5%8F%B7%E4%BA%8B%E4%BB%B6/10802762?fr=aladdin(2022 年 4 月 5 日访问)。

[3] 首相官邸「G8·G20サミット内外記者会見」、2010 年 6 月 27 日、http://www.kantei.go.jp/jp/kan/statement/201006//11syosin.html(2014 年 6 月 27 日访问)。

大压力，菅内阁在处理对华关系时失去了原定方向，并最终使中日关系彻底掉入下滑通道。如表4.2所示，2010年9月7日，一艘中国渔船在钓鱼岛海域先后与两艘日本巡逻船相撞，"9·7撞船事件"爆发。之后的连续半个多月时间，中日双方便围绕着这一事件的后续发展而展开了严酷的"攻防战"，最终在中方层层加码、逐步增强的政治攻势下，日本释放了被其非法抓扣的中国人船长詹其雄及其他船员。这一突发事件直接引致中日关系的主基调从"友好型合作"转变为"竞争型对抗"，钓鱼岛领土争端也成为中日政治对抗的焦点性议题之一。

表4.2 菅内阁时期中日两国主要政治交流活动（2010年6月至2011年7月）

时间		事件
2010年	6月4日	中国国务院总理温家宝致电菅直人，祝贺他当选日本首相。
	6月13日	中国国务院总理温家宝应约与日本新任首相菅直人通电话，正式启动中日总理热线联系。
	6月27日	中国国家主席胡锦涛于多伦多会见日本首相菅直人。
	9月7日	中国外交部副部长宋涛奉命约见日本驻华大使丹羽宇一郎，就日本海上保安厅巡视船在钓鱼岛拦截我渔船一事提出严正交涉，要求日方停止非法拦截行动。
	9月8日	中国外交部部长助理胡正跃奉命召见日本驻华大使丹羽宇一郎，对日方在钓鱼岛海域抓扣我渔船一事提出强烈抗议。要求日方立即放人放船，并确保我方人船安全。另，中国驻日本大使程永华向日方提出严正交涉，中国驻日使馆派员赶赴冲绳县石垣岛探视中方渔民。
	9月12日	中国国务委员戴秉国就日方在钓鱼岛海域非法抓扣中国渔船和船员紧急召见日本驻华大使丹羽宇一郎，郑重表明中国政府的重大关切和严正立场，敦促日方不要误判形势，做出明智的政治决断，立即送还中国渔民和渔船。
	9月19日	中国外交部副部长王光亚就日本19日下午决定继续非法扣押中方船长一事，向日本驻华大使丹羽宇一郎表示强烈愤慨和抗议。
	9月21日	中国国务院总理温家宝在纽约会见旅美华侨华人、中资机构及留学生代表时说，钓鱼岛是中国的神圣领土。
	10月29日	中国外交部长杨洁篪在河内举行的东亚领导人系列会议期间会见日本外相前原诚司。双方就中日关系和有关问题交换意见，杨洁篪重申中方在钓鱼岛问题上的严正立场。

（续表）

时　间		事　件
2010 年	11 月 13 日	中国国家主席胡锦涛在出席亚太经合组织第十八次领导人非正式会议期间应约同日本首相菅直人会晤，进行交谈。
	11 月 14 日	中国外交部长杨洁篪在横滨亚太经合组织第十八次领导人非正式会议期间会见日本外务大臣前原诚司。
	11 月 27 日	中国外交部长杨洁篪分别与俄罗斯外长拉夫罗夫和日本外务大臣前原诚司通电话，就当前朝鲜半岛形势交换意见。
	12 月 11 日	中国政府朝鲜半岛事务特别代表武大伟与日本六方会谈团长斋木昭隆举行会谈，就当前半岛局势和六方会谈坦诚深入地交换意见。
	12 月 15 日	中国国家副主席习近平在人民大会堂会见了以党首山口那津男为团长的日本公明党代表团。
2011 年	3 月 13 日	中国全国人大常委会委员长吴邦国就日本"3·11"大地震致电日本众议院议长横路孝弘和参议院议长西冈武夫，代表中国全国人大常委会，向日本人民表示诚挚慰问，对遇难人员表示深切哀悼。
	3 月 14 日	中国国家主席胡锦涛致电日本天皇明仁，代表中国政府和人民就日本东北地区发生特大地震灾害表示诚挚慰问，对遇难者表示深切哀悼，祝愿日本人民早日克服困难，重建家园。胡锦涛表示，中国政府和人民愿继续提供必要的帮助。
	3 月 18 日	中国国家主席胡锦涛前往日本驻华使馆吊唁日本"3·11"大地震遇难者，并简短会见日本驻华大使丹羽宇一郎。
	4 月 12 日	中国国务院总理温家宝同日本首相菅直人通电话，温家宝对日本遭受强烈地震和海啸灾害再次表示慰问，强调中方支持日方抗震救灾，愿同日方加强救灾和灾后重建等方面的合作。
	5 月 5 日	中国国家副主席习近平在钓鱼台国宾馆会见来华参加中日民间交流活动的日本前首相鸠山由纪夫。
	5 月 21 日	中国国务院总理温家宝乘专机抵达日本仙台，随后乘车赴名取、福岛等特大地震海啸灾区慰问； 温家宝抵达日本宫城、福岛等重灾区，看望及慰问受日本"3·11"大地震影响的民众，并在废墟上发表讲话。
	5 月 22 日	中国国务院总理温家宝在东京与日本首相菅直人举行会谈，双方就进一步改善两国关系、加强互利合作深入交换了意见，达成重要共识； 温家宝结束在日本的访问行程，乘专机离开东京回国。在日本期间，温家宝出席了第四次中日韩领导人会议，并与菅直人、韩国总统李明博分别举行晤谈。第四次中日韩领导人会议于 21 至 22 日在东京举行，会议发表了《第四次中日韩领导人会议宣言》。
	7 月 11 日	中国外交部长杨洁篪在柬埔寨金边与日本外务大臣玄叶光一郎举行会晤，就当前中日关系和面临的突出问题交换意见。

资料来源：笔者根据中国外交部官网整理。

但需要指出的是,尽管中日关系在"9·7撞船事件"后转入全面衰退阶段,但菅内阁的对华态度并没有发生完全变化,至少表面上仍在积极维持"促进日中合作,深化战略互惠关系"的基本态度。2010年9月17日,菅直人在改组内阁成员之后召开记者招待会,在回答关于中日关系的提问时,他回答称日中之间在过去各个时代都有各种不同问题发生,但最根本的是要深化战略互惠关系,关于这一问题,他在加拿大参加二十国集团峰会时,也在与中国国家主席胡锦涛的会谈中确认了这个基本方向,或者说坚定深化了这一共识,可以说日中关系基本上是友好的,这种关系仍在持续,以后也将持续下去。[1]菅直人的发言表明,其领导的内阁仍希望与中方开展积极合作,尤其是经济上互利互惠的实质性合作。

2010年9月21日,中国国务院总理温家宝在纽约会见旅美华侨华人、中资机构及留学生代表时表示,钓鱼岛是中国的神圣领土,并强烈敦促日方立即无条件放人。[2]作为回应,2010年10月1日,菅直人在第176届日本国会发表施政演说,提出日本要"开放国门,开拓未来,展开主体性的外交",之后其便用较长篇幅就中日关系发表了若干观点,其指出日中两国是一衣带水、彼此重要的邻国,两国关系对亚太地区,乃至对世界都是重要的双边关系;即使日中两国之间发生了各种各样的问题,但作为邻国,冷静地处理问题却是很重要的;就整个日中关系而言,包括亚太地区的和平与繁荣、经济领域合作关系的推进等在内,从大局观出发,深化战略互惠关系的日中双方的努力是不可或缺的。[3]

"9·7撞船事件"之后,中日政治关系便逐渐降温,之前频繁的政治互动也趋于弱化。在此背景下,2010年11月中旬,中国国家主席胡锦涛赴日

---

[1] 首相官邸「菅内閣総理大臣記者会見」、2010年9月17日、http://www.kantei.go.jp/jp/kan/statement/201009/17kaiken.html(2014年6月27日访问)。

[2] 外交部:《温家宝敦促日方立即无条件释放中国船长》,2010年9月22日,https://www.fmprc.gov.cn/web/gjhdq_676201/gj_676203/yz_676205/1206_676836/xgxw_676842/201009/t20100922_7992140.shtml(2021年12月14日访问)。

[3] 首相官邸「第176回国会における菅内閣総理大臣所信表明演説」、2010年10月1日、http://www.kantei.go.jp/jp/kan/statement/201010/01syosin.html(2011年12月2日访问)。

出席亚太经合组织第十八次领导人非正式会议，其间同日本首相菅直人会晤并进行了交谈。胡锦涛在会谈中强调，中日两国走和平、友好、合作之路是符合两国和两国人民根本利益的正确选择；双方应该从战略高度和长远角度，恪守中日四个政治文件确定的各项原则，牢牢把握中日关系发展的正确方向，努力推动中日战略互惠关系沿着健康稳定的轨道向前发展。[1]尽管中日最高领导人终于再度实现了面对面的直接交流，但从双方的表态等各个方面来看，此时的中日关系已经出现了日渐冷淡的趋势，双方领导人见面过程中也是客套大于实质，未能就相关合作达成具体方案。

2011年3月11日，9.0级大地震及其引发的特大海啸突袭了日本东北部，造成了重大人员及财产损失。中国政府第一时间表达了对遇难日本民众的深切哀悼，也第一时间向菅内阁和日本人民表示了慰问，并愿意提供必要帮助。中方主动及真诚的政治行动确实为缓和"9·7撞船事件"后一直积累着的中日紧张情绪带去了积极影响，之后的中日关系也在共同应对地震灾害的过程中出现了一丝转机。2011年5月下旬，中国国务院总理温家宝访日，第一站便直奔宫城、福岛等重灾区进行慰问，与受灾民众"话家常"。温家宝的这一"暖心之旅"不仅给日本灾区民众送去了中国民众的深切祝福，更为中日关系的短暂性缓和提供了巨大动能。

综上所述，因日本国内政治保守势力的百般阻挠，同时突发的"9·7撞船事件"致使领土争端再度成为阻碍中日关系发展的矛盾焦点，菅直人执政时期的中日关系呈现出转折期的基本特征，双边政治关系逐渐"由暖转冷"，而双边经济关系也因此受到一定牵连，"政冷经凉"的局面逐渐显现。

（三）野田内阁时期的中日关系

2011年8月29日，民主党举行新党首选举大会，时年54岁的野田佳彦被选为民主党新代表。2011年8月30日下午，民主党新代表野田佳彦在

---

[1] 外交部：《胡锦涛同日本首相菅直人会晤》，2010年11月13日，https://www.fmprc.gov.cn/web/gjhdq_676201/gj_676203/yz_676205/1206_676836/xgxw_676842/201011/t20101113_9301450.shtml（2021年12月14日访问）。

日本国会众议院全体会议的首相指名选举中当选日本第 95 任、第 62 位首相，也是近 5 年来的第 6 位首相，民主党执政一年多来的第 3 位首相。

野田佳彦担任首相期间，中日关系从起初的逐渐下滑转变为后来的"塌陷式"崩盘，尤其是 2012 年 9 月，野田内阁针对钓鱼岛实施所谓的"国有化"措施，致使中日在领土争端问题上的矛盾急速激化，双边关系彻底陷入僵局。简言之，领土争端成为中日关系"失控"的导火索。

具体而言，野田佳彦就任首相之初，基本延续了菅内阁的对华基本态度，即一方面在领土争端等结构性矛盾上加强对华抗衡，另一方面坚持深化日中战略互惠关系的基本方针，推进"对冲性"的对华合作。

2011 年 9 月 2 日，野田佳彦正式就任日本首相一职，并举行记者招待会，强调新兴国家崛起，世界朝向多极化发展；日美关系是日本外交的基轴。[1]对于野田佳彦而言，其就任首相后在对美政策方向上的主要任务就是解决普天间基地的搬迁问题。总体来看，野田佳彦同样继承并坚持了鸠山内阁末期与美方就普天间基地搬迁问题所达成的共识，即将基地县内搬迁至边野古地区和向关岛转移部分美国海军陆战队士兵相结合，以妥善解决当时日美关系中的这一主要矛盾，并适度减轻冲绳当地的负担与压力。2011 年 9 月 13 日，野田佳彦首次在日本国会发表施政演说，关于普天间机场的搬迁问题，他高调指出将以日美协议为基础全力应对，避免普天间问题的僵化，并且应该减轻冲绳地区的负担。[2]2011 年 9 月 23 日，野田佳彦在出席联合国会议时回答记者提问，称一定会以《日美联合声明》为基础，与美方合作共同解决普天间基地的搬迁问题，而且尽管深知冲绳的居民及政府存在将基地搬迁至县外的要求，但仍会耐心地与冲绳居民说明、

---

[1] 首相官邸「野田内閣総理大臣記者会見」、2011 年 9 月 2 日、https://warp.ndl.go.jp/info：ndljp/pid/3487086/www.kantei.go.jp/jp/noda/statement/201109/02kaiken.html（2023 年 5 月 25 日访问）。

[2] 首相官邸「第百七十八回国会における野田内閣総理大臣所信表明演説」、2011 年 9 月 13 日、https://warp.ndl.go.jp/info：ndljp/pid/12294135/www.kantei.go.jp/jp/noda/statement/201109/13syosin.html（2023 年 5 月 25 日访问）。

解释，避免普天间问题陷入僵局。[1]2011 年 10 月 28 日，野田佳彦在日本第 179 届国会发表施政演说，明确表示解决普天间问题的基本方针是坚持《日美联合声明》，并尽可能减轻冲绳地区的负担。[2]2012 年 5 月 15 日，野田佳彦在冲绳回归 40 周年的纪念仪式上发表讲话，指出在日本周边安保环境变得更为严峻的大背景下，一方面日美安保体制的作用变得愈发重要，但另一方面，美军基地的集中也给冲绳民众造成了巨大负担；普天间机场绝对不会固定不变，以此为前提，之前日美两国政府已就把普天间基地搬迁问题与"海军陆战队转移至关岛"或"返还嘉手纳以南的土地"问题分割处理达成一致，同时决定即刻启动海军陆战队的国外转移，并明确可返还的土地范围及立刻可返还的土地范围。[3]

在 2011 年 9 月 2 日举行的记者招待会上，野田佳彦强调将坚持发展日中战略互惠关系的基本态度。[4]在 2011 年 9 月 13 日的施政演说中，野田佳彦强调，2012 年是日中邦交正常化 40 周年，要在广泛的领域中推进具体合作，日本将要求中国作为国际社会的负责任一员发挥相应作用，深化日中战略互惠关系。[5]显然，"深化战略互惠关系"成为野田内阁起步阶段对华政策的关键词与核心理念。

2011 年 9 月 14 日，野田佳彦向在中国大连举行的夏季达沃斯论坛"日

---

[1] 首相官邸「第 66 回国連総会内外記者会見」、2011 年 9 月 23 日、https://warp.ndl.go.jp/info：ndljp/pid/3497715/www. kantei. go. jp/jp/noda/statement/2011/0923kaiken. html（2023 年 5 月 25 日访问）。

[2] 首相官邸「第百七十九回国会における野田内閣総理大臣所信表明演説」、2011 年 10 月 28 日、https://warp. ndl. go. jp/info：ndljp/pid/8760518/www. kantei. go. jp/jp/noda/statement2/20111028syosin.html（2023 年 5 月 25 日访问）。

[3] 首相官邸「沖縄復帰 40 周年記念式典　内閣総理大臣式辞」、2012 年 5 月 15 日、https://warp. ndl. go. jp/info：ndljp/pid/9514895/www. kantei. go. jp/jp/noda/statement/2012/0515okinawa.html（2023 年 5 月 25 日访问）。

[4] 首相官邸「野田内閣総理大臣記者会見」、2011 年 9 月 2 日、https://warp.ndl.go.jp/info：ndljp/pid/3487086/www. kantei. go. jp/jp/noda/statement/201109/02kaiken. html（2023 年 5 月 25 日访问）。

[5] 首相官邸「第百七十八回国会における野田内閣総理大臣所信表明演説」、2011 年 9 月 13 日、https://warp.ndl.go.jp/info：ndljp/pid/12294135/www. kantei. go. jp/jp/noda/statement/201109/13syosin.html（2023 年 5 月 25 日访问）。

本之夜"发来视频寄语,详细讲述了9.0级的东日本大地震对日本造成的损失,强调日本在第二次世界大战后的一片焦土上实现了高速经济增长,以石油危机为契机构筑起世界最优秀的节能国家,此次大地震是面向新挑战的契机;野田佳彦还专门讲述了日本女川町佐藤水产专务佐藤充先生为救20名在日中国研修生而耽误了营救自己的妻儿,并最终在返回营救妻儿途中被海啸吞没而丧生的感人故事,以此强调中日友谊根深蒂固,两国民间感情有很深厚的基础。[1]

2011年9月23日,野田佳彦在出席联合国会议后出席记者招待会,在回答关于中日关系的提问时,野田佳彦强调,站在亚太地区或者是世界的大视角来观察,日中关系是非常重要的双边关系,2012年正巧是日中邦交正常化40周年的重要节点,站在大局观的视角,必须努力稳固相互关系,深化战略互惠关系。[2]

2011年10月28日,野田佳彦在第179届日本国会发表施政演说。这次演说中,野田佳彦并没有专门针对性地就中日关系及野田内阁的对华政策做任何具体阐述,唯一的涉华问题也仅仅是"努力尽早启动日中韩经济合作协定的谈判"。[3]准确地说,与之前几届日本政府首脑在施政演说中必提及中国的惯例相比,野田佳彦在施政演说中所展示出的"忽略中国"的反常举动,折射出日中领土矛盾日益突出,双边关系日渐冷淡的客观事实。当然,野田佳彦在施政演说中回避中国,并不意味着日中关系对野田内阁而言并不重要,而是他们并没有很好的思路及路径,以在鸠山内阁及菅内阁的基础上进一步拓展和深化日中战略互惠关系。实际上,野田内阁还是

[1] 首相官邸「野田総理大臣によるビデオメッセージ(9月14日中国・大連におけるサマーダボス会議での『ジャパン・ナイト』)」、2011年9月14日、https://warp.ndl.go.jp/info:ndljp/pid/8710091/www.kantei.go.jp/jp/noda/discource/20110914japan_night.html(2023年5月25日访问)。

[2] 首相官邸「第66回国連総会内外記者会見」、2011年9月23日、https://warp.ndl.go.jp/info:ndljp/pid/3497715/www.kantei.go.jp/jp/noda/statement/2011/0923kaiken.html(2023年5月25日访问)。

[3] 首相官邸「第百七十九回国会における野田内閣総理大臣所信表明演説」、2011年10月28日、https://warp.ndl.go.jp/info:ndljp/pid/8760518/www.kantei.go.jp/jp/noda/statement2/20111028syosin.html(2023年5月25日访问)。

相当重视对华关系以及未来中日关系的中长期走势与具体方向的。

2011 年 11 月 13 日，野田佳彦在参加完 APEC 首脑峰会后举行记者招待会，在回答关于中日关系的提问时，野田佳彦指出，发展与中国的关系，可以依托日中韩或 "ASEAN + 3" "ASEAN + 6"、亚太自由贸易区 (Free Trade Area of Asia Pacific，FTAAP) 等各种路径，不管选择哪一种路径，日本总是站在积极推进对华关系的立场，与包括中国在内的、参加 APEC 的经济体持续合作下去；野田佳彦指出他在与中国国家主席胡锦涛会谈时，提及了近期中国的变化及中国极为快速的发展，这对于包括日本在内的国际社会而言是重要机遇，基于这一共识，日中关系并不仅仅关乎双边层面，更关乎地区，乃至世界的和平与稳定，因此彼此应负责任地发挥相应作用；今后，日中两国需要在应对各种国际经济及金融问题、全球问题时相互合作，共同应对。[1]2011 年 11 月 19 日，野田佳彦参加完东南亚国家联盟系列峰会后召开记者招待会，指出在此次东盟系列峰会中，关于东亚自由贸易区的构想和东亚全面经济合作的构想是基于日中两国的共同提议，并与东盟各国及相关国家进一步确认了建立工作组的大方向；在日中韩首脑会议中，三方就 2011 年年内结束日中韩自由贸易协定的共同研究达成共识，离达成日中韩投资协定只有一步之遥，日方将积极促成这一共识；关于中日关系，野田佳彦指出在 2011 年 11 月 APEC 檀香山峰会期间已和中国国家主席胡锦涛举行了会谈，此次东盟系列峰会期间与中国国务院总理温家宝进行了短时间的交流，从野田佳彦本人的视角出发，中国的发展对包括日本在内的国际社会而言是重要机遇，日中双方一致认为 2012 年是日中邦交正常化 40 周年，为此，应深化日中战略互惠关系，并希望以此为契机，在 2012 年年内实现日本首相访华；与此同时，野田佳彦指出，在此次一系列的首脑峰会上，关于东亚自由贸易区（EAFTA）和东亚全面经济合作（CEPEA）的构想，日本和中国一直提议就此设置工作

---

[1] 首相官邸「APEC 首脑会議内外記者会見」、2011 年 11 月 13 日、https://warp.ndl.go.jp/info：ndljp/pid/10976787/www.kantei.go.jp/jp/noda/statement/2011/1113naigai.html（2023 年 5 月 25 日访问）。

组，此次会议更是加速了讨论，日中两国也共同对东盟加强了工作。[1]从野田佳彦的这一积极表态来看，他所领导的日本政府仍希望对华发展建设性的合作关系，并从双边、多边及全球等多个维度加强彼此之间的交流与合作，尤其是在推动亚太区域经济一体化、贸易便利化问题上，中日之间的共识度较高，且具有一致的动力与战略利益。

2011 年 12 月 1 日，野田佳彦举行记者招待会，在回答关于中日关系的提问时，他强调日中关系是战略互惠关系，是共存共荣的关系，是双赢的关系；中国的发展对日本而言是机遇，2012 年是日中邦交正常化 40 周年，野田佳彦希望以此为契机，推进与中国在复兴援助、旅游促进、灾难合作、海洋合作、文化及人员交流等方面的合作。[2]实际上，野田佳彦的此番表态是在为其 12 月月末的访华做"热身运动"，希望此次访华能减少部分中日间的矛盾分歧，为中日间的实质性合作，尤其是在经济领域的战略性合作营造一个良好的政治氛围。

2011 年 12 月 25 日，应中国国务院总理温家宝邀请，日本首相野田佳彦开启了就任首相后的首次访华行程。野田佳彦访华期间，中国国家主席胡锦涛、国务院总理温家宝分别与野田佳彦举行了会谈。野田佳彦的这次访华之行，被视为 2011 年中日交往的重头戏，更是为 2012 年隆重纪念中日邦交正常化 40 周年打下良好基础的重要政治活动。但实际上，野田佳彦首次访华之旅的成果"惨淡"，领土争端、历史问题等中日传统的结构性问题仍是阻扰双边合作有序开展的主要障碍。

2012 年是冷战后中日关系史上的重要一年，因为这一年是中日邦交正常化 40 周年，同时也发生了一件影响冷战后中日关系发展史的、不可逆的重要历史事件，即日本宣布对钓鱼岛实施所谓"国有化"。

---

[1] 首相官邸「ASEAN 関連首脳会議内外記者会見」、2011 年 11 月 19 日、https://warp.ndl.go.jp/info：ndljp/pid/10976787/www.kantei.go.jp/jp/noda/statement/2011/1119asean _ naigai.html（2023 年 5 月 25 日访问）。

[2] 首相官邸「野田内閣総理大臣記者会見」、2011 年 12 月 1 日、https://warp.ndl.go.jp/info：ndljp/pid/3487086/www.kantei.go.jp/jp/noda/actions/201112/01kaiken.html（2023 年 5 月 25 日访问）。

2012 年 1 月 24 日，野田佳彦在第 180 届日本国会上发表施政演说，强调日本必须在充满多样性的亚太地区内率先提出普遍适用的原则及具体的规则，与志同道合的国家携手维护地区的长期稳定与繁荣，其中重要的战略性举措就是主导亚太自由贸易区的构建，通过高水平的经济合作积极筹划自由贸易及投资的规则制定；最为重要的是，促进日澳、日韩等经济合作就是日本实现上述战略目标的重要基础。[1]与此同时，野田佳彦指出对于亚太地区的稳定与繁荣而言，没有中国的建设性作用是不成立的，两国首脑已多次确认了深化日中战略互惠关系的方针，今后将进一步充实其中的内容，深化合作以维护地区稳定的秩序构建；要抓住邦交正常化 40 周年的机遇，以人的交流和促进旅游为抓手，通过各种水平的对话与交流，进一步深化互惠关系。[2]

2012 年 1 月 27 日，野田佳彦应新华社东京支局的邀请，参加 2012 年新年会并发表祝辞，指出 2012 年是日中邦交正常化 40 周年，2011 年末他访问了中国，与中国国家主席胡锦涛和国务院总理温家宝等举行了会谈，明确将 2012 年定为"日中国民交流友好年"，主题为"新的相遇，心的联系"；在进一步深化战略互惠关系，稳定发展日中关系，对地区及世界的和平、稳定及繁荣做出积极贡献等广泛领域，双方一致认为应推进合作与交流；野田佳彦在致辞中还回忆道，他本人也是因参加了日中青年友好交流 3 000 人访华团而与中国结缘的，之后便成为中日交流之"子"，期望2012 年能开展各种活动，以增加像他这样的中日交流之"子"。[3]

2012 年 3 月 24 日，野田佳彦在由"日本学术界"举办的首场"与野田总理的交流会"上表示，希望通过加入 TPP，在亚太贸易及投资的规则制定中融入日本构想，对于日中韩经济合作同样如此；总之，要将中国、印

---

[1][2]　首相官邸「第百八十回国会における野田内閣総理大臣施政方針演説」、2012 年 1 月 24 日、https://warp.ndl.go.jp/info:ndljp/pid/12294135/www.kantei.go.jp/jp/noda/statement2/20120124siseihousin.html（2023 年 5 月 25 日访问）。

[3]　首相官邸「新華社東京支局 2012 新年会における野田内閣総理大臣挨拶」、2012 年 1 月 27 日、https://warp.ndl.go.jp/info:ndljp/pid/12360253/www.kantei.go.jp/jp/noda/statement/201201/27xinhua.html（2023 年 5 月 25 日访问）。

度等纳入以日美为中心的制度框架，从这一层面来看，实现亚太自由贸易区是符合日本国家利益的。[1]

从野田佳彦上述的政治表态来看，至少其领导的日本政府还是希望借恢复邦交正常化40周年的重要契机，维持抑或是扩大对华交流合作的，但受制于钓鱼岛领土问题，野田内阁受到了日本国内保守势力的较强压迫，被动地选择了对华政治态度强硬的保守主义立场，在领土问题上形成与中国对抗的态势，但在政治上这也满足了日本国内政治保守势力的要求，为延长他自己的政治生命和首相执政时间服务。

2012年8月24日，野田佳彦举行记者招待会，特意在领土问题上表现出极端强硬的态度，认为为了保护日本的国家利益，必须做到该主张的就主张，该推进的就严肃推进。[2]以东京都知事石原慎太郎为首的日本保守政治势力持续在钓鱼岛问题上做出过激行为，并以此逼迫野田内阁在与钓鱼岛相关的领土问题上做出极为强硬的表态。但另一方面，需要指出的是，这里不能排除野田内阁与东京都地方政府相互勾连，一呼一应，共同将钓鱼岛领土问题推向极端化的嫌疑。

2012年9月7日，野田佳彦举行记者招待会，钓鱼岛"国有化"问题成为日本媒体关注的焦点，对此，野田佳彦称将继续以维持稳定的管理为基本出发点，推进各方协调。[3]2012年9月9日，中国国家主席胡锦涛在出席亚太经合组织第二十次领导人非正式会议期间同野田佳彦进行了交谈，中国外交部对此记载如下："胡锦涛郑重指出，近来，中日关系因钓鱼岛问题面临严峻局面。在钓鱼岛问题上，中方立场是一贯的、明确的。日方采取任何方式'购岛'都是非法的、无效的，中方坚决反对。中国政府在维护领土主权问题上立场坚定不移。日方必须充分认识事态的严重

---

[1] 首相官邸「日本アカデメイア主催『野田総理との第1回交流会』　野田総理スピーチ」、2012年3月24日、https://warp.ndl.go.jp/info：ndljp/pid/11236451/www.kantei.go.jp/jp/noda/statement/2012/0324academeia.html（2023年5月25日访问）。

[2][3] 首相官邸「野田内閣総理大臣記者会見」、2012年8月24日、https://warp.ndl.go.jp/info：ndljp/pid/8731269/www.kantei.go.jp/jp/noda/statement/2012/24kaiken.html（2023年5月25日访问）。

性，不要作出错误的决定，同中方一道，维护中日关系发展大局。"[1]

尽管如此，2012年9月10日，野田内阁还是宣布"购买"钓鱼岛及其附属岛屿，实施所谓"国有化"方针。[2]野田内阁不顾中方的强硬反对，"一意孤行"对钓鱼岛实施所谓"国有化"，致使中日关系彻底走入僵局。为了对抗野田内阁的过激政治行为，中方做出了一系列富有针对性的、坚决的反制措施。中国政府当日便发表了《中华人民共和国政府关于钓鱼岛及其附属岛屿领海基线的说明》，对钓鱼岛及其附属岛屿宣示主权[3]。9月25日，中国政府又对外发表了《钓鱼岛是中国的固有领土》白皮书，系统、翔实地阐述了"日本窃取钓鱼岛"的历史经过，抨击"日本主张钓鱼岛主权毫无依据"，强调"无论从历史、地理还是从法理的角度来看，钓鱼岛都是中国的固有领土，中国对其拥有无可争辩的主权"的客观事实。[4]与此同时，中方加强了对钓鱼岛及其附属岛屿的执法巡航，并将此管理措施升格为"常态化"，坚决捍卫国家主权。中方捍卫国家主权与领土完整的决心、意志和行动引发日本的高度关注，日本国内保守势力也同步升级了"对抗性"措施，致使中日关系在错误的道路上越走越远。

以此为背景，中日间的政治交流，尤其是直接的双边首脑会谈就遭遇了阶段性停滞，中日关系降至1972年恢复邦交正常化之后的历史性"冰点"。

综上所述，野田内阁时期的对华政策完全可以用"口惠而实不至"来贴切地形容。尽管野田佳彦在施政演说等多个场合多次表态要深化发展日中战略互惠关系，但实际上中日两国的交流与合作却始终没有恢复至令人满意的状态，也没有实现质的突破。更为严重的是，就在钓鱼岛领土争端

---

[1] 外交部：《胡锦涛就当前中日关系和钓鱼岛问题表明立场》，2012年9月9日，https://www.mfa.gov.cn/web/zyxw/201209/t20120909_320420.shtml（2022年6月6日访问）。

[2] 首相官邸「尖閣諸島の取得保有に関する関係閣僚会合について」、2012年9月10日、https://warp.ndl.go.jp/info:ndljp/pid/4410784/www.kantei.go.jp/jp/tyoukanpress/201209/10_p.html（2022年6月5日访问）。

[3] 《中国政府就钓鱼岛及其附属岛屿领海基线发表声明》，中央政府门户网站，http://www.gov.cn/jrzg/2012-09/10/content_2221140.htm（2022年3月2日访问）。

[4] 中华人民共和国国务院新闻办公室：《钓鱼岛是中国的固有领土》，中央政府门户网站，http://www.gov.cn/zwgk/2012-09/25/content_2232785.htm（2022年3月2日访问）。

突起之时，野田内阁并没有选择弱化或消除既有矛盾的政策方法，反而是选择了激化矛盾的不恰当手段，对钓鱼岛实施所谓"国有化"，致使中日关系彻底陷入僵局。

表 4.3　野田内阁时期中日两国主要政治交流活动（2011 年 8 月至 2012 年 9 月）

时　间		事　件
2011 年	8 月 30 日	中国国务院总理温家宝致电野田佳彦，祝贺他当选日本首相。
	9 月 6 日	中国国务院总理温家宝应约与日本首相野田佳彦通电话。
	9 月 9 日	中国外交部长杨洁篪应约与日本新任外务大臣玄叶光一郎通电话。杨洁篪对玄叶光一郎出任外务大臣表示祝贺。双方就两国关系交换看法，一致认为，应落实好两国领导人达成的重要共识，推动中日战略互惠关系不断向前发展。
	10 月 13 日	中国外交部副部长张志军会见来华访问的日本外务副大臣山口壮，双方就中日关系及有关问题交换了意见。
	11 月 12 日	中国国家主席胡锦涛在夏威夷州首府檀香山会见日本首相野田佳彦，双方就中日关系和其他共同关心的问题交换了意见，一致同意继续深化中日战略互惠关系。
	11 月 23 日	中国外交部长杨洁篪在北京与来访的日本外务大臣玄叶光一郎举行会谈； 中国国务委员戴秉国在北京会见来访的日本外务大臣玄叶光一郎，双方就中日关系和共同关心的国际、地区问题等坦诚深入地交换意见； 中国国务院总理温家宝在中南海紫光阁会见日本外务大臣玄叶光一郎。
	12 月 25 日	中国国务院总理温家宝在人民大会堂与日本首相野田佳彦举行会谈。
	12 月 26 日	中国国家主席胡锦涛会见日本首相野田佳彦； 中国全国人大常委会委员长吴邦国会见了日本首相野田佳彦。
2012 年	1 月 16 日	中国全国人大常委会委员长吴邦国在人民大会堂分别会见智利众议长梅莱罗和日本众议院运营委员长小平忠正。
	2 月 17 日	中共中央政治局常委、全国政协主席贾庆林在人民大会堂会见日本日中友好七团体负责人加藤纮一、河野洋平、辻井乔、高村正彦、张富士夫、野田毅、江田五月。
	2 月 19 日	中国国务院副总理王岐山在中南海会见日本财务大臣安住淳。
	2 月 23 日	中国国家副主席习近平会见以干事长舆石东为团长的日本民主党代表团。
	3 月 23 日	中国国家副主席习近平会见来华参加中日民间交流活动的日本前首相鸠山由纪夫。
	4 月 7 日	中国外交部长杨洁篪在浙江宁波会见出席第六次中日韩外长会议的日本外务大臣玄叶光一郎。

（续表）

时 间		事 件
2012 年	4 月 14 日	中国外交部部长杨洁篪应约同日本外务大臣玄叶光一郎通电话，阐述中方对朝鲜半岛局势的看法和立场主张。
	4 月 26 日	日本首相野田佳彦在东京会见了中日友好协会会长唐家璇。
	5 月 2 日	中国外交部副部长傅莹会见来访的日本外务副大臣山口壮。双方就中日关系、中日韩领导人会议及朝鲜半岛局势等交换了意见。
	5 月 4 日	中国全国人大常委会委员长吴邦国同日本众议院议长横路孝弘举行会谈； 中国国家副主席习近平在人民大会堂会见日本众议院议长横路孝弘。
	5 月 13 日	中国国务院总理温家宝在人民大会堂分别会见韩国总统李明博和日本首相野田佳彦。
	5 月 14 日	中国国家主席胡锦涛在人民大会堂会见前来出席第五次中日韩领导人会议的韩国总统李明博、日本首相野田佳彦。
	5 月 25 日	中国国务院副总理李克强在人民大会堂会见日本前首相鸠山由纪夫。
	7 月 11 日	中国外交部长杨洁篪在柬埔寨金边与日本外务大臣玄叶光一郎举行会晤，就当前中日关系和面临的突出问题交换意见。
	8 月 30 日	中国外交部副部长傅莹会见来华进行工作访问的日本外务副大臣山口壮，主要讨论了中日关系和地区相关问题。
	8 月 31 日	中国国务委员戴秉国在中南海会见日本外务副大臣山口壮，就中日关系交换意见。山口壮还向戴秉国转交日本首相野田佳彦致胡锦涛主席的亲笔信。
	9 月 9 日	中国国家主席胡锦涛在出席 APEC 第二十次领导人非正式会议期间同日本首相野田佳彦进行交谈。

资料来源：笔者根据中国外交部官网整理。

二、 日本民主党尝试性开启"对冲性"的对华经济外交

如前所述，中日关系在民主党执政时期走出过一波"小阳春"，并在鸠山内阁时期达到了顶峰，之后因钓鱼岛领土争端等结构性问题的凸显，中日关系跌至 1972 年恢复邦交正常化之后的历史性"冰点"，并致使双边经济合作也受到一定负面影响，总体呈现出"政冷经凉"的非正常现象。

尽管如此，这一时期的日本仍在有目的地推动对华经济外交的向前发

展，希望以此实现日本对外政治及经济等诸多方面的战略设想。由于中日双边政治关系在民主党执政初期经历过一段"蜜月期"，因此，日本对华经济外交在这一阶段也相应呈现出"先高后低"的发展动态，后期因两国政治关系的走弱，日本对华经济合作也转入"慢车道"，且对华经济外交的"对冲性"特征愈发显著。

第一，日本经济界重要人士频繁出现在中日政治互动的场景中，不仅为中日经济合作拓展了重要渠道，同时也为稳住中日政治关系中长期发展的基本盘提供了坚实且稳固的"压舱石"。

2009 年 9 月，日本民主党上台执政。借着中日政治关系高速回暖、快速发展的契机，日本经济界积极投身并参与推动对华经济合作走实、走深。如表 4.4 所示，日本经济界在中日政治活动中扮演了不可或缺的角色，这其中不仅包括高层政治人物的接待与会晤，还有以日本经团联为首的大型经济代表团的对华访问，与中方主要政府首脑举行务实性会谈。尤其是在2010 年 9 月之后，中日政治关系因钓鱼岛争端而逐渐式微的大背景下，日本经济界在日本对华经济外交中逐渐承担起积极务实的职能与角色，成功地在两国政界及经济界之间搭建起无障碍沟通的重要桥梁，并成为两国政治关系的缓冲。

值得注意的是，诸如日本经团联、日本国际贸易促进协会等重要的经济团体组织，其本来就是日本经济外交结构体系的重要组成之一，同时也是反映并落实日本政府经济外交政策的具体角色，因此，在对华政治关系受到领土争端等客观负面因素影响而停滞不前的大背景下，上面提及的部分经济团体便成为日本推进对华经济外交的"急先锋"，通过不断派出高访团与大型经济代表团等，实现"以经促政"的战略目标，一方面进一步夯实中日经济领域合作并推动其走实、走深，另一方面积极加固日渐式微的政治关系，或者说，这是在为防止中日双边政治关系彻底走向破裂增加"防护服""压舱石"。

表 4.4　民主党执政时期日本经济界参与的主要对华外交活动

时　　间		相关活动
2009 年	12 月 2 日	中国国家副主席习近平在人民大会堂会见以日本国际贸易促进协会会长、日本众议院前议长河野洋平为团长的"2009 年度日本国际贸易促进协会访华团"一行； 中国外交部长杨洁篪会见率团来访的日本国际贸易促进协会会长河野洋平。
	12 月 15 日	中国国家副主席习近平在东京出席日本经团联早餐会，发表了题为"推动中日经贸合作提高到新水平"的讲话。
2010 年	5 月 12 日	中国国务院总理温家宝在人民大会堂会见御手洗富士夫和米仓弘昌率领的日本经团联代表团。
	5 月 31 日	中国国务院总理温家宝在东京出席日本经团联举行的欢迎午餐会并发表讲话。
2011 年	5 月 12 日	中国外交部长杨洁篪会见由会长米仓弘昌、名誉会长御手洗富士夫率领的日本经团联代表团，双方就中日关系和中日经贸合作等交换了意见。
	5 月 13 日	中国国务院总理温家宝在中南海紫光阁会见由会长米仓弘昌和名誉会长御手洗富士夫率领的日本经团联代表团。
	6 月 2 日	中国国务院副总理李克强在人民大会堂会见来华参加"2011 年中日绿色博览会"、以会长米仓弘昌和名誉会长御手洗富士夫为团长的日本经团联代表团。
	7 月 24 日	中国国务院总理温家宝在人民大会堂会见由前众议院议长河野洋平率领的日本国际贸易促进协会 2011 年度访华团。
2012 年	4 月 24 日	中国国家副主席习近平在人民大会堂会见以日本国际贸易促进协会会长、前众议院议长河野洋平为团长的 2012 年度日本国际贸易促进协会访华团。
	5 月 14 日	中国国务院副总理王岐山在中南海会见由会长米仓弘昌和名誉会长御手洗富士夫率领的日本经团联代表团。
	9 月 27 日	中国全国政协主席贾庆林在人民大会堂会见日本前众议长、日本国际贸易促进协会会长河野洋平等日本友好人士代表。

资料来源：笔者根据各种资料整理。

　　第二，积极强化对华贸易、投资领域的合作关系，努力在对华经济合作中谋求规模性的现实利益。

　　从中日双边经济视角来看，日本经济长时间低迷，中国经济发展迅猛，对日本产生了较强的吸引力，所以对日本而言，推进双边经济合作是日本经济重建的重要途径。

中国的 GDP 在 2010 年超越日本,成为世界排名第二的超大经济体,并且之后 GDP 长期保持高速增长,与陷入持续低迷的日本经济构成鲜明对比,二者在经济总量上的差距也愈发增大。由此,对于以外向型经济为主导的日本而言,中国无疑已成长为一个重要且成熟的经济伙伴国,具有巨大的市场规模和难以估量的发展潜力。与此同时,中日两国在全球产业链上具有极强的互补性,所以中日之间的经贸合作既出于双边市场的相互需要,也是商业利益集团的追求所致。

在民主党执政时期,中日双边虽然在中后期政治关系上存在一些摩擦,但是双边经济互动相对还是较为频繁的,经济往来也维持在一个较高水平。这一阶段,中日双边贸易有了突飞猛进的发展,2011 年中日进出口贸易总额达到 3 450 亿美元,日本自中国的进口贸易额(不含中国香港、中国澳门、中国台湾)为 1 835 亿美元,远高于日本自美国的 742 亿美元进口贸易额;2011 年日本对华出口贸易额为 1 615 亿美元,与之相比,日本对美出口贸易额仅为 1 257 亿美元,由此,中国超越美国,成为日本的最大贸易伙伴。[1]

在对华投资上,这一阶段的投资占比也创下历史新高,如 2012 年日本对华投资净流量高达 134 亿美元,占其当年对外投资总流量的 11.02%,而这两个数据在 2008 年分别只有约 65 亿美元和 4.97%。[2]当然,这里还需要特别说明的是,投资并不能迅速且直观地反映两国经济合作的紧密程度,因为通常在签署投资合同之后,投资者需要在 3 个月内完成 20% 的首期付款,余下的款项则在两年内结清[3],鉴于此,2012 年所出现的数据

[1] 外務省アジア大洋州局中国・モンゴル第一課、中国・モンゴル第二課「最近の日中関係と中国情勢(ポイント)」、2013 年 4 月、https://www.mofa.go.jp/mofaj/area/china/pdfs/kankei.pdf(2022 年 5 月 21 日访问)。
[2] 日本貿易振興機構「日本の直接投資(国際収支ベース、ネット、フロー)」、https://www.jetro.go.jp/ext_images/world/japan/stats/fdi/data/country1_21cy.xls(2022 年 6 月 7 日访问)。
[3] Franziska Schultz, *Economic Effects of Political Shocks to Sino-Japanese Relations*(2005—2014), Tokyo: Springer VS, 2020, pp.48—49.

攀升及对应出现的投资高峰，反映的只是 2010 年或 2011 年中日双边签署投资合同的阶段性成果，但 2012 年发生的钓鱼岛"国有化"事件对日本对华投资的具体反映，则需要从 2013 年或之后若干年的数据中才能显现出来。由此观之，2009 年民主党执政后，中日政治关系发展出现的一波"小阳春"，确实带动了双边经济关系走实、走深，尤其是促进了日本对华投资的显著增长，但遗憾的是，这波经济合作的上升趋势并没有持续太久。

除了投资规模发生变化之外，中日两国在货币互换等金融合作领域也实现了战略性突破。中日双方在 2011 年 12 月的首脑会谈上，就促进贸易和货币交换等经济合作达成协议，并决定自 2012 年 6 月 1 日起实施日元与人民币的直接交易。[1]

另外，就日本企业赴华投资发展的具体情况而言，虽然中国于 2008 年取消了外国企业的优惠，即把针对外企的所得税由原来的 15% 上调为 25%，2010 年又开始针对外企征收城市维护建设税和教育费附加等税费，但日企赴华投资发展却出现不降反升的新动态，尤其值得关注的是，2011 年在华生产及经营的日企总数突破 3 万家，达到 33 420 家的历史高位，较 2010 年 29 959 家的总数环比增长了 11.55%。[2]在华日企总数的飙升一方面是受中日政治关系持续走暖的积极影响，友好型政治关系引领和谐型经济关系的有序发展，另一方面也是日本经济界看好中国经济、中国市场未来发展前景的具体表现，并以新增或扩大在华的生产及经营规模，带动日企在区域及全球层面布局产业链的结构性重组。

第三，在区域经济合作层面积极向中方抛出"橄榄枝"，希冀与中方一

［1］外务省アジア大洋州局中国・モンゴル第一课、中国・モンゴル第二课「最近の日中関係と中国情勢（ポイント）」、2013 年 4 月、https://www.mofa.go.jp/mofaj/area/china/pdfs/kankei.pdf（2022 年 5 月 21 日访问）。

［2］外务省「海外在留邦人数調査統計：平成 24 年速報版（平成 23 年 10 月 1 日现在）」、https://warp.ndl.go.jp/info：ndljp/pid/11552799/www.mofa.go.jp/mofaj/files/000523071.xlsx（2022 年 6 月 7 日访问）；外务省「平成 22 年の海外在留邦人数調査統計」、2011 年10 月、35 页、https://warp.ndl.go.jp/info：ndljp/pid/11552799/www.mofa.go.jp/mofaj/toko/tokei/hojin/11/pdfs/1.pdf。

同努力,推动区域经济一体化、贸易自由化的中长期建设。

在包括东亚地区、亚太地区在内的区域经济合作问题上,民主党执政下的日本积极推动上述议题的讨论与协商,并在一定程度上与中方保持着"同频共振"的政策布局。毋庸置疑,亚洲经济是全球最有活力的地区,其中,中国、日本、韩国为亚洲经济的三大主要国家,占据了亚洲经济的2/3以上;不仅如此,在全球范围内中国和日本又分别是排名第二和第三的两大经济体。对日本而言,一方面,推动区域经济合作是自身经济发展的需要;另一方面,日本也希望能够在区域经济治理上发挥引领作用,进而扩大自身的地区及国际影响力。

在2010年于日本横滨举办的APEC会议上,日本及其他成员方深入讨论了区域一体化,结合金融危机后全球经济缓慢复苏的大背景,确定了地区经济增长新战略等议题。[1]中国国家主席胡锦涛在此次APEC首脑峰会上发表了题为"深化互利合作实现共同发展"的重要讲话,表明中方支持推动区域经济一体化建设的基本态度,这其实也是对日方利用主场之便,设定这一议程的支持与肯定。在区域经济一体化建设方面,中日两国的战略利益是高度契合的。

不仅如此,日本还积极推动中日韩峰会的举行,三国于2009—2012年连续四年召开了中日韩三国领导人峰会,尤其是2012年5月,第五次中日韩领导人峰会取得了前所未有的重大成绩:三国签署了《中日韩投资协定》,并共同决定年内启动中日韩自贸区谈判(该年11月便启动了相关谈判)。

此外,从2009年民主党首届政府开始,鸠山由纪夫所提出的"东亚共同体"设想中最关键的一环就是中国的参与和支持,这从鸠山由纪夫在任期间的一系列政治表态便可窥一斑。之后的菅内阁与野田内阁时期,日本还积极参与区域经济合作机制,如"ASEAN+3""ASEAN+6",推动亚太

---

[1] APEC,"APEC Leaders Release Declaration,Adopt New Vision for Regional Growth",November 13,2010,https://www.apec.org/press/news-releases/2010/1114_leaders(2022年6月5日访问)。

自由贸易区的讨论与协商等。与此同时，日本更希望主导并推动东亚自由贸易区和东亚全面经济伙伴关系的战略性建设，引领性地参与、制定地区贸易和投资规则。为此，日本不断对华发起政治游说与经济外交，希冀中国在这一战略议题上与日方保持步调与节奏上的统一。值得一提的是，导致中日关系转冷的导火索是钓鱼岛问题，双边关系出现重大滑坡的标志性节点就是野田内阁对钓鱼岛实施所谓"国有化"。不仅如此，美国施加的负面影响在中日关系变冷的过程中起到催化剂的作用：第一，美国对日本施压，希望日本成为其实施新亚太战略的"马前卒"。以鸠山由纪夫为例，鸠山内阁对美态度的疏远，使得日本在对外政策上获得相应的独立与自由，但没有按照美国方式处理外交关系的鸠山内阁却招来了美国的反感，尤其是在驻日美军的普天间基地搬迁问题上，鸠山内阁不顾美方的竭力反对，意图强推"县外搬迁"或"国外搬迁"计划，尽管最终该计划"胎死腹中"，未能实现，但这也成为鸠山内阁倒台的重要原因之一。[1]第二，美国在面对中日分歧问题时，均倒向日本一边，成为日本的重要支持者。无论是2010年发生的"9·7撞船事件"，还是2012年发生的所谓钓鱼岛"国有化"事件，美国均偏袒日本、指责中国。也正是在这样的背景下，美国提出了TPP，意图拉拢日本，以共同主导未来亚太地区经济秩序的全新构建。尽管如此，民主党执政后期的野田内阁仍在TPP问题上表现出极为谨慎、踯躅不前的基本态度，也并没有轻易地允诺美国参与由后者发起的TPP正式谈判，其核心问题在于，包括野田佳彦在内的日本国内政界或商界的主流意见，仍将与中方合作建设覆盖东亚地区的经济合作框架作为主攻方向，同时希望尽可能地在这一进程中发挥日本的主导性、引领性功能。

综上所述，民主党执政时期，日本对华经济外交总体呈现积极拓展的基本态势，但前后两个时间段存在明显差异，简言之，前半段主要呈现

---

[1] Hidetaka Yoshimatsu, "Japan's China Policy in Domestic Power Transition and Alliance", *Asian Affairs: An American Review*, 2012, Vol.39. No.2, pp.116—117.

"以政促经"的主动型特征，而后半段则凸显"以经稳政"的被动型特征。

三、 日本民主党积极推进"对冲性"对华经济外交的主要动因

民主党执政时期，在经历了鸠山内阁及菅内阁前半个执政期之后，日本对华经济外交的"对冲性"特征愈发明显，且竞争性，甚至是挑战性在逐渐递增。为了更好地解释日本对华经济外交所呈现的这一特征，笔者选择用三个关键词来描述其内在的逻辑动因，即"参与者""合作者""竞争者"。这三个关键词在涉日内政及外交的不同问题上，会出现不同的搭配、组合，具体如下所述。

第一，日本将中国视为其在"入常"问题上的参与者、合作者，甚至是竞争者。毋庸置疑，推动联合国改革，成为联合国安理会常任理事国，是日本在完成经济大国蜕变后一直念兹在兹的主要对外政治目标，并且日本为此投入了极大的政治资源与经济利益，民主党执政时期也同样如此。无论是菅内阁，还是野田内阁，实现日本的"入常梦"及"政治大国梦"是其对外政治目标的主要构成之一。

2010 年 9 月 23 日，日本首相菅直人出席"安理会在维持国际和平与安全问题上的有效作用"的联合国安理会首脑会议并发表演讲，指出日本为了实现真正的和平，将采取积极且具体的行动，为此，日本将在维持和平、构筑和平、防止争端、人员安全保障四个方面推进援助；关于联合国改革问题，菅直人指出联合国诞生以来，已经过去了 65 年，其间，世界形势发生了巨大变化，在 21 世纪，为了使安理会能在维护世界和平与安全方面发挥作用，安理会自身也必须反映 21 世纪国际社会的现实情况，具备足够的正统性。[1]菅直人此番发言反映出日本对第二次世界大战后联合国体制的强烈不满，并希望通过实现联合国体制及机制的改革，提升日本的国际政

---

[1] 首相官邸「国際の平和と安全の維持における安保理の効果的役割に関する安保理首脳会合」、2010 年 9 月 23 日、http://www.kantei.go.jp/jp/kan/statement/201009/23statement.html（2014 年 6 月 27 日访问）。

治地位，这代表了日本政界保守派的主流观点，也更明确地表明日本希望推动联合国改革、成为联合国安理会常任理事国的强烈意愿。当然，日本也明确表示愿意为此做出相应的贡献，如参加联合国的维和行动、向经济不发达国家提供资金及技术援助等，这也是日本经济外交的惯常用法。[1]

---

[1] 实际上，向发展中国家或欠发达国家提供经济援助，以换取相关国家在日本"入常"问题上的政治支持，是战后日本持续推进经济外交的主要目标之一，民主党政府执政时期，也发生过许多经典的案例。比如，2010年12月8日，日本首相菅直人与到访的玻利维亚总统莫拉莱斯举行会谈，之后发表共同声明，其中强调为进一步提升联合国安全理事会的代表性、实效性和透明性，两国首脑认为有必要尽早实现安理会的改革，同时表示通过政府间的交涉，维持两国在这方面的密切合作。与此同时，共同声明中还强调，莫拉莱斯总统高度评价了日本在联合国及国际社会中所担当的重要作用，以及对维护国际社会和平与安全做出的积极贡献，具体内容参见首相官邸「日本・ボリビア共同声明」、2010年12月18日、http://www.kantei.go.jp/jp/kan/statement/201012/08nichibolivia.html（2014年6月27日访问）。2011年2月8日至10日，乌兹别克斯坦总统伊斯兰・阿卜杜加尼耶维奇・卡里莫夫应邀访问日本，与菅直人举行会谈，之后双方发表共同声明，其中写明日本将向乌兹别克斯坦提供政府开发援助等经济援助，而作为回报之一，乌兹别克斯坦明确表明支持日本成为联合国安全理事会常任理事国，日本对此表示感谢，具体内容参见首相官邸「日本・ウズベキスタン共和国共同声明（仮訳）」、2011年2月9日、http://www.kantei.go.jp/jp/kan/statement/201102/09uzbekistan.html（2014年6月27日访问）。2011年3月8日，应邀到访日本的塞尔维亚总统塔迪奇与菅直人举行会谈，之后发表共同声明，其中在联合国改革问题上，两国首脑共同认为联合国安理会应更具代表性、正统性和实效性，同时应回应21世纪国际社会的现实，为此，双方共同期望联合国安理会改革能达成更有意义的成果；与此同时，两国首脑共同认为应持续、积极地推进关于安理会改革的政府间谈判。塔迪奇总统代表塞尔维亚支持日本成为2015年安理会非常任理事国选举（任期为2016年至2017年）的候选国，同时也高度评价了日本在联合国尤其是维护国际和平与安全上的积极贡献，具体内容参见首相官邸「日本・セルビア共同声明（仮訳）」、2011年3月8日、http://www.kantei.go.jp/jp/kan/statement/201103/08serbia.html（2014年6月27日访问）。2011年9月25日至28日，菲律宾总统贝尼尼奥・阿基诺三世应邀正式访日，与野田佳彦举行会谈，双方发表关于全面推进战略伙伴关系的共同声明，其中在联合国安理会改革方面，该声明指出，关于尽早实现包括联合国安理会常任理事国及非常任理事国的议席增加在内的各项改革进程，两国首脑共同确认了持续努力的重要性，阿基诺三世再度明确表明坚决支持日本成为常任理事国，对此，野田佳彦表示感谢，具体内容参见首相官邸「特別な友情の絆で結ばれた隣国間の『戦略的パートナーシップ』の包括的推進に関する日・フィリピン共同声明」、2011年9月27日、https://warp.ndl.go.jp/info:ndljp/pid/11449460/www.mofa.go.jp/mofaj/area/Philippines/visit/aquino1109/jpks_ks.html（2023年5月26日访问）。2012年3月16日，日本与来访的老挝总理通辛・坦马冯就日老首脑会谈发表共同声明，指出两国首脑再次确认将推进合作以推动联合国安理会尽早启动改革，通辛・坦马冯再度表示老挝一贯支持日本成为联合国安理会常任理事国以及2015年联合国非常任理事国选举的候选国，具体内容参见（转下页）

2010 年 6 月 11 日，菅直人就曾公开表示，日本在全球问题上会积极发挥作用，如援助阿富汗的国家重建与复兴，同时基于第四次非洲开发会议（TI-CAD）所达成的公约精神，持续援助非洲，尽最大努力实现"联合国千年发展目标"等。[1]2011 年 1 月 20 日，菅直人在"民间外交推进协会"举办的讲演会上又发表题为"处于历史分水岭的日本外交"的演说，强调了在参与联合国维和行动中，日本派遣人员已经由原来的约 50 人增加至380 人。[2]

继菅直人之后，野田佳彦也是积极推动日本"入常"的代表性人物。2011 年 9 月 23 日，野田佳彦在第 66 届联合国大会一般性辩论上发表演讲。关于联合国改革问题，野田佳彦指出，为了强化联合国的作用，必须改革安理会，并加速推进已经停滞的改革进程；所有成员应抱有"这一改革事关联合国信用问题"的危机感，积极致力于推动改革；日本在这一会期中，将与志同道合的国家一起，开启面向改革的真正谈判，并期待获得具体成果。[3]2012 年 9 月 26 日，野田佳彦在第 67 届联合国大会一般性辩论上第二次发表讲话，指出为了使联合国安全理事会具备实效性，必须使其具有反映现代国际社会现实状态的正统性；日本已经准备好在国际社会中承担起更大责任；安理会改革谈判已陷入停滞状态，此时正是加速推进、

（接上页）首相官邸「日ラオス首脳会談に関する共同プレス発表」、2012 年 3 月 16 日、https：//warp.ndl.go.jp/info：ndljp/pid/3486531/www.mofa.go.jp/mofaj/area/laos/visit/0705_kpk.html（2023 年 5 月 26 日访问）。由此可见，推动联合国改革及使日本成为联合国安理会常任理事国是民主党政府外交战略的主要目标之一，为了实现这一战略目的，经济外交成为不可或缺的重要手段，即日本对诸如玻利维亚、乌兹别克斯坦、塞尔维亚、菲律宾、老挝等发展中国家实施"金元外交"，以换取后者对其在"入常"问题上绝对的政治支持。

［1］首相官邸「第 174 回国会における菅内閣総理大臣所信表明演説」、2010 年 6 月 11 日、https://warp.ndl.go.jp/info：ndljp/pid/12125275/www.kantei.go.jp/jp/kan/statement/201006/11syosin.html（2023 年 5 月 26 日访问）。

［2］首相官邸「菅総理　外交に関する講演『歴史の分水嶺に立つ日本外交』」、2011 年 1 月 20 日、https：//warp.ndl.go.jp/info：ndljp/pid/12366719/www.kantei.go.jp/jp/kan/statement/201101/20speech.html（2023 年 5 月 26 日访问）。

［3］首相官邸「第 66 回国連総会における野田内閣総理大臣一般討論演説」、2011 年 9 月 23 日、https：//warp.ndl.go.jp/info：ndljp/pid/6086266/www.kantei.go.jp/jp/noda/statement/2011/0923enzetu.html（2023 年 5 月 25 日访问）。

开启真正谈判的时刻。[1]可以说，野田佳彦的两次发言均直接、坦率地表明日本希望成为联合国安理会常任理事国的决心与意志。

尽管如此，日本"入常"显然难以绕开中国，因为中国也是联合国安理会五大常任理事国之一。因此，从这一层面来看，日本"入常"能否获得中方的绝对支持与政治赞同，或许具有决定性的意义。有鉴于此，日本实际上对中方在其"入常"问题上的政治态度极为敏感，有时还会用试探性的政治操作，来促使中方在这一核心议题上投"赞成票"。

2010 年 9 月 24 日，菅直人参加完联合国大会后举行记者招待会，当被问及"日本等组成的四国集团追求成为联合国安理会常任理事国，而意大利、中国及很多发展中国家表示反对，对此，美国是否支持日本等国家的想法？"时，菅直人回应称，联合国从诞生至 2010 年已经过去了 65 年，世界形势也发生了翻天覆地的变化，但 2010 年的安理会并没有充分反映当时的国际形势，而在谈及美国的意见时，菅直人便语焉不详了。[2]由此可见，美国在日本成为联合国安理会常任理事国问题上也没有明确的支持态度。

2010 年 11 月 13 日，日本首相菅直人与美国总统奥巴马举行会谈[3]，之后共同出席记者招待会，菅直人强调 2009 年奥巴马总统首次访问亚洲，第一站就选择了日本；会谈之前，日本与中国、俄罗斯的关系出现了各种问题，感谢美国一贯对日本给予的支持，由此，日本很多民众及多个近邻国更加认识到美国的存在及美军的存在对于确保这一地区的和平与安全的重要性；在日本"入常"问题上，菅直人直率地表示，奥巴马再度支持日本在将来的某一时间成为联合国安理会常任理事国。

---

[1] 首相官邸「第 67 回国連総会における野田内閣総理大臣一般討論演説」、2012 年 9 月 26 日、https://warp. ndl. go. jp/info：ndljp/pid/6086266/www. kantei. go. jp/jp/noda/ statement/2012/0926kaiken.html（2023 年 5 月 25 日访问）。

[2] 首相官邸「第 65 回国連総会内外記者会見」、2010 年 9 月 24 日、http://www.kantei.go. jp/jp/kan/statement/201009/24speech.html（2014 年 6 月 27 日访问）。

[3] 《奥巴马支持印日入常　港报：空头支票岂可当真》，中国新闻网：https://www.chinanews. com.cn/hb/2010/11-19/2667797.shtml（2023 年 6 月 1 日访问）。

2011 年 9 月 23 日，野田佳彦在出席联合国大会后出席记者招待会，当回答关于中日关系的提问时，野田佳彦强调称，站在亚太地区或者世界的大视角来观察，日中关系是非常重要的双边关系，2012 年正巧是日中邦交正常化 40 周年的重要节点，从大局观出发，必须努力稳固相互关系，深化战略互惠关系。[1]这里，野田佳彦在联合国舞台大谈特谈中日政治关系，并特意暗示要深化日中战略互惠关系，显然，其背后的潜台词是希望中方能给予日本"入常"一定的支持，为深化双边战略互惠迈出坚实的一步。

由此可见，在"入常"问题上，基于中国在联合国体系内特殊的政治身份，日本将中国定位为参与者、合作者，甚至是竞争者的多重角色。而日本对华实施"对冲性"的经济外交，一方面是希望中方能在这一问题上积极表态，至少是不阻拦、不反对，另一方面，日本也希望不断提升本国的政治影响力和国际地位，来制衡持续扩大的中国影响力，扭转日趋显著的"中强日弱"的发展态势，与中国形成新的战略性"平衡"。

第二，从日本谋求自身经济复苏与发展的中长期视角来看，毫无疑问中国是未来这一历史进程的参与者、合作者，也是竞争者。经济因素本身就是中日双边经济关系良好发展的重要因素。中日双方有长期的经济合作历史，双方互为具有战略意义的邻国，双方的经济相互依赖、互惠互利、良好的经济互动也是双边关系发展的基础。就经济因素本身而言，中日经济相互合作的现实基础具体表现在以下三个方面。

（1）从经济发展的角度而言，日本经济长时间低迷，尤其是金融危机进一步冲击日本的进出口贸易和投资市场，而中国经济保持长时间的高速发展，对日本有重要的吸引力，所以对日本而言，推进日中双边经济合作是日本经济重建的重要方式之一。

（2）从经济规模的角度而言，日本曾经是全球第二大经济体，中国自

---

[1] 首相官邸「第 66 回国連総会内外記者会見」、2011 年 9 月 23 日、https://warp.ndl.go.jp/collections/content/info：ndljp/pid/3497715/www. kantei. go. jp/jp/noda/statement/2011/0923kaiken.html（2023 年 5 月 25 日访问）。

2010 年超越日本，成为世界第二大经济体以来，有巨大的市场规模和发展潜力，这些对于以外向型经济为主导的日本而言是不可或缺的优质外部市场条件，也符合其重要经济伙伴国的基本要求。

（3）从产业分工的角度而言，中日两国在全球产业链上有极强的互补性，所以中日的经贸合作既是双边市场的需要，也是商业利益集团的追求，鉴于此，在民主党执政时期，中日双边虽然存在一些摩擦，但是双边经济互动仍相对较为频繁，经济往来也维持在一个相对较高的发展水平上。

2010 年 7 月 30 日，日本首相菅直人举行记者招待会，在回答关于日本的核能、高速铁路等技术出口的提问时，菅直人称日本在节能、绿色能源方面拥有领先技术，如印度、越南等国家发展速度很快，但就基础设施建设情况而言，中国与日本相比还很落后，日本也有在基础设施建设领域能力较强的企业，某种程度而言，日本对外提供核电站、新干线等技术，也可以带动日本的发展；不仅如此，如果提到特别考虑的出口对象国时，自然有很多国家，但中国是最引人注目的。[1]与此同时，在回答关于"菅直人内阁最希望实现的政策是什么？"的提问时，菅直人回答称，希望实施重视就业和经济增长的相关政策。[2]由此可见，在中日关系相对较好，且没有领土争端因素干扰的大背景下，菅内阁的对华政策重心仍是加强对华经济合作，尤其是促进日本高新技术的对华出口，以带动日本国内经济复苏与就业增长，并实现中长期的可持续增长。因此，就经济发展层面而言，中日之间完全是合作大于竞争、利益大于分歧，这也是日本积极拓展对华经济外交的主要目标之一。

实际上，即便是 2010 年之后，中日政治关系因领土矛盾而日渐冷淡，日本也没有放弃扩大对华经济合作的基本想法。如前所述，日本反复派出重要经济代表团访华，与中国政府高级领导人举行会谈，就直观地反

---

[1][2] 首相官邸「菅内閣総理大臣記者会見」、2010 年 7 月 30 日、https://warp.ndl.go.jp/info: ndljp/pid/11740756/www. kantei. go. jp/jp/kan/statement/201007/30kaiken. html（2023 年 5 月 26 日访问）。

映出其在一定程度上仍希望扩大中日间的经济基础,并利用"经济牌"来对冲对华政治的紧张趋势。

第三,日本民主党政府的若干重大内政、外交战略的实施与落实需要中方的参与、支持与合作,这也是日本积极推进对华经济外交的主要动因之一。在这些重大外交战略的定位中,作为重要的利益攸关方,中国的出发点和落脚点就是参与者与合作者的关键性角色。

具体而言,鸠山由纪夫、菅直人和野田佳彦领导的三届民主党政府,各有各的施政特色和政策重心。

以鸠山内阁为例,其执政时期就提出"友爱"精神及构建"东亚共同体"的重大倡议,对内则强调经济复苏、普及绿色能源等政策部署。至于鸠山内阁上台后具体的经济发展战略,2009 年 12 月 30 日的鸠山内阁会议上通过了"新成长战略(基本方针)",其中将"依托绿色创新,实现环境、能源战略"置于首要位置。[1]

尽管菅内阁初期更多的是"萧规曹随",继承了鸠山内阁的大部分政策理念与设想,但其也有许多新的政策创新与外交战略。比如,推进以亚太自由贸易区为范本的对外经济合作,构建亚太区域的新贸易、投资规则等,就是菅内阁的主要外交战略。2010 年 11 月 9 日,菅直人内阁阁僚会议上还特地通过了"全面经济合作基本方针",其中明确提出亚太地区对日本政治、经济、安保而言是最重要的地区,而这一地区的稳定与繁荣是关系日本生死的问题;亚太自由贸易区是连接日本与亚太地区的重要构想,日本作为 2010 年 APEC 峰会的主办国,应当在实现该构想上发挥强势的引领

---

[1] 『新成長戦略(基本方針):輝きのある日本へ』2009 年 12 月 30 日閣議決定。值得注意的是,鸠山版的经济发展战略定位于"以绿色创新为手段的环境、能源大国战略",具体地提出了 2020 年前应该达成的目标,其中包括:(1)创造与环境产业相关联,规模超出50 万亿日元的新市场;(2)在环境产业部门中增加 140 万人的新就业岗位;(3)以日本民间技术为核心,促进世界温室气体排放量减少 13 亿吨以上,等等。此外,发展战略中还包含了以下四点具体措施:(1)通过扩大电能固定价格收购制度,普及可再生能源(的利用);(2)通过环保住宅、热泵等的普及,实现住宅、办公室的零排放化;(3)加速蓄电池、下一代汽车、火力发电站的效率化等创新技术方面的研发;(4)实施规制改革、税收制度的合理化等一系列综合政策,促进与低碳社会目标相一致的项目集中投资。

作用，具体而言，就是要在亚太地区积极引领、推进双边经济伙伴关系协定、多边及 APEC 框架内的经济合作，主导构建适合 21 世纪发展要求的贸易及投资规则。[1]2010 年 11 月 13 日，菅直人在横滨出席 APEC CEO 峰会并致辞，他指出 2010 年横滨 APEC 会议主要有两大议题：一是进一步拓展贸易及投资的自由化、便利化，这也是 APEC 的核心理念，以实现构建人、财、物自由流动的贸易圈及亚太自由贸易区；二是应对世界经济及区域经济直接面临的新课题，为了实现可持续增长，APEC 成员要在增长方式上形成共识，计划在 APEC 框架内首次制定"增长战略"。[2]由此可见，构建亚太区域的新型贸易及投资规则，并在其中发挥积极的主导性、引领性功能，是菅内阁的主要对外战略，而实现这一战略目标的重要条件之一就是中方的支持与合作，鉴于此，这也可视为日本对华积极实施经济外交的主要动因之一。

"3·11"东日本大地震发生后，菅内阁经济外交的政策目标就更加强调促进日本农产品的对外出口、能源外交等具体内容，为此，日本国内的战略决策也做了相应调整，如提出"6 次农业"的战略构想，提升日本农业的生产效率及竞争力；修改日本"基础能源计划"，提出"S + 3E"原则，即能源源头的安全性（Safety）、确保能源的稳定供给（Energy Security）、提高能源成本的经济效率（Economic Efficiency）、实现与气候变化等环境问题的适应性发展（Environment），降低中长期对核能的依赖，提升可再生能源在整体能源体系中的比重，并有序推进节能社会的构建，这些内容及特征均反映在相关的内阁决议之中。更为重要的是，这些基本政策理念也成为菅直人的继任者——野田佳彦及其所领导内阁的主要政策理念及目标。

2011 年 5 月 18 日，菅直人举行记者招待会，当回答关于日本能源政策

---

[1] 首相官邸「包括的経済連携に関する基本方針」、閣議決定、2010 年 11 月 9 日、https://www.kantei.go.jp/jp/kakugikettei/2010/1109kihonhousin.html（2022 年 4 月 19 日访问）。

[2] 首相官邸「APEC CEO サミットにおける総理挨拶」、2010 年 11 月 13 日、http://www.kantei.go.jp/jp/kan/statement/201011/13ceosummit.html（2014 年 6 月 27 日访问）。

的问题时，他指出日本传统的能源政策主要是由化石燃料和核能两大支柱组成的，在此基础上，需要增加"自然能源"和"节约能源"两大支柱，不仅如此，自然能源和节约能源两大领域在某种意义上与世界领先的技术创新相关联，而日本作为环境能源领域的发达国家，可以在上述两个领域发挥引领性作用；此外，当前日本"能源基本计划"的大致方向是截至 2020 年核能占所有电力能源的约 53%，可再生能源约占 20%，但福岛核电站事故发生之后，亟须从"一张白纸"的状态起步，重新审定日本的"能源基本计划"。[1]2011 年 7 月 13 日，菅直人举行记者招待会，坦率地吐露了他对未来日本政策目标的想法，即构建一个不依赖核能的社会，未来有计划、分阶段地降低对核电站的依赖，并最终实现"无核电"的社会。[2]在对日本未来核能发展的认知上，野田内阁显然继承了菅内阁的"衣钵"。2012 年 11 月 16 日，野田佳彦解散国会众议院，之后举行记者招待会，总结并强调了民主党执政以来的五大政策，其中关于能源政策，野田佳彦指出，受 2011 年核电站事故的影响，民主党提出了到 21 世纪 30 年代构建"零核电"、不依赖核电的社会的具体政策。[3]

以此为背景，日本不得不调整国内产业布局、能源进出口结构等细节，而这又与高耗能产业的向外转移、进口能源安全等问题密切相关。在上述问题上，中方无疑也是日本的主要合作对象，中日深化双边战略合作以维护整体的产业链、供应链稳定，维护国际能源价格稳定及运输安全等，显然是至关重要的。由此，日本对华经济外交的战略目标也包含上述内容。

此外，尽管中日政治关系在民主党执政后期出现严重滑坡，但在一些

---

［1］ 首相官邸「菅内閣総理大臣記者会見」、2011 年 5 月 18 日、http://www.kantei.go.jp/jp/kan/statement/201105/18kaiken.html（2014 年 6 月 27 日访问）。

［2］ 首相官邸「菅内閣総理大臣記者会見」、2011 年 7 月 13 日、http://www.kantei.go.jp/jp/kan/statement/201107/13kaiken.html（2014 年 6 月 27 日访问）。

［3］ 首相官邸「野田内閣総理大臣記者会見」、2012 年 11 月 16 日、https://warp.ndl.go.jp/info：ndljp/pid/8748125/www.kantei.go.jp/jp/noda/statement/2012/1116kaiken.html（2023 年 5 月 26 日访问）。

敏感且重要的外交事务上，日方也希望获取中方的支持与合作。例如，在涉朝问题上，中国显然是最主要的合作者之一。鸠山由纪夫、菅直人、野田佳彦领导的三届内阁均希望在实现半岛无核化等日本外交的应对难题上有所建树，而毫无疑问中国是参与者，更是日本可合作的伙伴。坦率而言，中国在朝鲜半岛地区事务中所能发挥的政治影响力，是日本难以企及的，这种影响力也是日本希望获取并加以利用的重要对象。从这一层面来看，日本积极拓展对华经济外交的目的之一，就是希望实现"以经稳政"或"以经促政"的目的，促使中国在涉朝问题上给予一定的政策支持与积极配合。

第二节

——

安倍晋三第二次执政时代的日本对华经济外交

2012 年 12 月 26 日，自民党总裁安倍晋三第二次登上日本首相的宝座。二次执政的安倍晋三，表现出与第一次执政时期迥然不同的政治态度，尤其是在对华政策方面。在外交领域，安倍内阁极度重视对美关系，并反复强调日美同盟是日本外交的基石；而在对华关系上，安倍内阁并没有显露出积极合作的政治态度，相反却凸显出更强的"对冲性"外交理念，在特定领域的"对华制衡"成为安倍第二次执政初期的主要表现。

总体来看，安倍晋三第二次执政时代，中日关系呈现出"弱、强、弱"的发展态势。受钓鱼岛领土争端及历史问题等双边结构性矛盾的影响，中日关系在安倍第二次执政初期一路下滑，"政冷经凉"的非正常状态始终未能扭转，并最终跌入又一低谷。

2014 年下半年开始，出于自身发展的需要，安倍内阁开始调整对华战略，并不断向中国"示好"，中日关系也逐步走出"持续衰退"的阴影，开启了一段艰难的"修复期"。其间，中日两国领导人实现了频繁会晤及接触,"以政促经",带动两国经济合作关系也逐渐走出阴霾,重回正轨。

2020 年初,新冠疫情突然在全球范围内传播,致使中日间的正常交流受到了严重影响。尽管如此,中日民间交流却在疫情初期达到了巅峰,一时间"山川异域、风月同天""岂曰无衣、与子同裳"等佳话在网络及媒体上传播开来,见证了中日民间友好感情的抒发。但之后随着疫情的发展,日本国内部分政治保守势力却借助疫情来打压中国,破坏中日关系稳定发展的大局,受其影响,安倍内阁也调整了对华战略,开始实施竞争性的对华外交政策,致使中日关系再度陷入下滑通道,双边政治、经济合作日渐式微。

总体来看,安倍晋三第二次执政时期日本对华经济外交总体呈现"对冲性"的基本特征,其战略目标包括做空并抵制"一带一路"倡议、缩小中日之间逐渐拉大的实力差距、谋求中日间的战略新平衡、稳固并扩大日本在亚太及全球的政治影响力等。下文将从"一带一路""政经互动""产业链调整"等阶段性案例研究入手,深入分析安倍第二次执政时期不同阶段对华经济外交形成的内在动因与具体政策,指出安倍第二次执政时期日本对华经济外交的"对冲性"基本特征。

一、"一带一路"大背景下安倍晋三第二次执政初期对华经济外交的态度转变

当中日两国的综合国力与经济实力发生历史性互换之后,日本的对华心态亦出现了一定程度的扭曲。与此同时,因受到国内右翼政治家的教唆和误导,日本社会及整体政治思潮出现了严重的新保守主义倾向。需要指出的是,与日本的传统保守主义不同,这股新保守主义政治思潮更为强调日本独特的民族保守主义[1],突出以确保包括经济安全等在内的国家总体安全为核心的独立自主政治思想。

---

[1] 陈友骏:《日本的新政治经济观》,北京:时事出版社 2013 年版,第 23—31 页。

在此背景下，跨太平洋伙伴关系协议（TPP）和"一带一路"倡议几乎同时横空出世，二者从不同角度提出了风格迥异的多边经济合作规划与战略。但双方目标有着重大区别，前者有重塑和主导亚太区域经济整合进程，以及削弱中国区域影响力的目的；后者不是要替代现有地区合作机制和倡议，而是要在已有基础上，推动"一带一路"沿线各国实现经济战略对接，产生优势互补的经济效应。

安倍晋三第二次执政启动初期，为配合其亚太安全合作战略的需要，克服了国内的反对意见，选择了TPP，却执意反对"一带一路"倡议。在美国特朗普政府宣布退出TPP之前，安倍内阁对"一带一路"倡议基本采取了躲避不合作，乃至坚决抵制的立场。对此，舆论普遍认为，日本加入TPP的政治考虑大于经济算计。[1]

（一）安倍晋三第二次执政时期对"一带一路"的认识转变

2013年9月和10月，中国国家主席习近平在出访哈萨克斯坦和印度尼西亚期间，先后提出了"丝绸之路经济带"和"21世纪海上丝绸之路"的重大倡议，二者结合起来就构成了完整的"一带一路"构想。2015年3月，经国务院授权，国家发展改革委员会、外交部、商务部联合发布了《推动共建丝绸之路经济带和21世纪海上丝绸之路的愿景与行动》[2]，"一带一路"建设有了初步的框架体系。

提及日本对"一带一路"倡议的态度，不得不说，日本政府起初明显存有矛盾、犹豫的情绪。国内学者尖锐地指出，从日本政府对"一带一路"提出至今的表态和应对策略来看，日本对"一带一路"的态度大致呈现出初期的排斥、中期的竞争、当前的柔性应对的阶段性特征，未来将积极参与。[3]需

---

［1］陈友骏：《日本亚太经济合作战略的新动向》，载《日本问题研究》，2018年第5期，第35—37页。

［2］国家发展改革委、外交部、商务部：《推动共建丝绸之路经济带和21世纪海上丝绸之路的愿景与行动》，2015年3月28日，http://zhs.mofcom.gov.cn/article/xxfb/201503/20150300926644.shtml（2016年9月29日访问）。

［3］笪志刚、任晓菲、李扬：《日本对"一带一路"倡议的解读与应对分析》，载《当代韩国》2017年第2期，第42页。

要指出的是，尽管多数观点对于日本最终参与"一带一路"共同建设的预期较为乐观，但日本政府的初期表态却始终较为暧昧，存在刻意回避"一带一路"重要话题的嫌疑。

由于日本国内保守政治势力的影响，以及中日两国在基础设施建设方面的激烈竞争逐步白热化，安倍内阁在"一带一路"倡议提出之初，表现出极度的抵触和防范。国内知名学者刘江永教授一针见血地指出，在中日双边关系上，安倍内阁实际上把地缘战略利益、意识形态因素置于经贸、金融合作利益之上，进而采取抵制或反对的态度。[1]这导致安倍内阁失去了足够的政治空间去思考"一带一路"的真实意图和战略效果，也失去了依托"一带一路"来缓和中日矛盾、改善中日关系的重要契机，致使中日关系彻底走入"政冷经凉"的历史低谷。针对"一带一路"倡议，安倍内阁采取了多种防范性的政策措施，具体包括：利用政府开发援助和 TPP 对"一带一路"实施战略性阻截[2]；对"一带一路"沿线的重要国家及地区扩大外交渗透；挑起海洋问题争端；向日本主导的亚洲开发银行（ADB）注资 1 100 亿美元，与中国提议并主导设立的亚洲基础设施投资银行（AIIB）形成战略对冲态势；提出"印太战略"新概念，意图构筑日美印澳"四国同盟"，同时构建相应的"辐辏"体系，从地缘制衡的战略视角遏制"一带一路"在这一重要地区的落地与发展[3]。

但随着"一带一路"建设初见成效，尤其是亚洲基础设施投资银行于 2015 年 12 月正式成立，日本方面逐渐理解了"一带一路"给参与各方带来实实在在的合作红利的事实，开始主动寻求积极合作。

2017 年 5 月初，安倍内阁决定派自民党干事长二阶俊博率团参加在北京举行的"一带一路"国际合作高峰论坛。2017 年 5 月 14 日至 15 日，首

---

[1] 刘江永：《地缘政治思想对中美日关系的影响》，载《日本学刊》2015 年第 3 期，第 12—15 页。

[2] 黄凤志、刘瑞：《日本对"一带一路"的认知与应对》，载《现代国际关系》2015 年第 11 期，第 39 页。

[3] 张耀之：《日本的印太战略理念与政策实践》，载《日本问题研究》2018 年第 2 期，第 10—11 页。

届"一带一路"国际合作高峰论坛在北京举行。中国国家主席习近平出席开幕式并发表主旨演讲，强调要将"一带一路"建设为和平之路、繁荣之路、开放之路、创新之路、文明之路。有 29 个国家元首或政府首脑出席了此次高峰论坛。2017 年 6 月 5 日，安倍晋三在由《日本经济新闻》主办的国际交流会议上，就"一带一路"倡议表现出积极态度，愿意扩大中日在"一带一路"建设上的战略合作。2017 年 7 月 8 日，在德国汉堡举行的二十国集团峰会上，安倍晋三又正式向习近平表达了日方愿与中方就"一带一路"倡议展开合作的意向。由此，安倍内阁对"一带一路"的态度发生了根本性的改变，这也在另一层面反映出安倍内阁在对华经济政策上的方向性转变。受其影响，日本经济产业省公布的《2017 通商白皮书》中，专门用一章的篇幅详细阐述中国宏观经济发展的新动向，并介绍了"一带一路""中国制造 2025"等重要的经济政策。[1]

此外，出人意料的是，就"一带一路"的先期认知问题，日本国内社会的主流意见与政界及安倍内阁的观点极为一致，这也从一个侧面印证了日本国内社会与政界的相互影响作用。实际上，安倍晋三就任首相第二次以后，就极为重视对舆论导向及主流视角的政治管控，甚至通过对主要新闻媒体机构管理层的人事管理，引导社会主流观点的走向与趋势。受其影响，日本社会整体逐步趋向保守化、右倾化，对于安倍内阁所采取的保守化政策的容忍度日益提升，尤其在对华问题上，日本社会内部出现了压倒性多数的强硬派势力，且不断蚕食进步力量的发展空间，这就更助长了安倍内阁保守化的政策取向，也为其在"一带一路"问题上采取上述政策提供了牢固的政治基础。因此，日本社会与政府之间的双向互动，其根源在于日本社会整体性的保守化发展趋势，这是引发安倍内阁对中国采取防范性政策的主要动因，也反映在日本对华实施"对冲性"经济外交的基本态度上。

---

[1] 経済産業省『通商白書 2017』、2017 年 12 月 7 日、第 75—103 頁、http://www.meti.go.jp/report/tsuhaku2017/whitepaper_2017.html（2018 年 2 月 23 日访问）。

（二）安倍晋三第二次执政初期日本对华经济外交情况

2012 年 9 月爆发的所谓钓鱼岛"国有化"事件使中日关系跌至冰点。2012 年年底，安倍晋三再任自民党总裁和日本首相，但是相较于其 2006 年任期内的对华态度，安倍晋三这一阶段的对华态度极为强硬，使得中日关系陷入僵局。2014 年年底，双方为缓和关系，就处理和改善中日关系达成了"四点共识"[1]，这是中日关系出现转机的标志。之后，2014 年年底双边政治关系开始趋于缓和，经过 2015 年的一系列互动之后，双边经济关系开始真正步入复苏性发展阶段，为此后双边经贸合作的进一步走深、走实提供了契机。因此，2015 年也可视为中日经济关系的"转折年"。

从领导人角度而言，安倍晋三在二次执政初期，对华态度较为强硬。安倍晋三出生于政治世家，其外祖父岸信介曾两次出任日本首相，在任期间对中国采取敌视态度，鼓吹日美同盟；其外叔公佐藤荣作也曾出任过日本首相，强调日美关系的重要性，在对华问题上表现为接触和制约并行的复杂性特点；其父亲安倍晋太郎曾任日本外务大臣，政治目标是做一名"和平主义政治家"，安倍晋太郎在任期间，中日关系取得了良好进展，如成立中日友好 21 世纪委员会等。受家族背景的影响，安倍晋三在对华态度上呈现出一定的复杂性特征：安倍晋三曾在 2006 年任期内对华采取较为积极友好的态度，刚上任 12 天就打破第二次世界大战后日本政治惯例，访问中国，这也打破了中日此前 5 年没有高级领导人互访的尴尬局面，被称为"破冰之旅"；但 2012 年底安倍晋三重任日本首相之后，在对华问题上主张"政经分离"，并且于 2012 年 10 月 17 日和 2013 年 12 月 26 日分别以自民党总裁和日本首相的政治身份参拜了靖国神社，致使中日

---

[1] 外交部：《杨洁篪会见日本国家安全保障局长谷内正太郎 中日就处理和改善中日关系达成四点原则共识》，2014 年 11 月 7 日，https://www.fmprc.gov.cn/web/gjhdq＿676201/gj＿676203/yz＿676205/1206＿676836/xgxw＿676842/201411/t20141107＿9301497.shtml（2021 年 12 月 31 日访问）。

关系完全失去平衡。与此同时，安倍晋三认为民主党的外交成果是失败的，所以他更加重视日美联盟，把日美同盟作为安倍内阁外交和安全政策的重中之重。[1]

从经济视角来看，安倍晋三第二次执政初期中日双边的贸易和投资关系呈现衰退趋势。双边贸易关系是经济关系最直接的体现，当时，中日双边经济关系几乎陷入停滞，与此同时，双边贸易额连续 4 年负增长，2015 年的双边贸易额降至 2008 年的水平。[2]从双边投资的角度来看，中日关系的恶化也能在投资数据中得以反映：日本贸易振兴机构公布的数据显示，日本对华投资在 2013 年大幅下降之后，在 2014 年稍有回升，但 2014 年之后却一路下跌，直至 2017 年才再次出现回升势头。[3]对日本而言，对外投资是其经济增长的内生动力之一，而日本也几乎在这一阶段开始缩减对华投资规模。以 2013 年数据为例，2013 年日本对亚洲的投资较上年增长了 20.9%，但对华投资规模却减少了 32.5%。[4]而 2012 年日本对华投资还高于对东盟国家的投资，2013 年的对东盟投资就扩大为对华投资的 2.6 倍。[5]不仅如此，这一阶段也是日本企业在华投资建厂扩张意愿不断下降的时期（参见图 4.1）。虽说中国经济减速、劳动力成本上升等是日本企业缩减对华投资规模、降低投资意愿的主要原因，但中日关系的恶化也是重要因素之一。就双边经济对话而言，自所谓钓鱼岛"国有化"事件发生之后，双边暂停了所有中日经济高层对话、中日战略对话、高级领导人访问等活动，整体而言，双方陷入"政冷经凉"的尴尬局面。

在区域经济合作方面，这一时期中日两国更多体现为一种竞争关系。

---

［1］「衆院選・主要政党の外交安保政策比較（2012 年 11 月）」、日本时事通讯社：https://www.jiji.com/jc/graphics? p＝ve_pol_election-syugiin20121130j-03-w460（2022 年 6 月 12 日访问）。

［2］数据来源于联合国贸易数据库官网，详见 https://comtrade.un.org/data/（2022 年 4 月 28 日访问）。

［3］［4］数据来自日本贸易振兴机构，详见 https://www.jetro.go.jp/world/japan/stats/fdi.html（2022 年 4 月 28 日访问）。

［5］莽景石：《中日关系：非均衡发展与理性冲突》，载李晓主编：《安倍经济学与中日经济关系》，北京：人民出版社 2016 年版，第 259 页。

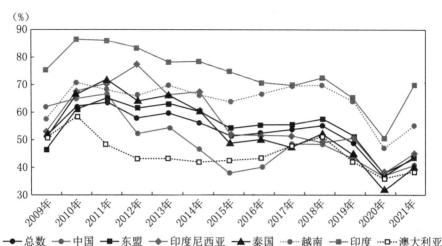

注：（1）东盟数据为东盟 10 国中除了文莱以外的 9 国的加权平均数；（2）东盟数据自 2010 年起不包含柬埔寨，自 2011 年起不包含老挝。

资料来源：JETRO，*2021 JETRO Survey on Business Conditions of Japanese Companies Operating Overseas*（*Asia and Oceania*），7 December 2021，p.20，https://www.jetro.go.jp/ext _ images/en/reports/survey/pdf/EN _ Asia _ and _ Oceania _ 2021.pdf（2022 年 6 月 12 日访问）。

图 4.1　日本企业扩张意愿表（2009 年至 2021 年）

日本长期以来作为亚洲最大的经济体主导亚太地区的经济秩序，有较大的经济影响力，但崛起的中国使日本在影响力和威信方面均相对衰弱，因此，日本把中国视为"竞争对手"，并且企图把这种观点传播给其他亚太国家。从这个角度而言，日本对外战略中所鼓吹的共同价值观更像是对外宣扬"中国威胁论"的一种伪装[1]，意图传播所谓的"中国威胁"来推行自身偏好的区域秩序。具体而言，日本提出加入 TPP，想联合美国共同制定亚太地区的经济规则。一方面，TPP 是日本发挥地区经济影响力的重要平台，也是其主导亚洲经济秩序的经济手段，另一方面，TPP 也是与中国提出的"一带一路"倡议和发挥巨大影响力的区域全面经济伙伴关系协定（Regional Com-prehensive Economic Partnership，RCEP）相平衡的经济手段。

在具体的多边经济平台建设上，由于安倍晋三在历史问题和领土问题

---

[1]　程蕴：《"一带一路"背景下的中日关系：竞争性互惠结构的内涵与作用》，载《日本学刊》2019 年第 4 期，第 33 页。

上的态度使得中日、日韩关系陷入长时间的低迷，所以 2012—2015 年没有召开任何地区性的中日韩领导人会议，中日韩自由贸易协定的谈判也没有取得任何进展。就更大范围的 TPP、RCEP 等区域经贸合作而言，区域经济机制的建立其实就是主导国对成员国和议程制定权的一种竞争。[1]由于日本的主要精力集中于 TPP 的谈判进程上，所以日本作为 RCEP 和中日韩自由贸易协定的谈判国并没有积极推动这两个谈判进程的发展；与此同时，虽然中国积极推动 RCEP 等合作议程，但由于涉及成员国较多，各国经济水平差异较大、议题范围较广，因此谈判进程较为缓慢。

在第三方市场的合作上，日本意在争夺中国在东盟、东南亚地区的影响力，扩大对东南亚市场的合作渠道，如提出基础设施出口战略，推动在亚洲开发银行（ADB）等多边组织框架下的合作发展，鼓励日企进行相应的投资与合作，于 2014 年把"日印战略性全球伙伴关系"提升至"日印特别战略性全球伙伴关系"，并与印度合作共同推进"亚洲经济走廊"等。显然，这些经济行为存在"对冲"中国的嫌疑，一方面旨在制衡中方持续上升的经济实力与影响力，另一方面谋求中日间的新战略平衡，相对性地缩小日本对华的实力差距。

这一阶段美国的影响也颇为重要。同一时期，美国战略重心东移，不断增加在亚太地区的外交、经济、战略等方面投入[2]，意图在亚太地区发挥更大影响力。对美国而言，日本是其在亚太地区部署行动的重要支柱；对日本而言，日美同盟是其维护国家和地区利益的重要保障，是其应对"中国威胁"的重要战略工具，所以，这一阶段安倍内阁的外交战略紧随美国，在对华问题上形成防范、制衡的趋势，这也是中日政治经济关系趋于紧张的重要原因之一。

---

[1] Shintaro Hamanaka, *Trana-Pacific Partenership versus Regional Comprehensive Economic Partnership*：*Control of Membership and Agenda Setting*, Asian Development Bank, 2014, p.16, https://www.adb.org/sites/default/files/publication/152753/reiwp-146.pdf（2022 年 4 月 22 日访问）。

[2] Hillary Clinton, "America's Pacific Century", *Foreign Affairs*, November 10, 2011, https://foreignpolicy.com/2011/10/11/americas-pacific-century/（2022 年 4 月 22 日访问）。

二、 安倍晋三第二次执政中期的中日政经互动

2014 年 11 月 7 日，中国国务委员杨洁篪在钓鱼台国宾馆同来访的日本国家安全保障局长谷内正太郎举行会谈（也称"杨谷会"）。应该说，这次"杨谷会"正式揭开了双边关系逐渐走向缓和的帷幕，也为之后 11 月 10 日两国最高领导人的首次会晤奠定了坚实基础。此次"杨谷会"中，双方就处理和改善中日关系达成了以下四点原则共识："双方确认将遵守中日四个政治文件的各项原则和精神，继续发展中日战略互惠关系"；"双方本着'正视历史、面向未来'的精神，就克服影响两国关系政治障碍达成一些共识"；"双方认识到围绕钓鱼岛等东海海域近年来出现的紧张局势存在不同主张，同意通过对话磋商防止局势恶化，建立危机管控机制，避免发生不测事态"；"双方同意利用各种多双边渠道逐步重启政治、外交和安全对话，努力构建政治互信"。[1]

由此，中日关系经过一段时间的低谷之后，从 2015 年开始逐渐缓和。总体而言，2015—2019 年，中日经济关系的恢复主要是由双边政治因素积极向好所推动并引领的。中国和日本作为亚太地区两个极为重要的经济体，双边的经济往来是经济发展的重要组成部分，尤其是 2017 年唐纳德·特朗普当选美国总统后，美国单边主义、"美国优先"的外交政策一定程度上促进了中日间的经济合作。这一阶段的中日关系呈现出"以政促经、以经促政"的典型特征，中日双方均积极释放友好信号，双边关系逐步转暖、升温。

在双边政治关系上，两国领导人的频繁互动，成为引领双边政治走向的主要风向标，同时也为促进两国在政治、经济、社会等各方面交流的有序开展，发挥了"中流砥柱"般的支撑性作用。

---

[1] 外交部：《杨洁篪会见日本国家安全保障局长谷内正太郎 中日就处理和改善中日关系达成四点原则共识》，2014 年 11 月 7 日，https://www.fmprc.gov.cn/web/gjhdq_676201/gj_676203/yz_676205/1206_676836/xgxw_676842/201411/t20141107_9301497.shtml（2021 年 12 月 13 日访问）。

2014 年 11 月 10 日，中国国家主席习近平在人民大会堂应约会见了来华出席亚太经合组织领导人非正式会议的日本首相安倍晋三。[1]此次会晤是三天前"杨谷会"成果的重要显现，也揭开了之后中日两国最高领导人频繁政治互动的帷幕。据笔者统计，在安倍晋三第二次出任日本首相期间（2012 年末至 2020 年 9 月），习近平与安倍晋三总共进行了 11 次正式的或非正式的重要会面，外界习惯将其称为"习安会"（参见表 4.5）。尽管这 11 次"习安会"的会谈用时及协商形式各不相同，但双方谈话的政治气氛却是在逐渐向好、不断升温，谈论的话题也在日益扩展、逐步放大：双方会谈频率由一年一会到一年两会，再到 2018 年的一年三会；会谈话题从政治扩展到经济，再到社会人文交流，从历史问题的立场扩展到基本共识的坚持，再到敏感问题的管控，从双边问题走向多边问题，再到全球问题，从传统议题扩展至新兴议题，等等。总之，"习安会"向外界传递了积极信号，也为引领中日政治关系的全面复苏、转暖奠定了重要基础，为双边经济关系的进一步深化创造了良好的内外部环境。

与此同时，尤为重要的是，由"习安会"的具体发言内容来看，中日经济合作关系也在逐步向好的方向延伸，并出现了以下几个重要的变化。

第一，日方对"一带一路"倡议的基本态度发生了重大转变，开始积极评估并探讨在"一带一路"框架下的对华战略合作（第五次、第八次"习安会"等）。

第二，日本极为重视对华经济合作的延伸与拓展，尤其希望加强对华在金融、贸易、环保等领域的积极合作。

第三，中日经济合作取得了一系列重要新成果，尤其是第三方市场合作为中日双方均开辟了新合作平台与渠道。

---

[1] 两天后的 2014 年 11 月 12 日东亚峰会欢迎晚宴期间，安倍晋三又主动同中国国务院总理李克强进行简短交谈，此举显然是在向中方示好，表明日方希望改善并发展日中关系的强烈意愿。具体内容参见外交部：《李克强与日本首相安倍晋三简短交谈》，2014 年 11 月 13 日，https://www.fmprc.gov.cn/web/gjhdq _ 676201/gj _ 676203/yz _ 676205/1206 _ 676836/xgxw _ 676842/201411/t20141113 _ 9301498.shtml（2022 年 6 月 20 日访问）。

表 4.5 "习安会"的主要情况（2014 年至 2019 年）

见面次数	时间	地点	中国国家主席习近平的主要发言内容	日本首相安倍晋三的主要发言内容
1	2014 年 11 月 10 日	习近平在人民大会堂应约会见来华出席亚太经合组织领导人非正式会议的安倍晋三	(1) 这两年，中日关系出现严重困难的是非曲直是清楚的，双方已就处理和改善中日关系原则共识，希望日方切实按照共识精神妥善处理好有关问题。 (2) 历史问题事关 13 亿多中国人民的感情，关系到本地区和平、稳定、发展大局，日本只有信守中日双边政治文件和"村山谈话"等历届日本政府作出的承诺，才能同亚洲邻国发展面向未来的友好关系。 (3) 构建稳定健康的中日关系，必须顺应时代进步潮流。 (4) 希望日本继续走和平发展道路，采取审慎的军事安全政策，多做有利于增进同邻国互信和维护地区和平稳定发挥建设性作用。	(1) 中国的和平发展对日本、对世界是重要机遇。 (2) 日方愿意落实双方达成的四点原则共识，妥善处理有关问题，以此为新的起点，推进日中战略互惠关系改善和发展。 (3) 日本决心继续走和平发展道路，本届日本政府将继续坚持以往历届日本政府在历史问题上的认识。 (4) 日方支持中方成功举办亚太经合组织领导人非正式会议。
2	2015 年 4 月 22 日	习近平于雅加达会见安倍晋三	(1) 中日双方要彼此做行积极的政策。 (2) 愿同日方加强对话沟通、增信释疑，努力将中日第四个政治文件中关于"中日互为合作伙伴、互不构成威胁"的共识转化为广泛的社会共识。 (3) 中国提出建设"一带一路"的倡议，已得到国际社会普遍欢迎。 (4) 和平、发展、共赢是不可逆转的时代潮流。 (5) 中国坚定不移走和平发展道路，希望日本同中国一道，沿着和平发展的道路走下去，共同为国际和地区和平、稳定、繁荣作出更大贡献。	(1) 十分希望改善日中关系。 (2) 日中关系发展有利于两国人民和世界和平与发展，日中两国发展互惠互利不构成威胁。日方愿意落实双方去年达成的四点原则共识，增进两国领域的交往与对话。 (3) 愿继续坚持包括"村山谈话"在内以往的认识，这一立场不会改变。日方决心继续走和平发展道路。 (4) 日方认识到亚洲地区对基础设施投资有巨大需求，愿基于这一认识同中方探讨有关亚洲基础设施投资银行问题。
3	2016 年 9 月 5 日	习近平于杭州会见安倍晋三	(1) 中日两国经济互补性强，双方可以加强宏观经济政策沟通，提高各领域务实合作水平，弘扬民间友好传统，推进地方交流。	(1) 祝贺在中方主导下，二十国集团领导人杭州峰会圆满成功并取得丰硕成果。 (2) 日方重视对华关系，同意两国是搬不走的邻居。

（续表）

见面次数	时间	地点	中国国家主席习近平的主要发言内容	日本首相安倍晋三的主要发言内容
3	2016年9月5日	习近平于杭州会见安倍晋三	(2) 双方应该按照合作共赢的新理念，共同推进区域合作，应对全球性挑战。 (3) 中日双方应该根据四点原则共识精神，通过对话磋商加强沟通，妥善处理东海问题，共同维护东海和平稳定。 (4) 日方应该在南海问题上要谨言慎行，避免对中日关系改善造成干扰。	(3) 日方愿努力同中方建立互信，希望按照日中达成的有关共识精神，努力改善两国关系，并就相关问题同中方在金融、贸易、环保等领域保持对话。 (4) 日方希望推进同中方在金融、贸易、环保等领域合作。
4	2016年11月20日	习近平在秘鲁首都利马出席亚太经济合作组织首脑会议期间，与安倍晋三进行了10分钟的短暂交谈		
5	2017年7月8日	习近平于汉堡会见安倍晋三	(1) 维护好政治基础是中日关系健康发展的前提。 (2) 邦交正常化以来，中日双方先后达成四个政治文件和四点原则共识，就妥善处理两国关系政治基础确立了原则。在这些涉及两国关系政治基础的重大问题上，不能只任向折扣，更不能有一丝一毫倒退。只有这样，中日关系才能离得住轨道，不放慢速度。希望日方重信守诺，按规矩办事。 (3) 经贸合作是中日关系的助推器。双方应该推进务实合作，欢迎日方同中方在"一带一路"框架内开展合作。	(1) 在庆祝今年日中邦交正常化45周年和明年日中和平友好条约缔结40周年之际，日方愿同中方一道，努力推动促成两国关系改善势头。 (2) 日方愿同中方加强经贸、金融、旅游等各层次交流，深化经贸、金融、旅游等合作，通过"框架"下合作，通过扩大青年交流等增进国民友好感情。 (3) 日方在1972年日中联合声明中阐明的在台湾问题上立场没有变化。
6	2017年11月11日	习近平于越南岘港会见安倍晋三	(1) 希望日方以更多实际行动和具体政策体现中日互为合作伙伴、互不构成威胁的战略共识，在历史、台湾等涉及中日关系根本的重大原则问题上，要始终按照中日四个政治文件和双方已达成的共识行事，要以建设性方式妥善管控两国存在的分歧。	(1) 祝贺中共十九大成功召开，祝贺习近平主席再次当选中共中央总书记。 (2) 日方愿同中方一道，以纪念《日中和平友好条约》缔结40周年为契机，推动两国战略互惠关系继续向前发展。

（续表）

见面次数	时间	地点	中国国家主席习近平的主要发言内容	日本首相安倍晋三的主要发言内容
6	2017年11月11日	习近平于越南岘港会见安倍晋三	(2) 互利合作是中日关系向前发展的动力。新形势下，双方应该提升双边务实合作水平，积极推进区域经济一体化，推动"一带一路"框架内合作尽早落地。 (3) 双方应继续在文化、媒体、青少年等领域加强交流，利用两国相继举办小奥运会的机会开展奥运合作、增强两国关系发展的民意纽带。	(3) 日方希望同中方加强高层交往，开展互惠互利共赢的经贸合作，积极探讨在互联互通和"一带一路"框架内合作，深化旅游、文化、青少年等交流。 (4) 日中将于2020年和2022年相继举办小夏季奥运会、冬季奥运会，日方愿就此同中方开展交流合作。
7	2018年9月12日	习近平于弗拉迪沃斯托克会见安倍晋三	(1) 对不久前日本西部地区和北海道分别遭受台风、地震灾害，造成重大人员伤亡和财产损失表示慰问。 (2) 中日作为世界主要经济体和重要国家，应该为世界和平和发展繁荣担负起责任，为维护世界和平稳定发挥建设性作用。 (3) 今年是《中日和平友好条约》缔结40周年。近一段时期，安倍首相和日本政府多次在对华关系上展现积极姿态。在双方共同努力下，中日关系正在入正常轨道，面临改善和发展的重要机遇。 (4) 中日双方要始终恪守和遵循中日间四个政治文件，巩固政治基础，把握正确方向，建设性管控分歧，特别是日方要妥善处理好历史、台湾等敏感问题，积极营造良好气氛，不断扩大共同利益。 (5) 欢迎日本继续积极参与中国改革开放进程，实现共同发展繁荣。中方愿同日本一道，着眼新形势，为中日合作开辟新路径，打造新亮点，中日双方应共同推进区域一体化维护多边主义，维护自由贸易体制和世界贸易组织规则，推动建设开放型世界经济。	(1) 感谢习近平主席对日本遭受台风、地震灾害表达的慰问。 (2) 日本长期以来致力于参与中国改革开放进程，中国的发展也为日本带来积极和重要影响。当前日中关系正回到正常轨道，双方愿在空间的关系进一步扩大。日本希望同中国建立更加紧密的关系，实现共同发展繁荣。日方愿做出积极努力，同中方加强高层交往、争取更多合作成果，加快推进日中关系改善和发展。为此，日方愿努力增进两国国民相互友好、妥善处理好敏感问题。 (3) 在历史和台湾问题上，日方坚持在两国政治文件中确认的立场，这一点没有任何变化。 (4) 日方重视中国在国际和地区事务中的重要作用，希望就重大问题同中方加强沟通和协调。

（续表）

见面次数	时间	地点	中国国家主席习近平的主要发言内容	日本首相安倍晋三的主要发言内容
8	2018年10月26日	习近平于钓鱼台国宾馆会见安倍晋三	（1）欢迎安倍正式访华，赞赏安倍近年来多次表明改善和发展中日关系的积极意愿。 （2）中日是近邻，两国利益高度交融。当前中日关系重回正常轨道，重现积极势头。双方要遵循中日四个政治文件确立的各项原则，坚持和平友好大方向，持续深化互利合作，推动中日关系在重回正轨的基础上得到新的发展。 （3）新形势下，双方要开展更加深入的战略沟通，发挥好两国多层次、多渠道的对话机制的作用，准确把握对方的发展和战略意图，切实贯彻践行"互为合作伙伴、互不构成威胁"的政治共识，加强正面互动，增进政治互信。 （4）要开展更高层次的务实合作，充分释放合作潜力。共建"一带一路"为中日深化互利合作提供了新平台和试验田。中方欢迎日方更加积极地参与新时代中国发展进程，实现两国更高水平的互利共赢。 （5）要开展更加广泛的人文交流，增进相互理解，鼓励两国各界特别是年轻一代踊跃投身中日友好事业。 （6）要开展更加紧密的安全交流，构建建设性的双边安全关系，共同走和平发展道路，维护地区和平稳定。 （7）要开展更加密切的国际合作，拓展共同利益，维护多边主义，坚持自由贸易，共同应对全球性挑战，推动建设开放型世界经济。 （8）要重信守诺，按照中日四个政治文件和双方已达成的共识行事，建设性地处理好矛盾分歧，维护好中日关系健康发展的政治基础。	（1）很高兴能在《日中和平友好条约》缔结40周年这一重要时间节点上正式访华，希望通过此访，双方能够开启化竞争为协调的日中关系新时代。 （2）日中互为邻邦，应当按照互利合作、互不构成威胁的共识和日中间四个政治文件确认的精神，推进双边关系，并为国际和地区和平和维护自由贸易做出贡献。 （3）日方欢迎和支持中国进一步对外开放，并愿继续积极参与中国发展进程。 （4）日方愿同中方一道，密切高层及各级交往，妥善管控好双方分歧，推进日中战略互惠关系深入发展，夯实日中友好的民意基础，努力干地区稳定与繁荣。 （5）"一带一路"是有潜力的构想，日方愿同中方在广泛领域加强合作，包括共同开拓第三方市场。

（续表）

见面次数	时间	地点	中国国家主席习近平的主要发言内容	日本首相安倍晋三的主要发言内容
9	2018年12月1日	习近平于布宜诺斯艾利斯会见安倍晋三	(1) 新形势下中日发展关系面临比以往更为有利的条件，中日经贸务实合作潜力巨大。欢迎日本继续参与中国改革开放进程，共享中国发展新机遇。双方要充分发挥互补优势，拓展中日经济和第三方市场合作，增进国民友好和民意基础。要发扬民间友好传统，加强两国人员交流，夯实中日关系社会和民意基础。 (2) 欢迎日方早日谈成区域全面经济伙伴关系和建设性的原则共识，要按照双方达成的原则共识，妥善处理好一些重大敏感问题，确保双边关系不再受到干扰。 (3) 中方支持日方办好明年二十国集团领导人峰会。	(1) 很高兴今年10月访华时双方就进入新阶段的日中关系达成重要共识。 (2) 日方将继续同中方加强高层交往，努力促进亚洲的发展。 (3) 愿同中方加强经贸交往，共同推进深化经贸、投资合作，拓展第三方市场合作，增进国民、特别是青少年交流。 (4) 日本高度重视中国在国际上的重要作用，希望同中方在多边事务中加强沟通协调。 (5) 日方主张维护自由贸易体系，加快推进世界贸易组织全面经济改革，愿同中韩自贸协定谈判，期待在担任二十国集团主席期间同中方加强合作。
10	2019年6月27日	习近平于大阪会见安倍晋三（出席G20大阪峰会期间）	(1) 当今世界正经历百年未有之大变局，全球治理体系深刻重塑，国际格局加速演变。中日两国相互有着越多共同利益和共同关切。今年是中日和平友好条约缔结40周年，日本也进入令和时代。我们要以中日关系成为新时代，促进共同发展的重要积极因素，使中日关系成为新时代，促进共同发展的重要积极因素。 (2) 双方要始终恪守中日四个政治文件确立的各项原则，践行中日"互为合作伙伴、互不构成威胁"的政治共识，增进互信，推动中日关系始终沿着正确轨道持续向前发展。 (3) 要深化经贸、投资、第三方市场合作，打造新的合作增长点，积极引领区域经济一体化，欢迎日本企业积极扩大对华合作，分享中华合作开辟了广阔天地，欢迎日方积极参与。 (4) 共建"一带一路"倡议为中日互利合作开辟了广阔天地，欢迎日方积极参与。	(1) 热烈欢迎习近平主席明年来日本出席二十国集团领导人大阪峰会，感谢中方对日方办会的支持，愿同中方加强合作，推动峰会取得积极成果。 (2) 日中关系重回正常轨道，日中两国同遵守《日中和平友好条约》等两国重要政治文件，并本着"化竞争为协调"的共识，同中方继续共同努力，构建符合新时代要求的日中关系，并确保其长期稳定发展。 (3) 代表日本政府邀请习近平主席明年春天对日本进行国事访问，以推动两国关系更上层楼。 (4) 日方希望扩大两国在经贸、投资、金融领域合作，为双方企业相互提供公平、开放、透明、非歧视的市场环境。 (5) 要鼓励两国国民间友好交流，办好两国青少年交流促进年。

（续表）

见面次数	时间	地点	中国国家主席习近平的主要发言内容	日本首相安倍晋三的主要发言内容
10	2019年6月27日	习近平于大阪会见安倍晋三（出席G20大阪会期间）	(5) 双方要拉紧人文纽带，加强两国青少年交流，赞同两国内启动中日高级别人文交流磋商机制。 (6) 要通过对话协商建设性管控矛盾分歧，加强外交和安全领域别高层对话，构建建设性双边安全关系。 (7) 希望日方格守迄今达今共识和承诺，妥善处理好历史等敏感问题，共同维护东海和平稳定。 (8) 中日应该加强在国际和地区事务中的沟通、协调，推动全球治理更加公正合理。 (9) 中方支持日方办好二十国集团领导人大阪峰会。	(6) 日方愿同中方一道，妥善处理有关敏感问题，有效管控东海等方面的矛盾分歧。 (7) 日方重视中方在应对全球化中所发挥的重要作用，期待同中方加强沟通和合作，维护自由公平的贸易体制，为促进世界和平稳定承担更大责任。 (8) 日方高度赞赏习近平主席日前访问朝鲜，认为这次访问为推动半岛和平稳定发挥了重要建设性作用。
11	2019年12月23日	习近平于人民大会堂会见安倍晋三	(1) 当今世界正经历百年未有之大变局，应筹谋新时代的中日关系，首先需要明确战略共识，运筹以全球大视野思考和球划两国关系，坚持在相互尊重、求同存异基础上加强沟通协调，积极推动构建携手合作、互利双赢的新格局。 (2) 双方要把握正确方向，恪守中日四个政治文件确立的各项治本原则，妥善处理有关重大敏感问题，巩固两国关系政治基础。 (3) 双方应该践行中日"互为合作伙伴、互不构成威胁"的政治共识，本着"化竞争协调"的精神，推动两国关系始终沿着正确轨道持续向前发展。 (4) 双方要新展多实合作，推进高质量共建"一带一路"和中日第三方市场合作，在人工智能、大数据、物联网等领域加强互利合作，积极培育双向开放、公平透明、非歧视性的创新环境，努力实现更高水平的互利共赢。 (5) 要加强人文、文化、旅游、教育等人文交流，相互支持对方办好东京奥运会和北京冬奥会，夯实两国人民友好建设安全关系的民心基础。 (6) 要增进安全互信，更加积极构建建设性安全关系。 (7) 要展现大国担当，维护多边主义和自由贸易，推动构建开放型世界经济。	(1) 今年中日两国保持频繁高层交往，增进了相互理解。 (2) 日中关系发展势头良好，两国关系的发展对于地区及世界的和平、稳定和繁荣具有重要意义。 (3) 日方高度重视并期待习近平主席明年春天对日本进行国事访问，日方愿同中方密切沟通，确保访问圆满成功，构建适合新时代要求的日中关系。 (4) 日方希望双方继续扩大经贸、投资、旅游、创新、文化、体育等领域合作。 (5) 日方愿同中方积极推进第三方市场合作，就地区问题加强沟通协调。

资料来源：笔者根据外交部官网及主流媒体整理。

第四，中日在共同发展亚洲经济、推动区域经济一体化建设方面达成了新共识，尤其是在加快推进中日韩自由贸易协定谈判问题上，双方均展现出了一致的积极性。

第五，中日在维护多边主义与自由贸易、推动构建开放型世界经济等全球议题上形成了高度的战略性共识，这与逐渐抬头的单边主义及保护主义等构成鲜明的对比。

在中日最高领导人频繁政治互动的引领下，中日关系重回正轨，双方在逐渐推动既有交流机制恢复运转的同时，创新性地搭建了许多新机制，为中日政治、经济、社会的共同发展营造了良好氛围。

如表4.6所示，从2015年起，中日两国就逐渐恢复了安全对话、大型经济代表团访华等交流机制，并创设了"中日高级别政治对话""中日企业家和前高官对话"等不同的新机制，且前者保持一年举行两次会议、后者保持一年举行一次会议的节奏和频率。2017年12月，中日执政党交流机制又得以恢复，这为两国高层政治人士进行有效沟通与交流提供了重要平台，更有助于彼此间宏观政策的协商与沟通。2019年8月，中日战略对话时隔7年重启，这既是中日政治关系达到阶段性发展高潮的体现，更为两国战略界人士的沟通与交流提供了有效平台，有助于两国在涉及领土、安全、战略等核心问题上进行坦诚交流，避免发生战略误判的可能。之后2019年11月25日，在中国国家主席习近平和日本首相安倍晋三的共同擘画下，中日高级别人文交流磋商机制首次会议在东京顺利召开，预示着中日社会文化交流登上历史性顶峰，两国民间交流的基础进一步得以夯实、加固。由是观之，在强大的政治引领下，中日战略、经济、社会人文等各方面交流全面铺开，并不断结出新成果，贡献发展新动能。这一阶段，"以政带经"或"以政促经"的特征极为显著，两国政治界人士、尤其是高层政治领导人在其中发挥了重要作用，为推动两国政治关系发展重回正轨、两国经济合作"由冷转暖"，做出了切实、巨大的努力。

表 4.6　中日双边若干交流机制的推进与展开（2012 年 12 月至 2020 年 9 月）

时　　间		具体事件
2014 年	12 月 4 日	中国国务院总理李克强在人民大会堂会见第五届中日友好 21 世纪委员会双方全体委员。
2015 年	3 月 19 日	第十三次中日安全对话在日本东京举行。中国外交部部长助理刘建超和日本外务省审议官杉山晋辅共同主持，两国外交、防务部门人员参加。
	4 月 14 日	中国国务院总理李克强在人民大会堂会见日本国际贸易促进协会会长河野洋平和他率领的日本经济界大型代表团。
	5 月 23 日	中国国家主席习近平在人民大会堂出席中日友好交流大会并发表重要讲话，强调中日双方应该本着以史为鉴、面向未来的精神，在中日四个政治文件基础上，共促和平发展，共谋世代友好，共创两国发展的美好未来，为亚洲和世界和平做出贡献。
	7 月 16 日	中国国务委员杨洁篪同日本国家安全保障局长谷内正太郎在北京共同主持首次中日高级别政治对话。
	10 月 13 日	中国国务委员杨洁篪应邀在东京同日本国家安全保障局长谷内正太郎共同主持中日第二次高级别政治对话。
	11 月 4 日	中国国务院总理李克强在人民大会堂会见日本日中经济协会会长宗冈正二、日本经团联会长榊原定征、日本商工会议所会长三村明夫率领的日本经济界代表团并同他们座谈。日本主要企业负责人及代表 200 余人出席。
	11 月 13 日	中国国际经济交流中心（CCIEE）与日本经团联于 2015 年 11 月 13 日在东京联合主办了首轮中日企业家和前高官对话。
2016 年	2 月 29 日	中国外交部部长助理孔铉佑和日本外务省外务审议官杉山晋辅在东京举行两国外交当局定期磋商。双方就中日关系和有关问题交换了意见。
	8 月 25 日	中国国务委员杨洁篪同日本国家安全保障局长谷内正太郎在北京共同主持第三次中日高级别政治对话。
	11 月 28 日	第十四次中日安全对话在北京举行。
	12 月 1 日	第二轮中日企业家和前高官对话在北京举行。
2017 年	4 月 4 日	中国外交部部长助理孔铉佑和日本外务省外务审议官秋叶刚男在东京举行两国外交当局定期磋商。
	5 月 29 日	中国国务委员杨洁篪应邀在东京附近同日本国家安全保障局长谷内正太郎共同主持中日第四次高级别政治对话。
	10 月 27 日	中国外交部部长助理孔铉佑在日本东京同日本外务审议官秋叶刚男共同主持第十五次中日安全对话，两国外交、防务部门人员参加。同日，孔铉佑部长助理还会见了日本外相河野太郎。
	12 月 25—26 日	由中国共产党和日本自民党、公明党共同举办的中日执政党交流机制第七次会议于 25 至 26 日在福建厦门、福州举行。

（续表）

时　　间		具体事件
2018 年	4 月 16 日	第四次中日经济高层对话在日本东京举行。中国国务委员兼外交部长王毅与日本外务大臣河野太郎共同主持对话，双方就宏观经济政策、中日经济合作与交流、中日第三方合作、东亚经济一体化与多边合作 4 个专题进行深入探讨。
	9 月 25 日	中共中央政治局委员、中央外事工作委员会办公室主任杨洁篪 25 日在江苏苏州同日本国家安全保障局长谷内正太郎共同主持中日第五次高级别政治对话。
	10 月 10—12 日	由中国共产党和日本自民党、公明党共同举办的中日执政党交流机制第八次会议在日本举行。中共中央对外联络部部长宋涛率中共代表团出席会议，并作主旨发言。
2019 年	4 月 14 日	中国国务委员兼外交部长王毅在北京与日本外务大臣河野太郎共同主持第五次中日经济高层对话。
	5 月 17 日	中共中央政治局委员、中央外事工作委员会办公室主任杨洁篪应邀在长野县同日本国家安全保障局长谷内正太郎共同主持中日第六次高级别政治对话。
	8 月 10 日	中国外交部副部长乐玉成和日本外务事务次官秋叶刚男在长野县共同主持新一轮中日战略对话。本轮中日战略对话系时隔 7 年重启。
	11 月 25 日	中国国家主席习近平和日本首相安倍晋三分别致信祝贺中日高级别人文交流磋商机制首次会议在东京召开。
	12 月 6 日	中日第七次高级别政治对话在北京举行。
2020 年	1 月 14 日	中国外交部副部长乐玉成在西安同日本外务事务次官秋叶刚男共同主持第十五次中日战略对话。
	2 月 28 日	中日第八次高级别政治对话在东京举行。

资料来源：笔者根据外交部官网及主流媒体整理。

受双边政治关系及交流互动持续回暖的积极影响，这一时期中日双边经济对话持续推进，中日之间的贸易和投资关系均取得了较大进展。日本对中国"一带一路"倡议的态度由之前的冷淡逐渐变得积极起来，并表达了愿意启动合作的信号，同时更是派出自民党干事长二阶俊博出席 2017 年中方主办的"一带一路"合作论坛。2017 年 5 月 14 日至 15 日，首届"一带一路"国际合作高峰论坛在北京举行。中国国家主席习近平出席开幕式并发表主旨演讲，强调要将"一带一路"建成和平之路、繁荣之路、开放之路、创新之路、文明之路。有 29 个国家元首或政府首脑出席了此次高峰论坛。2017 年 10 月，中国共产党修改了党章，将"一带一路"写入新党章，其内容表述为"遵循共商共建共享原则，推进'一带一路'建设"。[1] 在日本知名学者小原雅博看来，"一带一路"写入新党章传递出中国政府希望推进"一带一路"的坚定信心。[2]

此后，2018 年的中日关系继续"高歌猛进"，中断了近 8 年的"中日高层经济对话"于 2018 年 4 月 16 日重启[3]，双边高层领导频繁互访，是年 5 月，时隔 8 年后中国国务院总理李克强首次正式访日，同年 10 月，时隔 7 年日本首相安倍晋三再次正式访华，中日签署了 52 项经济合作协议，总额达到 180 亿美元，创下了一个历史新纪录。在这一阶段，中日之间的贸易额在 2015 年之后取得了三连增的成绩，虽然没有达到 2012 年的最高水平，但是双边贸易开始进入稳定的恢复增长期；双边投资也呈现快速增长趋势，双边投资关系稳步发展，日企在华建厂扩张的意愿也呈积极增长的态势，2015—2019 年的中国对日投资流量逐年增加，且中国对日投资占中国对世界投资的比例也呈现逐年上涨的趋势。[4]另外一个较为明显的现象是中国赴日游客的数量也在 2015 年之后呈现"井喷式"增长。当然，旅游业的振兴与发展也是"安倍经济学"的重要内容之一，所以，中日关系的缓和促进了日本旅游业的兴旺发展，更推动了日本地方经济的发展、拉动了相关产业的就业，是"安倍经济学"成功的原因之一。根据日本观光厅公布的统计数据显示，2013 年之后中国赴日旅游、留学、商务的总人数呈

---

[1] 中国共产党第十九次全国代表大会部分修改了《中国共产党章程》，并于 2017 年 10 月 24 日通过。

[2] [日] 小原雅博著：《日本的选择》，王广涛、丛琬晶译，上海：上海人民出版社 2019 年版，第 97 页。

[3] 截至 2021 年末，中日经济高层对话共举行过五次：第一次于 2007 年 12 月 1 日在北京举行；第二次在 2009 年 6 月 7 日在东京举行；第三次于 2010 年 8 月 28 日在北京举行；第四次为 2018 年 4 月 6 日在东京举行；第五次于 2019 年 4 月 14 日在北京举行。

[4] 根据国家统计局数据，2015—2019 年中国对日投资流量分别为 2.40 亿美元、3.44 亿美元、4.44 亿美元、4.68 亿美元、6.73 亿美元；2015—2019 年在国对日投资占对外投资的比例分别为 0.17%、0.18%、0.28%、0.33%、0.49%。具体数据来源可参见国家统计局官网，https://data.stats.gov.cn/easyquery.htm？cn = C01&zb = A060G01&sj = 2021（2022 年 5 月 23 日访问）。

指数式增长，由 2013 年的 131 万多人次增长至 2019 年的近 960 万人次，占全球赴日人数的 30.1%，更创造了新的历史性峰值。[1]

在区域经济合作问题上，中日两国在推动经济一体化、构建自由贸易机制安排等方面有着共同利益，且保持着密切沟通与协调。[2]双方同意加快推进更高水平的中日韩三边合作，2015 年 11 月，中日韩三国召开了间断三年的领导人会议（第六次中日韩领导人会议），并发表了《关于东北亚和平与合作的联合宣言》，以扩大三国在经济与社会面的合作。中日双方也在积极、共同推动 RCEP 及亚太自由贸易区的谈判进程，推进亚太地区的经济一体化建设，并进一步努力提升亚太地区在世界经济发展中的作用与地位。在第三方市场合作上，中日两国也取得了重大的实质性进展。2017 年 11 月，中国国务院总理李克强与日中经济协会、日本经团联、日本商工会议所等组成的日本经济界代表访华团举行会谈，并就第三方市场、技术创新等问题与日方政企代表进行了深度的交流、讨论；2018 年 5 月，中日双方签署《关于中日第三方市场合作的备忘录》，同意设立跨部门的"推进中日第三方市场合作工作机制"；2018 年 10 月，中日两国又共同举办"中日第三方市场合作论坛"，两国地方政府、金融机构、企业之间签署了 50 余项合作协议，合同金额超过 180 亿美元等。

除了政治因素之外，促使这一阶段中日经济关系发生转变的还有经济因素。经济因素推动了这一时期安倍内阁转变对华战略与具体政策，同时也导致了美日经贸摩擦，进而推动中日经济关系进一步升温，具体有以下三点。

第一，安倍晋三第二次执政初期所推进的经济政策并没有取得预期效果，而日本外向型经济的特点决定了贸易在经济增长中的重要性。中国作

---

[1] 観光庁「日本の観光統計データ」、https://statistics.jnto.go.jp/en/graph/#graph--inbound--travelers--transition（2022 年 6 月 12 日访问）。

[2] [日]筱田邦彦：《中美贸易摩擦北京下日本的印太合作及 RCEP 动向》，田正译，载张季风主编：《日本经济与中日经贸关系研究报告（2020）：中美贸易摩擦下的日本经济》，北京：社会科学文献出版社 2020 年版，第 2 页。

为日本最为重要的贸易伙伴国之一，具有巨大的经济潜力和经济市场，因此，日本势必推动与中国经济之间的联系。不仅如此，2012 年末安倍晋三再次执政后，就一直注重经济的复苏与发展，提出了"日本再复兴计划"，以及"三支箭"等经济刺激政策，但在安倍晋三第二次执政初期，日本经济增长率始终低迷，2012—2014 年的 GDP 增长率分别为 1.37%、2.00% 和 0.29%[1]；反观中国的 GDP 发展水平，却一直保持着较高增速，尤其是中国提出"一带一路"倡议之后，中国的经济活力和发展潜力对日本有着巨大的吸引力。

不仅如此，希望中国资本能够"进军"日本市场也是安倍内阁重视对华经济外交的主要动因之一。2022 年版日本《外交蓝皮书》中指出："日本于 2014 年召开了第一次'对日直接投资推进会议'，并以此为'指挥塔'，推进招商引资活动……截至 2020 年 12 月末，对日直接投资余额为 39.7 万亿日元，占日本 GDP 的 7.4%，相较于超过 50% 的 OECD 平均值而言依然较低。鉴于此，2021 年 6 月召开的第九次'对日直接投资推进会议'，就促进对日直接投资的中长期战略，制定了新的'对日直接投资促进战略'，并提出了具体的关键绩效指标，希望在 2030 年对日直接投资余额能倍增至 80 万亿日元，占 GDP 的比重增长为 12%。"[2] 随着中国 GDP 和综合国力的持续增长，中国资本在量上和质上均有了大幅提升，向外输出优质资本成为常态化发展模式。鉴于此，对日本而言，一旦大量的中国资本流入，则势必推动其国内经济的复苏与增长，同时也会促进日本相关产业的改革与发展。

第二，日美经济关系的倒退对中日关系的改善也有促进作用。作为全球最大的三个经济体，中美日三边经济关系中任何一边的波动都会对另外两条边产生重大影响。其中，日美经济上的摩擦主要体现在 TPP 协定、贸

---

[1] 数据来源于世界银行，详见 https://data.worldbank.org/indicator/NY.GDP.MKTP.CD?locations＝jp（2022 年 5 月 31 日访问）。

[2] 外务省『外交青书 2022』、2022 年 4 月、第 255 页、https://www.mofa.go.jp/mofaj/files/100334590.pdf（2022 年 4 月 24 日访问）。

易摩擦和汇率三个方面。在 TPP 问题上，美日两国在 2016 年 2 月签署了与 TPP 相关的协议，但在 TPP 谈判的进程中，美国国内一直有反对声音，而当 2016 年 11 月 10 日日本国会批准了 TPP 协议后，次日上午美国参议院就宣布 TPP 计划被搁置，2017 年年初，美国总统特朗普宣布退出 TPP；美国的退出不仅使其自身国际领导力和信誉降低，也促使中日关系进一步升温。[1]在美日贸易摩擦上，美国长期存在对日的贸易逆差，所以美国希望能在限制日本对美出口的同时，进一步打开日本市场，以缩小对日贸易逆差、保护美国产业成长。[2]尤其是在特朗普上台以后，美国政府的保护主义和"美国优先"的政策使得日美经济关系开始变得紧张，日本经济产业省更是在 2018 年 6 月发布的《不公平贸易报告》中公然指责美国。在汇率上，美国长期指责日本"操控汇率"以维持贸易顺差[3]，并且于 2016 年 4 月底在美国财政部的汇率报告中把日本列为"监控对象"。

此外，日本不仅重视对华经济关系，且更加重视自身在地区，甚至是全球的定位和发展。在地区层面，日本更加重视在亚太地区的双边关系建设，不断推进与周边邻国的双边合作；与东盟就"东盟互联互通总体规划 2025"（MPAC 2015）搭建战略性合作，推动湄公河合作框架内的经济走廊的基础设施建设；同时推销其"印太战略"，注重与印度的合作，并与印度的"东进政策"对接；美国退出 TPP 之后，日本主动挑起大梁，推动 CPTPP 谈判的开展，并最终使其于 2017 年底成功签署；等等。在全球范围内，日本与欧盟签订了日欧经济合作协定，推出"亚非发展走廊计划"，积极参与二十国集团、七国集团、WTO 等多边机制的协商与讨论，为全球经

---

[1] Timothy R. Heath，"Strategic Consequences of U.S. Withdrawal from TPP"，Rand Corporation，2017，March 27，https://www.rand.org/blog/2017/03/strategic-consequences-of-us-withdrawal-from-tpp.html（2022 年 5 月 30 日访问）。

[2] Shujiro Urata，"US-Japan Trade Frictions：The Past，the Present，and Implications for the US-China Trade War"，*Asian Economic Policy Review*，2012，Vol.15，No.1，pp.148—150.

[3] Yoshikazu Kato，"US-Japan-China Trilateral Relations：How their dynamics will shape Asia Pacific"，Asia Global Institute，p.25，https://www.asiaglobalinstitute.hku.hk/storage/app/media/Research/asiaglobal-papers-us-china-japan-relations.pdf（2022 年 6 月 1 日访问）。

济治理和改革贡献力量；不仅如此，2015 年日本国会参议院还成立了国际经济和外交事务研究委员会（Research Committee on International Economy and Foreign Affair），专门针对全球经济和日本外交相关事务进行长期、全面、跟踪性的研究。[1]

三、 安倍晋三第二次执政后期的对华经济外交战略调整

2020 年初新冠疫情的暴发，以及疫情在全球范围内的持续扩散，在全球政治、经济等方面均造成难以估量的重大损失。与此同时，2017 年初上台的美国特朗普政府在全球范围内倡导贸易保护主义和经济单边主义，其所引发的"特朗普冲击"不仅对美国的政治和经济、中美关系等造成影响，还给全球经济和国际政治带来了难以估量的巨大损失。"特朗普冲击"叠加新冠疫情，对正处于"重回正轨"的中日政经关系影响巨大。

（一）日本对中美对峙的基本看法

美国是日本的军事同盟国，中国是日本最大的经济合作伙伴，因此，中美间的对峙势必对日本的内外政策、地区及全球战略等造成深远影响。日本对中美对峙的战略性解读，自然成为影响其政策思维转变的出发点和落脚点。客观而言，中美对峙是推动日本对外政策，尤其是对华政策发生"化学变化"的最大外部变量。

2010 年后，美国和中国就分别是全球排名第一、第二的主要经济体，二者之间的经贸摩擦必然会对全球经济，乃至全球政治产生巨大影响。日本作为全球第三大经济体，从一开始就极为关注中美间的经贸摩擦，因为这不仅直接涉及日本的经济利益，更关乎其政治利益，甚至是国家战略利益。2018 年 11 月，日本经团联会长中西宏明就中美经贸摩擦指出：中美

---

[1] Research Committee on International Economy and Foreign Affairs, House of Councillors, Japan, *Research Report on International Economy and Foreign Affairs*, May 2016, p.3, https://www.sangiin.go.jp/eng/report/2016kokusaikeizai.pdf（2022 年 6 月 12 日访问）。

围绕贸易及通商领域的对立显现出长期化发展趋势，很难在短期内达成妥协；日本经团联一贯秉持着维持并推进自由贸易的想法；日本是资源贫乏的国家，一旦脱离自由贸易，则经济运营将难以为继。[1]中西宏明上述发言表明日本对未来中美经贸摩擦长期化、深度化、扩散化感到担忧，更显露出日本对未来自身经济发展动力式微的焦虑。

客观而言，面对愈演愈烈的中美经贸摩擦，日本的位置和立场愈发尴尬。因第二次世界大战后日美安保协定的签署，日本与美国成为"安保盟友"，美国也随之成为日本国土安全的"守护国"。不仅如此，在外交方面，二战后的日本实际上也是完全依附于美国，基本抛弃了自身对外政策的独立性和自主性，简言之，"服务好美国的全球战略"成为日本外交战略的第一要务。鉴于此，在中美经贸摩擦问题上，日本彻底倒向美国也看似"情有可缘"。尽管如此，因近年来中日经贸合作关系的持续深化，日本在经济上逐步与中国形成"捆绑"之势，这使日本在经济问题上不敢轻易地放弃中国。于是乎，日本身处中美之间的"两难"境地，既不愿做出经济上的牺牲而完全放弃中国，并彻底倒向美国而对华实施全面的遏制战略，更不愿在政治上挑战美国，转而与中国进一步推进在政治、经济领域的全面合作。或许是"两害相权取其轻"，在综合比较了安全、政治、经济等各方因素之后，日本实际上正在偏向美国，在战略上和经济上逐步向美方靠拢，而通过系统梳理日本国内保守主义解读中美对峙的言论导向，可窥见日本偏向美国的内生动力所在。

第一，贸易摩擦是揭示了中美竞争其实是两种制度的巅峰对决。日本学者渡边亮司指出，作为经济民族主义代表的特朗普政府在 2018 年取得了主导权，改变了对华"接触政策"，转为对华"遏制政策"。[2]对此，国内

---

[1]　一般社团法人　日本经济団体连合会「定例记者会见における中西会长発言要旨」、2018 年 11 月 19 日、http://www.keidanren.or.jp/speech/kaiken/2018/1119.html（2018 年 11 月 21 日访问）。

[2]　渡辺亮司「保護主義に傾斜するトランプ政権、2019 年の米通商政策を占う」『国際貿易と投资』、第 114 号、2018 年 12 月、第 18 頁。

的一些学者其实已经注意到美方希望借经济外交来"改变中国"的战略意图，即美国通过推行对华经济外交，意在实现"一箭双雕"的双重目的，一是进一步扩大美国的在华利益，为在华美企谋取更有利的投资政策和宽松的竞争环境，并不断在日益增长中的中美贸易中获取更多实惠；二是促使中国改革开放的进程向着美国希望的方向发展，借助经贸往来对华输出美国的意识形态和价值观，传播美国的民主模式，并使中国朝向美国指定的"民主化""自由化"方向发展。[1]显然，中国始终坚持独立自主的发展战略，始终坚持在自己设定的发展道路上不断前进，这令美方极为"失望"，与此同时，由于中国市场的竞争性在不断加剧，在华美企并没有在大陆的市场竞争中获取其期待的经济利益，这就加剧了美方对中国的不满，进而演变为意识形态上的剧烈冲突。中美对峙在部分日本保守势力看来，已悄然发生了质的变化，即由传统的经济矛盾转变为意识形态的尖锐冲突。

第二，中国的迅速崛起是引发此轮中美全面对峙的根本性动因。日本学者大木博已认为，中美围绕5G所进行的主导权争夺折射出的是国际关系因中国的崛起而进入大幅调整的前兆，而且，从历史经验来看，新兴国的崛起往往伴随着众多国际关系非稳定性问题。[2]换言之，中美对峙直观地反映出作为新兴大国的中国与作为守成大国的美国之间的实力对决。日本知名中国问题专家川岛真则较为系统地梳理了中美对峙发生的时代背景，指出从奥巴马政权的后半段开始，美国就已展现出对华强硬姿态，但2018年入夏之前，美国对华强硬的姿态进一步凸显。不仅是特朗普，就连民主党的国会议员及官僚等都用一种强硬的态度来审视中国。美国政策圈内形成基本共识，即中国是既有秩序的挑战者，意图引领下一世代的技术革新，并对军事、经济，乃至生活规范等多个方面产生影响。对此，美国感到极度不安，美国前副总统彭斯在哈德逊研究所发表的演讲是华盛顿政

---

[1] 曾军：《中美经济外交研究》，中共中央党校博士学位论文，2006年5月，第48页。

[2] 大木博巳「5Gでデジタル覇権を狙う中国：世界経済は巨大な調整期に突入」『国際貿易と投資』、第116号、2019年、第39頁、http://www.iti.or.jp/kikan116/116oki.pdf（2019年9月24日访问）。

策圈各种声音的集成。[1]日本学者增田耕太郎指出,中美对立可能将长期化且愈演愈烈,短期内难以终止。[2]由此,日本保守势力将此轮中美对峙的根本动因归结于中国。

第三,中美对峙将对传统的全球自由经贸秩序造成严重冲击,进而引申出以实力为前提的全球发展新模式。日本国际贸易投资研究所理事长畠山襄就"中美经济脱钩"指出,世界经济被强迫分割为两极,对谁都没有胜负可言,全球经济秩序将如同遭遇飓风一般被完全打乱。[3]不仅如此,以中国为"核心"的供应链不可避免地会受到中美对峙的影响。[4]安井明彦指出,中美贸易摩擦的本质是以实力竞争为背景的两国各自政策目标的"决斗",即美国自恃握有巨大的自由市场,实施进口限制措施,逼迫贸易伙伴国让步;而中国也倚重本国市场的魅力,在知识产权保护领域,要求在华开展业务的企业必须接受对中国较为有利的操作方式。[5]古城佳子则认为,世界第一和第二的经济大国之间出现政经对立的激化,这不利于世界经济的发展;与此同时,中美对立将进一步加速生产基地从中国转移出去的趋势。[6]由此,日本学者形成了基本共识,即强国将引领或决定全球化发展的未来方向与具体规则。

2020年1月20日,日本外务大臣茂木敏充在第201届日本国会上发表

[1] 川島真「日中関係『改善』への問い」『外交』、Vol.52、Nov./Dec.2018、第31頁。

[2] 増田耕太郎「主要企業の調達先からみたグローバル・サプライチェーン:米中対立がもたらす影響と今後の対応」『国際貿易と投資』、第117号、2019年、第51頁、http://www.iti.or.jp/kikan117/117masuda.pdf(2019年9月24日访问)。

[3] 畠山襄「期待される日本の役割」『季刊国際貿易と投資』、第116号、2019年、第1—2頁、http://www.iti.or.jp/kikan116/116echo.pdf(2019年9月24日访问)。

[4] 増田耕太郎「主要企業の調達先からみたグローバル・サプライチェーン:米中対立がもたらす影響と今後の対応」『国際貿易と投資』、第117号、2019年、第51頁、http://www.iti.or.jp/kikan117/117masuda.pdf(2019年9月24日访问)。

[5] 安井明彦「トランプ支持者も鞭打つ諸刃(もろは)の経済制裁」『中央公論』、2018年9月号、第118頁。

[6] 古城佳子「長期化する米中対立がサプライチェーンに落とす影」『外交』、Vol.59 Jan./Feb. 2020、第45—47頁、http://www.gaiko-web.jp/test/wp-content/uploads/2020/01/Vol59_p42-47_Shadow_cast_on_supply_chains.pdf(2020年4月5日访问)。

演讲："我们将进一步推动以日本为首的经济外交，以制定新的共同规则……对日本来说，扩大自由和公平的经济领域以促进自由贸易至关重要。我们将大力推动经济伙伴关系协议，例如 CPTPP，日欧经济合作协定和日美贸易协定。我们也打算在今年签署 RCEP。同时，还将致力于让 WTO 改革在今年 6 月举行的世贸组织部长会议上有所推进，以便它能充分应对世界经济的挑战。"[1]

(二) 日本对华战略转变的主要动因

通过前文日本国内对中美对峙基本态度的分析，不难发现，日本在对华问题上，也逐步出现"意识形态对立"的尖锐态度。受其影响，日本对华战略的基本态度逐渐显现出"化虚为实"的典型特征。

所谓"化虚为实"，主要是指日本对华战略由"务虚"的路线探讨逐步转变为"务实"的政策部署，出现化"应然"为"实然"的战略趋势，涉及政治、经济、军事等多个领域的不同层面。实际上，之所以发生这一"化学变化"，主要是因为日本对华传统的保守主义思维范式，以及决定政策走向的基本民意发生了剧烈变化。

第一，对华传统保守主义的思维惯性。实际上，关于是否转变对华战略，尤其是经济合作战略方针，一直是困扰日本国内保守主义战略思维的一大问题。早在 21 世纪初，日本国内保守势力就大肆炒作"中国威胁论"，对此后中日关系的正常发展造成一定负面影响。尽管如此，无奈日本经济在经历泡沫破灭之后，始终未能找寻到重新复苏的内在动力，同时，中国经济持续高速发展的客观事实又为日本经济的再度复苏提供了绝佳的外部助力。以此为背景，日本权衡利弊之后，决定扩大对华经济合作，并将实现自身经济复苏与扩大对华经济合作二者牢固地绑定在一起。事实证明，日本的这一战略决策是正确的，中国经济的高速发展为日本提供了规模庞大的海外出口市场，更创造出难以估量的外部效应，成为日本

---

[1] 外務省「第 201 回国会における茂木外務大臣の外交演説」、2020 年 1 月 20 日、https://www.mofa.go.jp/mofaj/fp/pp/page3_003044.html（2021 年 3 月 31 日访问）。

经济实现持续复苏的主要外部动能之一。

尽管如此，随着中国国内市场竞争的加剧及用工、用地等生产成本的急剧上升，部分在华日企陆续遭遇竞争不利的局面。由此，退出中国市场或转移生产基地等，成为部分在华竞争失败日企的战略性选择。日本国内的保守政治势力就趁机宣传所谓的"中国＋1"战略，以避免日本对华经济的绝对依赖。由此可见，转变积极的对华经济合作战略、弱化中日间的经济合作等观点在日本国内一直有相当的市场。受此影响，加上中美对峙及新冠疫情等外部环境的嬗变，加剧了日本对华经济合作战略的因应而变，由此，"撤离中国、回归本土"等弱化中日经济合作关系的现实性战略逐渐成为日本对华经济政策的首要选项。

2020年，日本学者斋藤尚登就直白地指出，新型疫情并非中国一国的问题，其事态发展更为严峻；欧洲主要国家纷纷采取措施，关停了除生活必需品之外的店铺，同时控制人员流动，此举必引致2020年3月之后世界的需求减少，这对号称"世界工厂"的中国经济恐将造成不良影响。[1]日本企业充分考虑到生产据点过度集中于一国的风险，不断推进"中国＋1"战略，受此次新冠疫情的影响，今后日本企业的生产基地或将更为分散，并可能出现强大的向日本回归的趋势。与此同时，随着中美摩擦的尖锐化、长期化发展，对于在中国生产并对美出口商品的企业而言，在中国进行生产的比较优势将大幅降低，鉴于此，扩大在东盟等地区的生产能力、增加在东盟等地区的绿色投资的企业将逐步增多，这不仅仅局限于日本企业。[2]与此同时，大木博已也认为，新冠疫情在全球扩散会对中国的生产和需求造成三方面的影响：（1）对中国经济发展的认知变化，即尽管关闭的工厂最先重开，但因需求停滞，全球的消费及投资出现减退，中国经济

---

［1］齋藤尚登「中国・新型コロナウイルス—感染症拡大の経済的影響」、Vol.60、Mar./Apr. 2020、第20页、http://www.gaiko-web.jp/test/wp-content/uploads/2020/03/Vol60 _ p18-23 _ EconomicimpactofthespreadofChinasnovelcoronavirus.pdf（2020年4月5日访问）。

［2］齋藤尚登「中国・新型コロナウイルス—感染症拡大の経済的影響」、Vol.60、Mar./Apr. 2020、第23页、http://www.gaiko-web.jp/test/wp-content/uploads/2020/03/Vol60 _ p18-23 _ EconomicimpactofthespreadofChinasnovelcoronavirus.pdf（2020年4月5日访问）。

很难恢复至此前的发展轨道；（2）受世界经济长期停滞、中国巨大的生产力引发生产过剩等因素影响，贸易摩擦激化，世界贸易保护主义进一步加剧；（3）因医疗品获取困难，全球都感受到中国作为世界工厂、供应链核心的巨大风险，因此，将逐步修正过高的对华贸易依存度，构建即使发生全球性传染，也不会被中国所左右的新供应链体系。[1]斋藤尚登与大木博巳的上述观点较为全面地反映了日本经济界对未来中国经济及日企布局中国市场的急切担忧，也详细地概述了日本的主要应对策略，即大幅调整若干重要产业的海外供应链，鼓励部分在华日企将生产基地撤回日本本土或转移至东南亚国家，以避免在对华经济上"全额下注"。

第二，原本根基并不牢固的日本对华民意基础再度出现持续恶化现象，促使日本政治做出因应改变，以呼应广大民众的政治诉求。

2020年7月14日至16日，《日本经济新闻》与日本经济研究中心以"后新冠疫情时代的美中关系和日本"为主题，向3 000多名对象[2]展开问卷调查，结果显示，针对"日本政府在2020年补充预算提案中划拨特定经费，以补助企业将在中国等国家的零件、原材料及重要产品的生产基地转移至日本本土"这一政策，59.3%的受访者表示支持，仅有11.3%的受访者表示反对；76.6%的受访者认为中国对日本构成军事威胁，而仅有12.5%的受访者认为中国对日本并不构成军事威胁；在回答"鉴于对华关系，日本应如何权衡国防能力建设"的提问时，53.8%的受访者认为应增强日本防卫力量，29.0%的受访者认为应维持现状，5.5%的受访者认为应削减防卫力量（参见表4.7）。[3]

---

[1] 大木博巳「コロナ禍と対中依存リスク：中国をサプライチェーンのハブにしたのが賢い選択だったか」『国際貿易と投資』、第120号、2020年、第1頁、http://www.iti.or.jp/kikan120/120oki.pdf（2020年7月29日访问）。

[2] 调研对象为住在日本国内的上市日企20岁以上正式员工，笔者认为这部分群体实际就代表了当前日本中产阶级的核心构成。

[3] 日本経済研究センター「ポストコロナ時代の米中関係と日本に関する上場企業3 000人調査、日経新聞と共同で実施」、2020年9月4日、https://www.jcer.or.jp/jcer_download_log.php?f = eyJwb3N0X2lkIjo2ODQyMSwiZmlsZV9wb3N0X2lkIjoiNjg0MjIifQ = = &post_id = 68421&file_post_id = 68422（2020年9月8日访问）。

表 4.7　《后新冠疫情时代的美中关系和日本》报告的资料整理（节选）

内　容	支持 (%)	反对 (%)	相关数据
特朗普政府对华实施强硬的贸易及技术政策	48.1	36.9	
美国对华实施"脱钩战略"	39.0	26.7	
日本政府在 2020 年补充预算提案中划拨特定经费，以补助企业将在中国等国家的零件、原材料及重要产品的生产基地转移至日本本土的战略性决定	59.3	11.3	中国市场对未来日本经济的重要性： (1) 维持同等重要性（42.4%）； (2) 重要性上升（26.5%）； (3) 重要性下跌（21.7%）。 作为生产基地的中国对今后日本经济的重要性： (1) 重要性降低（41.2%）； (2) 维持同等重要性（35.2%）； (3) 重要性增加（14.9%）。
美国政府若要求日本实施相类似的对华脱钩战略，日本应阻断与中国的经济合作	31.6	35.1	日本应断绝的对华交流领域： (1) 高科技（包括次世代通信、半导体、人工智能、生物科技、量子计算机、宇宙航天等可转化为军事应用的技术，43.7%）； (2) 资金（日本对华投资及中国对日投资，36.6%）； (3) 人员交流（研发人员、研究者、留学生等，24.7%）； (4) 货物（制品及零部件的进出口，23.5%）； (5) 低科技领域（广泛应用的技术，13.0%）； (6) 中日之间没有需要脱钩的领域（18.6%）。
日本应增加与中国 IT 大企业和研究机构的战略性合作及对新兴企业的投资	18.4	46.2	今后中日两国应合作推进的领域： (1) 环境领域（45.1%）； (2) 安保领域（34.6%）； (3) 政府间交流（28.1%）； (4) 民间文化交流（25.7%）； (5) 公共卫生领域（21.0%）； (6) 创新领域（15.2%）； (7) 货币和金融领域（12.1%）； (8) 青少年交流（10.6%）； (9) 第三方市场开拓（9.2%）； (10) 老龄化对策（8.1%）。
中国对日本构成军事威胁	76.6	12.5	鉴于中日关系的发展，日本应如何权衡国防能力建设： (1) 应增强日本防卫力量（53.8%）； (2) 应维持现状（29.0%）； (3) 应削减防卫力量（5.5%）。

　　资料来源：整理自日本经济研究センター「ポストコロナ時代の米中関係と日本に関する上場企業 3 000 人調査、日経新聞と共同で実施」、2020 年 9 月 4 日、https://www.jcer.or.jp/jcer_download _ log. php? f = eyJwb3N0X2lkIjo2ODQyMSwiZmlsZV9wb3N0X2lkIjoiNjg0MjIifQ == &post _ id = 68421&file _ post _ id = 68422（2020 年 9 月 8 日访问）。

除此之外，2020 年 11 月 17 日，日本言论 NPO 和中国国际出版集团共同发布《第 16 次中日共同舆论调查结果》报告，显示 2020 年日本对华持"不好印象"的比例由 2019 年的 84.7%升为 89.7%，而对华持有"好印象"的比重由 2019 年的 15%骤跌至 2020 年的 10%；与其相对，中国对日持"不好印象"的比例由 2019 年的 52.7%微升为 52.9%，而对日持有"好印象"的比重由 2019 年的 45.9%微跌至 2020 年的 45.2%，变化幅度相对较小。[1]总体来看，2020 年内日本民众对华感情有所恶化，而中国民众对日感情基本稳定。

两个不同的民调结果均指向一个明确方向，即日本民众对华感情出现恶化，日本国内对华的主流民意在舆论导向上已产生抵触心理。以此为背景，钓鱼岛领土争端、历史问题等结构性矛盾的存在，加上新冠疫情、中美对峙等新因素的融入，促使日本对华民意好感下降的趋势愈加显著。

诚如美国著名东亚问题专家傅高义所言，日本政府的政策不能和舆论调查结果相距太远。[2]中美对峙叠加新冠疫情等外部环境的剧变，引致日本对华民意基础持续恶化，对华战略思维进一步趋于保守化、竞争化，进而促使日本政府对华政策逐渐"由虚转实"，化"应然"为"实然"。

（三）日本对华竞争态势逐渐升格

随着日本对华战略思维的整体激变，日本对华政策出现了"一体三面"的具体特征。所谓的"一体"指的是日本在战略上加强了对华竞争意识，防范或制衡中国的举措更为多元化、更具攻击性，部分甚至有违政策底线；而"三面"则具体体现为，在政治上干扰中日关系正常发展的历史进程，在经济上调整海外供应链并意图弱化中日经济合作的发展大势，在安全上扩大对华防范的手段与方法等三个方面。

---

[1] 言論 NPO「第 16 回日中共同世論調査結果」、2020 年 11 月 17 日、https://www.genron-npo.net/world/archives/9354-2.html（2020 年 12 月 6 日访问）。

[2] ［美］傅高义：《日本第一：对美国的启示》，谷英、张柯、丹柳译，上海：上海译文出版社 2016 年版，第 69 页。

第一，日本的部分政治行径有违构建契合新时代要求的中日关系的政策发展主线，容易引发中日关系"再度脱轨"。主要表现为日本开始公然插手中国内政，挑战中国的政策底线。据日本共同社的报道，2020年5月25日，日本官房长官菅义伟在记者会上，就中国全国人民代表大会正在审议的在香港建立国家安全法律制度以及香港的抗议活动表示"抱有强烈关切，正在关注"；关于中美两国围绕该法律制度陷入对立，菅义伟指出"两国推进构建关系，从地区和国际社会的和平与稳定的观点来看十分重要"，强调不希望中美对立进一步尖锐化。[1]日本在有关香港事务上所表现出的异常反应，表明其意图借此制衡中国的战略意图，并试图将其与台湾问题挂钩，制造港台问题上对华的"双牵制"。

2020年5月20日，蔡英文宣誓开启中国台湾地区领导人的第二任期。对此，日本官房长官菅义伟在当日的记者会上竟公然表示祝贺，并声称中国台湾与日本共享基本价值观。[2]此举显然有违中日就台湾问题达成的基本共识。此外，日本主流媒体纷纷就台湾议题发表内容不同但主旨统一的社论，反映了日本社会意图利用"台湾牌"来牵制中国的叵测用心。

第二，在钓鱼岛问题上，无视领土归属的现实，与中方形成"对攻之势"，同时借助炒作领土问题，扩大对华安全的防范或遏制。一言以蔽之，日方希望中国能减少对钓鱼岛海域的巡航次数和频率，当然，最好是放弃巡航钓鱼岛，以使钓鱼岛问题回到日方所认为的"搁置争议"的原始状态。除此之外，日本地方政府也与中央政府合流，意图共同在钓鱼岛问题上对中国形成掣肘。显然，日本国内政治保守派在钓鱼岛问题上频频做小动作，就是希望表明日本的政治决心，同时构筑"势均力敌"的对华平衡态势。

第三，日本主要倚重东南亚国家，在对华经济战略上增加了"平衡"

[1]《日本官房长官表示"强烈关切"香港局势》，共同网：https://china.kyodonews.net/news/2020/05/e2ed64ffea94.html（2020年5月25日访问）。

[2]《详讯：日官房长官祝贺蔡英文开启总统第二任期》，共同网：https://china.kyodonews.net/news/2020/05/f98deb4fc38d.html（2020年5月25日访问）。

的强度，进一步增强对华"竞争性合作"的风险意识。简言之，日本实际上已逐步改变之前的对华合作方针，并积极调整海外供应链的布局与范围，在对外产业发展整体收缩或"内向化"的大背景下，尽可能地实现减少对华经济过度依赖的战略目标。

大木博已指出，2007 年前后起，在中国的沿海地区就难以确保劳动力的供给，工资快速上涨，再加上人民币升值，致使中国的出口竞争力开始衰减。[1]大木博已还指出，已在中国构建起来的从零件采购到组装加工的供应链一旦发生断裂，就会面临巨大的生产损失的风险，因此，"去中国化"是必然之举。[2]大木博已的观点代表了日本保守派的主流看法，即日本在"做空"中国，希冀全球社会可以接受日本所积极倡导的"将生产基地搬离中国"的战略想法。

实际上，在政治及安保上逐渐显露出对华强硬的姿态之后，日本在对华经济外交政策，尤其是在华企业的布局调整问题上也开始打起了"小算盘"，致使中日经济关系面临若干方面的不小压力。具体而言，日本试图重塑东亚域内产业链的结构体系，鼓励大批在华日企离开中国大陆，将生产基地转移至日本本土或东南亚国家，进而导致中日经济合作逐渐弱化（参见表 4.8）。

2020 年 3 月 5 日，日本首相安倍晋三在首相官邸主持第 36 届"未来投资会议"——安倍内阁为制定经济政策而设立的主要咨询会议。在听取日本企业界和财界对于经济前景，以及受新冠疫情影响的情况报告后，安倍晋三指出中国等地向日本出口的产品供给减少，致使日本的供应链面临一定风险，鉴于此，针对那些对单一国家依存度较高且附加价值较高的产品，应积极促使其生产基地回归日本国内或促使其不要依赖单一国家，而

---

［1］ 大木博已「コロナ禍と対中依存リスク：中国をサプライチェーンのハブにしたのが賢い選択だったか」『国際貿易と投資』、第 120 号、2020 年、第 17 頁、http://www.iti.or.jp/kikan120/120oki.pdf（2020 年 7 月 29 日访问）。

［2］ 大木博已「コロナ禍と対中依存リスク：中国をサプライチェーンのハブにしたのが賢い選択だったか」『国際貿易と投資』、第 120 号、2020 年、第 19 頁、http://www.iti.or.jp/kikan120/120oki.pdf（2020 年 7 月 29 日访问）。

向东盟各国转移，以实现生产基地的多元化。[1]显然，安倍晋三的这段讲话是在向日本企业释放明确信号，促使日本企业改变在华集中投资的传统战略，将部分生产基地撤回日本国内或转移至东南亚国家，以避免"所有鸡蛋都放在一个篮子里"所带来的战略风险。与此同时，安倍晋三的这段讲话也是日本调整对华经济战略的风向标，具有极为重要的含义与影响，自此之后，"产业链及供应链调整"便成为日本对华经济战略的关键词之一，在华的部分日企也纷纷随之而动，开始应用或设计产业链及供应链的新结构。

受其影响，2020年7月17日，日本经产省公布了首批57家补贴对象企业名单，总金额约为574亿日元[2]，以帮助这些企业将生产基地从中国大陆转移至日本本土[3]；是日，日本贸易振兴机构公布了海外供应链多元化支援事业名单，涉及大中小企业共30家，主要辅助这些对象企业在菲律宾、越南、泰国、越南、马来西亚、缅甸等东南亚国家内兴建生产设施及开展相关业务。[4]显然，这是日本向多元化产业布局迈出的实质性一步，也是安倍内阁自2020年3月明确提出"促使企业撤离中国"后首次公开表示明确的政策举措。由此不难想象，随着日本产业布局的多元化，还会有大批在华日企逐步将生产基地转移出中国大陆。受其影响，日本主导的供应链"去中国化"特征将愈加突出。

［1］首相官邸「未来投資会議」、2020年3月5日、http://www.kantei.go.jp/jp/98 _ abe/actions/202003/05miraitoushi.html（2020年3月6日访问）。

［2］経済産業省「サプライチェーン対策のための国内投資促進事業費補助金の先行審査分採択事業が決定されました」、2020年7月17日、https://www.meti.go.jp/press/2020/07/20200717005/20200717005.html（2020年7月22日访问）。

［3］経済産業省「サプライチェーン対策のための国内投資促進事業費補助金（令和2年5月公募（先行審査分））採択事業者一覧」、2020年7月20日更新、https://www.meti.go.jp/press/2020/07/20200717005/20200717005-1.pdf（2020年7月22日访问）。

［4］日本貿易振興機構「海外サプライチェーン多元化等支援事業 第一回公募（設備導入補助型（一般枠・特別枠））における採択事業者について」、2020年7月17日、https://www.jetro.go.jp/services/supplychain/kekka-1.html（2020年7月22日访问）。

表 4.8　2020 年 1 月至 6 月日本对华政策嬗变过程及主要领导人会见情况

时间		事件
1 月	24 日	日本外务省针对包括发生新冠病毒感染肺炎的武汉市在内的中国湖北省，把传染病危险提醒级别上调至"三级"，建议暂勿前往。
	31 日	日本首相安倍晋三表示，对于申请入境日本前 14 天以内曾在包括中国武汉市在内的湖北省逗留的所有外国人，将拒绝其入境。
2 月	5 日	日本官房长官菅义伟在记者会上就中国国家主席习近平预计将于 4 月作为国宾访日一事表示："现阶段将郑重推进按计划进行所需的准备工作。日方不打算请求延期。"
	15 日	中国国务委员兼外长王毅在出席第 56 届慕尼黑安全会议期间会见日本外务大臣茂木敏充。
	28 日	日本首相安倍晋三在东京会见中共中央政治局委员、中央外事工作委员会办公室主任杨洁篪。
	29 日	中共中央政治局委员、中央外事工作委员会办公室主任杨洁篪同日本国家安全保障局局长北村滋举行第八次中日高级别政治对话，并会见日本外务大臣茂木敏充。双方同意加强科技创新、第三方市场合作，为彼此企业赴对方国家投资兴业营造良好营商环境。
3 月	5 日	（1）中日两国政府宣布，原定 4 月的中国国家主席习近平作为国宾访日的计划延期； （2）安倍晋三主持日本政府的"未来投资会议"，指出应该改变在中国集中投资的问题，将部分生产线撤回国内或转移至东南亚国家； （3）日本宣布取消到 3 月底为止的对中国和韩国发放的未入境签证效力，并强化检疫工作，要求包括日本人在内的从中韩两国入境日本的人员全员到检疫所长指定地点隔离两周。
	20 日	应中方倡议，国务委员兼外交部长王毅同韩国外长康京和、日本外务大臣茂木敏充举行中日韩新冠肺炎问题特别外长视频会议。三方在遏制疫情、产业链合作、药物研发、公共卫生合作等领域达成了广泛共识。
4 月	9 日	日本经济产业省公布了 108 万亿日元（约合 9 900 亿美元）的经济刺激方案，以应对和减轻新冠疫情对经济的影响。108 万亿日元的一揽子计划约占日本 GDP 的 20%。根据文件细节，这项刺激方案中的约 23 亿美元用于"改革供应链"，其中约 20 亿美元用于帮助公司将生产转回日本，约 2.15 亿美元用于帮助企业"寻求实现生产基地多元化"。
	13 日	经济产业省公布《告受新冠疫情影响的经营业者》报告（后续不断更新），表明将支持海外日企的供应链多元化发展，政府将提供相应的补助。
	14 日	东盟与中日韩发表抗击新冠肺炎疫情领导人特别会议联合声明。
5 月	22 日	在记者会上，日本官房长官菅义伟就中国在 2020 年预算案中列入较上年增长 6.6% 的 12 680 亿元国防费一事，称"高度关注其动向"。
6 月	18 日	关于对中国政府决定在香港建立国家安全法律制度的七国集团外长声明，日本官房长官菅义伟在记者会上表示"对于以声明这一形式加以明确，愿给予高度评价，希望继续与相关国家合作的同时妥善应对"。对于中方预计将反对的提问，菅义伟表示"与中国之间还存在各种悬而未决的问题"，在此基础上称"愿切实阐述应有的主张，强烈要求中方积极应对"。

资料来源：笔者根据各种资料整理。

（四）日本对华经济合作政策的不确定性日趋升格

在对华保守性思维日趋激化的背景下，日本对华政策出现了"一体三面"的多维表象，即在"竞争性合作"思维进一步强化的前提下，日本在政治、经济、安全等多个维度上展开对华政策调整。与此同时，中日关系中的结构性矛盾并没有得以缓和或弱化，因此，未来日本对华经济合作政策的不确定性或许将呈现持续走强态势，主要表现为以下若干方面。

第一，日本海外供应链的"去中国化"结构性特征将愈发突出，尤其是劳动密集型、低附加价值的加工组装型生产工厂将逐步转移至以东南亚国家为主的第三方。这一判断的主要依据除了日本传统的对华竞争性思维作祟之外，还取决于日本海外供应链调整的趋势性发展。

（1）日本经济"内卷化"发展倾向日趋突出。根据图 4.2 不难发现，从有统计数据的 1990 年起，日本的全球价值链（GVC）参与率基本处于持续上升趋势，1997 年因亚洲金融危机的影响，一度出现急剧下跌，第二年的 1998 年遂又攀升至 40% 分割线的上方，此后持续攀升，2008 年日本的全球价值链参与率达到历史峰值（超过 50%），表明日本对形成当时全球价值链的贡献度达到最大值。2009 年受全球金融危机的影响，日本的全球价值链参与率再度出现严重下滑，之后这一贡献率数值虽一度急速攀升，但整体上呈现逐渐衰减的趋势。与此同时，剖析日本全球价值链参与率的组成结构，"前方参与"的比重在全球金融危机之后就呈现显著的递减态势，2018 年基本停留在阶段性低点，表明日本本土生产的零部件或提供的服务在他国的生产过程中使用强度降低，这或许是因为他国生产过程中使用了替代产品及服务或日本本土企业的外迁造成出口减少等。与之相比，"后方参与"的比重基本保持阶段性稳定，数值方面变化不大，但中长期来看却是明显增加，说明日本的生产过程中融入他国生产的产品或提供的服务的强度在逐渐递增，这或许是因为日本企业回迁至本土，并将原先主要布局在海外的零部件组装等生产环节一并带入日本本土。总体来看，日本在全球价值链分工体系中的参与率逐年降低，说明日本经济发展的"内卷化"

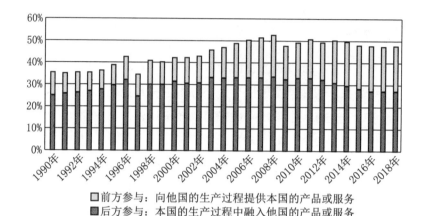

□ 前方参与：向他国的生产过程提供本国的产品或服务
■ 后方参与：本国的生产过程中融入他国的产品或服务

注：全球价值链参与率是表示以附加价值为基准的出口参与全球价值链比重的数值，这一比率越高，则对形成全球价值链的贡献度越大。

资料来源：经济产业省『2020 年版通商白書』（概要）、2020 年 7 月、第 33 页。

图 4.2　日本的全球价值链参与率（1990 年至 2018 年）

趋势较为明显，未来本土制造、本土组装的比重或将进一步增加，简言之，就是"内向型"经济特征将愈发突出。

（2）东南亚国家成为日本海外投资重点对象的趋势愈加显著。根据图 4.3 可知，2005—2019 年的 15 年间，日本对外直接投资从 454.61 亿美元猛增至 2 486.75 亿美元，增长了约 4.5 倍。从国别和地区分布来看，日本对美直接投资始终居于榜首，从 2005 年的 121.26 亿美元增长至 2019 年的 482.69 亿美元，增加了 3 倍多，其中，2016 年创了阶段性最高，达到 531.02 亿美元，之后出现 V 字形变化特征；日本对华直接投资从 2005 年的 65.75 亿美元增加至 143.71 亿美元，增加 1 倍多，尽管在 2013 年（91.04 亿美元）出现过巨幅下跌（因 2012 年 9 月至年末各种问题频发，致使中日政治、经济关系在 2013 年跌入恢复邦交正常化后的历史最低点），但 2013 年之前及之后都基本保持了上涨的趋势，且 2019 年还同比增加了近 20%，表明日本对华经济合作的信心仍在不断增大；日本对马来西亚、泰国、印度尼西亚、菲律宾等东盟四国的投资基本与中国的走势相当，尽管在 2012 年发生了巨幅的 V 字形波折，但基本保持了增长的态势，较 2005 年的 42.76 亿美元，

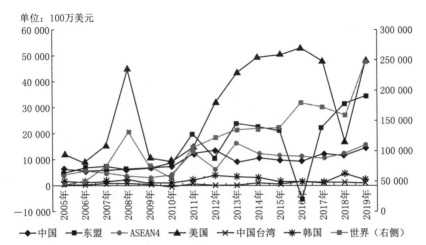

单位：100万美元

◆中国 ■东盟 ●ASEAN4 ▲美国 ✕中国台湾 ✳韩国 ■世界（右侧）

注：ASEAN4 为马来西亚、泰国、印度尼西亚、菲律宾四个国家。

资料来源：JETRO「直接投資統計」、https：//www.jetro.go.jp/ext＿images/world/japan/
stats/fdi/data/country1＿19cy.xls（2020 年 9 月 15 日访问）。

图 4.3　日本对主要国家及地区的对外直接投资（国际收支净流出）（2005 年至 2019 年）

2019 年日本对上述四国的直接投资增加至 159.17 亿美元，是 2005 年的约
4 倍；与之相比，日本对东盟整体的直接投资却发生了巨幅的增量变化，从
2005 年的 50.02 亿美元增加至 2019 年的 347.45 亿美元，不仅远超对华的
143.71 亿美元，更是逼近对美的 482.69 亿美元，说明日本极为重视对东盟
国家的经济开发，且去除对马来西亚、泰国、印度尼西亚、菲律宾的数字
之后，日本对越南、缅甸、老挝、文莱、柬埔寨、新加坡等东盟国家的直
接投资增量出现了更大幅度的增长，说明日本更为重视对上述国家的新增
投资，且正在积极部署制造业等相关产业的基地建设。

　　观察图 4.4 不难发现，日企海外分布集中在东亚地区，尤其是中国和东盟
10 国。2009—2018 年日企在全球投资设点的变化趋势主要呈现以下若干特征。

　　（1）在全球范围内，海外日企主要集中在中国、东盟、北美地区和欧洲
四大板块，其中，2018 年中国和东盟的比重较为接近，约占总体的
30%，而北美地区和欧洲的比重较为接近，占比略超 10%。

　　（2）自 2009 年起，日企在中国投资设点的比例逐渐增加，一度攀升至
33%，之后基本呈现逐年下跌的趋势，2018 年在华日企占海外日企总数的

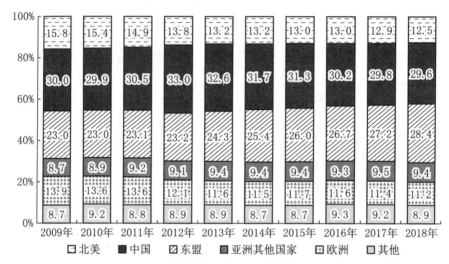

资料来源：经済産業省　大臣官房調査統計グループ企業統計室「第 49 回　海外事業活動基本調査概要」、2020 年 5 月 27 日、第 10 頁、https://www.e-stat.go.jp/stat-search/file-download?statInfId=000031949178&fileKind=2（2020 年 9 月 15 日访问）。

图 4.4　日本企业海外地区性分布情况变化（2009 年至 2018 年）

比重跌至 29.6%，为近 10 年来统计数据的最低点，之后可能会延续下降态势。

（3）与对华缩小的趋势正巧相反，日企在东盟投资设点的比例呈现清晰的逐年递增态势，自 2009 年度的 23% 一路增长至 28.4%，表明日本资本在不断扩大对东盟的投资比重，预计今后还将继续保持增长态势。

（4）北美地区和欧洲的日企所占比重也基本呈现逐年递减的趋势，前者的比重从 2009 年的 15.8% 降至 2018 年的 12.5%，而后者的比重则从 2009 年的 13.9% 降低至 2018 年的 11.2%，均创 10 年来的新低。

由此可见，海外日企的布局正发生结构性变化，东盟正逐步取代中国，成为日企主要的集中投资目的地，这也说明日本对东盟国家的经济重视度在持续上升，而中国将逐步退居第二。此外，北美地区和欧洲的日企海外投资比重亦将进一步萎缩，表明日企实际上也在逐渐转移对北美地区和欧洲的投资注意力。

综上所述，近些年来日企逐渐减少对华投资强度、扩大对东南亚国家的投资等已是不争的事实，这真实地反映出日本意图重新布局海外供应链、优化供应链竞争性结构的战略思路。受其影响，日本将部分生产成本较高、竞争力较弱的生产基地，通过转移生产或绿色投资的方式，逐步从中国大陆移至限制相对较少、生产成本相对较低的东南亚地区，以形成分布相对分散且更具竞争优势的新供应链格局。

第二，地区经济合作的主导权争夺或许将成为中日经济博弈的热点问题之一。当前中日两国共同涉及的自由贸易框架主要是 RCEP、中日韩自贸区等，此外，日本还独辟蹊径，在美国退出 TPP 的情况下，主导性地促成了 CPTPP 的落地实施。未来，中日在维护全球自由贸易理念、扩大亚太经济一体化进程方面，实际上存在共同利益。

尽管如此，中日间围绕地区经济主导权的现实矛盾依旧难以调和。相较而言，日本在自贸协定的合作进程问题上，对华具有较明显的竞争优势。除上面提及的 TPP 之外，日美贸易协定、日欧经济合作协定以及日英经济合作协定等，均显现出日本在努力推进对外经济合作及构建一体化经济体问题上的"雄心壮志"。更为重要的是，这些既有的合作协定也为日本参与接下来的亚太经济一体化的协定谈判奠定了重要基础，增强了其对华要价的砝码。实际上，日本希望将符合自身国家利益的战略理念直接融入未来覆盖亚太地区的经济合作协定，同时依托"高质量、高标准"的规则框架设计，主导性地推动亚太区域经济一体化的实现，这显然在一定程度上与中国倡导的"先有再好""渐进性理念"等亚太经济一体化的基本原则存在不符之处。

战略上，日本未来的自贸协定战略存在以下若干方向。

(1) 在积极推动落实 RCEP 的前提下，继续为印度加入 RCEP 创造最大可能性。2020 年 11 月 15 日，中国、日本、韩国、澳大利亚、新西兰和东盟 10 国共同签署了 RCEP。在全球经济面临新冠疫情、贸易保护主义、经济单边主义等各种不利因素的威胁下，RCEP 的艰难达成就显得更为弥足珍贵。尽管如此，对于日本而言，"美中不足"的是印度没有参加，而后续为印度留出足够的参加可能性就成为日本的战略诉求之一。

RCEP 正式签署的当日，日本经团联会长中西宏明随即发表评论，指出很多日本企业在亚太地区展开事业，RCEP 有助于扩大日本与包括周边国家在内的同区域内的贸易和投资，并形成高效的、强韧的供应链，进而创造繁荣与稳定；当前，伴随着贸易摩擦和新冠疫情，各国、各地区均呈现出内向化或本国优先的态势，以此为背景，大型的经济合作协定 RCEP 的签署对实现自由且开放的国际经济秩序具有深远意义，期待日本政府继续扮演领导者角色，依托多边框架，构建全球性的自由贸易投资体系。[1] 2020 年 11 月 16 日，日本商工会议所会长三村明夫就 RCEP 的签署发表讲话，指出 RCEP 的达成是日本"实现自由且开放的印太"的重要第一步，日本依然期待印度的参加，并希望加盟各国迅速完成批准手续，尽早生效；RCEP 的达成对于日企构建的供应链在以亚洲为中心的区域内扩充具有重大意义，更促进了供应链的广域化、高效化且强韧化的发展。[2] 从日本最重要的两大经济团体领导人的发言中不难发现，"印度""领导者""供应链"等成了日本论及 RCEP 的核心关键词。简言之，日本经济界希望政府可以扮演引领者角色，领导全球自由贸易投资体系的构建；与此同时，日本对 RCEP 的主要期待就是印度的加入，以扩大日本的供应链安排，促使其广域化、高效化且强韧化发展。

（2）无论美国拜登政府是否决定回归 TPP，实现 TPP 扩容业已成为中短期内日本政府不二的政策选择。在特朗普政府宣布美国正式退出 TPP 之后，日本实际上成为 TPP 谈判的主导者和引领者，并为此付出了相当多的政治资源和经济资源。日英经济合作协定的签署实际上为英国加盟 TPP 创造了一定的前提性条件。不仅如此，韩国、泰国等国也纷纷明确表达了加盟意愿，希望尽快成为 TPP 经济圈的成员之一。与之相对应，邀请并游说

［1］ 日本经济团体连合会「RCEPの署名を受けての中西会长コメント」、2020 年 11 月 15 日、http://www.keidanren.or.jp/speech/comment/2020/1115.html（2020 年 11 月 15 日访问）。

［2］ 日本商工会议所「地域的な包括的経済連携（RCEP）協定の署名に対する三村会头コメント」、2020 年 11 月 16 日、https://www.jcci.or.jp/news/2020/1116094841.html（2020 年 11 月 27 日访问）。

其他国家加入 TPP，就成为日本政府外交的主要工作之一。2020 年 1 月 8 日，日本外务大臣茂木敏充在出访泰国时就明确表态："将尽可能地为泰国加入 TPP 提供帮助。"[1]2020 年 1 月 20 日，日本首相安倍晋三在国会发表施政演说，明确表明日本将担任"自由贸易的旗手"，主导扩大 TPP 经济圈。[2]首相、外务大臣等日本政府高官不约而同地在 TPP 问题上表达了一个明确的信号，即日本将坚定地、积极地推动 TPP 的扩容，并将为相关国家的加入创造最大的政策辅助空间。

实际上，作为 TPP 经济圈内的第一经济大国，日本的经济战略意图可以较为顺利地在其中得到充分的贯彻和实施，同时，TPP 经济圈的形成也进一步提升了日本的政治影响力和经济操控力。当然，对于拥有"政治大国"雄心的日本而言，TPP 经济圈的构建仅仅是其实施对外经济战略的一小步，更是其推动全球贸易、经济治理规则重构的重要试验田。基于此，TPP 扩容问题就成为日本接下来势在必行的战略演进，一来有助于其进一步扩大"经济朋友圈"，二来更为其调整外部供应链提供战略性的制度保障。

无论是为印度加入 RCEP"开后门"，还是为 TPP 扩容做贡献，日本都是在为未来主导构建亚太，乃至全球贸易、经济治理新规做战略性准备。需要指出的是，对于中国而言，日本主导性的政治意图并不是一个利好消息，因为中日间的主导权之争并不仅仅是一个涉及领导权的政治问题，更关系到合作协定的准入门槛和具体内容，而对于包括中国在内的广大亚太发展中国家而言，日本所期待的"高质量、高标准"的制度框架在中短期内是根本无法接受的，也是不具备操作空间的。

第三，现有的中日间经济合作机制出现"停摆"，未来能否重启存在较大的不确定性。

[1]《日本外相表态会为泰国参加 TPP 提供帮助》，共同网：https://china.kyodonews.net/news/2020/01/2b966e1ef98c-tpp.html（2020 年 1 月 8 日访问）。

[2]首相官邸「第二百一回国会における安倍内閣総理大臣施政方針演説」、2020 年 1 月 20 日、http://www.kantei.go.jp/jp/98_abe/statement/2020/0120shiseihoushin.html（2020 年 4 月 16 日访问）。

就中日双边性质的现有经济合作机制来看，主要分为四个板块。

（1）中日高层经济对话。应该说，中日高层经济对话是现行中日两国间的最高层级经济合作对话机制，对其他双边性质及中日共同参加的多边性质的经济合作机制发挥指导性功能及重要影响。

2007 年 4 月 12 日，中日双方达成共识，统一启动"中日高层经济对话"，同年的 12 月 1 日，首次中日高层经济对话在北京人民大会堂举行。首次中日高层经济对话的中方团长为国务院副总理曾培炎，外交部、发改委、财政部、农业部、商务部、环保总局和质检总局负责人出席；日方团长为外务大臣高村正彦，财务省、经产省、农水省、环境省、内阁府等 6 位部长参加。此后，2009 年 6 月 7 日、2010 年 8 月 28 日分别举行了第二和第三次中日高层经济对话，后因种种原因，这一对话机制被迫中止了近 8 年，于 2018 年 4 月 16 日重启，中日双方共同举行了第四次高层经济对话。

2019 年 4 月 14 日，中国国务委员兼外交部长王毅在北京与日本外务大臣河野太郎共同主持第五次中日高层经济对话。这次对话进行了建设性讨论，在合作的基础上形成诸多共识。中日双方从宏观经济政策交流入手，就以 WTO 为代表的多边自由贸易体制及地区合作的重要性等议题交换意见，同时就双边性质的经济合作及第三方市场合作等广泛议题进行交流。[1]

（2）中日经济伙伴关系磋商。继 2017 年 11 月 17 日中日双方在北京举行第 12 次中日经济伙伴关系磋商副部级会议之后[2]，2019 年 4 月 3 日，第 13 次中日经济伙伴关系磋商副部级会议在京举行。中国商务部副部长钱克明与日本外务省外务审议官山崎和之（副部级）共同主持会议。中方代表团由商务部、外交部、发改委、财政部、工业和信息化部、生态环境部、农业农村部、人民银行、海关总署、市场监督管理总局、中央网信办、银保监会及证监会等组成，日方代表团由外务省、经济产业省、财务

---

[1] 外務省「第 5 回日中ハイレベル経済対話の開催（結果）」、https://www.mofa.go.jp/mofaj/a_o/c_m2/page4_004899.html（2020 年 6 月 25 日访问）。

[2] 外務省「日中経済パートナーシップ協議（次官級会合）の開催（結果）」、https://www.mofa.go.jp/mofaj/press/release/press4_005279.html（2020 年 6 月 25 日访问）。

省、总务省、农林水产省、国土交通省、环境省、金融厅及日本驻华使馆等组成。双方就世界及两国宏观经济形势，中日高层经济对话，两国在贸易、投资、第三方市场、创新、金融、环保、养老、旅游等领域合作，《区域全面经济伙伴关系协定》、中日韩自贸区、世贸组织改革、二十国集团会议等区域及多边合作议题交换了意见。[1]

（3）第三方市场合作。2018 年 9 月 25 日，首届"推动中日民间商务第三方合作相关委员会"在北京举行，对中日共同合作开发第三方市场进行了相应的政治性磋商；嗣后，2018 年 10 月 26 日，两国在北京举行了首届中日第三方市场合作论坛，并签署合作备忘录，其中涉及 52 个具体的合作项目。[2]

（4）中日创新合作对话。2018 年 10 月，日本首相安倍晋三访华之际，中日双方签署《关于建立中日创新合作机制的备忘录》。2019 年 4 月 2 日，中日创新合作机制第一次会议在北京召开。合作机制中方牵头人中国国家发展改革委副主任林念修、商务部副部长钱克明，日方牵头人日本外务省外务审议官山崎和之、经济产业省经济产业审议官寺泽达出席会议，中国国家发展改革委副秘书长任志武主持会议。第一次会议主要达成三个方面的重要成果，包括：相互介绍两国的创新政策，并就完善与市场创造相关的标准统一（新能源汽车的充电规格、氢能源相关的标准和规定的协调）、创新企业交流、在二十国集团框架下进行智慧城市的合作等交换意见；相互介绍各自的知识产权保护政策，并就商业秘密的保护、避免强制技术转移及打击盗版政策等交换意见；就在现有框架下加强大学及研究机构的合作交流等交换意见。[3]

---

[1] 中华人民共和国商务部：《第 13 次中日经济伙伴关系磋商副部级会议在京举行》，2019 年 4 月 3 日，http://www.mofcom.gov.cn/article/ae/ai/201904/20190402849519.shtml（2020 年 6 月 25 日访问）。

[2] 经济产业省「第 1 回『日中第三国市場協力フォーラム』開催にあわせて日中の政府関係機関・企業・経済団体の間で協力覚書が締結されました」、2018 年 10 月 26 日、https://www.meti.go.jp/press/2018/10/20181026010/20181026010.html（2020 年 6 月 25 日访问）。

[3] 外務省「第 1 回日中イノベーション協力対話の開催（結果）」、2019 年 4 月 2 日、https://www.mofa.go.jp/mofaj/press/release/press4_007276.html（2020 年 6 月 25 日访问）。

尽管现行的中日间经济合作机制较为丰富[1]，同时在过去的较长一段时间内也取得了相当的成果，但受政治、安全等各种因素的干扰，以及中美对峙、新冠疫情的外部环境变化的制约，上述中日经济合作机制基本停滞，并没有在中日经济关系中发挥必要的桥梁和纽带作用。

第四，受美国政策的威逼和利诱，日本在中美之间倒向美国的倾向性风险在逐步提高，这极易引致日本在对华政治与经济问题上构建"双遏制"政策态势。尽管中美大博弈发生至今，日本并没有在任何场合公开表态支持美国对中国采取的"非公平经贸措施"，同时，更是通过高举反对贸易保护主义的大旗，来变相地对美国的经济霸权主义进行批判与反驳，但是，日本对华政策，尤其是经济政策却在逐渐暴露出"对美倾斜"的迹象和趋势。举例而言，在美国对华为 5G 相关产品进行打压及封锁的同时，日本国内 NTT 都科摩、KDDI、软银（softbank）等主要电信公司迅疾做出回应，或中止、或推迟销售华为的相关电子类产品[2]；东芝公司同步暂停了部分面向华为的电子零部件出口[3]；此外，一般财团法人安全保障贸易情报中心（CISTEC）更是将华为技术列入限制信息名单[4]，这显然不利于日本企业与华为及其他中国电子类企业实施技术出口等合作。

另一方面，不可否认的是，日本事实上成为美国打压华为的最大受益方。受美国打压华为 5G 技术的影响，英国等西方国家纷纷在"华为问题"上倒向美方，且不约而同地选择在本国的信息基础设施建设中减少或清除对华为的技术依赖。以此为背景，日本的通信技术就成为最为优先的替代项之

---

[1] 除中日双边合作机制之外，以中日韩自由贸易协定谈判为代表的多边机制也暴露出不少问题，致使谈判也转入僵持期，被寄予厚望的中日韩自由贸易协定也始终未能尘埃落定。

[2] 《NTT 社长批评同行发售新款华为手机》，共同网：https://china.kyodonews.net/news/2019/08/406dda3d62ae-ntt.html（2019 年 8 月 7 日访问）。

[3] 《详讯：东芝暂停向华为出货以检查是否抵触美禁运措施》，共同网：https://china.kyodonews.net/news/2019/05/97947b4772e0.html（2019 年 5 月 23 日访问）。

[4] 《日本民间团体将华为列入风险提示名单》，日经中文网：https://mp.weixin.qq.com/s?__biz＝MjM5MDI3Mzc0MA＝＝&mid＝2651862789&idx＝2&sn＝e9aedae9268f37e3db1a3109b1f2cf0d&chksm＝bda3cea68ad447b03fe8abd7016da4fa2aa3ec56771f4bc55f17839b104820d5f16ff58a2bd3&scene＝0&xtrack＝1♯rd（2019 年 8 月 30 日访问）。

一，而NEC等日本电子通信类企业自然就成为这些国家的首要合作对象。[1]

综上所述，在中美对峙与新冠疫情的综合影响下，日本对华战略实际上开始逐渐转型，并由务虚的研究探讨转为务实的实施部署，这主要表现为安保上的正面对峙、政治上的逐渐疏远和经济上的弱化合作等。

这里需要强调的是，中日经济合作的弱化，尤其是在华日企大量转移生产基地等，其直接动因并非中美对峙与新冠疫情的发生，而主要是中国市场竞争程度的加剧以及部分日企的"水土不服"，但二者却加速了日本政府及日本企业意图转移在华生产基地的战略走势。与此同时，未来日本海外供应链"去中国化"的战略意图可以走多远，或许取决于以下若干方面的影响：第一，日本战略意图的坚定性及政府愿意在这一战略实施进程中的资源投入；第二，中美对峙的发展前景及中美发生完全"脱钩"的可能性；第三，日美同盟关系的走势及日本对外政策的独立性走势；第四，新冠疫情的动态变化及全球经济所面临的可能性影响；等等。

第三节

后安倍时代的日本对华经济外交

一、中日政治交流濒临"停滞"

2020年8月28日，日本首相安倍晋三召开记者招待会，正式宣布因溃疡性大肠炎复发，辞去首相一职，并对全体国民表示歉意。[2]之后，自民

---

[1]《英方磋商NEC进驻5G市场　欲降低对华为依赖》，共同网：https://china.kyodonews.net/news/2020/06/1a46b02cbdf5-nec5g-.html（2020年6月5日访问）。

[2] 首相官邸「安倍内閣総理大臣記者会見」、2020年8月28日、http://www.kantei.go.jp/jp/98＿abe/statement/2020/0828kaiken.html（2020年9月8日访问）。

党总裁选举确定菅义伟为新任"掌门人",他自然也成为安倍晋三之后的新一任日本首相。2021 年 9 月 16 日,时年 71 岁的日本自民党总裁菅义伟在国会众议院全体会议的首相指名选举中当选第 99 任首相,当日,中国国家主席习近平致电祝贺菅义伟当选日本首相,国务院总理李克强也向菅义伟致贺电。尽管如此,菅义伟也陷入了"短命首相"的怪圈,2022 年 9 月 3 日,担任首相还未满一年的菅义伟就明确表示"基本决定辞职"。菅义伟的此番表态,转而将担任下届自民党总裁及日本首相的机会让给了原外务大臣、自民党前政务调查会长岸田文雄,规制改革担当大臣河野太郎,前总务大臣高市早苗及自民党干事长代理野田圣子等 4 名自民党实力派政治人物。最终,岸田文雄获得了自民党内的多数票支持,并一举成为自民党新总裁。[1]在 2021 年 10 月 4 日召集的临时国会上,岸田文雄被正式指名为第 100 任日本首相。

总体来看,无论是菅义伟,还是岸田文雄领导的日本政府,其对华政策基本都延续了安倍内阁末期的基本风格,可谓是"萧规曹随",彰显出强烈的对华"竞争性"态势。

受其影响,中日关系实际上再度遭遇发展困境,双边主要政治交流几乎陷于停滞状态,尤其是两国领导人的面对面交流完全中止,致使双边政治关系发展遭遇巨大障碍。需要指出的是,菅义伟和岸田文雄分别正式就任日本首相后,中国国家主席习近平和国务院总理李克强就在第一时间向二人发去了贺电,不仅如此,习近平更是及时地与二位新首相进行了电话会谈,这在一定程度上弥补了因新冠疫情而无法举行领导人线下会面的些许遗憾。但客观而言,相较于线下交流,线上交流的效果是有限的,双方之间缺少了面对面的坦诚与直率,难以构建起真正的"友谊",最终在宏观上容易引发双边关系愈发疏远。

---

[1] 2021 年 9 月 29 日,日本自民党总裁选举投计票结果显示,时年 64 岁的前政务调查会长岸田文雄当选第 27 任总裁。虽然岸田文雄在第一轮投票中得票数居首,但未能过半数,与排名第二的行政改革担当大臣河野太郎展开了最终投票决选。最终,岸田文雄取得了胜利,其总裁任期为 3 年,至 2024 年 9 月底。

另一方面，尽管 2020 年 11 月 24 日至 25 日，中国国务委员及外长王毅对日本进行了正式访问，并与包括首相菅义伟、外务大臣茂木敏充等在内的日本主要政治人物进行了面对面会谈，有效地促进了中日两国的政治沟通与战略互识，达成"五点重要共识"和"六项具体成果"。[1]但由于日本右翼政治势力用钓鱼岛问题来扰乱王毅此次访日之行，王毅此行并没有在推动中日关系良性互动方面获得很大成效，并且，他也不得不在东京义正词严地再度重申了中国政府在钓鱼岛问题上的立场与主张。[2]由是观之，中日关系发展再度因领土问题等结构性矛盾而被迫降速，甚至停滞不前，中日政治经济交流，尤其是政经领域的高层交流很难恢复至安倍晋三执政中期时的鼎盛时代，原有的若干交流机制中，除了中日海洋事务高级别磋商、中日经济伙伴关系磋商得以保留之外，其他的官方主导或参与的交流机制均被搁置（参见表 4.9），这也在一定程度上引致中日政经关系的"趋冷化"发展。

---

[1] "五点重要共识"包括：（1）遵循两国领导人战略引领，在中日四个政治文件基础上，坚持"互为合作伙伴，互不构成威胁"精神，增进互信，正向互动，努力构建契合新时代要求的中日关系。（2）继续携手抗击疫情，及时交流信息，开展医疗药物方面合作，维护两国民众健康，并为地区和国际公共卫生领域合作共同作出贡献。（3）合作推进两国经济复苏，在 2021 年适时举行新一轮中日高层经济对话，继续加强科技创新、节能环保、医疗康养、电子商务、第三方市场等重点领域合作。（4）共同推动区域全面经济伙伴关系协定早日生效，积极推进中日韩自贸协定谈判及区域合作进程，共同维护和强化以规则为基础的多边贸易体制。（5）相互合作，支持对方举办东京奥运会和北京冬奥会，办好这两大盛事；适时举行中日高级别人文交流磋商机制会议，疫情结束后全面恢复双边人员往来，扩大地方交流合作，增进两国民众相互了解和友好感情，优化两国关系民意环境。"六项具体成果"包括：一是在严格做好疫情防控前提下，于 2020 年 12 月内启动两国必要人员往来"快捷通道"，进一步促进两国复工复产合作；二是建立中日食品农水产品合作跨部门磋商机制，加快沟通协调，推动该领域合作早日取得进展；三是建立两国气候变化政策磋商机制，推动气变环保政策协调和务实合作；四是启动 2022 年中日邦交正常化 50 周年纪念活动筹备工作，并积极考虑将原定于 2020 年和 2021 年举办的"中日文化体育交流促进年"顺延到 2021 年和 2022 年；五是 2020 年 12 月举行新一轮中日海洋事务高级别磋商，强化两国外交主管部门和海上执法部门之间沟通交流；六是争取 2020 年内开通两国防务部门海空联络机制直通电话，进一步加强风险管控，增进安全互信。具体内容参见外交部：《王毅：中日达成五点重要共识和六项具体成果》，2021 年 11 月 24 日，https://www.mfa.gov.cn/web/wjbzhd/t1835081.shtml（2020 年 12 月 6 日访问）。

[2] 外交部：《王毅谈钓鱼岛问题》，2020 年 11 月 25 日，https://www.mfa.gov.cn/web/wjbzhd/t1835471.shtml（2020 年 12 月 6 日访问）。

表 4.9　后安倍时代中日两国政治经济交流主要情况（2020 年 9 月至 2022 年 6 月）

时　间		主要内容
2020 年	9 月 16 日	中国国家主席习近平致电菅义伟，祝贺他当选日本首相。
	9 月 25 日	中国国家主席习近平同日本首相菅义伟通电话。
	11 月 9 日	第 14 次中日经济伙伴关系磋商副部级会议以视频会议方式举行。
	11 月 24—25 日	中国国务委员兼外长王毅对日本进行正式访问，并与日本首相菅义伟、外务大臣茂木敏充、内阁官房长官加藤胜信、前首相福田康夫、自民党干事长二阶俊博等举行会谈。
2021 年	4 月 5 日	中国国务委员兼外交部长王毅同日本外务大臣茂木敏充通电话。
	10 月 4 日	中国国家主席习近平致电祝贺岸田文雄当选日本首相，国务院总理李克强向岸田文雄致贺电。
	10 月 8 日	中国国家主席习近平同日本首相岸田文雄通电话。
	10 月 27 日	中国国务院总理李克强在人民大会堂出席第 16 届东亚峰会。东盟国家领导人以及俄罗斯总统普京、韩国总统文在寅、美国总统拜登、日本首相岸田文雄、印度总理莫迪、澳大利亚总理莫里森、新西兰总理阿德恩等与会。文莱苏丹哈桑纳尔主持会议。会议以视频形式举行。
		中国国务院总理李克强在人民大会堂出席第 24 次东盟与中日韩领导人会议。东盟国家领导人以及韩国总统文在寅、日本首相岸田文雄共同出席。文莱苏丹哈桑纳尔主持会议。会议以视频形式举行。
	11 月 10 日	中国外交部边界与海洋事务司长洪亮同日本外务省亚洲大洋洲局局长船越健裕以视频方式共同主持中日海洋事务高级别磋商团长会谈。
	11 月 18 日	中国国务委员兼外长王毅同日本新任外相林芳正通电话。
	11 月 26 日	第 15 次中日经济伙伴关系磋商副部级会议以视频会议方式举行。
	12 月 20 日	第十三轮中日海洋事务高级别磋商以视频方式举行。磋商由中国外交部边界与海洋事务司长洪亮和日本外务省亚洲大洋洲局局长船越健裕共同主持。
	12 月 21 日	日本首相岸田文雄在第七次日中企业家和前政府高官对话会（日中 CEO 等峰会）上发表视频讲话。
	12 月 26 日	日本经济产业省等以在线形式举行了日中两国政府代表和民间企业共同参与的"日中节能环保综合论坛"，并宣布两国企业和相关团体签署了共计 11 个关于节能和去碳化技术的合作项目。
	12 月 27 日	日本防卫大臣岸信夫与中国国务委员兼国防部长魏凤和举行了视频会谈。
2022 年	5 月 19 日	中国外交部长王毅同日本外务大臣林芳正举行视频会晤。
	6 月 7 日	中共中央政治局委员、中央外事工作委员会办公室主任杨洁篪同日本国家安全保障局长秋叶刚男通电话。
	6 月 12 日	中国国务委员兼国防部长魏凤和与日本防卫大臣岸信夫在新加坡举行会谈。

资料来源：笔者根据各种资料整理。

二、 日本对华经济外交显现强烈的对华"对冲性"

新冠疫情重创了日本经济。根据 2021 年 7 月国际货币基金组织公布的《世界经济展望报告》：2020 年，发达经济体经济萎缩 4.6%，其中日本经济萎缩 4.8%，美国经济萎缩 3.5%，欧元区经济萎缩 6.5%。[1]尽管日本为应对疫情出台了一系列防疫措施与大规模财政货币刺激计划，但随着全球经济的衰退与国内疫情的加重，日本的对外贸易、医疗物资及生活必需品供应均出现了一定困难。为此，日本政府确立了提升供应链弹性，摆脱对特定国家的高度依赖，推进供应产地多元化、分散化的供应链重组政策；针对核心科技产业，提升本土化生产水平与补贴力度，支持相关企业回流日本，促进国内就业与经济发展。具体而言，日本将东南亚国家视为推进建设多元化供应链体系的重点区域，将医疗卫生、科技产业视为提升本土化生产水平的主要抓手，同时将供应链的过度集中化问题视为巨大的经营风险，积极将对华高度依赖的制成品及零部件生产等回迁至日本本土，抑或实施分散化供应。这也从一个侧面反映出日本对华经济外交的"对冲性"特征。

具体而言，2020 年初，安倍内阁出台的第一轮应对疫情的紧急经济政策中，就有专门针对支持企业应对供应链受损、发放补贴的内容[2]，旨在提升企业生产效率、促进设备投资。2020 年 4 月 7 日，面对疫情的快速蔓延和经济的断崖式衰退，日本政府出台了"新型冠状病毒感染症紧急经济对策"，表示支持对某一国依存度高的制成品和零部件生产商回到日本国内，并鼓励日企向东南亚分散生产基地、谋求产地多元化。为此，日本政

---

[1] IMF, "World Economic Outlook Update", April 2021, https://www.imf.org/en/Publications/WEO/Issues/2021/07/27/world-economic-outlook-update-july-2021（2021 年 8 月 7 日访问）。

[2]《日本设 5 千亿日元紧急担保额度支援中小企业》，贸易投资网：http://www.tradeinvest.cn/information/5255/detail（2020 年 4 月 1 日访问）。

府设立支援供应链重组的专项预算资金，为不同类型的大企业与中小企业供应链分散到东盟国家或回迁国内提供 1/2 至 3/4 的搬迁费用补助。[1] 这是日本政府第一项有关供应链分散回迁的具体政策，主要由经济产业省负责落实。在官方出台有关供应链重组政策的同时，日本产业界也开始审视供应链集中化的经营风险。丰田公司作为日本最大的汽车公司，也遭受了"超过雷曼危机时"的冲击，开始重新审视供应网，推进生产和采购的分散化，并探讨利用日本政府的国内生产回归支援政策的可能性。[2] 此外，生活必需品与抗疫物资的供应安全也是日本政府关注的重点。在疫情持续蔓延的 2020 年 5 月，经济产业省就着手建立紧急事态时可随时掌握各公司库存状况的系统，通过分析库存量和需求，实行重要战略物资的增产计划或进行地区间调配。[3] 在安倍晋三宣布辞去首相一职后，菅义伟作为首相候选人接受日本媒体采访时也表示，为降低供应链集中经营风险，生产基地最好分散，依赖特定国家的供应链这一现状亟须调整。[4] 此后，新冠疫情在全球范围内迟迟未能得到有效遏制，因担心新冠疫情影响国际供应链，日本在 10 月 16 日继续追加 860 亿日元的补贴用于扶持口罩及医药品等生产企业回归国内，涉及的产品与材料只需要满足两个条件——（1）生产基地集中在特定国家；（2）对国民健康至关重要——中的任意一个。[5]

通过梳理日本政府与产业界对供应链重组的政策动向与正式表态，可以发现以下几点特征。

（1）疫情是加速推动日本构筑多元化供应链体系的催化剂。日本政府认

[1] 内閣府「『新型コロナウイルス感染症緊急経済対策』について」、2020 年 4 月 7 日、第 30—31 頁、https://www5.cao.go.jp/keizai1/keizaitaisaku/2020/20200407 _ taisaku.pdf（2020 年 4 月 18 日访问）。

[2] 《丰田 2020 年全球销量预计下滑 15%》，日经中文网：https://cn.nikkei.com/industry/icar/40533-2020-05-13-08-54-13.html（2020 年 5 月 23 日访问）。

[3] 《日本将建立新系统掌握口罩等生活必需品库存》，日经中文网：http://cn.nikkei.com/politicsaeconomy/politicsasociety/40739-2020-05-29-08-37-21.html（2020 年 5 月 31 日访问）。

[4] 《菅义伟谈供应链》，日经中文网：https://cn.nikkei.com/politicsaeconomy/politicsasociety/41956-2020-09-07-02-09-55.html（2020 年 10 月 3 日访问）。

[5] 《日本追加 860 亿日元生产回归补贴》，日经中文网：https://cn.nikkei.com/politicsaeconomy/economic-policy/42385-2020-10-16-09-20-38.html（2020 年 10 月 23 日访问）。

为，疫情对供应链的影响主要体现在为防止病毒感染扩散而采取的出行限制等强力措施，导致劳动密集型供应链部分出现障碍并引起需求波动，而且疫情在全球范围内的蔓延也将对世界经济产生长期影响，供应链管理亟待变革。[1]为应对疫情，日本政府早在 2020 年 4 月就曾追加补充预算，设立约 2 200 亿日元的专项经费用于支持海外日企回迁，其中针对医药卫生产品、防疫口罩等关乎国民健康的重要战略物资的生产基地回迁，提供 2/3—3/4 的回迁费用补助，明显高于对其他产业、产品供应链转移提供的 1/2—2/3 的回迁费用补贴力度。[2]可见，一些战略医药物资与生活必需品的供应安全与集中依赖问题在疫情期间有所放大，直接影响了日本政府重组供应链的政治决心。

（2）东南亚地区是日本谋求供应链多元化、生产基地分散化的重要支点。立足于采购与生产的分散化以及应对潜在的供应链集中经营风险，近年来经济发展迅速、劳动力和土地等生产要素占据较大优势的东南亚国家成为日本分散供应链、构筑多元化供应链体系的首选地，加之地理上的邻近与基础设施的日渐完善，将在华的一些产业转移到东南亚地区也逐渐成为趋势。基于此，日本政府在 2020 年 4 月的补充预算案中，专门设立了规模达 235 亿日元的资金项目，支持以东盟为主要供应链调整分散对象的企业。[3]事实上，包含东南亚地区在内的亚洲长期是日本实施对外投资、设立海外供应链生产基地的主要目的地之一，2000—2019 年这 20 年间，日本对外直接投资整体呈扩大趋势，2019 年达到最高值约 190 万亿日元，其中亚洲的份额一直稳定上升，2012 年维持在三成左右。从与制造业相关的日本对外直接投资来看，这一趋势更加明显，亚洲所占比重在 2008 年金融危机后即超越了北美和欧洲，2010—2019 年间保持在 35%—40% 之间，

---

［1］ 経済産業省『通商白書　令和 3 年版』、2021 年 6 月、第 97 頁、https://www.meti.go.jp/report/tsuhaku2021/pdf/2021_zentai.pdf（2021 年 8 月 8 日访问）。

［2］［3］ 経済産業省「令和 2 年度補正予算の事業概要（PR 資料）」、2020 年 4 月、第 25 頁、https://www.meti.go.jp/main/yosan/yosan_fy2020/hosei/pdf/hosei_yosan_pr.pdf（2020 年 12 月 26 日访问）。

2018 年达到接近 40% 的峰值；同期，日本对北美、欧洲进行直接投资的占比仅 20%—30%。以 2005—2019 年日本制造业相关的对外直接投资分布情况来看，中国占比在 2012 年达到顶峰约为 14%，其后一直呈下降趋势，2019 年下降至 11.4%；与此同时，日本对泰国、印度尼西亚、越南等东南亚国家的投资占比却持续稳步升高，日本对华直接投资份额的缩减大多转移到了东南亚国家。[1]

(3) 促进重要抗疫医疗产品和战略性科技产业回归日本生产，实行本土化供应战略。日本政府将回迁本土的海外日企分为预防供应链中断、集中经营企业与对国民健康、生活至关重要的企业。2020 年 11 月 20 日，经济产业省公布了自 2020 年 5 月以来获得政府政策补助的 146 家海外日企，其中医药健康、生活必需品类企业共计 90 家，其余还有 48 家企业的经营范围主要涉及航空制造、半导体、化学工业、生物医学、新能源、电子通信产品与汽车电池及配件等高技术产业领域。[2]日本贸易振兴机构对 2020 年 7 月 17 日到 12 月 2 日日本政府针对海外日企供应链多元化支持项目的三次筛选进行统计：第一次共计 124 家企业提出申请，30 家获批；第二次有 64 件申请案，21 件符合条件；第三次收到 155 件申请案，采纳 30 件，整体通过率不足 1/4。[3]这也反映出海外日企针对疫情期间供应链安全的担忧有所放大，而日本政府应对供应链政策调整的预算仍显不足。值得一提的是，在获批的 81 家海外日企当中，医疗卫生、防疫设备、电子通信、半导体与汽车零部件厂商占了绝大部分，极具代表性的案例有日本半导体企业"罗姆"（ROHM）和液晶面板企业"日本显示器"（JDI）计划将集中于中

---

[1] 経済産業省「通商白書」（令和 3 年版）、2021 年 6 月、第 76—77 頁、https://www.meti.go.jp/report/tsuhaku2021/pdf/2021_zentai.pdf（2021 年 8 月 8 日访问）。

[2] 経済産業省「サプライチェーン対策のための国内投資促進事業費補助金」、2020 年 11 月 20 日、https://www.meti.go.jp/information/publicoffer/saitaku/2020/downloadfiles/s201120001.pdf（2020 年 12 月 26 日访问）。

[3] 参见日本貿易振興機構「第一回公募」、https://www.jetro.go.jp/services/supplychain/kekka-1.html（2020 年 12 月 26 日访问）；「第二回公募」、https://www.jetro.go.jp/services/supplychain/kekka-2.html（2020 年 12 月 26 日访问）；「第三回公募」、https://www.jetro.go.jp/services/supplychain/kekka-3.html（2020 年 12 月 26 日访问）。

国和东南亚的部分后工序迁回日本国内。[1]这也反映出数字经济革命与自动化工序进步、运输成本降低以及新冠疫情造成冲击等因素产生综合效应，促使日本重组相关产业链，推进供应生产的本土化成为可能。

（4）日本的供应链重组计划有着官方与经济界相互协同的特点，不仅是日本政府出台了一系列针对疫情冲击的供应链调整政策，经济界和海外日企对此也大多持支持态度。疫情期间，日本经济研究中心和《日本经济新闻》的调查显示，对日本政府鼓励企业回归本土的政策表示赞成的受访日本商务人士近六成，超过四成的受访者称"未来中国作为生产基地的重要性将会降低"。[2]2021年3月12日至29日，《日本经济新闻》组织的"百名社长问卷调查"的结果也显示，受疫情和中美摩擦的影响，在日本国内拥有工厂的企业中，有八成已着手调整供应链，目的是弱化供应链的脆弱性与集中化问题。[3]简言之，面对疫情冲击、中美竞争加剧以及中国产业升级带来的结构性压力，部分日本企业受国际国内的政治、经济因素驱动，将供应链迁出中国成为它们的重要选项之一。

综上所述，在新冠疫情全球扩散、中美对峙持续加剧等时代大背景下，日本对华经济外交战略更加凸显"对冲性"基本原则，在重构其海外供应链方面，除了将部分生产环节迁出中国大陆并转移至东南亚国家或日本本土之外，日本还希冀与美国等西方国家合作，构建起"去中国化"的、以尖端技术为战略支撑的产业链发展新格局，尤其是在芯片及半导体等关键领域的产业链问题上，进一步加强对华的"对冲性"。

具体而言，选择构建以面向东南亚为重点的多元化供应链网络，改变部分产业对中国供应链网络的高度依赖，助力核心科技产业与关键生活必

---

[1]《日本电子零部件制造工序出现回归动向》，日经中文网：https://cn.nikkei.com/industry/itelectric-appliance/40856-2020-06-16-05-00-00.htm（2020年6月19日访问）。

[2]《调查显示日本商务人士对中国很纠结》，日经中文网：https://cn.nikkei.com/industry/management-strategy/41940-2020-09-04-01-54-53.html（2020年9月6日访问）。

[3]《8成日本企业着手调整供应链》，日经中文网：https://cn.nikkei.com/industry/management-strategy/44310-2021-04-06-05-00-00.html（2021年5月5日访问）。

需品物资的生产基地回归本土，成为后疫情时代日本政府的重要政策取向。而日本供应链重组政策的核心就是调整在华供应链，无论是重点产业供应链的多元化、分散化，抑或是核心科技与医药卫生产业的重新布局，这些政策针对的所谓"特定国家"就是中国。日本政府担心其生产供应链过度集中到中国会产生过大风险，希冀以泰国、印度尼西亚、越南等东盟国家为基点，推进"中国＋1"的供应链分散战略。该决策的出发点与落脚点如下：由于中国劳动力成本上升和汇率上升等因素，部分产业在华份额已经到顶，因此纺织等轻工业及一些机械制造行业（轴承等）的搬迁已经开始，而泰国、越南、印度尼西亚等国所占的产业份额正在增加，可以助力日本相关产业的生产基地和采购供应的多元分散；同时，中美战略博弈可能会进一步加速这一进程。[1]鉴于此，推进在华供应链调整的过程中，不仅可以构筑更加多元分散的供应链体系，同时也能促进日本国内就业、带动相关产业的繁荣发展。

受新冠疫情影响，2020 年日本对外直接投资 1 711 亿美元，比 2019 年减少 33.8%，其中对华直接投资约 113 亿美元，同比下降约 7.5%；进入 2021 年，1—5 月，日本对华直接投资仅约 40 亿美元，同比下降 30.6%，与之相比，日本对东盟的直接投资额高达约 167 亿美元，增长幅度为 83.4%，日本对外投资重点转向东盟的趋势日趋显著。[2]具体来看，劳动密集型企业、疫情防控与关键医疗设备供应商以及高端制造业和重要科技公司等三类在华企业重塑与调整供应链网络，将成为今后日本构筑多元分散的供应链安全体系的主要落脚点。不仅如此，后疫情时代日本在华供应链、产业链的调整，可以用"疫情驱动""产业主导"与"价值取向"三个关键词加以概括，这如实反映了日本供应链调整政策的目的所在。

---

［1］ 経済産業省『通商白書　令和 3 年版』、2021 年 6 月、第 85—86 頁、https://www.meti. go.jp/report/tsuhaku2021/pdf/2021_zentai.pdf（2021 年 8 月 8 日访问）。

［2］ 日本貿易振興機構「ジェトロ世界貿易投資報告　2021 年版総論編　概要」、2021 年 7 月 29 日、第 24 頁、https://www.jetro.go.jp/ext_images/world/gtir/pdf/outline_2021.pdf（2021 年 8 月 11 日访问）。

第一，疫情背景下日本重塑在华供应链的政策，呈现出核心环节本土化、供应链条短缩化、分散地域集中化等主要特点。

日本政府对于海外日企过度依赖中国市场，尤其是在华生产基地集中化的担忧由来已久，疫情一定程度上阻断了部分产业的供应链畅通，也给了日本政府重新布局海外关键产业、推动供应链网络多元分散的契机。显然，疫情驱动是影响日本重塑在华供应链的重要动因之一。新冠疫情暴发初期，安倍内阁就着手制定应对供应链受损的相关援助政策，多次提及改变供应链集中在特定国家和布局关键产业的生产基地多元化的重要性。菅内阁和岸田内阁继承了这一供应链调整路线的政策思路，并将其具体落实。

当然，日本供应链调整政策不仅受到疫情冲击以及经济成本考量的影响，更重要的是日本试图借助疫情调整在华供应链网络，构建分散化、多元化的供应体系格局，推进核心产业回流本土，促进数字技术、新能源等前沿科技产业的供应安全，化解疫情带来的"被动"，并将之转为"主动"，在"危机"中寻求"机遇"，重新确立日本海外供应链网络的"安全自主"。即除了受市场竞争原则与生产要素变化影响外，日本更多考虑的是着眼于维护自身重要供应链网络的自主性、多元性，以及核心产业供应的本土化，提前布局新工业革命前沿领域的供应链安全。

从这一角度出发，日本在华供应链调整政策可以归纳为核心环节本土化、供应链条短缩化与分散地域集中化三大特点。具体而言，（1）将在华重点产业供应链的核心环节进行本土化生产，提高对关键产业供应链体系的自主掌控能力；（2）改变长供应链条的集中化趋势，拆分重要产业的供应链条，将供应链条短缩分散化；（3）将集中在中国的供应链分散迁移到同样具有地缘便利性且部分生产要素更具竞争优势的东南亚地区。这三大特点相互关联、互为依托，主要针对长供应链、重要产业供应链在华的地缘集中性，以及供应链核心环节的安全性等进行政策引导。

第二，顺应疫情背景下"提质升级""优化结构"的产业政策调整。

所谓"产业政策"，是指政府通过财政补贴、贸易保护或政府采购等手段决定经济结构的专门措施，主要表现为有利于特定产业或经济部门的部门性政策，也可以表现为有利于特定企业的政策。其理论依据是，整体经济运行体系中某些产业部门比其他部门更为重要，可以为经济循环提供技术溢出效应及其他正向外部效应，且拥有较高的附加值。[1]一国的产业政策是影响其经济健康运行的基本要素，无论是制度经济学强调社会制度、政府政策对于市场运行发挥巨大作用，抑或是经济贸易理论中限制贸易、主张政府干预的"幼稚产业保护论"和"国家安全论"[2]，都较为细致地论证了产业政策对于经济发展的重大意义。产业政策是日本政府干预经济的主要手段，这是获得了学界认可的。在推动在华供应链调整的过程中，日本的产业政策无疑扮演了关键角色。

供应链的调整和生产基地的空间分布是产业政策的重要组成部分。而且，面对经济危机时，产业政策是日本政府政策工具中的关键支撑点。从 2020 年全球货物贸易数据来看，贸易总额约为 17.2 万亿美元，比 2019 年下降 7.0%，贸易总量同比也下降了 5.0%，但是，数字经济和绿色经济相关产品的贸易额却不降反升，比如半导体制造设备的贸易额增长了 14.6%，集成电路增长了 12.6%，锂电池增长了 28.4%，电动汽车增长了 45.9%，均显示出新的产业机遇与经济增长点。[3]不仅如此，疫情背景下，各国政府均扩大了经济干预的力度和广度，受其影响，日本政府也认识到，对受疫情影响严重的产业进行财政补贴和产业扶持是必须的，更重要的是还可加速推进全社会的数字化与绿色化转型，实现产业结构的优化升级。[4]日本政府希冀在疫情中寻求变革机遇，加大对前沿科技领域的投入，尤其是聚焦绿色环保与数字技术等重点产业，提高自主创新能力和研

---

[1] ［美］罗伯特·吉尔平：《全球政治经济学：解读国际经济秩序》，杨宇光、杨炯译，上海：上海人民出版社 2006 年版，第 139—140 页。

[2] ［美］N.格里高利·曼昆：《经济学原理：微观经济学分册》（第七版），梁小民、梁砾译，北京：北京大学出版社 2015 年版，第 199—200 页。

[3] 日本貿易振興機構『ジェトロ世界貿易投資報告 2021 年版』、2021 年 7 月 29 日、第 11、14 頁、https://www.jetro.go.jp/ext_images/world/gtir/2021/no1.pdf（2021 年 8 月 11 日访问）。

[4] 経済産業省『通商白書 令和 3 年版』、2021 年 6 月、第 18—20 頁、https://www.meti.go.jp/report/tsuhaku2021/pdf/2021_zentai.pdf（2021 年 8 月 8 日访问）。

发能力，保障上述重点产业的供应链安全。

日本政府极为重视数字技术、绿色环保和新一代通信技术等相关产业的供应链安全。在 2020 年 4 月 7 日日本政府通过的紧急经济政策中，就有专门鼓励海外新能源企业回迁日本、支持本土 5G 基础设施通信产业发展的内容。[1]2020 年 7 月经济产业省发布的《通商白皮书》也提到，政府支持重要行业如汽车、电气和电子设备、高性能材料等建立多元化的供应链体系，同时要加大对包含敏感技术、新兴技术在内的供应链项目的安全审查力度，与盟国合作构筑国内经济的安全体系。[2]2020 年 12 月 4 日，日本首相菅义伟再次强调，遏制新冠疫情、重建经济是日本政府的首要任务，为达成"去碳化社会"与"数字化社会"的愿景，日本政府将设立 2 万亿日元的"环境基金"，并在数字领域投入超过 1 万亿日元经费，支持相关企业对前沿数字、绿色技术的研发应用。[3]实际上，日本在碳中和技术及部分数字产业等领域都有存量优势和技术积淀，以绿色技术相关专利为例，2015—2017 年的 3 年间，日本关于减排技术的专利和知识产权居世界首位，电动汽车及电池相关产业的技术专利优势尤为突出。[4]由此也不难理解东芝、富士电机等企业希望立足日本国内，建立新能源汽车产业相关供应链体系，以及加大对面向未来数字技术、与新能源汽车息息相关的半导体领域的相关投资，以确保供应链安全。[5]

第三，选择与美国等"价值观同盟国"在供应链调整问题上进行深度合作。

［1］内阁府「『新型コロナウイルス感染症緊急経済対策』について」、2020 年 4 月 7 日、第 31、43 頁、https://www5. cao. go. jp/keizai1/keizaitaisaku/2020/20200407 _ taisaku. pdf （2020 年 4 月 18 日访问）。

［2］经济产业省『通商白書　令和 2 年版』、2020 年 7 月、第 307 頁、https://www.meti.go. jp/report/tsuhaku2020/pdf/2020 _ zentai.pdf（2020 年 12 月 26 日访问）。

［3］《日本首相：遏制疫情、重建经济是首要任务》，人民网：http://japan.people.com.cn/n1/ 2020/1205/c35421-31956392.html（2023 年 5 月 30 日访问）。

［4］经济产业省『通商白書　令和 3 年版』、2021 年 6 月、第 174 頁、https://www.meti.go. jp/report/tsuhaku2021/pdf/2021 _ zentai.pdf（2021 年 8 月 8 日访问）。

［5］《日企相继增产电动汽车用功率半导体》，日经中文网：https://cn.nikkei.com/industry/ manufacturing/43138-2020-12-21-05-00-00.html（2021 年 1 月 3 日访问）。

中美战略博弈日趋激烈，美国对华单方面"硬脱钩"，尤其是科技领域"脱钩"，导致全球最主要的两个经济体可能强行分离双方既有的经贸关系和供应链体系，进而冲击现有的国际体系和全球生产供应链。受其影响，后疫情时代的全球供应链格局调整已成定局。需要指出的是，这种"脱钩"既有为了打压对手，保持在全球供应网络体系中的技术优势、层级地位的"主动型脱钩"，也有为了规避"脱钩"，事实上却加快了"脱钩进程"的"被动型脱钩"，"主观"与"客观"脱钩力量的交织，加上新冠疫情的冲击，全球供应链体系的改变将围绕着中美两国展开。[1]而且，中美之间存在结构性矛盾以及美国对华实施战略竞争政策已经是民主、共和两党的普遍共识，即使新任美国总统拜登上台也仍奉行对华科技"脱钩"与联合盟友遏制中国的既定路线。[2]以此为背景，在全球经贸和生产供应链结构中仅次于中美经贸关系的中日经贸关系将成为重要课题。中美经贸科技领域"脱钩"会影响日本的供应链重塑战略，也可能促使日本加大对华科技产业发展的限制措施。

事实上，日本政府对于供应链调整的国际合作已经做出了"价值判断"，制定了与所谓友好国家一起构筑"价值观同盟供应链"的决策姿态。2021 年 5 月 24 日，经济产业省提出了对涉及经济安全保障的对外经济政策进行调整的意见，其中围绕供应链问题表示日本应与美国等友好国家一同协调推进；在针对与中国开展供应链合作的问题上，日本强调要在相关的法律制度框架内进行考量，主要限定为非敏感产业领域的合作。[3]2021 年 6 月，经济产业省发布 2021 年版的《通商白皮书》，其中也提到，在国际经济活动中，对环境和人权等"共同价值观"的关注正在迅速增加，日本有必要顺应这一趋势。[4]显然，后疫情时代的日本供应链政策调整，其国际

---

［1］张宇燕等：《新冠疫情与国际关系》，载《世界经济与政治》2020 年第 4 期，第 6 页。

［2］《聚焦：日本期待拜登政府回归国际协调路线》，共同网：https://china.kyodonews.net/news/2020/11/9c58029d5ad6.html（2020 年 11 月 10 日访问）。

［3］《日本经产省：应与友好国家构建供应链》，日经中文网：https://cn.nikkei.com/politicsaeconomy/economic-policy/44843-2021-05-25-01-34-56.html（2021 年 6 月 9 日访问）。

［4］ 経済産業省『通商白書 令和 3 年版』、2021 年 6 月、第 184 页、https://www.meti.go.jp/report/tsuhaku2021/pdf/2021_zentai.pdf（2021 年 8 月 8 日访问）。

合作对象被限定为美国、欧洲国家以及印度等所谓"民主同盟""共享价值"的友好国家，在日本看来，中国不但不属于该行列，更是日本着手进行供应链调整政策国际合作的主要针对对象。2020 年 12 月，日本自民党政务调查会组织的会议就建议，要着眼于后疫情时代和共同价值观国家合作主导新国际秩序，并强化经济安全保障政策。[1]作为美国"盟友"的日本，已在一些关键的科技产业领域，例如 5G、人工智能等产业上追随美国，对中国的一些产品与贸易投资施加歧视性政策条款，同时酝酿限制在日中国留学生对敏感技术的学习等。[2]日本对于供应链网络过度依赖中国早有忧虑，疫情加速了日本对在华供应链网络的调整；加上近年来中美战略博弈日趋激烈，日本已决心向美国靠拢，在构筑面向未来前沿产业的相关供应链问题上，其"价值取向"日渐清晰，即更多地选择与美国等"价值观同盟国"携手合作，企图协调对华核心产业的供应链调整策略。

三、 后疫情时代日本对华经济外交走势

2021 年 10 月 8 日，日本首相岸田文雄与中国国家主席习近平进行了电话会谈，岸田文雄希望中方在朝鲜问题上给予合作，并提出以日中恢复邦交正常化 50 周年为契机，共同构建富有建设性的、稳定的日中关系。[3]一方面，岸田内阁既存在对华继续开展经济、政治合作的意愿与希望，但同时也对中国的快速发展及中日之间持续扩大的实力差距予以担忧，其发言内容传递出日本在对华问题上采取"对冲性"原则的政策方针。

---

［1］ 自由民主党政务调查会　新国際秩序創造戦略本部「提言『「経済安全保障戦略策定」に向けて』」、2020 年 12 月 22 日、https://www.jimin.jp/news/policy/201021.html（2021 年 8 月 11 日访问）。

［2］「留学生ビザの審査厳格化へ…中国念頭、安保技術を流出防止」、『読売新聞』2020 年 10 月 5 日、https://www.yomiuri.co.jp/politics/20201005-OYT1T50013/（2020 年 12 月 25 日访问）。

［3］ 首相官邸「習中国国家主席及びモディ・インド首相との電話会談等についての会見」、2021 年 10 月 8 日、http://www.kantei.go.jp/jp/100 _ kishida/statement/2021/1008kaiken2.html（2021 年 10 月 20 日访问）。

由于后安倍时代的菅义伟及岸田文雄领导的日本政府在对华政策上更为强调"对冲性"的战略方针，且日本国内保守主义政治势力更倾向于"联美制华"的政策取向，所以中短期内日本对华经济外交亦将凸显较多的竞争主义色彩。以产业链、供应链合作为例，"有限合作型"的新发展模式或许代表了中日经济合作的大致方向，尤其是在芯片及半导体等涉及关键技术的产业合作领域中。

以此为前提，日本在对华供应链合作的前景层面至少存在三种可能的局面。

第一，日本选择深化和加强中日供应链合作的深度和广度，建立"紧密协作型"的中日供应链合作模式。在这种情形下，中日之间将保持和深入推进覆盖东亚，乃至全球的镶嵌型、耦合式供应链合作网络，夯实中日两国的经济合作基础，这将有利于进一步推进中日牵引下的东亚区域经济合作，助力中日韩自由贸易协定等更高水平的亚太区域内经济协定早日签订落实，共建东亚经济命运共同体。

第二，日本选择"有限合作型"的中日供应链合作与竞争模式。即主动达成与美国等盟国或准盟国在一些高端产业上的供应链深度合作，形成所谓"共享价值观"的供应链联盟；与此同时，在数字技术、移动通信、先进半导体等尖端科技领域调整与中国的既有供应链合作。其政策核心是重点支持日本数字技术和绿色节能等发展潜力巨大的产业快速成长、壮大，构建本土化、多元化的供应链体系，甚至不排除在一些尖端技术、高端产业上对华设限、限供或断供的可能。但在中低端产业或敏感度较低的产业领域，仍奉行对华合作，继续把握中国经济快速增长的发展红利与商业机会，在不同层次和维度上实行竞争与合作相协调的供应链调整战略，意图构筑一种复合型、交叉式、多元化的东亚供应链网络。

第三，建立独立于中国的新供应链体系，制定"全面制衡型"的中日供应链竞争模式。这种情形下，中日供应链分工模式更多的将是分离型、对抗式的，两国的商业竞争将大于相互合作，这可能会引致中日、中美之间彻底陷入经济对峙，甚至导致全球范围内出现两个或多个恶性竞争或相互排挤的平行市场，全球供应链体系加速分散化、碎片化。

另一方面，日本在考量后疫情时代涉及日本的供应链分工体系问题上，至少存在经济、安全与价值观取向三个维度上的平衡与取舍。在日本看来，"紧密协作型"的合作模式尽管从长远看可以获得较大的经济收益，但在安全与价值判断两个层面上都无法符合其国家利益，而且，随着中日综合国力差距日渐拉大，日本丧失战略自主性和沦为中国"经济附庸"的可能性也就越大，这也是日本政府一再强调面向"志同道合的国家"构筑后疫情时代的供应链网络，以及加入美国所主导的"供应链联盟"的原因所在。而"全面制衡型"的合作模式将给日本经济产业界，尤其是对华贸易投资领域带来近乎毁灭性的打击，同时也会恶化中日各领域的双边关系，加剧地区紧张局势，这同样也不符合日本的国家利益。基于此，并鉴于菅内阁及岸田内阁所推出的一系列官方表态和政策措施，可以判定，日本基本会在后疫情时代选择"有限合作型"的中日供应链合作模式。

当然，上述产业链调整只反映了日本对华经济外交的一个侧面，整体上在后安倍时代中日关系陷入了"政冷经凉"的不佳状态。但由于中日经济发展的长时间积累，以及在疫情期间所展示出的较好韧性，中日经济总体上仍保持着较为稳定的发展状态。2021年，中日两国的疫情得以控制，贸易额大幅上升。商务部亚洲司公布的数据显示，2021年中日贸易总额攀升至3 714亿美元，创造历史新纪录，同比增长了17.1%，其中，中国对日出口1 658.5亿美元，同比增长16.3%；中国自日本进口2 055.5亿美元，同比增长17.7%。[1]贸易数据的飙升展现出中日经济基本面的稳定及内在韧性，也凸显经济作为中日关系"压舱石"的重要作用。

此外，在日本对外投资上，受疫情及日本政策的影响，日本对华投资呈下降趋势，日企在华扩张的意愿也呈现出一定的波动。2021年的日本对

---

[1] 商务部亚洲司：《2021年1—12月中国与亚洲国家（地区）贸易统计》，2022年3月15日，http://yzs.mofcom.gov.cn/article/date/202203/20220303285584.shtml（2022年6月25日访问）。

华投资额占对亚洲直接投资的 20.5%，而新加坡占比 36.9%。[1]这一趋势早在 2018 年就已现端倪，2018 年日本对新加坡的投资超过对中国的投资，新加坡随即成为日本在亚洲的最大投资目的地国家。2018—2021 年基本保持这一趋势（2020 年是例外），这也体现出日本投资布局和投资重心的显著变化。在中国对日投资上，虽然数据有一定的波动，但是投资流量整体上高于 2018 年之前的水平。此外，对日本而言，吸引外资依然是日本增长战略的重要内容[2]，且日本于 2021 年出台《对日直接投资促进战略》，并提出 2030 年外资直接投资存量达 80 万亿日元的战略目标[3]；中国作为一个崛起的经济大国，在对日投资方面有着巨大潜力，日本自然希望中国加大对日投资，并拉动日本经济的复苏与增长。

另一方面，后安倍时代日本对华政治却变得愈发强硬，尤其是扩大并提升了安全因素在中日关系发展中的实质性影响。2021 年 12 月 6 日，日本首相岸田文雄在第 207 届国会发表就职演说，在对华关系方面强调"对中国坚持应该坚持的主张，切实呼吁中国采取负责任的行动，同时，围绕共通的课题开展合作，力争构筑既具建设性又稳定的关系"[4]。一个月之后的 2022 年 1 月 17 日，岸田文雄又在第 208 届国会发表施政演说，这也是岸田文雄自 2021 年 10 月担任日本首相以来发表的首次施政演说，其中强调"经济安保"是刻不容缓的课题，是新资本主义的重要支柱，为此，将依据新的法律，针对供应链强韧化的支援，电力、通信、金融等基础设施中的重要设备及系统的事前安全性审查制度，涉及安保的微小发明专利的非公

---

[1] 参见日本贸易振兴機構统计数据：https://www.jetro.go.jp/world/japan/stats/fdi.html（2022 年 6 月 11 日访问）。

[2] 刘红、郑晨笛：《新冠疫情与中国企业对日直接投资：现状与展望》，载张季风主编：《日本经济与中日经贸关系研究报告（2021）》，北京：社会科学文献出版社 2021 年版，第 209 页。

[3] 经济产業省「对内直接投资促进に係る施策情報」，https://www.meti.go.jp/policy/investment/5references/siryo_06.html（2022 年 6 月 11 日访问）。

[4] 首相官邸「第二百七回国会における岸田内閣総理大臣所信表明演説」、2021 年 12 月 6 日、https://www.kantei.go.jp/jp/101_kishida/statement/2021/1206shoshinhyomei.html（2021 年 12 月 9 日访问）。

开制度等进行整顿，同时支持半导体制造工厂的设备投资，及 AI、量子、生物、生命科学、光通信、宇宙、海洋等领域官方和民间的研究开发投资；在对华关系方面，岸田文雄再度重申该主张的就要主张，强烈要求中国采取负责任的行动，与此同时，他将与中国就包括诸多待解决的问题在内的话题进行认真对话，以合作解决共同的问题；2022 年是中日邦交正常化50 周年，日本将以此为前提，构建起建设性的、稳定的中日关系。[1]

2021 年 5 月 11 日，日本国会参议院全体会议通过了《经济安全保障推进法》，至此，该法正式成立并进入实施阶段。由此，"经济安保法"为日本政府干预市场经济活动提供更多的"合法"及"合理"的解释。极为突出的是，这一版本的"经济安保法"放大了日本首相作为施政一把手的权限，给予其充分的命令权和调查权，并要求各级行政部门必须积极配合并严格服从首相为确保国家经济安全而提出的相关指示和任务布置。不仅如此，实施"经济安保法"的两大基本目标，即两个"确保"原则格外引人注目，它们是：（1）确保特定重要物资的稳定供给；（2）确保特定社会基础性劳务的稳定提供。尽管法律文本中并没有就"特定重要物资"做具体的描述或限定，但就目前日本政界及经济界普遍关心的物资对象来看，半导体及芯片、稀土等稀缺资源性商品均将被视为其中的基本构成，未来相关商品的进出口贸易及内外生产等也必将受到日本政府的严格管控与限制。另一方面，在"特定社会基础性劳务"方面，"经济安保法"文本中专门详细列举了电力、煤气、石油储备、自来水、铁路、货物运输、海上运输、航空、机场、通信、广播电视、邮政、金融、零售等 14 个细分行业，基本

---

[1] 除此之外，岸田文雄首相还提出要构建一个"后疫情时代的新日本"；经济重启的关键在于实现"新资本主义"；实现"数字化田园城市国家构想"；外交方面，岸田强调将展开"新时代现实主义外交"（新時代リアリズム外交），其中最为核心的支撑就是重视自由、民主主义、人权、法制等普遍价值及原则；日美同盟作为日本外交和安保的基础，需要进一步强化其遏制力和应对能力，引导其向有助于地区和平与繁荣、国际社会发展的同盟关系的大方向发展。具体内容参见首相官邸「第二百八回国会における岸田内閣総理大臣施政方針演説」、2022 年 1 月 17 日、http://www.kantei.go.jp/jp/101 _ kishida/statement/2022/0117shiseihoshin.html（2022 年 1 月 18 日访问）。

涵盖了宏观经济运营的所有基础性行业，也与日本普通民众日常生活息息相关。由是观之，未来日本政府管理或介入宏观经济运行的合法性将进一步提升，并且，这种介入或许会是全面性的，将渗透至日本经济的各条"经脉"及"毛细血管"，并最终产生集聚效应。鉴于此，这一法律的实施必将对未来日中经济关系产生重大影响。

此后，日本首相岸田文雄在公开场合的发言中也曾出现指责中国的情况，对华存有极大的挑衅性，也显现出极大的对华"非友好性"特征。应该说，岸田文雄这些表态所反映的，并不仅仅是他领导的日本政府对华政策的基本思维范式，更是日本国内主流保守主义政治在对华问题上的基本思考路径，对中日关系的中长期健康发展构成极大的挑战与危害。

综上所述，后安倍时代日本在对华经济外交问题上将秉持"对冲"的战略性原则，在特定领域或特定方面稳定中日经济关系的同时，在部分领域扩大对华竞争的广度与力度，并依托美国等所谓"志同道合"的国家的联盟，实施对华制衡战略。

结　语

总体而言，本书围绕着"一个主轴"，即冷战后日本对华经济外交战略这一主题展开，既侧重于分析各个历史阶段这一战略的内容构成与外在表现等，更注重阶段性战略之间的内在联系与相互影响，详细地描绘出冷战后日本这一战略环环相扣的历史发展轨迹。

不仅如此，本书注重"两个目标结合"的研究方法，即冷战后日本国家发展的目标定位就是尽早实现经济复苏、维持世界经济强国地位和实现全球政治大国的战略抱负，其经济外交战略符合且服务于上述两大目标定位，并尽可能将二者有机结合，以实现两全。

本书还将研究对象用清晰的时间脉络划分为"三个阶段"，即20世纪90年代前后的约10年时间、21世纪的前10年左右时间，以及日本民主党上台后到岸田文雄执政时期，这三个阶段的划分可以让我们一目了然地观察日本经济外交战略及中日关系等研究对象在表象上的变化轨迹及走势，也使我们从多个易于层次阐述"中国因素"在不同阶段的客观影响与积极作用。

在具体分析各个时间段日本经济外交政策时，诚如周永生所述，日本经济外交的运行机制受到横向和纵向这两大维度、双重机制的约束：（1）横向制约机制是指"在同一时点层面上，经济外交政策制定和实施不仅受到外交各部门及政府其他职能部门的制约，还要受到财界、政党、社会舆论、外国压力等非政府部门的制约"；（2）纵向制约机制涵盖国力制约，本国主导的意识形态、社会性质和政治体制的制约，世界政治、经济、军事等国际格局的制约，本国周边环境的制约，世界发展新潮流的制约等。[1]鉴于此，本书在分析过程中，充分融入了包括历任首相在内的日本重要政治人物的主要发言内容及思想动态、主流政治评论家及学者的主要论述与观点、媒体及民众对特定事件的反应、美国等西方国家及政治势力施加的外部压力等信息，在此基础上，本书更为注重中日两国综合国力及经济实力的动态对比、世界政治经济体制的结构性嬗变、区域经济合作的趋势性变化等客观因素的变动，希望以全景式的画面来具体呈现冷战后日本对华经济外交政策的动态演变过程及内涵所在。

另一方面，诚如笔者在第一章中对"经济外交"重新定义的那样，经济外交是当今社会一国开展对外交往的主要形式之一，以服务国家发展战略为基本前提，以谋求政治、经济、军事等广义的国家利益为根本目标，以援助、制裁、扩大或深化合作等为代表的、非暴力性经济手段为实现方式，其实施的核心主体必定是政府，部分符合国家战略意志的企业、民间资本、社会组织及团体等也是一国实施经济外交的行为体构成。有鉴于此，冷战后日本对华经济外交的最终目标是服务其国家发展战略，而其国家发展战略可以被简单地归纳为成为全球性的经济强国与政治大国这两大核心目标。尽管如此，冷战已结束30多年了，日本对华经济外交在总体特征、表现形式、战略目标、内在逻辑等方面却发生了诸多变化，呈现出鲜明的阶段性特征。

具体而言，在20世纪90年代，即冷战后约10年内，日本对华经济外交呈现"扩张性"的总体特征。由于这一时期日本较中国仍具有相当大的经济发展优势，且凭借着先进的技术创新力和雄厚的资本实力，日本叠加式地扩大对华经济合作，并借助"以经促政"的方式，巧妙利用经济杠杆来撬动中日政治关系的稳定与发展。由此，这一阶段的中日关系总体呈现"政暖经热"的特征。

进入21世纪，保守派政治领袖——小泉纯一郎成为"日本丸"的掌舵

---

[1]　周永生：《经济外交》，北京：中国青年出版社2004年版，第162—175页。

人。小泉纯一郎连年参拜靖国神社且日方在历史教科书问题上屡犯严重错误，引致中方的强烈抗议，中日政治交流也因此几乎陷入停滞状态，政治关系不进反退。2006 年 9 月安倍晋三接任日本首相，中日关系在经历了"破冰""融冰""暖春""迎春"等四次重要的领导人互访之后，终于迎来了一波阶段性高潮，而这一波双边关系的回暖一直持续到民主党党首鸠山由纪夫担任日本首相时期。在这一阶段，中日之间的经济差距逐渐缩小，日本对华的经济发展优势日渐式微，逐步向"中强日弱"的新战略格局演进，促使日本在对华经济合作问题上态度更为务实，尤其是在促进区域经济一体化、贸易便利化建设方面，日本更希望能够得到中方的全力支持，其中，鸠山内阁所提出的构建"东亚共同体"畅想以及其对中国的积极政策游说就是最具代表性的案例之一。不仅如此，由于综合国力及经济实力的稳步上升，中国在地区及全球政治经济事务中的影响力亦随之提升，鉴于此，日本也更多地希望中国能在"入常"、朝鲜问题等关系其国家安全及国家战略的重要议题上予以支持和帮助，从这一层面来看，这一时期日本对华经济外交就被赋予了更多的含义与期待。

2010 年 9 月，"9·7撞船事件"发生，这也成为中日关系"由暖转冷"的分水岭。之后，受敏感的领土问题的制约，中日关系急转直下，双边关系直接降至恢复邦交正常化之后的历史冰点。2012 年 12 月，安倍晋三第二次出任日本首相，但这一任期的起步阶段，他并没有延续其第一次担任首相期间对华相对友好的政治态度，而是选择了对华强硬对抗的基本路线，并实施"对冲性"对华政策方针，意图制衡中国持续上升的综合国力及政治经济影响力，并尽可能地缩小中日之间客观的实力差距，其突出表现之一就是针对中国国家主席习近平所提出的"一带一路"倡议采取了抵触、回避的战略态度。之后，由于日本国内经济发展的战略需要及全球形势发展的客观制约，安倍内阁在 2014 年之后开始正式寻求对华关系的转圜，中方也向其伸出了友好之手。不仅如此，在两国最高领导人习近平和安倍晋三频繁政治互动（"习安会"）的引领下，中日政治经济关系开始逐渐复苏、回暖并"重回正轨"。2020 年初，新冠疫情暴发，全球政治经济发展遭遇重大挑战。日本在国内保守主义政治势力的裹挟下，对华态度发生骤变，并试图通过重构海外产业链、供应链的战略布局，构筑起与美欧等国紧密合作的、以尖端技术为基础性支撑的、"去中国化"的新型产业链、供应链体系，以此来制衡中国持续增长的综合国力与经济竞争力。总体来看，这一阶段的10多年时间里，日本对华经济外交呈现出"对冲性"的显著特征，中日关系出现了较大幅度波动，显现出"政冷经凉"的基本走向，这给未来中日关系的稳定发展带来了一定的不确定性。

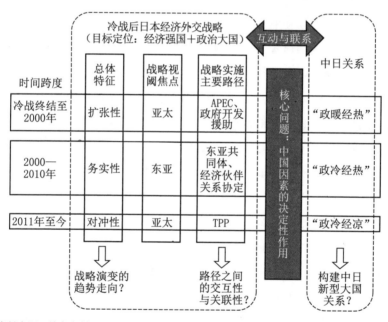

资料来源：笔者自制。

图5.1　冷战后日本经济外交战略与中日关系的互动与联系

此外，本书还凸显了两个方面的创新性亮点。

第一，本书厘清了多个层面的发展脉络，如冷战后日本对华经济外交战略呈现"扩张性—务实性—对冲性"的特征演变，不仅如此，日本对华政策态度亦同步性地表现出"利用＋合作""合作＋竞争""竞争＋制衡"的阶段性特征。这些观点创新有助于从宏观视角梳理日本国家战略及对外战略的发展趋势与方向，为战略性预判与政策建议提供了重要参考。

第二，本书将"中国因素"视为影响，甚至是决定冷战后日本外交战略，尤其是经济外交战略嬗变的核心变量，并以此为基础，对冷战后日本经济外交及对外关系演变进程做全面、详细的检视与分析，进而预判其未来的客观趋势与潜在影响。

随着"安全"理念的泛化，"经济安全"的新概念逐渐浮出水面，也逐步融入日本的对内及对外经济政策，甚至成为日本对外开展经济外交的制约性要素之一。

值得强调的是，2022 年 5 月 11 日日本国会参议院全体会议通过了"经济安保法"，由此，该法案正式成立并将分阶段实施。通过对"经济安保法"的解读，我们不难发现以下三种趋势。

第一，"经济安保法"为日本政府干预市场经济活动提供了更多"合法"及"合理"的解释。极为突出的是，这一版本的"经济安保法"放大了内阁总理大臣，即首相作为施政一把手的权限，给予其充分的命令权和调查权，并要求各级行政部门必须积极配合并严格服从首相为确保国家经济安全而提出的相关指示和任务布置。不仅如此，作为提交日本国会审议的主要理由之一，实施"经济安保法"的两大基本目标，即两个"确保"原则格外引人注目：（1）确保特定重要物资的稳定供给；（2）确保特定社会基础性劳务的稳定提供。尽管法律文本中并没有就"特定重要物资"做具体的描述或限定，但就目前日本政界及经济界普遍关心的物资对象来看，半导体及芯片、稀土等稀缺资源或商品均将被视为其中的基本构成，未来相关商品的进出口贸易及内外生产等也必将受到日本政府的严格管控与限制。另一方面，在涉及"特定社会基础性劳务"方面，"经济安保法"文本中专门详细列举了电力、煤气、石油储备、自来水、铁路、货物运输、海上运输、航空、机场、通信、广播电视、邮政、金融、零售等14 个细分行业，基本涵盖了宏观经济运营的所有基础性行业，也与日本普通民众日常生活息息相关。由是观之，未来日本政府管理或介入宏观经济运行的合法性将进一步提升，并且，这种介入或许会是全面性的，将渗透至日本经济的各条经脉及毛细血管，并最终产生集聚效应。

第二，日本海外产业链、供应链的重新布局与调整将呈现加速化发展趋势。犹如"经济安保法"所呈现的，未来日本政府干预国内产业发展的力度与强度将会进一步提升，这势必会引发"蝴蝶效应"，促使日企的海外工厂及生产基地等进入重新布局的加速期。这一变化将呈现出两种明显的趋势：一是包括半导体设计及研发等在内的高新技术产业将加速向日本本土回归，同时日本将通过积极的引入外资等促进政策，形成在这一领域的新技术竞争优势与生产优势；二是海外生产基地将会向生产成本较低的地区加速转移，在降低生产成本、提升产成品整体竞争力的同时，积极开发新市场，创造新经济收益。

这里需要指出的是，当前全球产业链调整正受到两种不同力量的驱动，一是市场，二是意识形态。如果是以市场原则为基本考量，合理安排产业链、供应链的结构分布等是可以理解并接受的，这符合全球经济一体化发展的方向与趋势，也有助于为全球社会创造更多福祉。但是，以意识形态竞争为口实的供应链调整却是不容允许的，也是不容小觑的，它不仅无益于特定产业中长期的合理规划和发展，无益于全球经济复苏，更无益于人类社会的技术进步与文明共享。

第三，"经济安保法"的通过与实施凸显日本社会保守化加剧发展的客观现实。总体来看，相较于日本国会审议的其他重要法案而言，"经济安保法"从设想提出到法案编制，再到国会审议及最终通过成立，所用的时间较短，并且"经济安保法"在日本国会众、参两院及社会层面也没有遭遇任何有力的反对和阻拦。换言之，日本政界及社会大众在这一法律问题上形成了高度的意见统一。当然，其中的主要原因之一就是"经济安保法"直接将"经济发展"与"国家安全"相挂钩，且安全问题更容易引起更多普通民众的"爱国热情"和共同认知。但是，这一问题背后的实质却是日本社会整体对外交流合作的意愿与积极性均在持续衰减，社会"内卷化"的发展趋势日益显著，而且，为了确保所谓绝对的"经济安全"，日本正在主动放弃许多对外交流合作的重要机遇，并竭力用僵化的"小圈子"思维模式来约束、限制其广阔的发展、进步空间。这显然是不合适的,也与其积极倡导的"平成开国"的战略理念相违背。

综上所述,"经济安保法"的通过与实施必将对日本未来产业链、供应链布局产生深邃影响,而"特定重要物资"和"特定社会基础性劳务"将成为其中的两大关键性议题,我们需要对此加以密切关注。不仅如此,随着"经济安保法"的逐步推进与落实,日本经济外交的传统范式或许也将发生一系列剧变,这就为接下来的研究提出了新课题与新挑战,即如何将安全因素融入传统的日本经济外交研究问题,并系统性地总结出日本对外实施经济外交的战略新目标的结构组成与相互关系等,同时客观归纳出这种因应而变对中日关系所产生的直接影响和间接影响。这或许是未来研究的主要突破方向,总之,让我们拭目以待。

参考文献

中文著作、译著

［日］浜野洁等：《日本经济史：1600—2015》，彭曦等译，南京：南京大学出版社 2018 年版。

［日］北冈伸一：《日本政治史：外交与权力》，王保田、权晓菁、梁作丽、李健雄译，南京：南京大学出版社 2014 年版。

［美］露丝·本尼狄克特：《菊与刀》，北塔译，上海：上海三联书店 2007 年版。

蔡亮：《日本 TPP 战略研究》，北京：时事出版社 2016 年版。

陈友骏：《日本政府的经济政策研究》，北京：世界知识出版社 2016 年版。

程永明：《日本企业"走出去"战略中的协同支持体系研究》，北京：人民出版社 2022 年版。

［日］大前研一：《应对中国：日本经济对策》，郑礼琼译，青岛：青岛出版社 2010 年版。

丁敏：《日本产业结构研究》，北京：世界知识出版社 2006 年版。

［日］都留重人：《日本经济奇迹的终结》，马成三译，北京：商务印书馆 1979 年版。

樊勇明、贺平、黄河：《贸易摩擦与大国关系》，上海：上海人民出版社 2011 年版。

范纯：《法律视野下的日本式经济体制》，北京：法律出版社 2006 年版。

［美］傅高义：《日本第一：对美国的启示》，谷英、张柯、丹柳译，上海：上海译文出版社 2016 年版。

［美］高柏：《经济意识形态与日本产业政策：1931—1965 年的发展主义》，安佳译，上海：上海人民出版社 2008 年版。

高兰：《冷战后美日海权同盟战略：内涵、特征、影响》，上海：上海人民出版社 2018 年版。

高伟凯：《自由贸易与国家利益》，北京：中国社会科学出版社 2010 年版。

郭锐：《东亚地缘格局的新变迁与中国的复合型大国战略构想》，北京：世界知识出版社 2020 年版。

郭炤烈：《日本的起飞与选择》，上海：上海人民出版社 1993 年版。

何中顺：《新时期中国经济外交理论与实践》，北京：时事出版社 2007 年版。

贺平：《贸易政治学研究》，上海：上海人民出版社 2013 年版。

黄亚南：《安倍经济学：豪赌日本未来》，北京：东方出版社 2013 年版。

［美］基辛格：《世界秩序》，胡利平译，北京：中信出版社 2015 年版。

［日］吉田茂：《回想十年》，徐英东、田葳译，哈尔滨：北方文艺出版社 2019 年版。

李海燕：《回望平成时代的日本经济》，北京：中国金融出版社 2020 年版。

李海英：《日本国会选举》，北京：世界知识出版社 2009 年版。

李秀石：《日本新保守主义战略研究》，北京：时事出版社 2010 年版。

李莹：《日本战后保守政治体制研究》，北京：世界知识出版社 2008 年版。

廉德瑰：《日本的海洋国家意识》，北京：时事出版社 2012 年版。

林尚立：《日本政党政治》，上海：上海人民出版社 2016 年版。

林晓光：《日本政府开发援助与中日关系》，北京：世界知识出版社 2003 年版。

刘建飞、林晓光：《21 世纪初期的中美日战略关系》，北京：中共中央党校出版社 2002 年版。

刘江永、王新生：《战后日本政治思潮与中日关系》，北京：人民出版社 2013 年版。

刘轩：《日本经济转型与治理变革论》，南京：江苏人民出版社 2019 年版。

马文秀：《日美贸易摩擦与日本产业结构调整》，北京：人民出版社 2010 年版。

欧阳峣：《大国综合优势》，上海：格致出版社 2010 年版。

潘忠岐：《国际政治学理论解析》，上海：上海人民出版社 2015 年版。

［日］辻清明：《日本官僚制研究》，王仲涛译，北京：商务印书馆 2013 年版。

乔林生：《民主的危机：日本"世袭政治"研究》，天津：天津人民出版社 2018 年版。

任景波、杜军：《日本经济战略转型与对策》，北京：经济日报出版社 2014 年版。

任晓、胡永诰：《中美日三边关系》，杭州：浙江人民出版社 2002 年版。

［日］三木谷浩史、三木谷良一：《日本经济如何走出迷失？》，熊祥译，北京：中信出版社 2019 年版。

申恩威：《中日贸易关系发展：机遇、挑战与对策》，北京：社会科学文献出版社 2014 年版。

盛邦和：《内核与外缘——中日文化论》，上海：学林出版社 1988 年版。

史桂芳：《战后中日关系：1945—2003 年》，北京：当代世界出版社 2005 年版。

苏杭：《日本中小企业发展与中小企业政策》，北京：中国社会科学出版社 2008 年版。

孙政：《战后日本新国家主义研究》，北京：人民出版社 2005 年版。

［日］藤原洋：《第四次工业革命》，李斌瑛译，北京：东方出版社 2015 年版。

［日］添谷芳秀：《日本的"中等国家"外交：战后日本的选择和构想》，李成日译，北京：社会科学文献出版社 2015 年版。

王广涛：《冷战后日本的国内政治与对外政策》，上海：上海人民出版社 2019 年版。

吴寄南：《新世纪日本对外战略研究》，北京：时事出版社 2010 年版。

［日］狭间直树：《日本早期的亚洲主义》，张雯译，北京：北京大学出版社 2017 年版。

徐万胜等：《战后日本政治》，天津：南开大学出版社 2009 年版。

杨栋梁：《日本后发型资本主义经济政策研究》，北京：中华书局 2007 年版。

杨洁勉：《中国特色大国外交的理论探索和实践创新》，北京：世界知识出版社 2019 年版。

杨振亚：《出使东瀛》，上海：上海辞书出版社 2007 年版。

尹晓亮：《战后日本能源安全保障研究》，南京：江苏人民出版社 2019 年版。

张才国：《新自由主义意识形态》，北京：中央编译出版社 2007 年版。

张广宇：《冷战后日本的新保守主义与政治右倾化》，北京：北京大学出版社 2005 年版。

张季风：《日本经济概论》，北京：中国社会科学出版社 2009 年版。

张磊：《全球价值链下的国际贸易统计》，上海：上海人民出版社 2015 年版。

张平：《全球价值链分工与中国制造业成长》，北京：经济管理出版社 2014 年版。

张学斌：《经济外交》，北京：北京大学出版社 2003 年版。

张玉来：《日本经济产业解析：改革、创新与演进》，南京：江苏人民出版社 2019 年版。

周冬霖：《日本对华无偿援助实录》，北京：社会科学文献出版社 2005 年版。

周永生：《经济外交》，北京：中国青年出版社 2004 年版。

周宇等：《中国对外货币开放新格局》，上海：上海社会科学院出版社 2016 年版。

中文论文、研究报告、新闻报道

安成日、蒋利龙：《日本"新安保法案"及其对中日关系的影响》，载《国际观察》2016 年第 3 期，第 131—143 页。

安志达：《建立中日韩全面经济合作的制度性安排》，载《亚太经济》2003 年第 6 期，第 39—42 页。

巴殿君、沈和：《日本海洋安全战略模式的历史演变与内在逻辑》，载《东北亚论坛》 2017 年第 6 期，第 15—24 页。

白如纯：《"一带一路"背景下日本对大湄公河次区域的经济外交》，载《东北亚学刊》 2016 年第 3 期，第 32—38 页。

包霞琴、吴文龙：《日本防卫计划大纲的新变化与中日关系》，载《复旦国际关系评论》 2012 年，第 167—185 页。

毕世鸿：《"印太战略"视域下的日本对东盟外交》，载《和平与发展》2021 年第 5 期，第 86—103 页。

蔡亮：《安倍对华"政经分离"政策浅析》，载《日本学刊》2014 年第 3 期，第 36—53 页。

蔡拓：《当代中国国际定位的若干思考》，载《中国社会科学》2010 年第 5 期，第 121— 136 页。

常思纯：《日本在"一带一路"沿线的投资格局及对华影响》，载《东北亚学刊》2016 年第 3 期，第 39—45 页。

陈邦瑜、韦红：《美澳印"印太"战略构想的异同与中国的应对》，载《社会主义研究》 2015 年第 6 期，第 147—154 页。

陈江生：《中日经济实力地位比较及发展趋势》，载《现代国际关系》2007 年第 4 期，第 39—43 页。

陈李莉：《中日两国产业内贸易及其影响因素分析》，载《亚太经济》2006 年第 5 期，第 72—75 页。

陈祥：《日本半导体国家战略及其创新领域探析》，载《现代日本经济》2021 年第 5 期，第 41—53 页。

陈小鼎、刘丰：《结构现实主义外交政策理论的构建与拓展：兼论对理解中国外交政策的启示》，载《当代亚太》2012 年第 5 期，第 56—79 页。

陈秀武：《20 世纪 90 年代以来日本海洋思想的变迁》，载《日本问题研究》2018 年第 3 期，第 65—72 页。

陈友骏：《日本参与全球数字经济治理的构想与实践》，载《日本学刊》2020 年第 4 期，第 32—58 页。

陈志恒、孙世豪：《日本经济安全保障战略新动向及其对华影响》，载《亚太经济》2022 年第 6 期，第 75—82 页。

陈庄：《新形势下的中日经济关系》，载《现代日本经济》1993 年第 4 期，第 37—39 页。

陈作章：《日元升值和国际金融危机对日本经济的影响》，载《日本研究》2011 年第 2 期，第 40—44 页。

程绍海：《亚洲经济危机与欧元启动中的中日贸易》，载《现代日本经济》2000 年第 3 期，第 15—18 页。

程蕴：《日本"印太战略构想"推进过程中的"中心化"与"去中心化"》，载《日本学刊》 2021 年第 5 期，第 87—108 页。

初晓波：《日本地区研究的论争与发展》，载《国际政治研究》2018 年第 5 期，第 50—

64 页。

崔健：《日本引进外国直接投资与经济结构改革》，载《现代日本经济》2005 年第 5 期，第 1—5 页。

崔世广：《战后日本社会思潮的结构解析》，载《日本研究》2008 年第 1 期，第 12—16 页。

崔万田、战岐林：《"政冷"视野下的中日经济关系》，载《世界经济与政治论坛》2007 年第 1 期，第 20—27 页。

崔岩：《亚洲开发合作转型中的中国与日本——基于日本 ODA、中国"一带一路"构想的视角》，载《日本学刊》2016 年第 2 期，第 91—106 页。

［日］大矢根聪：《战后日本经济外交路线的演变》，李璇夏译，载《日本学刊》2023 年第 1 期，第 1—32 页。

丁斗：《中日经济关系的相互依存及其敏感性问题》，载《太平洋学报》2005 年第 7 期，第 47—53 页。

丁磊：《"东亚共同体"与"中国东亚主义"》，载《山东社会科学》2006 年第 4 期，第 36、134—140 页。

丁曼：《日本经济安全保障立法的时代动因与"产业政策"特征》，载《现代日本经济》2022 年第 3 期，第 1—13 页。

杜传忠、杜新建：《第四次工业革命背景下全球价值链重构对我国的影响及对策》，载《经济纵横》2017 年第 4 期，第 110—115 页。

杜哲元：《日本海：中国对日地缘战略新转向》，载《太平洋学报》2015 年第 1 期，第 90—98 页。

段廷志、冯梁：《日本海洋安全战略：历史演变与现实影响》，载《世界经济与政治论坛》2011 年第 1 期，第 69—81 页。

樊勇明：《扩大战略互惠发展中日友好》，载《日本学刊》2007 年第 2 期，第 16—25 页。

方长平：《东亚一体化与中国的东亚战略》，载《现代国际关系》2011 年第 2 期，第 35—40 页。

方连庆：《邦交正常化以来的中日经贸关系》，载《国际政治研究》2002 年第 4 期，第 9—17 页。

冯昭奎：《中日关系的辩证解析》，载《日本学刊》2015 年第 1 期，第 1—24 页。

［美］傅高义、卢昊：《从历史记忆和相互认知出发：避免中日冲突》，载《日本学刊》2014 年第 1 期，第 16—20 页。

傅钧文：《中国加入 WTO 以来中日国际分工格局的变化：以汽车及其零部件产业内贸易为例》，载《世界经济研究》2011 年第 11 期，第 3—7 页。

甘睿森、陈志恒：《中日经贸发展现状及其面临的机遇与挑战》，载《日本研究》2016 年第 3 期，第 58—62 页。

高程：《从中国经济外交转型的视角看"一带一路"的战略性》，载《国际观察》2015 年第 4 期，第 35—48 页。

高宏久：《中日关系现状与中国的战略选择》，载《世界经济与政治论坛》2004 年第 6 期，第 70—72 页。

高洪：《新时代的中日关系：核心内涵、主要途径》，载《日本学刊》2020 年第 1 期，第 1—12 页。

高晓梅：《日本、美国、东盟的亚太战略》，载《亚太经济》1997 年第 4 期，第 5—9 页。

高永泽：《美国亚太"再平衡"战略中的三边困境：在盟国与中国间寻求适当平衡?》，载《国际论坛》2015 年第 2 期，第 20—26 页。

葛建华：《经济安全视阈下日本确保核心行业安全的途径和方法》，载《日本研究》2022 年第 3 期，第 54—63 页。

辜岚：《从货币传导机制看日本货币政策的失效》，载《世界经济研究》2004 年第 11 期，第 35—41 页。

顾宝志、郑梦婷、李卓宇：《"印太经济框架"对我国影响及应对建议》，载《国际贸易》2022 年第 10 期，第 77—86 页。

归泳涛：《日本学界对美国的认知变化及政策构想》，载《国际政治研究》2015 年第 6 期，第 11—31 页。

郭春生：《试析中日俄三角关系》，载《国际问题研究》2005 年第 2 期，第 11—14 页。

郭丽：《金融危机影响下日本对亚洲经济合作新战略》，载《亚太经济》2011 年第 5 期，第 14—16 页。

郭锐：《中日关于东亚经济合作的战略定位、模式选择及制约因素》，载《现代日本经济》2017 年第 6 期，第 12—21 页。

韩玉贵、马伟涛：《新时期日本新保守主义的发展及对中日关系的影响》，载《南京师大学报（社会科学版）》2005 年第 2 期，第 57—61 页。

何兰：《日本对华战略与中日关系走向》，载《现代国际关系》2007 年第 12 期，第 30—32 页。

何晓松：《日本两大保守政党制的流变：日本的新保守主义集权》，载《世界经济与政治论坛》2009 年第 2 期，第 40—43 页。

何一鸣：《日本的能源战略体系》，载《现代日本经济》2004 年第 1 期，第 50—54 页。

何英莺：《从日本 ODA 政策的调整看日本外交战略的变化》，载《太平洋学报》2004 年第 12 期，第 88—96 页。

贺平：《后安倍时代的日本经济外交》，载《日本学刊》2020 年第 5 期，第 13—15 页。

侯力、秦熠群：《日本工业化的特点及启示》，载《现代日本经济》2005 年第 4 期，第 35—40 页。

胡令远、王高阳：《中日和解的缺失：一种地区安全结构的解释》，载《东北亚论坛》2016 年第 6 期，第 16—25 页。

胡澎：《日本"官民协作"的危机治理模式及其启示》，载《日本学刊》2020 年第 2 期，第 7—11 页。

华桂萍：《21 世纪以来中日外交关系的困境与抉择》，载《华东师范大学学报（哲学社会科学版）》2016 年第 6 期，第 125—131 页。

黄朝美、巴殿君：《从"中国威胁论"到"中国特需论"》，载《现代日本经济》2004 年第 4 期，第 7—13 页。

黄凤志、刘瑞：《日本对"一带一路"的认知与应对》，载《现代国际关系》2015 年第 11 期，第 37—43、62 页。

黄付生、魏凤春：《日本经济结构转型与产业升级路径研究》，载《现代日本经济》2010 年第 2 期，第 9—14 页。

黄新颖、吴天乐：《货币升值下中日企业海外并购比较及启示》，载《理论探讨》2010年第5期，第83—86页。

黄益平：《中国经济外交新战略下的"一带一路"》，载《国际经济评论》2015年第1期，第48—53页。

黄迎虹：《中日两国全面对撞关系的深层机制探析》，载《太平洋学报》2015年第6期，第28—39页。

黄泽民：《迅速发展的中日贸易关系》，载《国际观察》1997年第4期，第11—14页。

季崇威：《中日加强合作促进亚太地区经济发展》，载《世界经济与政治》1995年第1期，第37—40页。

季国兴：《亚太能源的安全合作：形势与任务》，载《国际观察》1999年第3期，第9—12页。

季玲：《东亚合作新局面——第八次10＋3领导人会议后东亚合作形势评析》，载《外交学院学报》2005年第81期，第48—53页。

季志业：《中日矛盾持续升温的实质与内在逻辑》，载《现代国际关系》2014年第1期，第1—3页。

贾超为：《中日关系的大转化》，载《东北亚论坛》1998年第2期，第58—63页。

姜红：《安倍二次组阁后中日关系新动向解析》，载《黑龙江社会科学》2015年第4期，第32—37页。

姜凌、曾珠：《中日创新及国际贸易效应比较分析：以专利为例的实证研究》，载《国际贸易问题》2009年第5期，第89—99页。

姜跃春：《日本备战动向及中日关系"新常态"》，载《东北亚论坛》2016年第4期，第15—23页。

江瑞平：《当前中日经济关系的困境与出路》，载《日本学刊》2016年第1期，第1—19页。

蒋立峰：《巩固基础、创新模式是中日关系持续发展的关键》，载《日本学刊》2007年第5期，第5—14页。

贾丹：《冷战后日本新保守主义的发展及其影响》，载《国际论坛》2003年第5期，第64—71页。

金柏松：《从"遗传基因"发现日本经济"病因"：兼论安倍经济政策效果》，载《东北亚论坛》2014年第2期，第98—111页。

金玲：《"一带一路"：中国的马歇尔计划？》，载《国际问题研究》2015年第1期，第88—99页。

金仁淑：《中日与东盟区域经济合作战略及其经济效应》，载《日本学刊》2018年第3期，第82—100页。

蓝庆新、窦凯：《美欧日数字贸易的内涵演变、发展趋势及中国策略》，载《国际贸易》2019年第6期，第48—54页。

雷慧英、卓凌：《日本对华援助（ODA）政策调整的原因分析》，载《东北亚论坛》2006年第6期，第78—82页。

雷小苗、高国伦、李正风：《日美贸易摩擦期间日本高科技产业兴衰启示》，载《亚太经济》2020年第3期，第65—73页。

李成日：《中日战略博弈与安倍政府对"一带一路"的应对》，载《郑州大学学报（哲学社会科学版）》2017 年第 6 期，第 84—88 页。

李丹、崔日明：《"一带一路"战略与全球经贸格局重构》，载《经济学家》2015 年第 8 期，第 62—70 页。

李冬：《日本推进亚洲循环资源流动的构想及实践》，载《现代日本经济》2009 年第 4 期，第 1—5 页。

李赶顺：《日本创造经济环境"双赢"与政府"绿色调控"能力》，载《河北大学学报（哲学社会科学版）》2009 年第 6 期，第 9—13 页。

李广民、王连文：《三维棱镜下的日美同盟》，载《日本学刊》2008 年第 2 期，第 50—62 页。

李汉君：《中日产业内贸易发展实证分析》，载《国际贸易问题》2006 年第 4 期，第 39—45 页。

李建军：《日本经济复苏的前景分析》，载《日本学刊》2004 年第 5 期，第 51—62 页。

李俊慧：《中日贸易摩擦与中日两国产业结构的关系》，载《国际贸易问题》2003 年第 8 期，第 5—8 页。

李俊久：《协定一体化情境下的日本对东盟新经济外交》，载《现代国际关系》2009 年第 5 期，第 19—24 页。

李开盛：《周边外交中的安全"短板"及其突破》，载《上海交通大学学报（哲学社会科学版）》2015 年第 4 期，第 13—22 页。

李明楠、陈景彦：《"东芝事件"与中日交涉——兼论复交后影响中日关系的因素》，载《日本研究》2017 年第 3 期，第 48—57 页。

李南：《中日美与东盟经济周期同步性的趋势及影响因素变化》，载《广西社会科学》2016 年第 10 期，第 36—40 页。

李少军：《近代中日比较研究综述》，载《近代史研究》2001 年第 4 期，第 261—301 页。

李皖南：《日本对东盟直接投资的变化及评价》，载《东南亚研究》2005 年第 6 期，第 39—42 页。

李巍、孙忆：《理解中国经济外交》，载《外交评论》2014 年第 4 期，第 1—24 页。

李文：《中国的稳定发展与中日关系》，载《当代亚太》2005 年第 7 期，第 17—23 页。

李文韬：《日本针对亚太自由贸易区构想的策略选择与立场》，载《现代日本经济》2009 年第 1 期，第 37—41 页。

李向阳：《跨太平洋伙伴关系协定与"一带一路"之比较》，载《世界经济与政治》2016 年第 9 期，第 29—43 页。

李小林：《日本参与全球治理及其战略意图：以〈京都议定书〉的全球环境治理框架为例》，载《南开学报（哲学社会科学版）》2012 年第 3 期，第 26—33 页。

李秀石：《试析日本亚太外交战略》，载《现代国际关系》2009 年第 1 期，第 13—19 页。

李毅、李梦生：《日本在中国高铁海外输出进程中的影响》，载《东北亚论坛》2016 年第 5 期，第 16—27 页。

李莹：《试论日本战后独立体制的确立及其影响》，载《世界历史》2007 年第 2 期，第 75—84 页。

李玉潭、庞德良：《东北亚区域经济合作新构想——关于建立中、日、韩紧密型经济合作体的探讨》，载《东北亚论坛》2000 年第 4 期，第 6—8 页。

李文：《"和"文化与日本外交困局》，载《当代亚太》2007 年第 12 期，第 13—19 页。

李文韬：《TPP 谈判未来走势及中国的应对战略》，载《南开学报（哲学社会科学版）》2016 年第 2 期，第 45—57 页。

廉德瑰、兰锡：《日本"亲台派"的蜕变》，载《现代国际关系》2016 年第 9 期，第 33—38 页。

梁云祥：《日本政治右倾化与中日关系》，载《国际政治研究》2014 年第 2 期，第 34—44 页。

廖海敏：《中日技术合作初探》，载《现代日本经济》1994 年第 4 期，第 25—26 页。

林昶：《论邓小平对日外交战略思想与中日关系实践》，载《邓小平研究》2017 年第 3 期，第 137—149 页。

林代昭：《中日贸易关系的现状分析》，载《国际政治研究》1999 年第 2 期，第 1—6 页。

林民旺：《"印太"的建构与亚洲地缘政治的张力》，载《外交评论》2018 年第 1 期，第 16—35 页。

林晓光：《战后日本的经济外交与 ODA》，载《现代日本经济》2002 年第 6 期，第 5—10 页。

刘昌黎：《金融危机对日本经济的冲击及其对策与前景》，载《现代日本经济》2009 年第 5 期，第 1—7 页。

刘昌明、孙云飞：《中国"一带一路"战略的国际反响与应对策略》，载《山东社会科学》2015 年第 8 期，第 30—39 页。

刘晨阳：《"跨太平洋战略经济伙伴协定"与美国的亚太区域合作新战略》，载《国际贸易》2010 年第 6 期，第 56—59 页。

刘德有：《思考 21 世纪的中日关系》，载《日本学刊》2000 年第 6 期，第 1—10 页。

刘刚：《日本金融危机长期化与复杂化的原因透析》，载《现代日本经济》2007 年第 3 期，第 21—24 页。

刘红：《日本金融体制改革滞后的政府因素分析》，载《日本研究》2007 年第 3 期，第 27—32 页。

刘洪钟、周帅：《东亚货币合作中的中日关系因素——基于国际政治经济学的视角》，载《日本学刊》2016 年第 6 期，第 85—115 页。

刘江永：《战后日本国家战略演进及岸田内阁战略走向》，载《东北亚论坛》2022 年第 1 期，第 17—35 页。

刘娟、王荣艳、王学成：《中国东亚区域合作战略调整：基于后金融危机时代的思考》，载《国际贸易》2011 年第 2 期，第 49—53 页。

刘军红：《中日关系的经济学分析》，载《现代国际关系》2014 年第 10 期，第 56—59 页。

刘力：《日美贸易摩擦与战略贸易论》，载《世界经济研究》1996 年第 2 期，第 20—23 页。

刘凌旗、刘海潮：《日本 TPP 决策动因及日美谈判现状评估》，载《现代国际关系》2015 年第 3 期，第 46—55 页。

刘平、孙洁：《日本以"互连产业"为核心的数字经济发展举措》，载《现代日本经济》2019 年第 4 期，第 24—33 页。

刘强：《论日本国家安全战略调整：基于日本战略文化和战略意愿的视角》，载《国际观察》2009 年第 5 期，第 45—51 页。

刘庆林、王慧：《长期低利率政策对日本经济的影响》，载《山东社会科学》2011 年第 8

期，第 47—50 页。

刘瑞：《日元国际化困境的深层原因》，载《日本学刊》2012 年第 2 期，第 96—111 页。

刘世龙：《冷战前期中国的对日政策研究——兼论两国复交后存在的两个隐患》，载《日本学刊》2018 年第 4 期，第 30—46 页。

刘卫东：《美国对中日两国的再平衡战略论析》，载《世界经济与政治》2014 年第 10 期，第 81—97 页。

刘宪：《非生产性资产泡沫与日本经济增长：对日本房地产泡沫的重新诠释》，载《日本研究》2010 年第 3 期，第 24—28 页。

刘湘丽：《增强供应链韧性：日本政策的出台与走向》，载《现代日本经济》2021 年第 6 期，第 1—14 页。

刘向丽、车维汉：《全球化下日美经济周期不同步的原因探析》，载《现代日本经济》2002 年第 3 期，第 6—10、35 页。

刘晓强：《浅析中国的经济外交》，载《国家行政学院学报》2004 年第 5 期，第 22—25 页。

刘笑洋：《中日经济关系回顾》，载《国际观察》1999 年第 4 期，第 41—44 页。

刘新华：《日澳关系的演变及其特点》，载《当代亚太》2007 年第 6 期，第 11—18 页。

刘兴华：《日本的"零利率"政策：缘起、效果与趋势》，载《现代日本经济》2010 年第 4 期，第 17—22 页。

刘兴坤：《日本对华直接投资贸易效应的实证分析：以电气机械产业为例》，载《现代日本经济》2013 年第 4 期，第 25—34 页。

刘雅南、山口伸晴、邵宜航：《中日区域经济协调发展政策比较分析》，载《亚太经济》2010 年第 3 期，第 84—89 页。

刘兆国、韩昊辰：《中日新能源汽车产业政策的比较分析——基于政策工具与产业生态系统的视角》，载《现代日本经济》2018 年第 2 期，第 65—76 页。

柳剑平、张兴泉：《产业内贸易、产业结构差异与中美贸易摩擦：与中日贸易摩擦的比较分析》，载《世界经济研究》2011 年第 1 期，第 27—32、63 页。

卢昊：《日本对"一带一路"倡议的政策：变化、特征与动因分析》，载《日本学刊》2018 年第 3 期，第 63—80 页。

陆根尧、王晓琳：《中日自由贸易的竞争性和互补性研究》，载《国际贸易问题》2011 年第 11 期，第 64—76 页。

陆建人、孙玉红：《制订亚太区域多边投资规则探索》，载《亚太经济》2014 年第 6 期，第 7—14 页。

陆忠伟：《推进中日关系的建言》，载《现代国际关系》2004 年第 6 期，第 1—11 页。

栾雅钧：《萧条的日本经济与困境中的凯恩斯主义》，载《世界经济研究》2000 年第 5 期，第 73—77 页。

罗丽：《日本能源政策动向及能源法研究》，载《法学论坛》2007 年第 1 期，第 136—144 页。

吕克俭：《推动中日经贸各领域合作》，载《东北亚学刊》2018 年第 4 期，第 11—13 页。

吕耀东：《战后日本外交战略理念及对外关系轨迹》，载《日本学刊》2015 年第 5 期，第 61—75 页。

马建堂、杨正位：《日本经济：全面衰退、积重难返、教训深刻》，载《世界经济》2002 年第 1 期，第 3—12 页。

马俊威：《当前中日关系的几个特点》，载《现代国际关系》2006 年第 4 期，第 31—32 页。

马孟启、周永生：《日本对韩国经济外交的转型：从合作共赢到两败俱伤》，载《当代韩国》2021 年第 4 期，第 44—58 页。

马千里：《日本新海洋安全战略中的对台政策》，载《太平洋学报》2012 年第 4 期，第 91—98 页。

马相东：《后危机时代日本经济外交的战略转型及其启示》，载《新视野》2011 年 2 月，第 77—79 页。

马亚华：《论中日"囚徒困境"的存在及逃逸》，载《日本学刊》2006 年第 2 期，第 14—28 页。

莽景石：《中日关系的政治经济学——非均衡发展、理性冲突与"底层结构"》，载《日本学刊》2015 年第 6 期，第 93—106 页。

梅秀庭：《论当代日本的海权逻辑》，载《东北亚学刊》2018 年第 3 期，第 47—53 页。

门洪华：《日本变局与中日关系的走向》，载《世界经济与政治》2016 年第 1 期，第 72—90 页。

孟晓旭：《大国竞争与日本经济安全战略构建》，载《日本学刊》2023 年第 1 期，第 33—64 页。

苗吉：《"他者"的中国与日本海洋国家身份的建构》，载《外交评论》2017 年第 3 期，第 77—108 页。

倪月菊：《"安倍经济学"的出口促进效果评析》，载《日本学刊》2014 年第 1 期，第 103—118 页。

庞德良、刘胜君：《"一带一路"沿线国家对华对日贸易格局演变》，载《东北亚论坛》2016 年第 6 期，第 36—45 页。

庞中鹏：《野田访美与日美能源合作》，载《日本学刊》2012 年第 3 期，第 35—41 页。

庞中英：《对立加剧还是合作深化？——中日关系需要远见卓识》，载《世界经济与政治》2003 年第 9 期，第 14—17 页。

朴英爱、金香兰：《美国退出 TPP 对日本 FTA 战略的影响及其走势分析》，载《现代日本经济》2017 年第 4 期，第 32—45 页。

平力群：《日本经济危机对策与产业结构调整：以产业政策范式的影响为视角》，载《日本学刊》2011 年第 2 期，第 96—111 页。

綦大鹏、张弛：《亚太战略形势评析》，载《现代国际关系》2014 年第 9 期，第 1—6 页。

祁怀高：《中国多边合作体系与美国双边同盟体系在东亚的矛盾与兼容》，载《国际问题研究》2009 年第 2 期，第 9—16 页。

邱建伟：《大民族主义与日本政治主流意识》，载《理论导刊》2005 年第 12 期，第 56—58、67 页。

邱静：《"日本式保守主义"辨析——自民党 2010 年纲领及其保守倾向》，载《日本学刊》2012 年第 6 期，第 36—50 页。

屈彩云：《试析冷战后的日澳安全关系》，载《国际论坛》2011 年第 3 期，第 14—19 页。

全毅、沈铭辉：《区域全面经济伙伴关系（RCEP）的中国视角》，载《国际贸易》2014 年第 6 期，第 57—61 页。

任琳、孙振民：《经济安全化与霸权的网络性权力》，载《世界经济与政治》2021 年第 6 期，第 83—109 页。

任若恩、李洁、郑海涛、柏满迎：《关于中日经济规模的国际比较》，载《世界经济》2006 年第 8 期，第 3—10 页。

任文侠：《论中日关系的前景》，载《现代日本经济》1991 年第 6 期，第 29—34 页。

阮宗泽：《构建新型国际关系：超越历史　赢得未来》，载《国际问题研究》2015 年第 2 期，第 16—30 页。

伞锋、张晓兰：《安倍经济学能拯救日本经济吗?》，载《东北亚论坛》2014 年第 1 期，第 75—84 页。

尚琳：《日本能源政策：演进与构成》，载《经济经纬》2006 年第 5 期，第 51—53 页。

邵建国：《日本政界的"小泉现象"》，载《日本研究》2006 年第 1 期，第 42—45 页。

申来津、黄河：《日本对"一带一路"倡议的认知及其对中国的启示》，载《社会主义研究》2017 年第 2 期，第 149—153 页。

沈海涛：《新时代中日和平友好关系的展望与课题》，载《现代日本经济》2018 年第 5 期，第 17—21 页。

沈铭辉：《亚太区域双轨竞争性合作：趋势、特征与战略应对》，载《国际经济合作》2016 年第 3 期，第 16—21 页。

盛斌、果婷：《亚太区域经济一体化博弈与中国的战略选择》，载《世界经济与政治》2014 年第 10 期，第 4—21 页。

盛晓白：《中日经济关系的转折点》，载《现代日本经济》2005 年第 1 期，第 7—11 页。

石柱鲜、李玉梅、黄红梅：《产业结构变化对中日韩经济周期协动性的影响》，载《现代日本经济》2010 年第 4 期，第 42—47 页。

时殷弘：《中国在对日关系中需要调整思维方式和战略》，载《现代国际关系》2014 年第 1 期，第 16—18 页。

束必铨：《日本海洋战略与日美同盟发展趋势研究》，载《太平洋学报》2011 年第 1 期，第 90—98 页。

宋国友：《中国周边经济外交：机制协调与策略选择》，载《国际问题研究》2014 年第 2 期，第 41—52 页。

宋磊：《样板与对手：日本经济模式论之于中国经济模式论》，载《日本学刊》2014 年第 1 期，第 89—102 页。

宋伟：《日本为何缺乏国际关系理论创新？——以日本型现实主义为例》，载《国际政治研究》2018 年第 5 期，第 65—76 页。

宋效中、姜铭：《日本经济复苏的艰难性及其原因》，载《日本研究》2009 年第 3 期，第 59—61 页。

宋志勇：《从敌对到战略互惠的中日关系》，载《南开学报（哲学社会科学版）》2009 年第 4 期，第 20—28 页。

苏长和：《论中国海外利益》，载《世界经济与政治》2009 年第 8 期，第 13—20 页。

苏杭：《日本亚洲经济外交的新动向》，载《日本学刊》2013 年第 1 期，第 100—112 页。

孙承：《中国的发展与中日关系》，载《日本学刊》2009 年第 2 期，第 36—46 页。

孙丽：《日本的"去工业化"和"再工业化"政策研究》，载《日本学刊》2018 年第 6

期，第49—72页。

孙伶伶：《日本修宪与民族保守主义思潮》，载《当代亚太》2007年第3期，第3—11页。

孙世春：《日本经济发展滞后的制度性因素》，载《日本研究》2010年第2期，第1—6页。

孙西辉、金灿荣：《日本"印太战略"的演变逻辑》，载《河北师范大学学报（哲学社会科学版）》2022年第6期，2022年11月，第120—135页。

孙新：《机遇与挑战——新时期中日关系的思考》，载《日本学刊》2003年第4期，第51—55页。

孙学峰：《崛起困境与冷战后中国的东亚政策》，载《外交评论》2010年第4期，第142—156页。

孙章伟：《日本扩大内需消费的制度安排研究》，载《日本学刊》2012年第2期，第81—95页。

孙震海：《对中日双边经济合作模式与领域的探讨》，载《世界经济研究》2008年第11期，第60—63页。

唐国强、王震宇：《亚太自由贸易区：路线图与优先任务》，载《国际问题研究》2015年第1期，第75—87页。

唐杰英：《日本对外直接投资的贸易效应及其启示》，载《世界经济研究》2009年第12期，第65—86页。

唐彦林、张磊：《日本政局与中日关系走向》，载《现代国际关系》2015年第3期，第39—45页。

唐永胜：《中美日三边关系的可能走向及中国的战略选择》，载《现代国际关系》2014年第1期，第22—24页。

陶文钊：《冷战后美日同盟的三次调整》，载《美国研究》2015年第4期，第9—31页。

田丰伦：《中日经贸关系的基本态势与新思维》，载《改革》2009年第12期，第100—105页。

田庆立：《冷战后日本国家战略的演变及其面临的困境》，载《日本学刊》2017年第1期，第52—74页。

田鑫：《日本新能源汽车产业发展战略分析》，载《日本研究》2014年第4期，第25—29页。

田正、刘云：《日本供应链安全政策动向及评估》，载《现代国际关系》2022年第8期，第54—61页。

田中景：《对"安倍经济学"的历史考察》，载《现代日本经济》2013年第6期，第13—21页。

佟东：《中日经济相互依赖性对中国产业安全的影响研究》，载《东北亚论坛》2011年第6期，第68—75页。

佟家栋、刘钧霆：《中日制造业产业内贸易发展态势的实证研究》，载《国际贸易问题》2006年第1期，第5—9页。

桐声：《当代日本政治中的民族保守主义》，载《日本学刊》2004年第3期，第1—3页。

汪鸿祥：《公明党及其对华政策的演变》，载《日本学刊》2017年第2期，第62—81页。

王爱兰：《中国与日本"静脉产业"发展比较研究》，载《东北亚论坛》2009年第5期，第26—30页。

王传仕：《产品进出口结构变化与中日经济合作前景分析》，载《山东大学学报（哲学社会科学版）》2004 年第 1 期，第 64—67 页。

王高阳：《从利益到认同的艰难转变：解构中日和解的"结构性缺陷"》，载《当代亚太》2017 年第 6 期，第 92—123 页。

王公龙：《日本对台政策调整中的美国因素》，载《日本学刊》1999 年第 6 期，第 32—42 页。

王广涛：《当 TPP 遭遇"一带一路"：日本的战略困境与政策选择》，载《国际关系研究》2017 年第 3 期，第 129—145 页。

王海滨：《民主党执政后的日台关系动向探析》，载《世界政治与经济论坛》2010 年第 2 期，第 120—129 页。

王键：《21 世纪以来台日关系演变——兼及台日结构性矛盾与未来走势因素》，载《日本学刊》2017 年第 2 期，第 135—158 页。

王金波：《日本区域合作战略调整与国家重新定位选择》，载《国际经济合作》2015 年第 7 期，第 52—58 页。

王金强：《亚太供应链合作关系的构建与中国的政策选择》，载《东北亚论坛》2015 年第 1 期，第 42—51 页。

王京滨：《日本媒体报道与中日关系恶化》，载《当代亚太》2018 年第 2 期，第 126—155 页。

王静、仲鑫：《关于中日 FTA 的几点思考》，载《国际经济合作》2009 年第 1 期，第 60—65 页。

王凯：《中日 FTA 的政治经济学分析》，载《亚太经济》2007 年第 2 期，第 7—11 页。

王毛平：《中日经济"非对称性"相互依赖与权力分析》，载《国际论坛》2010 年第 1 期，第 40—45 页。

王敏：《日本企业海外投资活动中的控制权与控股权》，载《日本学刊》2011 年第 5 期，第 78—92 页。

王乃时：《日本政坛的"新国家主义"——一股迈向政治大国的暗流》，载《东北亚论坛》2006 年第 5 期，第 83—86 页。

王然：《90 年代日美经济之比较》，载《世界经济研究》2001 年第 2 期，第 58—61 页。

王瑞领：《经济外交研究：进展与问题》，载《理论与改革》2016 年第 1 期，第 61—65 页。

王珊：《简析日本因应美新军事战略调整的举措》，载《现代国际关系》2012 年第 4 期，第 28—32 页。

王少普：《日本战略选择的结构性矛盾与中日关系》，载《上海交通大学学报（哲学社会科学版）》2005 年第 2 期，第 15—19 页。

王胜今、衣保中、赵玉洁、陈景彦、沈海涛、巴殿君、沈和、许佳、张佳睿：《中日关系的历史与未来》，载《东北亚论坛》2015 年第 6 期，第 17—34 页。

王双：《中日韩三国经济合作与东亚区域性公共产品的供应——以全球金融危机为背景》，载《国际展望》2010 年第 6 期，第 63—80 页。

王绍媛、吕春生：《日本能源海上通道中的美国因素分析》，载《东北财经大学学报》2012 年第 4 期，第 27—32 页。

王伟：《第四次中日舆论调查报告——培育中日两国民众亲近感任重道远》，载《日本学刊》

2009 年第 2 期，第 3—35 页。

王希亮：《论 80 年代以来日本军国主义史观的泛滥同新保守主义的关联》，载《抗日战争研究》2000 年第 3 期，第 169—185 页。

王晓峰、马学礼：《老龄化加速期人口因素对日本经济增长的影响：以人口、经济的双重拐点为视角》，载《现代日本经济》2014 年第 5 期，第 1—12 页。

王晓文：《美国"印太"战略对南海问题的影响——以"印太"战略支点国家为重点》，载《东南亚研究》2016 年第 5 期，第 49—60 页。

王新生：《日本对华关系正常化决策过程再探讨》，载《日本学刊》2014 年第 4 期，第 1—20 页。

王星宇：《日本对外经济援助政策新动向与中日"一带一路"合作》，载《当代世界》2018 年第 7 期，第 59—62 页。

王延中：《中日经济形势与中日经贸发展前景》，载《日本学刊》2002 年第 6 期，第 32—41 页。

王义桅、崔白露：《日本对"一带一路"的认知变化及其参与的可行性》，载《东北亚论坛》2018 年第 4 期，第 95—111 页。

王志刚、周永刚、钱成济：《经济刺激计划能否将日本带出通货紧缩泥沼？——基于安倍经济学的政策效果评价》，载《教学与研究》2014 年第 3 期，第 12—20 页。

魏磊、张汉林：《日本经济新增长战略评析与借鉴》，载《东北亚论坛》2011 年第 2 期，第 89—97 页。

魏全平：《中日经贸关系的现状与变化——"东亚共同体"倡议的经济背景》，载《亚太经济》2010 年第 2 期，第 49—52 页。

韦民：《论日本与东盟的相互认知及双边关系的演进》，载《国际政治研究》2009 年第 1 期，第 24—43 页。

韦宗友：《二战后东亚秩序：历史演进与转型瓶颈》，载《当代亚太》2015 年第 4 期，第 76—92 页。

吴白乙、李丹：《中国经济外交：与外部接轨的持续转变》，载《外交评论》2008 年，第 11—19 页。

吴德烈：《经济利益碰撞——解析中日贸易摩擦现状与前景》，载《国际贸易》2001 年第 7 期，第 14—17 页。

吴怀中：《日本谋求"战略自主"：举措、动因与制约》，载《国际问题研究》2018 年第 6 期，第 12—31 页。

吴寄南：《保持高度战略定力　推进中日关系转圜》，载《现代日本经济》2018 年第 5 期，第 1—7 页。

吴心伯：《奥巴马政府与亚太地区秩序》，载《世界经济与政治》2013 年第 8 期，第 54—67 页。

乌兰图雅：《"普天间问题"与日本民主党政权的应对》，载《日本研究》2010 年第 3 期，第 61—64 页。

武心波：《试析"安倍外交学"与"安倍经济学"一体两面的战略互动关系》，载《日本学刊》2014 年第 1 期，第 70—88 页。

武寅：《论中日战略博弈的性质与作用》，载《日本学刊》2017 年第 1 期，第 1—18 页。

夏立平：《地缘政治与地缘经济双重视角下的美国"印太战略"》，载《美国研究》2015年第2期，第32—51页。

夏先良：《中国"一带一路"与美国TPP在全球贸易规则上的博弈》，载《安徽师范大学学报（人文社会科学版）》2015年第5期，第549—557页。

向前：《日本应对GATT/WTO体制的策略探析》，载《日本学刊》2008年第5期，第51—64页。

项昊宇：《亚太大变局中日本的战略选择和中日关系走向》，载《和平与发展》2018年第3期，第14—20页。

项卫星、刘晓鑫：《日美经济关系的失衡及其教训》，载《现代日本经济》2008年第6期，第1—5页。

肖晞：《日本战略趋向与中国的应对》，载《国际观察》2014年第2期，第110—120页。

肖竹缘、孙恒忠：《"10＋3"框架下的中日韩经济合作》，载《亚太经济》2005年第3期，第52—54页。

萧永宏：《邓小平对当代中日关系的论述及其启示》，载《南京师大学报（社会科学版）》2005年第3期，第11—17页。

［日］小坂直人：《福岛核电事故与日本能源政策的走向》，载《日本研究》2011年第3期，第37—41页。

谢华：《经济外交与冷战史研究新视野》，载《史学集刊》2011年第5期，第24—30页。

谢康：《中日韩自由贸易区建立条件和三国之间经济合作》，载《世界经济研究》2005年第4期，第17—20页。

徐敦信：《在新形势下谋求新的共同利益》，载《日本学刊》2002年第6期，第28—31页。

徐梅：《关于日美贸易摩擦中汇率问题的思考》，载《日本学刊》2010年第5期，第61—72页。

徐平、金明善：《"赶超后"现象：对日本经济持续低迷原因的另一种解释》，载《世界经济与政治》2004年第1期，第65—69页。

徐奇渊、陈思翀：《中日关系紧张对双边贸易的影响》，载《国际政治科学》2014年第1期，第1—23页。

徐文泉：《中日关系的发展趋势》，载《国际关系学院学报》2002年第1期，第14—18页。

徐万胜：《构筑面向21世纪的中日关系》，载《国际政治研究》1999年第3期，第74—79页。

许培源、汤静：《中日产业内贸易及其影响因素研究》，载《国际经贸探索》2009年第10期，第22—28页。

许一乔：《日本近年来的对华舆论攻势与我国的对策分析》，载《南京政治学院学报》2015年第6期，第66—69页。

薛敬孝：《1980年以来中日经济关系的演变——从贸易新伙伴、中国因素到中国特需》，载《现代日本经济》2005年第1期，第1—6页。

薛军：《论日本在华跨国公司R&D投资》，载《太平洋学报》2004年第9期，第73—83页。

颜泽洋：《日本经济安全保障战略新动向》，载《现代国际关系》2022年第4期，第26—32页。

阎德学：《冷战后日本的俄罗斯政治研究综述》，载《东南亚纵横》2011年4月，第85—

90 页。

闫云凤：《中日韩在全球价值链中的地位和作用：基于贸易增加值的测度和比较》，载《世界经济研究》2015 年第 1 期，第 74—80 页。

杨伯江：《中日关系 50 年发展演变与未来走势——兼论日本战略因素及其规定性作用》，载《日本学刊》2022 年第 4 期，第 19—31 页。

杨东亮：《经济泡沫破灭后的日本区域经济差距演变》，载《现代日本经济》2015 年第 1 期，第 75—85 页。

杨栋梁：《中日经贸合作的新动态及其发展趋势》，载《现代日本经济》2007 年第 1 期，第 50—53 页。

杨攻研、刘洪钟：《政治关系、经济权力与贸易往来：来自东亚的证据》，载《世界经济与政治》2015 年第 12 期，第 110—130 页。

杨洁勉：《中国特色大国外交理论的构建方向》，载《现代国际关系》2017 年第 3 期，第 1—8 页。

杨立强、卢进勇、程晓青：《日本 20 世纪 80 年代末海外并购经验与教训分析》，载《国际贸易》2017 年第 4 期，第 57—61 页。

杨鲁慧、马冉冉：《后冷战时期日本新民族主义产生的政治生态环境》，载《社会主义研究》2016 年第 1 期，第 119—127 页。

杨义瑞：《日本对中日韩自由贸易区的立场浅析》，载《世界经济与政治》2004 年第 5 期，第 71—74 页。

杨源源、于津平：《中日韩 FTA 战略差异比较与区域经济合作前景》，载《亚太经济》2018 年第 1 期，第 34—42 页。

叶皓：《对深化经济外交的若干思考》，载《国际问题研究》2013 年第 4 期，第 37—43 页。

易宪容：《"安倍经济学"效果及影响的理论分析》，载《国际金融研究》2013 年第 6 期，第 14—23 页。

尹晓亮：《日本能源外交与能源安全评析》，载《外交评论》2012 年第 6 期，第 82—98 页。

于光胜：《安倍政权的急速右倾化转向及中国的应对》，载《理论月刊》2014 年第 12 期，第 169—173 页。

于津平：《浅析中日经济合作关系的前景》，载《世界经济与政治论坛》2005 年第 2 期，第 20—25 页。

于立新、杨婧：《投资带动产业内贸易增长——中日经贸发展对东北亚区域经济合作的影响》，载《国际贸易》2006 年第 6 期，第 31—34 页。

于素秋、巴殿君：《21 世纪初的中日经济关系审视》，载《现代日本经济》2003 年第 2 期，第 19—21 页。

余科杰：《关于"在野党外交"的理论思考》，载《当代世界与社会主义》2016 年第 6 期，第 111—117 页。

袁长军：《日本危机对全球经济和中国经济的影响分析》，载《国际贸易》2011 年第 4 期，第 41—43 页。

袁鹏：《保持中美日动态平衡仍是美战略首选》，载《现代国际关系》2014 年第 1 期，第 21—22 页。

袁伟华：《权力转移、相对收益与中日合作困境——以日本对"一带一路"倡议的反应为例》，载《日本学刊》2018 年第 3 期，第 39—62 页。

袁征：《美日同盟与中日关系》，载《和平与发展》2018 年第 3 期，第 21—25 页。

臧志军：《论日本的新保守集权改革》，载《国际观察》2006 年第 1 期，第 9—16 页。

曾光强、冯江源：《略论日本海洋战略及其对中国的影响》，载《日本问题研究》2006 年第 2 期，第 40—45 页。

曾琪：《经济外交与维护国家利益的关系》，载《东岳论丛》2005 年第 3 期，第 173—176 页。

翟新：《战后日本对华政策制定诸主体的角色及影响》，载《南开学报（哲学社会科学版）》2014 年第 2 期，第 10—17 页。

张伯玉：《从大选看当代日本政治中的民族保守主义》，载《日本学刊》2005 年第 6 期，第 23—35 页。

张碧清：《日本对第三世界国家的经济外交》，载《国际问题研究》1984 年第 2 期，第 37—42、47 页。

张东江、武伟丽：《论中日东海海域划界问题及其解决——从国际法角度的研究》，载《世界经济与政治》2006 年第 4 期，第 35—42 页。

张帆：《战后日本现实主义国际政治思想的原点——日本型现实主义析论》，载《日本学刊》2018 年第 2 期，第 134—158 页。

张根海、王颖：《"印—太战略弧"视阈下美印日澳组合对南海安全的导向性分析》，载《南亚研究》2017 年第 4 期，第 93—109 页。

张光：《财政政策失误与日本经济萧条》，载《日本学刊》2005 年第 2 期，第 53—66 页。

张广宇：《冷战后日本保守主义的新趋势》，载《国际政治研究》2001 年第 2 期，第 135—141 页。

张海滨：《应对气候变化：中日合作与中美合作比较研究》，载《世界经济与政治》2009 年第 1 期，第 38—48 页。

张海鹏：《试论当代中日关系中的历史认识问题——兼评〈中日接近和"外交革命"〉发表引起的"外交新思考"问题》，载《抗日战争研究》2004 年第 1 期，第 1—24 页。

张慧明：《节能环保——中日经贸关系发展新动力》，载《国际经贸探索》2008 年第 8 期，第 56—60 页。

张季风：《中日经济关系的新动向与今后展望》，载《日本研究》2017 年第 3 期，第 25—30 页。

张继业：《日本推动东盟国家互联互通建设的政策分析》，载《现代国际关系》2017 年第 3 期，第 53—61 页。

张进山：《当代日本的民族保守主义：生成、概念和释疑》，载《日本学刊》2007 年第 3 期，第 5—21 页。

张景全、吴昊：《区域化与安全化悖论：东北亚区域的国家与同盟角色》，载《东北亚论坛》2017 年第 1 期，第 100—111 页。

张磊：《国际金融危机对日本经济的影响及启示》，载《日本研究》2010 年第 1 期，第 100—102 页。

张丽华、姜鹏：《制动冲突：解决中日东海权益争端之战略与对策》，载《东北亚论坛》2014 年第 6 期，第 46—57 页。

张乃丽、刘巍：《日本"经济泡沫"成因的逻辑判断与统计分析：1985—1991》，载《现代日本经济》2013 年第 2 期，第 1—14 页。

张琦：《经济发展的助推器——中日韩三国投资问卷调查结果分析》，载《国际贸易》2003 年第 1 期，第 15—19 页。

张仕荣：《特朗普时期美日同盟对华离岸平衡战略分析——以平衡点遴选与平衡强度分析为线索》，载《日本学刊》2018 年第 4 期，第 125—141 页。

张舒英：《对中日双方都有利——中日经济关系发展与共同面临的课题》，载《国际贸易》2004 年第 4 期，第 25—27 页。

张沱生：《走出危机、重启对话与合作——中日关系的现状与前景》，载《东北亚论坛》2015 年第 5 期，第 3—12 页。

张薇薇：《抓住中日经济合作的新机遇》，载《东北亚学刊》2018 年第 4 期，第 20—24 页。

张文勇：《面向 21 世纪的中日经济合作》，载《东北亚论坛》1996 年第 4 期，第 29—34 页。

张向晨：《中国在经济全球化中的利益与责任》，载《外交评论》2008 年第 1 期，第 29—31 页。

张小济：《区域经济一体化的核心——中日韩之间的贸易和投资关系》，载《国际贸易》2003 年第 1 期，第 4—8 页。

张晓通：《中国经济外交理论构建：一项初步的尝试》，载《外交评论》2013 年第 6 期，第 49—60 页。

张颖、吴晓光：《日本新保守主义对中日关系的影响》，载《和平与发展》2008 年第 4 期，第 48—50 页。

张勇：《日本外交的选择：概念、议程与方向》，载《外交评论》2016 年第 6 期，第 45—83 页。

张幼文：《由"大国"走向"强国"：加入 WTO 与中国的发展道路》，载《探索与争鸣》2012 年第 1 期，第 58—60 页。

张玉来：《从震灾看全球产业链上的"日本元素"——以半导体产业为核心》，载《日本研究》2011 年第 3 期，第 30—36 页。

张云：《日本对华认知与对华政策中的美国因素》，载《社会科学》2015 年第 10 期，第 13—21 页。

张蕴岭：《多视角下的中日关系》，载《日本学刊》2016 年第 2 期，第 1—11 页。

张宗斌：《中日经济高速增长模式比较》，载《当代亚太》1998 年第 5 期，第 31—37 页。

章百家：《对待中日关系的曲折需要历史眼光和战略思维》，载《现代国际关系》2014 年第 1 期，第 24—25 页。

赵春明、何艳：《对日美贸易摩擦的回顾与展望》，载《现代日本经济》2001 年第 4 期，第 1—5、44 页。

赵放、李季：《中日双边产业内贸易及影响因素实证研究》，载《世界经济研究》2010 年第 10 期，第 35—40、50 页。

赵洪：《中日对东南亚基础设施投资竞争及其影响》，载《国际论坛》2018 年第 2 期，第 39—45 页。

赵可金：《经济外交的兴起：内涵、机制、与趋势》，载《教学与研究》2011 年第 1 期，第 56—62 页。

赵磊：《日本参与联合国维和行动的历史脉络及特征分析》，载《教学与研究》2012 年第 3 期，第 79—86 页。

赵普平：《新时期的中日经济关系》，载《国际贸易》2008 年第 4 期，第 18—25 页。

［美］赵全胜：《日本外交政策辩论和大国博弈中的中日关系》，载《日本学刊》2016 年第 1 期，第 70—89 页。

赵秀忠、王冉：《中日货物贸易中的碳排放问题研究》，载《国际贸易问题》2012 年第 5 期，第 83—93 页。

赵旭梅：《日本经济复苏中的东亚因素》，载《亚太经济》2007 年第 5 期，第 68—72 页。

赵玉明：《日本学界视野下的"一带一路"》，载《欧亚经济》2017 年第 4 期，第 56—66 页。

赵政原：《从安倍外交政策看日本保守主义的独特性和延续性》，载《世界经济与政治论坛》2015 年第 5 期，第 93—109 页。

郑宝银：《中日经贸关系的战略思考》，载《国际贸易问题》2006 年第 2 期，第 23—27 页。

郑必坚：《关于中日关系的历史新机遇》，载《日本学刊》1992 年第 6 期，第 1—6 页。

郑海东：《世界贸易组织与中日经济关系》，载《世界经济研究》1998 年第 2 期，第 9—12 页。

郑毅：《试析日本新保守主义思潮的流变》，载《历史教学问题》2007 年第 2 期，第 18—23 页。

郑有国：《中日经济与亚洲经济的一体化》，载《亚太经济》2006 年第 6 期，第 45—49 页。

周晨、陈作章：《日元汇率波动对日本对外投资影响的实证分析：基于日本 19 个行业 1971—2007 年的面板数据》，载《日本问题研究》2009 年第 4 期，第 6—12 页。

周金凯：《日美贸易失衡与中美贸易失衡的对比分析——以产业冲击为视角》，载《日本学刊》2020 年第 1 期，第 138—158 页。

周劲：《日本、韩国产业结构升级过程中比较优势的变化及启示》，载《经济纵横》2013 年第 1 期，第 108—112 页。

周念利、吴希贤：《日本参与国际数字贸易治理的核心诉求与趋向分析》，载《日本研究》2020 年第 3 期，第 33—43 页。

周暄明、丁子函、堀江正弘：《日本经济高速增长的政策软实力》，载《现代日本经济》2010 年第 2 期，第 1—8 页。

周永生：《日本经济外交政策的转变及其影响》，载《东北亚论坛》2014 年第 1 期，第 19—27 页。

周泽红：《日本应对贸易摩擦的经验及启示——以日美贸易摩擦为例》，载《现代日本经济》2006 年第 1 期，第 25—29 页。

朱锋：《国际战略格局的演变与中日关系》，载《日本学刊》2014 年第 1 期，第 1—13 页。

朱海燕：《日本经济安全保障战略及其对中国的影响》，载《国际问题研究》2022 年第 3 期，第 47—63 页。

朱建荣：《对日"两分法"过时了吗？——历史沿革、内涵变迁及其与时俱进之探讨》，载《日本学刊》2014 年第 4 期，第 21—47 页。

朱立南：《中国同日本、美国的贸易关系》，载《亚太经济》1994 年第 1 期，第 24—26 页。

朱陆民、刘燕：《试论政治道歉对中日关系的良性建构》，载《太平洋学报》2015 年第 12

期，第 33—44 页。

朱清秀：《日本的"印太"战略能否成功?》，载《东北亚论坛》2016 年第 3 期，第 103—114 页。

朱晓琦：《日本能源战略中的东南亚取向》，载《太平洋学报》2012 年第 5 期，第 64—71 页。

朱艳圣：《冷战以后日本新保守主义的发展及日本政治的发展趋势》，载《当代世界与社会主义》2001 年第 5 期，第 39—43 页。

庄美男、姚春和：《中日"萧条经济"比较分析》，载《现代日本经济》2001 年第 4 期，第 22—26 页。

庄芮、林佳欣：《RCEP：进展、挑战与前景》，载《东南亚研究》2018 年第 4 期，第 87—102 页。

日文著作

安倍晋三『美しい国へ』、文春新書 524、株式会社文藝春秋、2006 年 7 月 20 日第 1 刷発行。

青地正史・王大鵬・小柳津英知・星野富一・森川裕二編著『東アジア地域統合の探究』、法律文化社、2012 年 4 月 25 日初版第 1 刷発行。

天児慧・三船恵美『膨張する中国の対外関係：パクス・シニカと周辺国』、勁草書房、2010 年 6 月 20 日第 1 版第 1 刷発行。

伊藤元重＋伊藤研究室『通商摩擦はなぜ起きるのか：保護主義の政治経済学』、NTT 出版、2000 年 3 月 10 日。

石川幸一・馬田啓一・国際貿易投資研究会編著『FTA 戦略の潮流：課題と展望』、文真堂、2015 年 3 月 31 日。

井上泰夫『日本とアジアの経済成長』、株式会社晃洋書房、2015 年 3 月 20 日初版第 1 刷発行。

海老名誠・伊藤信悟・馬成三『WTO 加盟で中国経済が変わる』、東京経済新報社、2000 年 11 月 21 日発行。

小尾敏夫『新通商法の脅威：日米経済摩擦は新たな段階に入った』、ダイヤモンド社、1989 年 11 月 9 日。

大西義久著『円と人民元：日中共存へ向けて』、中公新書ラクレ115、2003 年 12 月 10 日発行。

大橋英夫『米中経済摩擦：中国経済の国際展開』、勁草書房、1998 年 4 月。

加野忠『ドル円相場の政治経済学：為替変動にみる日米関係』、日本経済評論社、2006 年 9 月 25 日第 1 刷発行・2006 年 12 月 12 日第 2 刷発行。

片岡幸雄・鄭海東『中国対外経済論』、渓水社、2004 年 3 月。

片山修『「スマート革命」で成長する日本経済』、株式会社 PHP 研究所、2013 年 4 月 4 日。

金森久雄著『日本の貿易』、至誠堂、1996 年。

金子勝『反グローバリズム』、岩波書店、1999 年 9 月 20 日。

清田耕造『日本の比較優位：国際貿易の変遷と源泉』、慶応義塾大学出版会株式会社、2016 年 10 月 25 日。

熊倉正修『国際日本経済論』、昭和堂、2015 年 2 月 25 日。

黒田篤郎『メイド・イン・チャイナ』、東京経済新報社、2001 年 11 月 1 日発行。

栗山尚一『戦後日本外交：軌跡と課題』、岩波書店、2016 年 6 月 17 日第 1 刷発行。

経済産業省編『グローバル経済戦略：東アジア経済統合と日本の選択』、株式会社ぎょうせい、2006 年 5 月 30 日。

小島清『世界経済新秩序と日本』、日本経済新聞社、1975 年 10 月 1 版 1 刷、1978 年 4 月 3 刷。

佐和隆光『平成不況の政治経済学：成熟化社会への条件』、中央公論社、1994 年 1 月 25 日初版、1994 年 3 月 30 日 6 版。

坂井昭夫『国際政治経済学とは何か』、株式会社青木書店、1998 年 4 月 20 日第 1 版第 1 刷発行。

作山巧『日本の TPP 交渉参加の真実：その政策過程の解明』、文真堂、2015 年 10 月 1 日第 1 版第 1 刷発行。

鮫島敬治・日本経済研究センター編『中国　WTO 加盟の衝撃』、日本経済新聞社、2001 年 5 月 7 日 1 版 1 刷、2001 年 12 月 17 日 5 刷。

島田晴雄『盛衰　日本経済再生の要件』、東洋経済新報社、2012 年 7 月 27 日。

白鳥潤一郎『「経済大国」日本の外交　エネルギ資源外交の形成　1967～1974 年』、株式会社千倉書房、2015 年 8 月 30 日。

徐顕芬『日本の対中 ODA 外交：利益・パワー・価値のダイナミズム』、株式会社勁草書房、2011 年 11 月 25 日。

進藤栄一『アメリカ帝国の終焉：勃興するアジアと多極化世界』、講談社現代新書 2413、東京：株式会社講談社、2017 年 2 月 20 日第一刷発行。

須藤時仁・野村容康『日本経済の構造変化：長期停滞からなぜ抜け出せないのか』、岩波書店、2014 年 12 月 9 日。

総合研究開発機構『対応力：日本とアメリカの将来性』、筑摩書房、1985 年 4 月 10 日、初版第 1 刷発行。

田代洋一『安倍政権と TPP：その政治と経済』、筑波書房、2013 年 4 月 30 日第 1 版第 1 刷発行。

田中直毅『日本政治の構想』、日本経済新聞社、1994 年 3 月 11 日。

田中均『日本外交の挑戦』、株式会社 KADOKAWA、2015 年 8 月 10 日。

田中祐二、内山昭編著『TPP と日米関係』、株式会社晃洋書房、2012 年 9 月 10 日。

武田知弘『大日本帝国の経済戦略』祥伝社、2015 年 4 月 10 日。

陳友駿『米中経済摩擦』、晃洋書房、2011 年 4 月。

辻清明『新版日本官僚制の研究』、東京大学出版会、1969 年 5 月 10 日初版、1977 年 4 月 25 日第 6 刷。

友寄英隆『「アベノミクス」の陥穽』、株式会社かもがわ出版、2013 年 3 月 11 日第 1 刷発行。

中川信義編『アジア新工業化と日米経済』、東京大学出版会、1990 年。

中戸祐夫『日米通商摩擦の政治経済学』、株式会社ミネルヴァ書房、2003 年 3 月 15 日初版第 1 刷発行。

中西寛『国際政治とは何か』、中公新書 1686、中央公論新社、2003 年 3 月 15 日印刷・2003 年 3 月 25 日発行。

日本国際フォーラム政策委員会『東アジア経済共同体構想と日本の役割』、財団法人日本国際フォーラム、2003 年 6 月。

西口清勝・夏剛編著『東アジア共同体の構築』、ミネルヴァ書房、2006 年 8 月 31 日。

沼尻勉『米中相克の時代』、日本評論社、2000 年 6 月。

橋川文三『ナショナリズム』、東京：紀伊國屋書店、1994 年 4 月 10 日第 2 刷発行。

服部健治・丸川知雄『日中関係史：1972—2012 Ⅱ 経済』、東京大学出版会、2012 年 8 月 31 日初版。

服部信司『TPP 交渉と日米協議：日本政府の対応とアメリカの動向』、一般財団法人農林統計協会、2014 年 11 月 10 日発行。

浜矩子『「アベノミクス」の真相』、（株）中経出版、2013 年 5 月 29 日第 1 刷、2013 年 6 月 27 日第 4 刷。

船橋洋一著『日本の志』、新潮社、2003 年 2 月 15 日。

松田武『対米依存の起源：アメリカのソフト・パワー戦略』、岩波書店、2015 年 2 月 18 日。

宮城大蔵編『戦後アジアの形成と日本：歴史のなかの日本政治 5』、中央公論新社、2014 年 2 月 25 日。

村山裕三『経済安全保障を考える：海洋国家日本の選択』、日本放送出版協会、2003 年 2 月 25 日。

山澤逸平・馬田啓一・国際貿易投資研究会　編著『通商政策の潮流と日本：FTA 戦略と TPP』、勁草書房、2012 年 4 月 20 日第 1 版第 1 刷発行。

山田文比古著『外交とは何か：パワーか？ 知恵か？』、法律文化社、2015 年 4 月 15 日。

渡邉昭夫編著『アジア太平洋連帯構想』、NTT 出版株式会社、2005 年 6 月 10 日。

渡邉哲也『突き破る日本経済』、株式会社徳間書店、2015 年 1 月 31 日第 1 刷。

日文论文、研究报告、报刊

安倍晋三「新しい国へ」『文藝春秋』、第 91 巻第 1 号、創刊 90 周年記念、2013 年 1 月 1 日発行、第 124—133 頁。

甘利明「『経済安全保障』時代に勝つ日本」『Voice』、2020 年 6 月号、第 52—61 頁。

荒木一郎「WTO の停滞と日本の対応」『国際問題』、No.678、2019 年 1・2 月、第 15—23 頁。

五百旗頭真「反中"原理主義"は有害無益である」『中央公論』、2004 年 5 月号、第 78—89 頁。

五百旗頭真「知日派なくして日本外交は成立しない」『中央公論』、2012 年 11 月号、第 146—153 頁。

石川幸一「TPP と東アジアの地域統合のダイナミズム」『季刊国際貿易と投資』、第 82 号、2012 年 9 月、第 74—89 頁。

石川幸一「TPP 協定における政府調達規定」『季刊国際貿易と投資』、第 104 号、2016 年 6 月、第 23—33 頁。

伊豆久「世界的不均衡の拡大について：米国と中国等新興経済国の動向を中心として」『証券レビュー』、第 47 巻第 1 号、2007 年 1 月、第 78—115 頁。

板垣與一「アジア経済外交の方途」『国際政治』、1957 巻（1957）2 号、第 163—171 頁。

伊藤剛「米中関係における『1972 年体制』の変容：『ステークホルダー論』と『和平崛起』」『国際問題』、第 559 号、2007 年 3 月、第 14—22 頁。

入江猪太郎「世界貿易のなかの多国籍企業」『世界経済評論』、第 16 巻第 9 号、1972 年 9 月、第 4—12 頁。

入江猪太郎「書評：小島清著『世界貿易と多国籍企業』」『世界経済評論』、第 17 巻第 10 号、1973 年 10 月、第 60—63 頁。

尹春志「日本の FTA 戦略の現在」『世界』、2005 年 3 月号、第 230—237 頁。

馬田啓一「APEC と TPP の良い関係・悪い関係：アジア太平洋の新通商秩序」『季刊国際貿易と投資』、第 92 号、2013 年 6 月、第 3—26 頁。

馬田啓一「TPP 交渉とアジア太平洋の通商秩序」『国際問題』、第 632 号、2014 年 6 月、第 5—15 頁。

江原規由「中国の FTA 戦略の中心へ：一帯一路（シルクロード）FTA 構想」『季刊国際貿易と投資』、第 101 号、Autumn 2015、第 98—113 頁。

海老原毅「1990 年以降の日本における中国対外政策研究の動向——経済外交を中心に」『アジア経済』、第 42 巻第 2 号、2005 年 2 月、第 54—69 頁。

大木博巳「日本の TPP 貿易、RCEP 貿易：TPP による対米輸出への影響」『季刊国際貿易と投資』、第 104 号、2016 年 6 月、第 91—114 頁。

大辻義弘、白石隆「日本・ASEAN の拡大 FTA（自由貿易協定）を提唱する」『中央公論』、2002 年 2 月号、第 68—76 頁。

大西康雄「転機の中国経済と国際金融危機」『国際問題』、第 581 号、2009 年 5 月、第 1—10 頁。

大橋英夫「TPP と中国の『一帯一路』構想」『国際問題』、第 652 号、2016 年 6 月、第 29—39 頁。

大矢根聡「日米貿易摩擦と韓米貿易摩擦：摩擦の波及に関する政策過程分析」『アジア研究』、第 38 巻第 3 号、1992 年 3 月、第 33—72 頁。

岡本行夫「日本盛衰の岐路：速やかに TPP 交渉参加の決断を」『中央公論』、2012 年 5 月号、第 16—29 頁。

小野寺五典「新たなる脅威に自衛隊法改正で立ち向かう」『Voice』、2013 年 4 月、第 54—59 頁。

柯隆「中国経済のサステナビリティーと『中所得国の罠』」『国際問題』、第 633 号、2014 年 7・8 月、第 29—39 頁。

神谷万丈「東アジア地域秩序の動向：リアリズムの立場から」『国際問題』、第 623 号、2013 年 7・8 月、第 5—17 頁。

川島真「日中関係『改善』への問い」『外交』、Vol.52、Nov./Dec. 2018、第 28—35 頁。

関志雄「平和台頭を目指す中国：グローバル経済大国への戦略と課題（焦点/中国の対外政策の展開）」『国際問題』、2005 年 3 月、第 58—69 頁。

菊池努「東アジア新秩序の展望：リベラリズムの見方」『国際問題』、第 623 号、2013 年

7・8月、第30—41頁。

北岡伸一「『外交革命』に日本はどう立ち向かうか」『中央公論』、2007年9月号、第182—191頁。

木村福成「日本のアジア太平洋におけるFTA戦略」『国際問題』、第622号、2013年6月、第19—28頁。

熊倉正修「アベノミクスと脱工業化の政治経済学」『世界経済評論』、第57巻第3号、2013年5・6月、第30—34頁。

黒田篤郎「『中国脅威論』も『中国崩壊論』も誤りだ」『中央公論』、2002年2月号、第58—67頁。

権容奭「日中貿易断絶とナショナリズムの相克」『一橋法学』、第6巻第3号、2007年11月、第1251—1278頁。

古森義久「対中ODAを全廃せよ」『Voice』、2002年7月号、第64—71頁。

今野秀洋「通商政策の転換：GATT/WTO体制からFTA・TPPへ」『国際問題』、第638号、2015年1・2月、第36—45頁。

佐古丞「太平洋に進出する中国——その戦略と目標」『中央公論』、2008年4月号、第266—275頁。

佐伯啓思「日本の『戦後保守主義』を問う」『中央公論』、2007年2月号、第146—155頁。

桜井公人、夏占友「WTO加盟後の中国経済と日中貿易」『阪南大学産業経済研究所年報』、第32号、2003年9月30日、第5—13頁。

櫻田淳「安倍外交は『フクロウ』の道を歩め」『中央公論』、2007年2月号、第136—145頁。

佐藤考一「中国の対ASEAN関係とアメリカ：地域主義をめぐる国際政治」『国際問題』、第559号、2007年3月、第34—44頁。

佐藤考一「米中関係の展開とASEAN」『国際問題』、第628号、2014年1・2月、第24—37頁。

佐道明広「安全保障政策の展開にみる日本外交の基層：自立への意思と基本戦略をめぐって」『国際問題』、第578号、2009年1・2月、第40—49頁。

清水一史「RCEPと東アジア経済統合：東アジアのメガFTA」『国際問題』、第632号、2014年6月、第16—28頁。

沈才彬「日本を襲う四つのチャイナ・ショック」『中央公論』、2002年2月号、第78—84頁。

須藤正親「中国の対外貿易と政策」『日本貿易学会年報』、第17号、1980年2月、第24—36頁。

添谷芳秀「日本外交の展開と課題：中国との関係を中心に」『国際問題』、第588号、2010年1・2月、第4—14頁。

田所昌幸「グローバルガバナンスにおけるG7とG20 回顧と展望」『国際問題』、No.678、2019年1・2月、第6—14頁。

高橋俊樹「TPPは関税やサプライチェーンにどのような影響を与えるか」『季刊国際貿易と投資』、第104号、2016年6月、第65—79頁。

竹森俊平「日本企業は『中国の穴』を埋められるか」『Voice』、2023 年 5 月、第 34—43 頁。

田村秀男「対中国円借款打ち切りの深層——戦略なき小泉外交は何をもたらすか」『世界』、2005 年 7 月号、第 135—145 頁。

寺島実郎「小泉外交の晩鐘——政治的現実主義の虚妄」『世界』、2005 年 9 月号、第 141—149 頁。

戸堂康之「コロナ後のグローバル化を見据えよ」『Voice』、2020 年 6 月号、第 62—69 頁。

中川淳司「メガ FTA の時代：その背景と日本の通商政策の課題」『国際問題』、第 632 号、2014 年 6 月、第 1—4 頁。

中西寛「戦後秩序の動揺と日本外交の課題」『国際問題』、No.668、2018 年 1・2 月、第 18—27 頁。

中西寛「世界が迎える大転換と日本の課題」『Voice』、2020 年 7 月号、第 52—61 頁。

長谷川三千子「『戦後』を終わらせる覚悟」『Voice』、2013 年 7 月、第 86—95 頁。

波多野澄雄「『地域主義』をめぐる日本外交とアジア」『国際問題』、第 578 号、2009 年 1・2 月、第 10—21 頁。

畠山京子「日本のアジアにおける経済外交：リーダーシップと秩序形成への関与」『研究論集』、第 105 巻、2017 年 3 月、第 73—90 頁。

畠山襄「TPP に真のアジアらしき装いを」『季刊国際貿易と投資』、第 104 号、2016 年 6 月、第 1—4 頁。

林芳正：「アジアの富を取り込む日本の成長戦略：『貿易立国』から『投資立国』に舵を切り替えよ」『Voice』、2013 年 2 月、第 102—108 頁。

藤原帰一：「アジア外交とその時代」『国際問題』、第 623 号、2013 年 7・8 月、第 1—4 頁。

松田武：「戦後日米関係とアメリカの文化外交」『国際問題』、第 578 号、2009 年 1・2 月、第 22—39 頁。

三浦祐介「対米貿易摩擦への対応に苦慮する中国」『国際問題』、No.677、2018 年 12 月、第 30—40 頁。

御厨貴「戦後保守政治家たちの思想的系譜（けいふ）」『中央公論』、2007 年 2 月号、第 126—135 頁。

宮家邦彦「巨大すぎる国家の外交的アキレス腱：我が国が連携すべき『中国の隣国』はどこか」『Voice』、2013 年 5 月、第 58—65 頁。

茂木敏夫「伝統的秩序をどう踏まえるか：東アジア新秩序の構想をめぐって」『国際問題』、第 623 号、2013 年 7・8 月、第 42—52 頁。

藪中三十二「世界が注視・緊迫する東アジア情勢」『Voice』、2013 年 3 月、第 98—107 頁。

山崎恭平「『一帯一路』構想と『インド太平洋』戦略：中国の進出脅威に日米印豪が協力連携へ」『国際貿易と投資』、第 114 号、2018 年 12 月、第 108—128 頁。

山野内勘二「メガ FTA——自由で公正な貿易・投資を世界へ」『外交』、Vol.50、Jul./Aug. 2018、第 58—64 頁。

『中央公論』

『世界』

『Voice』

『朝日新聞』

『日本経済新聞』

『毎日新聞』

『読売新聞』

『産経新聞』

英文文献

Alexandra Sarcinschi & Cristian Băhnăreanu, 2013, "Globalization, Regionalization, National Security," *Strategic Impact*, 46 (1), pp.23—32.

Aurelia George Mulgan, 2009, *Why Japan Can't Lead*, World Policy Institute, Summer.

Aurelia George Mulgan, 2000, "Beyond Self-defence? Evaluating Japan's Regional Security Role under the New Defence Cooperation Guidelines," *Pacific Review*, 12 (3), pp.223—246.

Aurelia George Mulgan, 2017, "Back to the Future for US-Japan Relations," *East Asia Forum*, 8 February.

Baizhu Chen & Yi Feng, 2001, "Openness and Trade Policy in China: An Industrial Analysis," *China Economic Review*, 11 (4), Winter, pp.323—341.

Bhubhindar Singh & Philip Shetler—Jones, 2011, "Japan's Reconceptualization of National Security: The Impact of Globalization," *International Relations of the Asia-Pacific*, 11 (3), September, pp. 491—530.

Chang-hee Nam, 2010, "The Alliance Transformation and US-Japan-Korea Security Network: A Case for Trilateral Cooperation," *Pacific Focus*, 25 (1), April, pp.34—58.

CHEN Youjun, 2014, " 'Pacifism' and Military Expansion of the Abe Administration," *Global Review*, Summer, pp.110—126.

Christopher W. Hughes, 2004, "Japan's Security Policy, the US-Japan Alliance, and the 'War on Terror': Incrementalism Confirmed or Radical Leap?" *Australian Journal of International Affairs*, 58 (4), December, pp.427—445.

Christopher W. Hughes, 2016, "Japan's 'Resentful Realism' and Balancing China's Rise," *The Chinese Journal of International Politics*, 9 (2), pp.109—150.

Ellis S. Krauss, 2003, "The US, Japan, and Trade Liberalization: From Bilateralism to Regional Multilateralism to Regionalism +," *The Pacific Review*, 16 (3), pp.307—329.

Gregory J. Moore, 2010, "History, Nationalism and Face in Sino-Japanese Relations," *Journal of Chinese Political Science*, No.15, pp.283—306.

Gregory P. Corning, 2009, "Between Bilateralism and Regionalism in East Asia: The ASEAN—Japan Comprehensive Economic Partnership," *The Pacific Review*, 22 (5), December, pp.639—665.

Henry Farrell & Abraham L. Newman, 2019, "Weaponized Interdependence: How Global Economic Networks Shape State Coercion," *International Security*, 44 (1), Summer, pp.42—79.

Hyun-Wook Kim, 2011, "Substantiating the Cohesion of the Post-cold War US-Japan Alliance," *Australian Journal of International Affairs*, 65 (3), June, pp.340—359.

James R. Soukup, 1963, "Japan," *The Journal of Politics*, 25 (4), November, pp.737—756.

Kent E. Calder, 1982, "Opening Japan," *Foreign Policy*, No.47, Summer, pp.82—97.

Kishore Mahbubani, 1992, "Japan Adrift," *Foreign Policy*, No.88, Autumn, pp.126—144.

Lai Foon Wong, 2007, "China-ASEAN and Japan-ASEAN Relations during the Post-Cold War Era," *Chinese Journal of International Politics*, 1 (3), January, pp.373—404.

Michael E. Porter & Mariko Sakakibara, 2004, "Competition in Japan," *The Journal of Economic Perspectives*, 18 (1), Winter, pp.27—50.

Paul Midford, 2004, "China Views the Revised US-Japan Defense Guidelines: Popping the Cork?" *International Relations of the Asia-Pacific*, 4 (1), pp.113—145.

Richard L. Armitage & Joseph S. Nye, 2020, *The U.S.-Japan Alliance in 2020: An Equal Alliance with a Global Agenda*, Center for Strategic and International Studies (CSIS), December.

Robert A. Manning & Paula Stern, 1994, "The Myth of the Pacific Community," *Foreign Affairs*, Vol.73, No.6, November/December, pp.79—93.

Robert L. Cutts, 1990, "Power from the Ground Up: Japan's Land Bubble," *Harvard Business Review*, May-June, pp.164—172.

Ryo Sahashi, 2020, "Japan's Strategy Amid US-China Confrontation," *China International Strategy Review*, No.2, pp.232—245.

Stephen D. Krasner, 1986, "Trade Conflicts and the Common Defense: The United States and Japan," *Political Science Quarterly*, 101 (5), pp.787—806.

T. Clifton Morgan & Navin A. Bapat, 2003, "Imposing Sanctions: States, Firms, and Economic Coercion," *International Studies Review*, 5 (4), December, pp.65—79.

Takashi Terada, 2010, "The Origins of ASEAN + 6 and Japan's Initiatives: China's Rise and the Agent-Structure Analysis," *The Pacific Review*, 23 (1), March, pp.71—92.

Takashi Terada, 2013, "A Golden Opportunity for Japan's Regional Integration Policy: TPP, RECP, and CJK," *AJISS-Commentary*, The Association of Japanese Institutes of Strategic Studies, No.173, 26 March.

Tomohiko Satake, 2011, "The Origin of Trilateralism? The US-Japan-Australia Security Relations in the 1990s," *International Relations of the Asia-Pacific*, 11 (1), January, pp.87—114.

Tomoyoshi Nakajima, 2012, "The TPP and East Asian Economic Integration: From the Japan-China-ROK Perspective," *Journal of International Logistics and Trade*, 10 (3), December, pp.55—83.

Toshiya Takahashi, 2010, "Japanese Neo-Conservatism: Coping with China and North Korea," *Security Challenges*, 6 (3), pp.21—40.

United Nations Conference on Trade and Development (UNCTAD), 2019, *Digital Economy Report 2019—Value Creation and Capture: Implications for Developing Countries*, United Nations Publications, 300 East 42nd Street, New York, New York 10017, United States of America.

Yingjie Wang, 2011, "Study on US Policy toward Japan after the Cold War," *Asian Social Science*, 7 (5), May, pp.176—179.

Yukio Hatoyama, 2009, "A New Path for Japan," *The New York Times*, 26 August.

网络资源

中华人民共和国中央人民政府: http://www.gov.cn/。

中华人民共和国外交部: http://www.mfa.gov.cn/。

中华人民共和国财政部：http://www.mof.gov.cn/。

中华人民共和国商务部：http://www.mofcom.gov.cn/mofcom/shezhi.shtml。

日本首相官邸：http://www.kantei.go.jp/。

日本外务省：http://www.mofa.go.jp/。

日本防卫省、自卫队：http://www.mod.go.jp/。

日本财务省：http://www.mof.go.jp/。

日本内阁府：http://www.cao.go.jp/。

日本环境省：http://www.env.go.jp/。

日本厚生劳动省：http://www.mhlw.go.jp/。

日本海上保安厅：http://www.kaiho.mlit.go.jp/。

国立研究开发法人　新能源和产业技术综合开发机构：http://www.nedo.go.jp/。

国立研究开发法人　日本核能研究开发机构：http://www.jaea.go.jp/index.html。

独立行政法人　石油天然气和金属矿物资源机构：http://www.jogmec.go.jp/。

独立行政法人　经济产业研究所：http://www.rieti.go.jp/jp/index.html。

独立行政法人　中小企业基盘整备机构：http://www.smrj.go.jp/。

日本贸易振兴机构：http://www.jetro.go.jp/indexj.html。

日本众议院：http://www.shugiin.go.jp/internet/index.nsf/html/index.htm。

日本参议院：http://www.sangiin.go.jp/。

日本国会图书馆：http://warp.ndl.go.jp/。

日本银行：http://www.boj.or.jp/。

日本国际问题研究所：http://www2.jiia.or.jp/。

日本防卫省防卫研究所：http://www.nids.go.jp/。

佳能国际战略研究所：http://www.canon-igs.org/。

言论NPO：http://www.genron-npo.net/。

日本亚洲太平洋研究所（APIR）：http://www.apir.or.jp/ja/。

PHP研究所：http://www.php.co.jp/。

日本海洋政策研究财团：http://www.sof.or.jp/jp/index.php。

东亚共同体评议会：http://www.ceac.jp/j/index.html。

日本世界和平研究所（IIPS）：http://www.iips.org/j-index.html。

日本财团：http://www.nippon-foundation.or.jp/。

日本国际论坛：http://www.jfir.or.jp/j/index.htm。

东京财团：http://www.tkfd.or.jp/。

后　记

　　首先要感谢国家社科基金对本研究的资助与支持，同时本书有幸忝列上海国际问题研究院"国际展望丛书"，深表感激。

　　本研究从 2018 年春正式启动，前后历时约 5 年不到的时间，当然也包括了前期大量素材与资料的积累，其间，还受到新冠疫情一定的影响。好在有学界同仁及上研院领导、同事们的关心与鼓励，助我克服了种种困难，本研究也才得以顺利开展，并最终形成这一成果。

　　实际上，关于战后日本经济外交及对外关系的学术研究，国内外已是汗牛充栋，成果颇丰，大批高质量的学术论文及专著的出版与积累为本研究提供了丰富借鉴与扎实基础。可以说，本研究是站在了前人的肩膀上继续远眺，希望能创造一定程度的观点创新与研究突破。

　　回望第二次世界大战结束后近 80 年的历史，日本确实是一个擅于、也是精于、更是乐于"经济外交"之道的典型国家。之所以如此，无非就是因为二战后的日本依托经济外交的战略性展开，在政治、经济等多个领域，着实获取了巨大的国家利益，同时也在地区及全球层面拥有了一定影响力。

　　另一方面，应该说，第二次世界大战后日本与"经济外交"的结合，既有偶然性，但也是必然的。诚如本书所揭示的那样，二战后"战败国"的特殊"政治身份"迫使日本开始积极寻求所谓的"国家独立"，以及希冀以一种全新的国家形象回归国际政治舞台，与此同时，"和平宪法"的颁布，也将战后日本外交的基本方式限定在经济抑或政治范畴，尽管此后的日本实则僭越了很多"和平宪法"上的限制与约束。由此,"经济外交"似乎就成了为战后日本"量身定做"的外交方式或外交手段,而后者也确实在对外交往的现实中反复推敲,不断推陈出新,并最终形成了一套较为系统、全面的经济外交理论及实践体系。本研究希望对此能有一定的梳理与归纳,也希望能部分性地揭示这一体系的结构性框架与主要内容等,但至于效果如何,还需各位读者加以评判。

最后,本书最终能付梓面世,离不开格致出版社刘茹女士的帮助与支持,她的耐心审读与细心修改弥补了这一研究的不足与遗漏,更使这一作品更为完美地呈现于读者面前,甚为感激。

我还要感谢我亲爱的家人,正是他们勤劳的付出与无私的包容让我能从繁忙、琐碎的家务劳动中频频得以脱身,并能全身心地投入到愉快、酣畅的研究创作之中,体会专注于学术研究的快乐与幸福。

高山仰止,景行行止。然自谓才疏学浅,汲深绠短,难免有疏漏错讹,如蒙方家指正,则不胜荣幸。

陈友骏

2023 年 6 月 5 日

于上海国际问题研究院

图书在版编目（CIP）数据

冷战后日本对华经济外交研究 / 陈友骏著. — 上海：
格致出版社 ：上海人民出版社，2024.2
（国际展望丛书）
ISBN 978 - 7 - 5432 - 3528 - 1

Ⅰ.①冷…　Ⅱ.①陈…　Ⅲ.①经济政策-对华政策-
研究-日本-现代　Ⅳ.①F131.355.2

中国国家版本馆 CIP 数据核字(2024)第 018962 号

责任编辑　刘　茹　顾　悦
封面设计　人马艺术设计·储平

国际展望丛书·世界经济与发展合作
冷战后日本对华经济外交研究
陈友骏 著

出　　版	格致出版社	
	上海人メ3出版社	
	（201101　上海市闵行区号景路 159 弄 C 座）	
发　　行	上海人民出版社发行中心	
印　　刷	上海商务联西印刷有限公司	
开　　本	720×1000　1/16	
印　　张	23.25	
插　　页	2	
字　　数	333,000	
版　　次	2024 年 2 月第 1 版	
印　　次	2024 年 2 月第 1 次印刷	

ISBN 978 - 7 - 5432 - 3528 - 1/D·188
定　　价　108.00 元